S D 에 듀

독학사 4단계

심리학과

심리학연구방법론

SD에듀
(주)시대고시기획

INTRO

머리말

심리학은 결코 멀리에 있는 학문이 아닙니다. 심리학은 굳이 전문용어로 다루지 않더라도 이미 우리가 일상 속에서 늘 접하고 있고 행하고 있는 모든 행동, 태도, 현상 등의 연장선상에 있습니다.

심리학 공부란 다른 공부도 그렇겠지만, 우리가 이미 알고 있는 것을 좀 더 체계화하고 세분화하며, 나에게 입력된 지식을 말로 풀어 설명할 수 있게 하고, 더 나아가 이를 실생활에서 응용하기 위하여 필요한 것입니다.

본서는 독학사 시험에서 심리학 학위를 목표로 하는 여러분들을 위하여 집필된 도서로 4단계 과목을 다루고 있으며, 시험에 응시하는 수험생들이 효과적인 학습을 할 수 있도록 다음과 같이 구성하였습니다.

01 본서의 구성 및 특징

본서는 독학사 심리학과 4단계를 공부하시는 독자분들을 위하여 시행처의 평가영역 관련 Big data를 분석하여 집필된 도서입니다. 내용이 방대하면서 생소한 심리학의 이론을 최대한 압축하여 가급적이면 핵심만 전달하고자 노력한 것을 특징으로 합니다.

02 단원 개요

핵심이론을 학습하기에 앞서 각 단원에서 파악해야 할 중점과 학습목표를 정리하여 수록하였습니다.

03 핵심이론 및 실제예상문제

독학학위제 평가영역과 관련 내용을 면밀히 분석한 핵심이론을 제시하였고, 실제예상문제를 풀면서 앞서 공부한 이론이 머릿속에 잘 정리되었는지 확인해 볼 수 있도록 하였습니다. '실제예상문제'를 통해 핵심이론의 내용을 문제로 풀어보면서 4단계 객관식 문제와 주관식 문제를 충분히 연습할 수 있게 구성하였습니다

04 최종모의고사

최신출제유형을 반영한 최종모의고사 2회분으로 자신의 실력을 점검해 볼 수 있습니다. 실제시험에 임하듯이 시간을 재고 풀어보면 시험장에서 실수를 줄일 수 있습니다.

심리학은 독자의 학습자세에 따라 흥미롭고 매력적인 학문일 수도 아닐 수도 있습니다. 사실, 어떻게 보면 심리학은 지나칠 정도로 방대하고 어렵습니다. 왜 자신이 심리학이라는 분야에서 학위를 받기로 결심하였는지를 우선 명확히 하시고, 그 결심이 흔들릴 것 같으면 그 결심을 바로 세운 뒤에 계속 도전하십시오. 본서를 선택해 주신 분들께 감사의 말씀을 드립니다.

편저자 드림

BDES

독학학위제 소개

독학학위제란?

「독학에 의한 학위취득에 관한 법률」에 의거하여 국가에서 시행하는 시험에 합격한 사람에게 학사학위를 수여하는 제도

- 고등학교 졸업 이상의 학력을 가진 사람이면 누구나 응시 가능
- 대학교를 다니지 않아도 스스로 공부해서 학위취득 가능
- 일과 학습의 병행이 가능하여 시간과 비용 최소화
- 언제, 어디서나 학습이 가능한 평생학습시대의 자아실현을 위한 제도
- 학위취득시험은 4개의 과정(교양, 전공기초, 전공심화, 학위취득 종합시험)으로 이루어져 있으며 각 과정별 시험을 모두 거쳐 학위취득 종합시험에 합격하면 학사학위 취득

독학학위제 전공 분야 (11개 전공)

※ 유아교육학 및 정보통신학 전공 : 3, 4과정만 개설
※ 간호학 전공 : 4과정만 개설
※ 중어중문학, 수학, 농학 전공 : 폐지 전공으로 기존에 해당 전공 학적 보유자에 한하여 응시 가능

※ SD에듀는 현재 4개 학과(심리학과, 경영학과, 컴퓨터공학과, 간호학과) 개설 완료
※ 2개 학과(국어국문학과, 영어영문학과) 개설 진행 중

INFORMATION

독학학위제 시험안내

과정별 응시자격

단계	과정	응시자격	과정(과목) 시험 면제 요건
1	교양	고등학교 졸업 이상 학력 소지자	• 대학(교)에서 각 학년 수료 및 일정 학점 취득 • 학점은행제 일정 학점 인정 • 국가기술자격법에 따른 자격 취득 • 교육부령에 따른 각종 시험 합격 • 면제지정기관 이수 등
2	전공기초		
3	전공심화		
4	학위취득	• 1～3과정 합격 및 면제 • 대학에서 동일 전공으로 3년 이상 수료 (3년제의 경우 졸업) 또는 105학점 이상 취득 • 학점은행제 동일 전공 105학점 이상 인정 (전공 28학점 포함) → 22.1.1. 시행 • 외국에서 15년 이상의 학교교육과정 수료	없음(반드시 응시)

응시 방법 및 응시료

- 접수 방법 : 온라인으로만 가능
- 제출 서류 : 응시자격 증빙 서류 등 자세한 내용은 홈페이지 참조
- 응시료 : 20,400원

독학학위제 시험 범위

- 시험과목별 평가 영역 범위에서 대학 전공자에게 요구되는 수준으로 출제
- 시험 범위 및 예시문항은 독학학위제 홈페이지(bdes.nile.or.kr) – 학습정보 – 과목별 평가영역에서 확인

문항 수 및 배점

과정	일반 과목			예외 과목		
	객관식	주관식	합계	객관식	주관식	합계
교양, 전공기초 (1～2과정)	40문항×2.5점 =100점	–	40문항 100점	25문항×4점 =100점	–	25문항 100점
전공심화, 학위취득 (3～4과정)	24문항×2.5점 =60점	4문항×10점 =40점	28문항 100점	15문항×4점 =60점	5문항×8점 =40점	20문항 100점

※ 2017년도부터 교양과정 인정시험 및 전공기초과정 인정시험은 객관식 문항으로만 출제

합격 기준

• 1~3과정(교양, 전공기초, 전공심화) 시험

단계	과정	합격 기준	유의 사항
1	교양	매 과목 60점 이상 득점을 합격으로 하고, 과목 합격 인정(합격 여부만 결정)	5과목 합격
2	전공기초		6과목 이상 합격
3	전공심화		

• 4과정(학위취득) 시험 : 총점 합격제 또는 과목별 합격제 선택

구분	합격 기준	유의 사항
총점 합격제	• 총점(600점)의 60% 이상 득점(360점) • 과목 낙제 없음	• 6과목 모두 신규 응시 • 기존 합격 과목 불인정
과목별 합격제	• 매 과목 100점 만점으로 하여 전 과목(교양 2, 전공 4) 60점 이상 득점	• 기존 합격 과목 재응시 불가 • 1과목이라도 60점 미만 득점하면 불합격

시험 일정

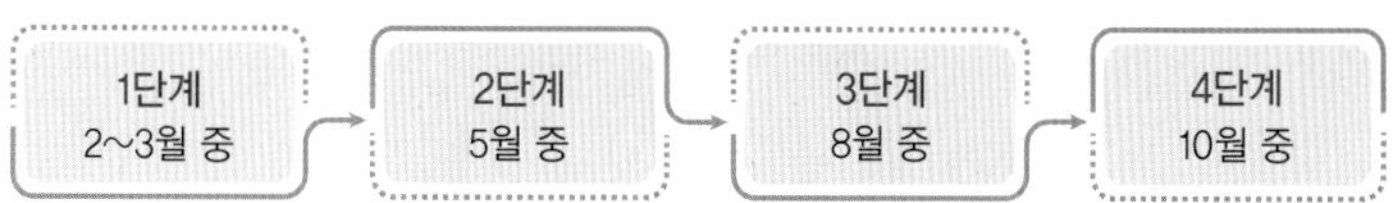

• 심리학과 4단계 시험 과목 및 시험 시간표

구분(교시별)	시간	시험 과목명
1교시	09:00~10:40 (100분)	국어, 국사, 외국어 중 택2 과목 (외국어를 선택할 경우 실용영어, 실용독일어, 실용프랑스어, 실용중국어, 실용일본어 중 택1 과목)
2교시	11:10~12:50 (100분)	• 임상심리학 • 소비자 및 광고심리학
중식	12:50~13:40 (50분)	
3교시	14:00~15:40 (100분)	• 심리학연구방법론 • 인지신경과학

※ 시험 일정 및 시험 시간표는 반드시 독학학위제 홈페이지(bdes.nile.or.kr)를 통해 확인하시기 바랍니다.

※ SD에듀에서 개설되었거나 개설 예정인 과목은 빨간색으로 표시했습니다.

GUIDE

독학학위제 과정

1단계
01
교양과정

대학의 교양과정을 이수한 사람이 일반적으로 갖추어야 할 학력 수준 평가

2단계
02
전공기초

각 전공영역의 학문을 연구하기 위하여 각 학문 계열에서 공통적으로 필요한 지식과 기술 평가

3단계
03
전공심화

각 전공영역에서의 보다 심화된 전문 지식과 기술 평가

4단계
04
학위취득

학위를 취득한 사람이 일반적으로 갖추어야 할 소양 및 전문 지식과 기술을 종합적으로 평가

GUIDE

독학학위제 출제방향

국가평생교육진흥원에서 고시한 과목별 평가영역에 준거하여 출제하되, 특정한 영역이나 분야가 지나치게 중시되거나 경시되지 않도록 한다.

교양과정 인정시험 및 전공기초과정 인정시험의 시험방법은 객관식(4지택1형)으로 한다.

단편적 지식의 암기로 풀 수 있는 문항의 출제는 지양하고, 이해력·적용력·분석력 등 폭넓고 고차원적인 능력을 측정하는 문항을 위주로 한다.

독학자들의 취업 비율이 높은 점을 감안하여, 과목의 특성상 가능한 경우에는 학문적이고 이론적인 문항뿐만 아니라 실무적인 문항도 출제한다.

교양과정 인정시험(1과정)은 대학 교양교재에서 공통적으로 다루고 있는 기본적이고 핵심적인 내용을 출제하되, 교양과정 범위를 넘는 전문적이거나 지엽적인 내용의 출제는 지양한다.

이설(異說)이 많은 내용의 출제는 지양하고 보편적이고 정설화된 내용에 근거하여 출제하며, 그럴 수 없는 경우에는 해당 학자의 성명이나 학파를 명시한다.

전공기초과정 인정시험(2과정)은 각 전공영역의 학문을 연구하기 위하여 각 학문 계열에서 공통적으로 필요한 지식과 기술을 평가한다.

전공심화과정 인정시험(3과정)은 각 전공영역에 관하여 보다 심화된 전문적인 지식과 기술을 평가한다.

학위취득 종합시험(4과정)은 시험의 최종 과정으로서 학위를 취득한 자가 일반적으로 갖추어야 할 소양 및 전문지식과 기술을 종합적으로 평가한다.

전공심화과정 인정시험 및 학위취득 종합시험의 시험방법은 객관식(4지택1형)과 주관식(80자 내외의 서술형)으로 하되, 과목의 특성에 따라 다소 융통성 있게 출제한다.

STUDY PLAN

독학학위제 단계별 학습법

1 단계

평가영역에 기반을 둔 이론 공부!

독학학위제에서 발표한 평가영역에 기반을 두어 효율적으로 이론 공부를 해야 합니다. 각 장별로 정리된 '핵심이론'을 통해 핵심적인 개념을 파악합니다. 모든 내용을 다 암기하는 것이 아니라, 포괄적으로 이해한 후 핵심내용을 파악하여 이 부분을 확실히 알고 넘어가야 합니다.

2 단계

시험 경향 및 문제 유형 파악!

독학사 시험 문제는 지금까지 출제된 유형에서 크게 벗어나지 않는 범위에서 비슷한 유형으로 줄곧 출제되고 있습니다. 본서에 수록된 이론을 충실히 학습한 후 '실제예상문제'를 풀어 보면서 문제의 유형과 출제의도를 파악하는 데 집중하도록 합니다. 교재에 수록된 문제는 시험 유형의 가장 핵심적인 부분이 반영된 문항들이므로 실제 시험에서 어떠한 유형이 출제되는지에 대한 감을 잡을 수 있을 것입니다.

3 단계

'실제예상문제'를 통한 효과적인 대비!

독학사 시험 문제는 비슷한 유형들이 반복되어 출제되므로 다양한 문제를 풀어 보는 것이 필수적입니다. 각 단원의 끝에 수록된 '실제예상문제'를 통해 단원별 내용을 제대로 학습했는지 꼼꼼하게 확인하고, 실력점검을 합니다. 이때 부족한 부분은 따로 체크해 두고 복습할 때 중점적으로 공부하는 것도 좋은 학습 전략입니다.

4 단계

복습을 통한 학습 마무리!

이론 공부를 하면서, 혹은 문제를 풀어 보면서 헷갈리고 이해하기 어려운 부분은 따로 체크해 두는 것이 좋습니다. 중요 개념은 반복학습을 통해 놓치지 않고 확실하게 익히고 넘어가야 합니다. 마무리 단계에서는 '빨리보는 간단한 키워드'를 통해 핵심개념을 다시 한 번 더 정리하고 마무리할 수 있도록 합니다.

COMMENT

합격수기

“ 저는 학사편입 제도를 이용하기 위해 2~4단계를 순차로 응시했고 한 번에 합격했습니다.
아슬아슬한 점수라서 부끄럽지만 독학사는 자료가 부족해서 부족하나마 후기를 쓰는 것이 도움이 될까 하여
제 합격전략을 정리하여 알려 드립니다.

#1. 교재와 전공서적을 가까이에!

학사학위취득은 본래 4년을 기본으로 합니다. 독학사는 이를 1년으로 단축하는 것을 목표로 하는 시험이라 실제 시험도 변별력을 높이는 몇 문제를 제외한다면 기본이 되는 중요한 이론 위주로 출제됩니다. SD에듀의 독학사 시리즈 역시 이에 맞추어 중요한 내용이 일목요연하게 압축·정리되어 있습니다. 빠르게 훑어보기 좋지만 내가 목표로 한 전공에 대해 자세히 알고 싶다면 전공서적과 함께 공부하는 것이 좋습니다. 교재와 전공서적을 함께 보면서 교재에 전공서적 내용을 정리하여 단권화하면 시험이 임박했을 때 교재 한 권으로도 자신 있게 시험을 치를 수 있습니다.

#2. 아리송한 용어들에 주의!

강화계획은 강화스케줄이라고도 합니다. 강화계획은 가변비율계획(또는 변동비율계획), 고정비율계획, 가변간격계획(또는 변동간격계획), 고정간격계획으로 나눌 수 있습니다. 또 다른 예를 들어볼까요? 도식은 스키마, 쉐마라고 부르기도 합니다. 공부를 하다보면 이렇게 같은 의미를 가진 여러 용어들을 볼 수 있습니다. 내용을 알더라도 용어 때문에 정답을 찾지 못할 수 있으니 주의하면서 공부하시기 바랍니다.

#3. 시간확인은 필수!

쉬운 문제는 금방 넘어가지만 지문이 길거나 어렵고 헷갈리는 문제도 있고, OMR 카드에 마킹까지 해야 하니 실제로 주어진 시간은 더 짧습니다. 1번에 어려운 문제가 있다고 해서 시간을 많이 허비하면 쉽게 풀 수 있는 마지막 문제들을 놓칠 수 있습니다. 문제 푸는 속도도 느려지니 집중력도 떨어집니다. 그래서 어차피 배점은 같으니 아는 문제를 최대한 많이 맞히는 것을 목표로 했습니다.
① 어려운 문제는 빠르게 넘기면서 문제를 끝까지 다 풀고 ② 확실한 답부터 우선 마킹한 후 ③ 다시 시험지로 돌아가 건너뛴 문제들을 다시 풀었습니다. 확실히 시간을 재고 문제를 많이 풀어봐야 실전에 도움이 되는 것 같습니다.

#4. 문제풀이의 반복!

여느 시험과 마찬가지로 문제는 많이 풀어볼수록 좋습니다. 이론을 공부한 후 실제예상문제를 풀다보니 부족한 부분이 어딘지 확인할 수 있었고, 공부한 이론이 시험에 어떤 식으로 출제될 지 예상할 수 있었습니다. 그렇게 부족한 부분을 보충해가며 문제유형을 파악하면 이론을 복습할 때도 어떤 부분을 중점적으로 암기해야 할 지 알 수 있습니다. 이론 공부가 어느 정도 마무리되었을 때 시계를 준비하고 최종모의고사를 풀었습니다. 실제 시험시간을 생각하면서 예행연습을 하니 시험 당일에는 덜 긴장할 수 있었습니다.

학위취득을 위해 오늘도 열심히 학습하시는 동지 여러분에게도 합격의 영광이 있으시길 기원하면서 이만 줄입니다. ”

PREVIEW

이 책의 구성과 특징

01

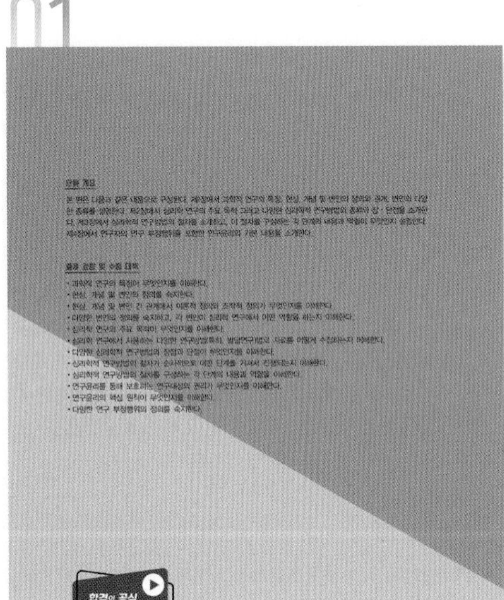

단원 개요

본 편은 다음과 같은 내용으로 구성된다. 제1장에서 과학적 연구의 특징, 현상, 개념 및 변인의 정의와 관계, 변인의 다양한 종류를 설명한다. 제2장에서 심리학 연구의 주요 목적 그리고 다양한 심리학적 연구방법의 종류와 장·단점을 소개한다. 제3장에서 심리학적 연구방법의 절차를 소개하고, 이 절차를 구성하는 각 단계의 내용과 역할이 무엇인지 설명한다. 제4장에서 연구자의 연구 부정행위를 포함한 연구윤리의 기본 내용을 소개한다.

출제 경향 및 수험 대책

- 과학적 연구의 특징이 무엇인지를 이해한다.
- 현상, 개념 및 변인의 정의를 숙지한다.
- 현상, 개념 및 변인 간 관계에서 이론적 정의와 조작적 정의가 무엇인지를 이해한다.
- 다양한 변인의 정의를 숙지하고, 각 변인이 심리학 연구에서 어떤 역할을 하는지 이해한다.
- 심리학 연구의 주요 목적이 무엇인지를 이해한다.
- 심리학 연구에서 사용하는 다양한 연구방법(특히, 발달연구법)과 자료를 어떻게 수집하는지 이해한다.
- 다양한 심리학적 연구방법의 장점과 단점이 무엇인지를 이해한다.
- 심리학적 연구방법이 절차가 순서적으로 어떤 단계를 거쳐서 진행되는지 이해한다.
- 심리학적 연구방법의 절차를 구성하는 각 단계의 내용과 역할을 이해한다.
- 연구윤리를 통해 보호하는 연구대상의 권리가 무엇인지를 이해한다.
- 연구윤리의 핵심 원칙이 무엇인지를 이해한다.
- 다양한 연구 부정행위의 정의를 숙지한다.

단원 개요

핵심이론을 학습하기에 앞서
각 단원에서 파악해야 할 중점과
학습목표를 수록하였습니다.

핵심이론

독학사 시험의 출제 경향에 맞춰 시행처의
평가영역을 바탕으로 과년도 출제문제와
이론을 빅데이터 방식에 맞게 선별하여
가장 최신의 이론과 문제를 시험에
출제되는 영역 위주로 정리하였습니다.

02

제1편 심리학과 과학적 연구방법

제 1 장 심리학과 과학적 연구의 정의

제 1 절 심리학의 이해

1 심리학의 정의와 분야

(1) 심리학의 정의

심리학(psychology)의 어원은 마음을 의미하는 사이키(psyche)와 지식 또는 학문을 의미하는 로고스(logos)라는 고대 그리스어의 단어 조합이다. **심리학은 인간의 행동과 정신과정(mental processes)을 이해하고, 이를 활용해서 인간 복지(well-being)의 증진을 추구하는 학문으로 정의된다.** 이때 행동은 타인이 관찰할 수 있는 말하기, 얼굴이나 목소리로 감정을 표현하기, 휴대전화로 전화하기 등을 의미하며, 정신과정은 타인이 눈으로 직접 볼 수 없는 생각하기, 추론하기, 감정 느끼기 등을 의미한다. 앞서 소개한 심리학의 정의에 기술된 행동을 겉으로 드러난 행동(overt behavior)으로, 정신과정을 겉으로 드러나지 않은 행동(covert behavior)으로 부르기도 한다. 일반적으로 심리학자들은 인간을 대상으로 한 연구를 통해서 인간의 행동과 정신과정을 이해한다. 그런데 경우에 따라서, 심리학자들은 동물(예 쥐, 개, 침팬지)을 대상으로 실시한 연구를 통해 인간의 행동과 정신과정을 이해하기도 한다. 예를 들어, 인간의 학습을 설명하는 고전적 조건화(classical conditioning) 이론은 개를 대상으로 실시한 실험을 통해서 처음 발견되었다.

(2) 심리학의 분야

심리학은 심리학자가 어떤 행동 또는 어떤 정신과정에 관심을 기울이는가에 따라서 여러 분야로 세분화된다. 주요 심리학 분야와 각 분야의 주요 관심사는 [표 1-1]과 같다. 이들 심리학 분야는 독립적이지만 서로 관련된다. 예를 들어, 임상심리학 분야의 심리학자가 인간의 뇌 화학작용이 우울 위험에 미치는 영향을 알아볼 때 생물심리학 분야의 연구결과를 활용한다.

03

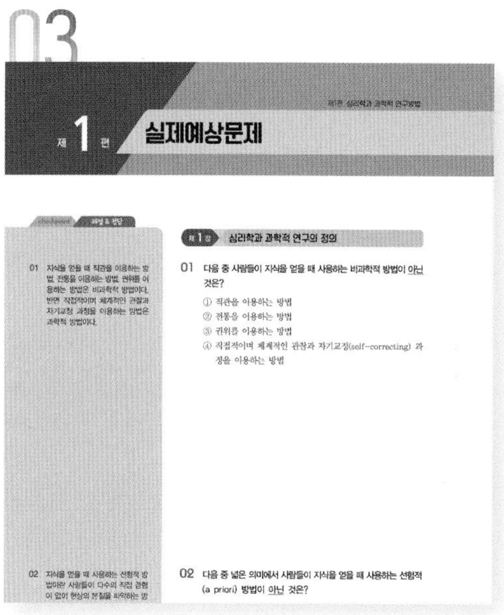
제1편 심리학과 과학적 연구방법

제 1 편 실제예상문제

해설 & 정답

01 지식을 얻을 때 직관을 이용하는 방법, 전통을 이용하는 방법, 권위를 이용하는 방법은 비과학적 방법이다. 반면 직접적이며 체계적인 관찰과 자기교정 과정을 이용하는 방법은 과학적 방법이다.

02 지식을 얻을 때 사용하는 선험적 방법이란 사람들이 다수의 직접 경험이 없이 현상의 본질을 파악하는 방

제 1 장 심리학과 과학적 연구의 정의

01 다음 중 사람들이 지식을 얻을 때 사용하는 비과학적 방법이 아닌 것은?

① 직관을 이용하는 방법
② 전통을 이용하는 방법
③ 권위를 이용하는 방법
④ 직접적이며 체계적인 관찰과 자기교정(self-correcting) 과정을 이용하는 방법

02 다음 중 넓은 의미에서 사람들이 지식을 얻을 때 사용하는 선험적(a priori) 방법이 아닌 것은?

실제예상문제

독학사 시험의 경향에 맞춰 전 영역의 문제를 새롭게 구성하고 지극히 지엽적인 문제나 쉬운 문제를 배제하여 학습자가 해당 교과정에서 필수로 알아야 할 내용을 문제로 정리하였습니다. '실제예상문제'를 통해 핵심이론의 내용을 문제로 풀어보면서 4단계 객관식 문제와 주관식 문제를 충분히 연습할 수 있게 구성하였습니다.

최종모의고사

'핵심이론'을 공부하고, '실제예상문제'를 풀어보았다면 이제 남은 것은 실전 감각 기르기와 최종 점검입니다. '최종모의고사(총 2회분)'를 실제 시험처럼 시간을 두고 풀어보고, 정답과 해설을 통해 복습한다면 좋은 결과가 있을 것입니다.

04

독학사 심리학과 4단계

제 1 회 최종모의고사 | 심리학연구방법론

제한시간 : 50분 | 시작 ___시 ___분 - 종료 ___시 ___분

정답 및 해설 394p

01 다음 중 조작적 정의(operational definition)에 대한 설명으로 틀린 것은?

① 조작적 정의는 연구자가 언어를 이용해서 개념(concept, construct)의 본래 의미를 명확하게 하는 활동이다.
② 개념에 대한 조작적 정의의 결과로 변인(variable)이 도출된다.
③ 조작적 정의는 연구자가 개념을 관찰 가능하도록 경험적 자료로 바꾸는 활동이다.
④ 연구자가 연구목적에 따라서 한 개념에 대한 이론적 정의(theoretical definition, conceptual definition)의 일부분만을 선별해서 해당 개념에 대한 조작적 정의를 내릴 수 있다.

02 특정한 심리적 장애를 가진 소수의 연구대상에게서 자료를 얻을 때 가장 적합한 연구방

03 다음에 제시된 심리학적 연구방법의 절차 중 괄호에 해당하는 세부 단계들의 순서로 올바른 것은?

> 연구주제 선정 → 문헌고찰 → 가설 또는 연구문제 설정 → (㉠) → (㉡) → (㉢) → 본 연구 실시 → 결과분석 및 해석 → 결과보고

① ㉠ 연구설계 → ㉡ 예비연구 실시 → ㉢ 연구도구 선정 및 개발
② ㉠ 연구설계 → ㉡ 연구도구 선정 및 개발 → ㉢ 예비연구 실시
③ ㉠ 연구도구 선정 및 개발 → ㉡ 연구설계 → ㉢ 예비연구 실시
④ ㉠ 예비연구 실시 → ㉡ 연구설계 → ㉢ 연구도구 선정 및 개발

CONTENTS

목 차

핵심이론 + 실제예상문제

제1편 심리학과 과학적 연구방법

제1장 심리학과 과학적 연구의 정의 ··· 003
제2장 심리학적 연구방법의 개요 ··· 021
제3장 심리학적 연구방법의 단계 ··· 032
제4장 윤리적인 연구의 수행 ··· 039
실제예상문제 ··· 058

제2편 연구의 기초

제1장 연구목적의 명료화 ··· 081
제2장 조사 및 실험대상 ··· 094
제3장 측정방법과 측정척도 ··· 106
제4장 신뢰도와 타당도 ··· 127
실제예상문제 ··· 141

제3편 기본적인 연구방법

제1장 심리학적 관찰연구 ··· 165
제2장 관계연구 ··· 184
제3장 실험연구 ··· 200
실제예상문제 ··· 209

제4편 고급 연구방법

제1장 실험설계 ··· 227
제2장 복합설계 ··· 244
제3장 소집단 실험법 ··· 257
제4장 유사 실험법 ··· 267
실제예상문제 ··· 276

제5편 연구결과 분석 및 해석

제1장 심리학적 분석 방법 ··· 293
제2장 모수 및 비모수연구의 분석 방법 ··· 311
제3장 관계 및 차이연구의 분석 방법 ··· 315
제4장 연구결과의 해석과 제시 ··· 353
실제예상문제 ··· 364

부록 최종모의고사

최종모의고사 제1회 ··· 381
최종모의고사 제2회 ··· 388
최종모의고사 제1회 정답 및 해설 ··· 394
최종모의고사 제2회 정답 및 해설 ··· 399

제 1 편

심리학과 과학적 연구방법

제1장 심리학과 과학적 연구의 정의
제2장 심리학적 연구방법의 개요
제3장 심리학적 연구방법의 단계
제4장 윤리적인 연구의 수행
실제예상문제

단원 개요

본 편은 다음과 같은 내용으로 구성된다. 제1장에서 과학적 연구의 특징, 현상, 개념 및 변인의 정의와 관계, 변인의 다양한 종류를 설명한다. 제2장에서 심리학 연구의 주요 목적 그리고 다양한 심리학적 연구방법의 종류와 장・단점을 소개한다. 제3장에서 심리학적 연구방법의 절차를 소개하고, 이 절차를 구성하는 각 단계의 내용과 역할이 무엇인지 설명한다. 제4장에서 연구자의 연구 부정행위를 포함한 연구윤리의 기본 내용을 소개한다.

출제 경향 및 수험 대책

- 과학적 연구의 특징이 무엇인지를 이해한다.
- 현상, 개념 및 변인의 정의를 숙지한다.
- 현상, 개념 및 변인 간 관계에서 이론적 정의와 조작적 정의가 무엇인지를 이해한다.
- 다양한 변인의 정의를 숙지하고, 각 변인이 심리학 연구에서 어떤 역할을 하는지 이해한다.
- 심리학 연구의 주요 목적이 무엇인지를 이해한다.
- 심리학 연구에서 사용하는 다양한 연구방법(특히, 발달연구)별로 자료를 어떻게 수집하는지 이해한다.
- 다양한 심리학적 연구방법의 장점과 단점이 무엇인지를 이해한다.
- 심리학적 연구방법의 절차가 순차적으로 어떤 단계를 거쳐서 진행되는지 이해한다.
- 심리학적 연구방법의 절차를 구성하는 각 단계의 내용과 역할을 이해한다.
- 연구윤리를 통해 보호하는 연구대상의 권리가 무엇인지를 이해한다.
- 연구윤리의 핵심 원칙이 무엇인지를 이해한다.
- 다양한 연구 부정행위의 정의를 숙지한다.

제 1 장 심리학과 과학적 연구의 정의

제 1 절 심리학의 이해

1 심리학의 정의와 분야

(1) 심리학의 정의

심리학(psychology)의 어원은 마음을 의미하는 사이키(psyche)와 지식 또는 학문을 의미하는 로고스(logos)라는 고대 그리스어의 단어 조합이다. 심리학은 인간의 행동과 정신과정(mental processes)을 이해하고, 이를 활용해서 인간 복지(well-being)의 증진을 추구하는 학문으로 정의된다. 이때 행동은 타인이 관찰할 수 있는 말하기, 얼굴이나 목소리로 감정을 표현하기, 휴대전화로 전화하기 등을 의미하며, 정신과정은 타인이 눈으로 직접 볼 수 없는 생각하기, 추론하기, 감정 느끼기 등을 의미한다. 앞서 소개한 심리학의 정의에 기술된 행동을 겉으로 드러난 행동(overt behavior)으로, 정신과정을 겉으로 드러나지 않은 행동(covert behavior)으로 부르기도 한다. 일반적으로 심리학자들은 인간을 대상으로 한 연구를 통해서 인간의 행동과 정신과정을 이해한다. 그런데 경우에 따라서, 심리학자들은 동물(예 쥐, 개, 침팬지)을 대상으로 실시한 연구를 통해 인간의 행동과 정신과정을 이해하기도 한다. 예를 들어, 인간의 학습을 설명하는 고전적 조건화(classical conditioning) 이론은 개를 대상으로 실시한 실험을 통해서 처음 발견되었다.

(2) 심리학의 분야

심리학은 심리학자가 어떤 행동 또는 어떤 정신과정에 관심을 기울이는가에 따라서 여러 분야로 세분화된다. 주요 심리학 분야와 각 분야의 주요 관심사는 [표 1-1]과 같다. 이들 심리학 분야는 독립적이지만 서로 관련된다. 예를 들어, 임상심리학 분야의 심리학자가 인간의 뇌 화학작용이 우울 위험에 미치는 영향을 알아볼 때 생물심리학 분야의 연구결과를 활용한다.

[표 1-1] 주요 심리학 분야와 관심사

분야	주요 관심사
인지심리학	감각, 지각, 학습과 기억, 판단, 의사결정, 문제해결 등과 관련된 정신과정
생물심리학	행동과 정신과정에 영향을 미치는 생물학적 요인(예 유전자, 뇌 화학작용)
성격심리학	타인과 구별되는 한 개인의 독특한 특징
발달심리학	평생에 걸쳐서 발생하는 행동과 정신과정의 변화

사회심리학	집단 구성원 간 행동과 태도의 상호 영향
계량심리학	심리학 연구를 통해 얻은 자료를 평가하고 분석하는 통계적 방법의 개발
임상심리학	행동장애의 측정, 이해, 수정 및 예방
상담심리학	행동장애의 이해 그리고 상담 기법 개발과 실시
교육심리학	선생의 교수법과 학생의 학습법의 개선과 개발
학교심리학	학생의 인지능력 검사, 학생의 학업문제 진단 및 학생의 학업성취와 학교생활 만족도 제고 프로그램 개발
산업 및 조직심리학	직장인의 성과 창출에 긍정적 또는 부정적 영향을 미치는 요인 확인
건강심리학	행동이 건강에 미치는 영향과 질병이 행동과 감정에 미치는 영향

더 알아두기

아래의 링크에 접속하면, 한국심리학회와 미국심리학회의 분과(심리학 분야) 구성과 각 분과의 주요 연구주제를 알 수 있다.

- **한국심리학회** : www.koreanpsychology.or.kr/user/sub01_6.asp
- **미국심리학회** : www.apa.org/about/division

2 심리학의 역사와 주요 관점

(1) 심리학의 역사

1879년 빌헬름 분트(Wilhelm Wundt)가 독일 라이프치히 대학에 심리학 연구 실험실을 설립하여 시각, 청각 등을 연구하면서 현대 심리학이 탄생하였다. 이후 등장한 심리학 역사의 주요 관점은 다음과 같다.

① **구조주의(structuralism) 관점**

빌헬름 분트의 제자인 에드워드 티치너(Edward Titchener)가 미국에서 실험과 내성법(introspection : 연구대상 본인이 경험한 생각, 느낌, 감각 등이 무엇인지를 직접 말하게 해서 그 내용을 알아내는 방법)을 이용해서 의식적 경험과 그 구조(예 감각, 느낌, 이미지)에 대한 연구를 진행하였다. 에드워드 티치너의 주요 관심이 의식적 경험의 구조 파악이기 때문에 그의 관점을 구조주의 관점이라고 한다.

② **기능주의(functionalism) 관점**

윌리엄 제임스(William James)가 미국 하버드 대학에 심리학 실험실을 설립하였다. 그는 구조주의의 주장을 부정하고, 인간과 동물의 행동 관찰을 통해 외부 환경에 적응하기 위해서 유기체(인간, 동물)의 정신과정이 어떻게 기능하는지 연구하였다. 이처럼 윌리엄 제임스가 정신과정의 기능에 관심을 가졌기 때문에 그의 관점을 기능주의 관점이라고 부른다.

③ **정신분석(psychoanalysis) 관점**

1880년대 후반부터 오스트리아 출신의 의사인 지그문트 프로이트(Sigmund Freud)는 본인의 환자와의 면접을 통해 인간의 무의식을 연구하였다. 그는 개별 환자를 대상으로 한 연구를 통해 성격

형성과 행동 발생의 이유를 찾고, 정신장애 치료 기법을 개발하였다. 이와 같은 그의 연구활동을 정신분석이라고 부른다.

④ **게슈탈트(gestalt) 관점**

막스 베르트하이머(Max Wertheimer) 등이 주도하는 독일 심리학자 모임은 인간의 의식적 경험을 그 구성요소로 분리하는 것(구조주의의 핵심 주장)은 가치가 없고, 의식적 경험의 총체(독일어로 gestalt라고 함)는 의식적 경험의 구성요소의 합과 다르다고 주장하였다. 이 모임이 의식적 경험의 총체(게슈탈트)를 강조하기 때문에 이와 같은 관점을 게슈탈트 관점이라고 부른다. 이 모임은 감각 또는 지각 현상의 관찰을 통해 정신과정의 조직화를 연구하였다.

⑤ **행동주의(behaviorism) 관점**

미국의 존 왓슨(John Watson)은 러시아의 생리학자인 이반 파블로프(Ivan Pavlov)의 조건화(conditioning) 개념을 수용해서 심리학자들은 정신과정이 아닌 관찰 가능한 행동만을 연구해야 한다고 주장하였다. 그는 환경 자극과 그에 대한 유기체의 겉으로 드러난 반응 간의 관계를 관찰해서 학습이 행동 발생의 원인임을 강조하였다. 존 왓슨이 관찰 가능한 행동에 주목했기 때문에 그의 관점을 행동주의라고 부른다.

⑥ **인본주의(humanism) 관점**

칼 로저스(Carl Rogers) 등은 인간이 무의식적 힘에 의해 영향을 받는다는 지그문트 프로이트의 주장을 부정하며, 조건화를 강조하는 행동주의에 반감을 가지고 인본주의를 발전시켰다. 인본주의 관점은 인간의 자발적 선택 능력인 자유의지를 강조하며, 인간의 주관적 경험(예 인간의 잠재력이나 이상) 이해를 중시하는 관점이다.

⑦ **인지주의(cognitivism) 관점**

조지 밀러(George Miller) 등은 생각하기, 느끼기, 문제해결하기 등과 같은 정신과정이 행동에 영향을 미친다는 인지주의 관점을 제안하였다.

주요 심리학 관점의 태동과 관련된 주요 활동을 중심으로 심리학의 역사를 간략히 정리하면 [표 1-2]와 같다.

[표 1-2] 주요 심리학 관점의 태동과 관련된 주요 활동

연도	주요 사건	관점
1890년	윌리엄 제임스가 『심리학의 원리(Principles of Psychology)』를 출간함	기능주의 관점
1898년	에드워드 티치너가 내성법 기반의 심리학을 발전시킴	구조주의 관점
1900년	지그문트 프로이트가 『꿈의 해석(The Interpretation of Dreams)』을 출간함	정신분석 관점
1912년	막스 베르트하이머 등이 게슈탈트 관점을 발전시킴	게슈탈트 관점
1913년	존 왓슨이 행동주의 관점을 제안함	행동주의 관점
1942년	칼 로저스가 『상담과 심리치료(Counseling and Psychotherapy)』를 출간함	인본주의 관점
1956년	조지 밀러가 『마술 숫자 7, 더하기 또는 빼기 2(The Magic Number Seven, Plus or Minus Two)』를 출간함	인지주의 관점

(2) 현대 심리학의 주요 관점

심리학이 발전하면서 기존의 주요 관점 중 일부(예 구조주의 관점)는 그 영향력을 잃었으며, 일부는 다른 관점에 통합되었다. 또한 새로운 관점이 등장하였다. 현대 심리학의 관점은 크게 생물학적 관점, 심리학적 관점 및 사회문화적 관점으로 세분화된다.

① 생물학적 관점

생물학적 관점은 뇌 활동, 진화, 유전학과 같은 생물학적 원리를 기반으로 인간 행동을 설명한다. 생물학적 관점은 다음과 같이 세분화된다.

㉠ 생물심리학적 관점

생물심리학적 관점에 따르면, 인간 행동은 신체적・화학적・생물학적 과정의 결과이다. 이 관점을 채택한 심리학자는 뇌와 신경계, 생리, 유전, 내분비계, 생화학 등의 작용을 통해 인간 행동을 이해하려고 한다.

㉡ 진화론적 관점

진화론적 관점에서 인간 행동은 진화의 결과이다. 이 관점을 채택한 심리학자는 자연선택에 기반을 둔 진화 원리로 인간 행동을 설명한다.

② 심리학적 관점

심리학적 관점은 한 개인의 심리적 과정의 결과가 행동이라고 가정한다. 심리학적 관점은 다음과 같이 세분화된다.

㉠ 행동주의 관점

행동주의 관점은 인간의 행동이 외부 환경에 의해서 형성되고 통제된다고 가정한다. 이 가정 하에 행동주의 관점의 심리학자는 관찰 가능한 행동과 학습 효과에 관심을 가지고, 외적 보상과 처벌이 행동에 미치는 영향에 주목한다.

㉡ 인지주의 관점

인지주의 관점에 의하면, 인간은 컴퓨터와 같은 정보처리자이며 많은 인간 행동은 인간의 정보처리 과정을 이해함으로써 설명할 수 있다. 이 관점을 채택한 심리학자는 인간의 사고, 인식, 지각, 이해, 의사결정, 판단 등에 주목한다.

㉢ 정신역동 관점

정신역동 관점은 의식적(예 초자아) 그리고 무의식적(예 원초아) 성격의 충돌이 유발하는 힘에 의해서 인간 행동이 결정된다고 전제한다. 이 관점의 심리학자는 인간의 내적 충동, 욕망, 갈등 등에 주목한다.

㉣ 인본주의 관점

인본주의 관점은 인간 행동이 자기 이미지, 세상에 대한 주관적 지각 및 개인적 성장 욕구에 의해서 발생한다고 주장한다. 이 관점을 채택한 심리학자는 인간 행동을 설명할 때 자기 이미지와 자기실현을 강조하고 인간의 잠재력, 이상, 주관적이고 의식적인 경험에 주목한다.

③ 사회문화적 관점

사회문화적 관점에 따르면, 인간 행동은 사회적 그리고 문화적 맥락에 영향을 받는다. 따라서 인간의 행동은 본인이 태어나고 성장하며 살아가는 사회적 그리고 문화적 환경과 밀접하게 관련된다.

제 2 절 과학적 연구의 이해

1 현상에 대한 지식을 얻는 방법

사람들은 살면서 다양한 현상(예 봄에 눈이 녹음, 물건이 높은 곳에서 낮은 곳으로 떨어짐)을 경험한다. 인간의 행동과 정신과정도 현상이다. 사람들은 다양한 현상의 본질을 배우고, 그 배움이 옳다고 믿으면서(신념 정착) 현상에 대한 지식을 쌓아간다. 사람들은 비과학적 방법 또는 과학적 방법으로 현상에 대한 지식을 얻는다.

(1) 비과학적 방법 중요 ★★

사람들이 현상에 대한 지식을 얻는 비과학적 방법은 **미신**(superstition)이나 **직관**(intuition), **권위**(authority), **고집**(tenacity)이나 **전통**(tradition), **논리적 추론**(reasoning), **직접 경험**(direct experience)을 이용하는 것이다. 그런데 비과학적 방법으로 얻은 지식은 다른 조건이나 상황에 일반화(generalization)하기가 어렵다. 이때 **일반화**란 한정된 수의 현상 사례에서 얻은 지식을 전체 현상에 대한 지식으로 확장하는 것을 말한다. 주요 비과학적 방법은 다음과 같다.

① **미신 또는 직관을 이용하기**

사람들은 주관적 느낌이나 우연에 대한 믿음과 같은 미신을 근거로 특정 지식이 옳다고 믿는다. 많은 사람들이 '4라는 숫자는 불길하다.'라고 생각한다. 그런데 이 생각은 사람들이 현상을 관찰해서 얻은 결과가 아니다. 이와 같은 지식 습득 방법을 지식을 얻기 위한 미신의 방법이라고 한다. 또한 사람들은 특정 지식을 얻은 출처를 정확히 모르는 상태에서 그 지식이 옳다고 직감적으로 믿는다. 경우에 따라서, 사람들은 **직감** 이외에 극히 적은 수의 사건을 관찰해서 얻은 직관을 근거로 지식을 얻기도 한다. 그런데 이 경우, 사람들이 관찰한 극소수의 사건은 전체 사건을 대표하지 못한다는 문제가 있다. 이처럼 직감 또는 직관에 의해서 지식을 얻는 방법을 직관의 방법이라고 한다. 지식을 얻기 위한 미신 또는 직관의 방법을 한 문장으로 요약하면, '내가 이것을 진실이라고 느끼기 때문에, 나는 이것을 진실이라고 믿는다.'이다.

② **권위를 이용하기**

사람들이 지식을 얻을 때 가장 쉽게 이용하는 방법 중 하나가 권위를 이용하는 것이다. 이 방법을 한 문장으로 요약하면, '어떤 전문가가 이것을 진실이라고 말했기 때문에, 나는 이것을 진실이라고 믿는다.'이다. 사람들은 권위가 있는 전문가의 이야기를 옳은 지식이라고 믿는다. 예를 들어, 학생은 교수가 전문가라고 생각하기 때문에 교수가 전달하는 내용을 참된 지식이라고 믿는다. 사람들은 본인이 배우는 모든 것들을 확인해 볼 수단이나 시간 또는 능력 등이 부족하기 때문에 권위의 방법으로 지식을 얻는다. 사람들이 전문가의 권위를 의심하지 않는 한, 권위의 방법은 지식을 얻을 때 사람들에게 최소한의 노력 투입과 확실한 안전성이란 이점을 제공한다.

③ **고집 또는 전통을 이용하기**

사람들은 이미 배운 현상의 본질에 대한 반대 증거가 있더라도, 본인이 이미 배운 내용(전통)을 계속 옳다고 믿고 본인의 지식을 그대로 유지한다(고집). 이를 지식을 얻기 위한 고집 또는 전통의 방법이라고 한다. 이 방법을 한 문장으로 요약하면, '이것은 항상 진실이었기 때문에, 나는 이것이 진실이라고 믿는다.'이다. 고집 또는 전통의 방법으로 얻은 지식에 대한 명백한 반대 증거가 있더라도, 사람들은 고집 또는 전통의 방법으로 얻은 지식을 지지하는 소수의 증거를 어떻게든 찾아낸다. 고집 또는 전통의 방법은 특정 현상에 대한 사람들의 획일적이고 안정적인 견해를 유지하게 함으로써 지식을 얻을 때 사람들이 느끼는 불편감과 스트레스를 줄여준다.

④ 논리적 추론을 이용하기

합리주의(rationalism)에 의하면, 사람들은 현상의 본질에 대한 직접적 경험이 없어도 논리적 추론을 통해 그 본질의 진위를 파악할 수 있다. 이처럼 사람들이 사리에 맞는 것처럼 보이는 현상의 본질에 대한 주장을 옳다고 믿고, 이를 통해 지식을 얻는 방법이 논리적 추론의 방법이다. 이 방법을 한 문장으로 요약하면, '이것은 논리적으로 추론되었기 때문에, 나는 이것이 진실이라고 믿는다.'이다. 이 방법은 다음과 같은 삼단논법(syllogism)의 형식으로 활용된다.

- 전제 1 : 외모가 매력적인 사람은 성격이 좋다.
- 전제 2 : 홍길동은 외모가 매력적인 사람이다.
- 결론 : 홍길동은 성격이 좋다.

그런데 위 예에서 전제 1의 '외모가 매력적인 사람은 성격이 좋다.'라는 문장은 논리적으로 옳을 수 있지만 경험적으로(실제 관찰 상황에서) 틀릴 수 있다. 그럼에도 불구하고 삼단논법에서 결론을 도출하는 논리 구조에서는 전혀 문제가 없다.

⑤ 직접 경험을 이용하기

경험주의(empiricism)에 의하면, 사람들은 현상을 직접 관찰하고 그와 관련된 본인의 오감으로 체험한 경험을 통해 지식을 얻을 수 있다. 본인의 직접적인 관찰과 오감 체험으로 지식을 얻는 방법이 직접 경험의 방법이다. 이 방법을 한 문장으로 요약하면, '내가 이것을 경험했기 때문에, 나는 이것이 진실이라고 믿는다.'이다. 그런데 사람들이 제한된 소수의 관찰과 오감 체험을 근거로 지식을 얻는다면, 직접 경험의 방법을 통해 얻은 지식은 불완전하다.

더 알아두기 중요 ★

선험적(a priori)이란 단어는 현상의 본질에 대한 직접적 경험이 없어도 논리적 추론에 의해서 그 본질의 진위를 파악할 수 있다는 의미를 가진다. 사람들이 사리에 맞는 것처럼 보이는 현상의 본질에 대한 주장을 옳다고 믿고, 이 신념을 기반으로 지식을 얻는 방법을 **선험적 방법**이라고 한다. 따라서 논리적 추론의 방법이 선험적 방법이다. 그런데 선험적이란 단어를 많은 직접적 경험 없이 현상의 본질을 파악하는 것으로 그 의미를 확대하는 경우도 있다. 이 경우, 직관의 방법과 권위의 방법도 선험적 방법에 해당한다.

더 알아두기

과학은 사람들이 직접 경험(경험주의)과 논리적 추론(합리주의)을 함께 이용해서 지식을 얻는 방법이다. 따라서 과학은 경험주의와 합리주의가 결합된 결과이다.

(2) 과학적 방법 중요 ★★★

사람들은 과학적 방법(scientific method)을 이용해서 지식을 얻는다. **과학적 방법**이란 사람들이 현상에 대한 지식을 얻고자 현상의 본질을 체계적 전략을 이용해서 객관적으로 탐색하는 활동을 말한다. 과학적 방법으로 얻은 지식은 객관적 근거를 기반으로 하기 때문에 다양한 조건과 상황에 일반화가 가능하다.

보다 구체적으로, 과학적 방법은 사람들이 경험적(empirical) 관찰과 자기교정(self-correcting) 과정을 통해 현상의 본질을 이해하고, 그 이해의 진위를 확정하는 시도를 말한다. 즉, 사람들이 **경험적 관찰**과 **자기교정 과정**을 통해 지식을 얻는 방법이 과학적 방법이다. 과학적 방법의 특징인 경험적 관찰과 자기교정 과정에 대한 추가 설명은 다음과 같다.

① **경험적 관찰**

과학적 방법은 경험적 근거(자료)를 기반으로 하며, 이 근거는 현상에 대한 체계적인 관찰을 통해서 얻게 된다. 과학적 방법에서 사용하는 경험적 관찰은 **과학적 관찰**에 해당한다. 과학적 관찰의 특징은 다음과 같다.

㉠ 과학적 관찰은 관찰자(연구자)가 직접 관찰을 통해 경험적 자료를 수집하는 활동이다.
㉡ 과학적 관찰은 관찰자가 사전에 주의 깊게 수립한 계획 하에 체계적으로 진행된다.
㉢ 과학적 관찰은 동일 현상에 대해 2명 이상의 관찰자 간에 공유하는 경험을 반영한다. 이를 과학적 관찰의 상호주관성(inter-subjectivity)이라고 한다.

② **자기교정 과정**

누구나 현상의 본질에 대한 경험적 관찰을 할 수 있다. 그리고 누구나 본인의 관찰 결과(자료)를 다른 사람들에게 공개할 수 있다. 여러 사람들의 경험적 관찰과 관찰 결과의 공개 과정은 반복될 수 있다. 그 결과, 사람들은 이전에 옳다고 확정한 현상의 본질에 대한 지식이 이후 공개된 경험적 관찰 결과와 반복적으로 다르면, 그 지식을 버린다. 이를 자기교정 과정이라고 한다.

2 과학적 연구와 연구자의 자세

(1) 과학적 연구의 정의와 특징 중요 ★★★

과학적 방법을 이용해서 현상을 이해하려는 시도가 과학적 연구이다. 보다 구체적으로, **과학적 연구**는 오류(error)와 편향(bias)을 최소화하기 위해 연구자가 현상과 관련된 관찰 자료를 체계적인 절차에 따라 취합해서 현상에 대한 질문의 답을 찾는 기법을 말한다. 과학적 연구는 다음과 같은 특징을 가진다.

① **체계성**

과학적 연구는 체계적인 절차에 따라서 수행된다.

② **논리성**

과학적 연구의 가설이나 이론은 논리적 근거를 기반으로 설정된다.

③ **경험성**

과학적 연구에서 가설이나 이론은 실증적 자료를 근거로 검증된다.

④ **반증가능성(falsifiability)**

반증가능성은 가설이나 이론이 옳다고 증명될 가능성이 아니라 틀렸다고 증명될 가능성을 말한다. 과학적 연구의 가설이나 이론은 틀렸다고 검증될 가능성을 가진다.

⑤ **간명성(parsimony)**

과학적 연구는 복잡한 현상을 단순한 요인들로 분해해서 접근한다.

⑥ **반복가능성(replicability)**

한 연구자가 과학적 연구를 통해 얻은 결과와 동일한 결과를 다른 연구자들도 얻을 수 있어야 한다.

⑦ **전파가능성**

과학적 연구에서 얻은 결과는 다른 연구자들과 공유되도록 기록되고 전파되며 보존될 수 있어야 한다.

(2) 과학적 연구를 수행하는 연구자의 자세 중요 ★

과학적 연구의 수행 과정은 체계적인 증거 수집, 정확한 기술과 측정, 정교한 정의, 통제된 관찰 및 반복 검증이 가능한 결과 얻기라는 세부 활동으로 이루어진다. 이와 같은 활동으로 구성된 과학적 연구를 제대로 수행하기 위해서, 연구자는 비판적 사고(critical thinking)를 가질 필요가 있다.

비판적 사고란 연구자가 제대로 된 지지 증거나 반박 증거를 기반으로 본인 또는 타인의 주장 내용을 평가하고 판단하는 과정이다. 과학적 연구를 수행하는 과정에서 연구자의 비판적 사고를 촉발하고 유지하는 데 도움이 되는 질문은 다음과 같다.

① 연구자가 믿거나 수용하는 특정 주장이 무엇인가?
② 그 주장을 지지하는 근거로 이용할 수 있는 증거(관찰 자료)는 무엇인가?
③ 그 증거를 다른 방식으로 해석할 수 있는가?
④ 어떤 증거가 또 다른 대안적 주장을 평가하는 데 도움이 되는가?
⑤ 어떤 결론이 가장 타당한가?

더 알아두기

과학적 연구는 비판적 사고에서 출발한다. 이때 비판적 사고를 가진 연구자는 특정 지식의 옳고 그름에 대한 신념이 과학적 설명과 관찰을 통해 지지될 수 있는지를 심사숙고한다. 연구자는 비판적 사고를 통해 기존 지식과 이론을 끊임없이 점검하고 수정한다. 비판적 사고의 토대가 되는 연구자의 기본 마음가짐은 다음과 같다.

- 종교적 신념과 개인의 가치관은 믿음의 문제이지만, 이외의 다른 신념은 논리적 분석과 실증적 검증을 통해 그 진위를 파악한다.
- 전문가나 권위자가 특정 신념의 옳고 그름을 결정할 수 없다.
- 특정 신념을 지지하거나 반박하는 증거(관찰 자료)의 양보다 증거의 질(신뢰성)이 더 중요하다.
- 특정 신념과 관련된 다양한 종류의 지지 증거 또는 반박 증거를 무조건 믿지 않지만, 일단 수용은 한다.
- 지금까지 옳다고 여겨졌던 특정 신념이 틀릴 수 있다는 반박가능성을 고려한다.

3 심리학과 과학적 연구의 관계

인간의 행동과 정신과정을 연구하기 위해서, 초기 심리학자들은 연구대상이 본인의 주관적 경험(예 생각, 느낌, 감각)을 보고하는 내성법을 이용하였다. 그러나 이후 심리학자들은 내성법과 같은 연구대상의 주관적 관점 기반의 연구방법으로 인간의 행동과 정신과정을 완벽하게 이해하기 어렵다는 한계점을 인식하였다. 그 결과, 심리학자들은 인간의 다양한 행동과 정신과정을 체계적으로 연구하고, 다른 학문(예 역사학, 법학)과 차별화하고자 객관적이며 체계적인 관찰을 연구방법(과학적 방법)으로 채택하였다. 따라서 현대 심리학은 인간의 행동과 정신과정을 과학적 방법을 통해 연구(과학적 연구)하는 학문이다.

더 알아두기

현대 심리학의 관점 중 정신역동 관점의 중요 한계점은 정신역동 관점에서 제안하는 가설이나 이론을 과학적 연구를 통해 확증하거나 반증하기 어렵다는 것이다.

4 과학적 연구에서 이론과 자료

(1) 과학적 연구의 목적

과학적 연구의 핵심 목적은 연구자가 현상의 본질에 대한 사실을 찾고, 이 사실에 의미를 부여하며, 사실들 간의 관련성을 제안하는 이론(theory)을 개발하는 것이다. 이와 같은 핵심 목적은 다음의 세부 목적으로 세분화된다.

① 과학적 연구의 세부 목적은 현상에 대한 새로운 이론을 개발하거나 기존 이론을 정교화하고 수정하는 것이다. 이와 같은 세부 목적을 달성한 과학적 연구의 결과는 현상을 기술하고 설명하며 예측하는 데 기여한다.

② 과학적 연구의 세부 목적은 기존 이론의 현실 적용 가능성과 그 효과를 확인하는 것이다. 이와 같은 세부 목적을 달성한 과학적 연구는 그 결과를 바탕으로 현상을 통제하는 데 도움이 된다.

(2) 이론의 이해 중요 ★★

① 이론의 정의

이론이란 현상이나 현상 간의 관계 또는 개념(concept, construct)이나 개념 간의 관계를 기술하고 설명하며 예측하는 것이다. 이때 개념은 현상과 관련된 자료에서 직접 확인이 가능하거나 추론이 가능한 현상에 대한 관념적 지식을 말한다.

이론을 넓은 의미로 정의한다면, 이론은 현상이나 현상 간의 관계에 대한 기술이나 설명의 틀(기술문이나 설명문의 조합)을 말한다. 이론을 좁은 의미로 정의한다면, 이론은 개념이나 개념 간의 관계에 대한 기술문이나 설명문을 말한다.

더 알아두기

우리는 흔히 이론을 다수의 연구자들이 여러 차례의 과학적 연구를 통해 확정한 것으로 안다. 인지부조화 이론, 귀인 이론, 고전적 조건화 이론 등이 이에 해당한다. 이뿐만 아니라, 한 연구에서 연구자가 본인의 연구주제와 관련된 문헌고찰을 기반으로 개념 간의 관계를 잠정적으로 기술하거나 설명한 글도 이론이다. 연구자는 본인이 잠정적으로 만든 이론을 자료 수집과 분석을 통해 검증한다.

② 이론의 기능

이론은 조직화와 예측이라는 주요 기능을 수행한다.

㉠ 조직화

이론은 다수의 다양한 자료를 체계적이고 순서에 맞게 전개시켜 주는 틀을 제공한다. 따라서 연구자는 본인 또는 다른 연구자가 얻은 방대한 자료나 그 결과를 조직화할 때 이론을 이용한다.

㉡ 예측

이론은 연구자가 자료를 얻은 적이 없는 상황에서 현상을 예측하는 데 도움을 준다. 따라서 연구자는 이론을 이용해서 본인의 새로운 연구에서 자료를 수집하기 전 가설을 설정할 수 있다.

③ 이론의 특징

㉠ 이론은 과학적 연구를 통해서 수립되며, 검증 가능해야 한다. 특정 이론이 논리적으로 검증될 수 없다면, 그 이론의 옳고 그름은 평가될 수 없다. 연구자는 이런 이론에 가치를 두지 않는다.

㉡ 심리학에서 일반적으로 이론은 글로 표현된다. 이때 이론은 정밀하게 기술되어야 한다. 두리뭉실하게 기술된 이론은 예측 기능을 하지 못하기 때문에 후속연구자에게 도움이 되지 않는다.

㉢ 특정 이론이 수립된 이후, 해당 이론은 후속 과학적 연구를 통해 지속적 증명과 반증의 과정을 거친다. 해당 이론이 후속 과학적 연구를 통해 지속적으로 증명되면, 그 이론은 **법칙**(law)으로 인정받는다. 그러나 해당 이론이 후속 과학적 연구를 통해 지속적으로 틀린 것으로 확인이 되면, 그 이론은 폐기된다. 또한 후속 과학적 연구를 통해 특정 이론의 단점과 한계점이 수정 또는 보완되면서, 해당 이론이 계속 유지되기도 한다.

㉣ 특정 이론은 해당 이론이 다루는 범위에 따라서, 거시적 이론과 미시적 이론으로 나누어진다. 예를 들어, 에이브러햄 매슬로(Abraham Maslow)가 제안한 욕구위계(hierarchy of needs) 이론은 거시적 이론이며, 소비 현상과 관련된 다양성 추구 동기 이론은 미시적 이론이다.

㉤ 좋은 이론은 현실에서 발생하는 다양한 현상의 이해에 광범위하게 적용할 수 있는 일반화 가능성(generalizability)이 높다. 이때 **일반화 가능성**이란 한정된 수의 현상 사례에서 얻은 결과를 얼마나 다양한 현상에 적용할 수 있는지의 정도를 말한다. 그런데 특정 이론은 통제된 실험실 상황에서 발생하는 현상 이해에는 적용이 가능하지만, 복잡한 현실 상황에서 발생하는 현상 이해에는 적용하기 어렵다(낮은 일반화 가능성). 이론의 일반화 가능성을 높이기 위해서, 연구자는 새로운 이론을 개발하거나 기존 이론을 검증할 때 과학적 연구의 생태학적 타당도(ecological validity) 또는 외적 타당도(external validity)를 높일 필요가 있다.

㉥ 이론은 강하거나 약한 가정(assumption)을 전제로 한다. 이때 **가정**이란 이론이 성립하기 위해 필요한 전제조건이며, 가정은 증명할 필요가 없다. 그런데 특정 이론이 성립하기 위해서 필요한 전제조건이 매우 구체적이고 특별하면(특정 이론의 가정이 강하면), 해당 이론의 가정은 다른 전

제조건에서 성립되기 어렵다. 따라서 해당 이론의 반증가능성이 높기 때문에 이론이 지속적으로 유지되기 어렵다. 이때 반증가능성이란 이론이 옳다고 증명될 가능성이 아니라 이론이 틀렸다고 증명될 가능성을 말한다.

ⓢ 이론은 간명한 것이 좋다. 따라서 좋은 이론은 현상을 설명하고 예측하기 위해서 가능한 한 가장 적은 수의 개념과 가정을 이용한다. 즉, 좋은 이론은 간명성의 법칙(law of parsimony)에 부합한다. 이때 **간명성의 법칙**이란 동일 현상을 비슷한 수준으로 정확하게 설명하는 다양한 이론들 중 가장 적은 수의 개념과 가정을 이용한 이론이 가장 좋다는 규범이다.

ⓞ 좋은 이론은 해당 학문 분야에서 많은 수의 후속 과학적 연구가 진행되도록 연구 방향을 제안한다.

(3) 과학적 연구에서 이론과 자료의 관계 중요 ★★★

과학적 연구를 통해 현상을 이해하기 위해서, 이론과 자료(경험적 관찰)가 필요하다. 이론과 자료 중 어느 것이 더 중요하고, 어느 것이 우선하는지에 대한 견해는 다양하다. 이처럼 서로 다른 견해를 반영한 가장 대표적인 과학적 연구방법이 **귀납법**(induction)과 **연역법**(deduction)이다.

① 귀납법

귀납법은 자료가 이론보다 더 중요하며, 자료에서 이론이 도출됨을 강조한다. 과학적 연구를 할 때, 연구자가 특정 자료에서 이론을 추론하는 방법(자료 → 이론)이 귀납법이다. 귀납법의 문제점은 다음과 같다. 특정 자료는 그것을 얻은 특정 조건이나 상황과 밀접하게 관련된다. 따라서 귀납법으로 해당 자료에서 추론한 이론은 해당 조건이나 상황에서만 지지되고, 다른 조건이나 상황에서 변경될 수 있다. 즉, 특정 자료에서 추론한 이론은 잠정적인 것으로 다른 자료에 의해서 반증될 수 있다.

② 연역법

연역법은 자료를 예측하는 이론을 강조한다. 연역법이란 이론에서 특정 자료를 추론하는 방법(이론 → 자료)이다. 연역법을 지지하는 연구자들은 잘 발전된 이론들을 높게 평가한다. 연역법에 따르면, 특정 이론은 특정 자료의 발생을 예측한다. 만약 특정 이론이 여러 연구에서 얻은 자료를 예측하는 것으로 밝혀지면, 해당 이론의 정확성에 대한 신뢰가 높아진다. 그런데 자료는 그것을 얻는 조건이나 상황에 따라서 달라진다. 이처럼 조건이나 상황에 따라서 얻는 자료가 다르기 때문에, 특정 자료에 의해서 확증된 이론이 다른 자료에 의해서 반증될 수 있다.

더 알아두기

과학적 연구에서 현상을 이해하기 위한 접근 방법으로 가장 대표적인 방법이 귀납법과 연역법이다. 이 외에 강 추론(strong inference)과 가추법(abduction)도 있다. 강 추론과 가추법에 대한 설명은 다음과 같다.

• 강 추론

강 추론은 현상에 대한 여러 가능한 대안적 설명(이론) 중 부적절한 설명(이론)을 제거하는 방법이다. 어떤 연구자가 무수히 반복해서 강 추론 절차를 수행한다면, 특정 현상에 대한 이론은 오직 하나만 남을 것이다.

- 가추법

  새로운 이론을 개발할 때, 연구자는 가추법을 사용할 수 있다. 가추법은 '가설적 추론 방법'의 줄임말이다. 가추법은 새롭고 흥미로우며 창의적인 이론의 개발을 위한 가설을 도출할 때 사용된다. 가추법은 연구자가 몇 가지 자료를 기반으로 비논리적일 수 있지만 그럴듯한 가설을 창조적으로 추론하는 방법이다.

더 알아두기

귀납법, 연역법 및 가추법의 논리 구조를 하나의 사례를 통해 설명하면 다음과 같다.

연구자가 안이 보이지 않는 항아리 안에 든 구슬을 뽑는 상황이다.

- 귀납법의 논리 구조
  - 'A. 이 구슬은 이 항아리에서 뽑았다.' → 'B. 이 구슬은 흰색이다.' → 'C. 이 항아리에 있는 모든 구슬은 흰색이다.'
  - C 문장은 연구자가 흰색 이외의 다른 색의 구슬을 뽑기 전까지는 옳다.
- 연역법의 논리 구조
  - 'A. 이 항아리에 있는 모든 구슬은 흰색이다.' → 'B. 이 구슬은 이 항아리에서 뽑았다.' → 'C. 이 구슬은 흰색이다.'
  - A 문장은 연구자가 흰색 이외의 다른 색의 구슬을 뽑기 전까지는 옳다.
- 가추법의 논리 구조
  - 'A. 이 항아리에 있는 모든 구슬은 흰색이다.' → 'B. 이 구슬은 흰색이다.' → 'C. 이 구슬은 이 항아리에서 뽑았다.'
  - A 문장과 B 문장이 참이더라도, C 문장이 A 문장과 B 문장을 기반으로 한 타당한 결론이라고 볼 수 없다. 단지, C 문장은 그럴듯해 보일 뿐이다.

5 과학적 연구와 관련된 주요 용어의 이해

(1) 현상

현상이란 현실 세계에서 발생하는 관찰 가능한 사건을 말한다. 심리학 연구의 대상인 인간의 행동과 정신과정도 현상에 해당한다. 현실 세계의 여러 현상은 매우 복잡해서, 연구자가 그 본질이나 발생 규칙을 파악하기 어렵다.

(2) 개념 중요 ★★★

연구자는 현상을 관찰해서 개념을 도출한다. 관찰은 개념과 그 개념이 도출된 현상을 연결시키는 방법이다. 이때 **개념**은 연구자가 현실 세계에서 자주 또는 많이 발생하는 특정 사건을 관찰해서 그 결과를 언어적으로 추상화한 것(verbal abstraction)이다.

더 알아두기

국내에서 서로 다른 영어 단어인 concept 또는 construct를 구분하지 않고 개념으로 번역해서 사용한다. 심리학에서 사용하는 두 영어 단어의 차이를 명확하게 구분하면, construct는 concept보다 더 추상화된 개념을 말한다. 구체적으로, construct는 여러 관찰 가능한 다수의 concept 간의 논리적 조합이다. 즉, concept는 construct에 포함된다(concept ⊂ construct).

① 개념의 구성요소

개념은 명칭(label), **이론적 정의**(theoretical definition, conceptual definition) 및 **조작적 정의**(operational definition)로 구성된다. 명칭, 이론적 정의 및 조작적 정의는 개념의 표현 방식으로 볼 수 있다.

㉠ 명칭

개념에 대한 연구자 간 명확하고 효율적인 의사소통을 위해서, 연구자는 개념에 명칭을 붙일 필요가 있다. 예를 들어, 애착, 인지욕구 등이 개념 명칭에 해당한다.

㉡ 이론적 정의

이론적 정의는 개념에 해당하는 언어적 의미를 구체화한 것이다. 예를 들어, '연령'이라는 개념은 '출생 이후 경과된 시간의 양'으로 이론적 정의를 내릴 수 있다. 이론적 정의는 다음과 같은 특징을 가진다.

ⓐ 이론적 정의는 연구자가 언어를 이용해서 개념의 본래 의미를 명확하게 하는 활동이다.
ⓑ 연구자가 이론적 정의를 내릴 때 다른 연구자들이 명확하게 이해할 수 있는 수준까지 수정하고 보완해야 한다.
ⓒ 연구자는 이론적 정의를 내릴 때 기존 이론이나 다른 연구자의 이론적 정의를 활용한다.
ⓓ 이론적 정의는 조작적 정의보다 추상적이다.
ⓔ 동일 개념에 대한 이론적 정의는 시대와 연구자에 따라 다를 수 있다.
ⓕ 특정 개념에 대한 이론적 정의는 여러 후속연구자들에 의해 수정되고, 보완되며, 기각된다.
ⓖ 이론적 정의는 일관되며, 정확하고, 명확해야 한다. 만약 그렇지 않다면, 연구과정에서 자료수집, 분석 및 해석에 혼란을 초래한다.

㉢ 조작적 정의

조작적 정의는 개념에 대한 이론적 정의를 관찰 가능하고 측정 가능한 형식으로 바꾼 진술문을 말한다. 예를 들어, '연령'이라는 개념에 대한 이론적 정의는 '출생 이후 경과된 시간의 양'이며, 조작적 정의는 '출생 시점 이후 경과된 연월의 수'이다. 조작적 정의는 다음과 같은 특징을 가진다.

ⓐ 조작적 정의는 이론적 정의에 부합해야 한다.
ⓑ 연구자가 연구목적에 따라서 특정 개념에 대한 이론적 정의의 일부분만 선별해서 해당 개념에 대한 조작적 정의를 내릴 수 있다.
ⓒ 조작적 정의는 연구자가 개념을 관찰 가능하도록 경험적 지표로 바꾸는 활동이다.
ⓓ 조작적 정의는 연구자가 개념을 측정하기 위해서 따라야 하는 방법과 절차를 구체적으로 제시한다. 예를 들어, 조작적 정의는 한 개념을 단일 문항으로 측정할 것인지, 한 개념을 여러 문항으로 측정한 후 이들 문항의 평균값을 산출할 것인지 등을 포함한다.
ⓔ 개념에 대한 조작적 정의의 결과로 변인(variable)이 도출된다. 변인을 변수라고 부르기도 한다.

② **개념의 기능**

㉠ 연구자는 개념을 통해 본인이 현실의 세계에서 관찰한 현상의 내용을 조직화하고 질서를 부여한다.

㉡ 연구자는 개념을 통해 본인이 관찰한 현상의 중요성을 판단하고 그 의의를 확인한다.

㉢ 연구자는 개념을 이용해서 연구를 진행한다.

㉣ 연구자는 개념을 이용해서 다른 연구자와 의사소통을 한다. 심리학에서 다루는 많은 개념은 눈에 보이는 것이 아니다(예 자기존중감). 따라서 연구자들 간 특정 개념이 가진 의미와 본질에 대한 상호 동의가 있어야, 연구자들 간 원활한 의사소통이 가능하다.

(3) 변인 중요 ★★★

① **변인의 정의**

개념에 대한 조작적 정의를 통해 변인이 도출된다. **변인**이란 연구대상이 가진 변하거나 변할 수 있는 한 특성(a characteristic)이다. 심리학에서, 변인은 연구에서 변경(조작 또는 처치)하거나 측정하고자 하는 연구대상의 구체적인 속성으로 정의된다.

② **변인의 종류**

과학적 연구에서 자주 사용되거나 언급되는 변인의 종류는 다음과 같다.

㉠ 독립변인(independent variable)

독립변인은 어떤 현상의 원인이 되는 연구대상의 속성이다. 독립변인은 종속변인에 영향을 미치기 때문에 독립변인을 예측변인이라고 부르기도 한다. 또한 많은 실험연구에서 독립변인은 실험적 조작이나 처치가 가해지기 때문에 독립변인을 처치변인이라고도 한다.

ⓐ 독립변인은 조작 가능 여부에 따라서 조작 가능한 독립변인과 조작 불가능한 독립변인으로 구분된다. 예[1]를 들어서, 어떤 연구자가 강의식 교수법과 토론식 교수법(독립변인 : 교수법의 종류)이 수강생의 학업성취도(종속변인)에 미치는 영향을 알고자 한다. 이때 연구자는 다음과 같이 교수법의 종류(독립변인)를 조작할 수 있다. 연구자는 한 수업에서는 강의식 교수법을, 다른 수업에서는 토론식 교수법을 사용한다. 이 경우의 독립변인은 연구자가 인위적으로 조작할 수 있다. 다른 예로, 어떤 연구자가 강사의 성별(독립변인)이 수강생의 학업성취도에 미치는 영향을 알고자 한다. 이 경우, 연구자는 강사의 성별을 인위적으로 조작할 수 없다. 따라서 강사의 성별은 조작이 불가능한 독립변인이다.

ⓑ 독립변인은 연구자에 의해서 조작(또는 처치)되거나 측정될 수 있다.

㉡ 종속변인(dependent variable)

종속변인은 독립변인의 영향으로 인해 발생하는 변화이다. 구체적으로, 종속변인은 독립변인에 의해서 발생하는 효과나 반응을 말한다. 종속변인을 결과변인 또는 준거변인(criterion variable)이라고도 부른다.

ⓐ 일반적으로 종속변인은 연구자에 의해서 측정된다.

ⓑ 독립변인과 종속변인의 관계와 특징을 [그림 1-1] 및 [표 1-3]과 같이 요약할 수 있다.

1) 본 도서에서 소개하는 모든 연구의 예와 그 결과는 본 편저자가 가상으로 단순화해서 만든 것이다.

[그림 1-1] 독립변인과 종속변인 간의 관계

[표 1-3] 독립변인과 종속변인의 비교

독립변인	종속변인
원인	결과(효과 또는 반응)
조작 또는 처치, 측정	측정

㉢ 가외변인(extraneous variable)

독립변인과 종속변인 간의 관계에 수많은 변인이 개입될 수 있다. 이처럼 독립변인과 종속변인 간의 관계에 영향을 미칠 수 있는 모든 변인을 **가외변인**이라고 한다.

ⓐ 가외변인은 연구자가 관심을 가지고 있는 독립변인과 종속변인 간의 관계에 영향을 미칠 수 있지만, 연구자가 연구에서 관심을 가지고 다루는 변인이 아니다. 가외변인을 **혼입변인**(confounding variable)이라고도 부른다. 연구자가 가외변인의 영향을 통제해야 독립변인과 종속변인 간의 실제 관계를 정확히 확인할 수 있다.

ⓑ 가외변인을 통제하지 않고 연구를 수행하는 경우, 다음과 같은 문제가 발생한다. [그림 1-2]에서, 가외변인은 독립변인 그리고 종속변인과 관련되지만, 독립변인과 종속변인 간의 인과관계는 실제로 존재하지 않는다. 그런데 만약 연구자가 가외변인을 통제하지 않으면, 독립변인 그리고 종속변인과 동시에 관련된 가외변인 때문에 마치 독립변인과 종속변인 간 인과관계가 있는 것으로 확인된다.

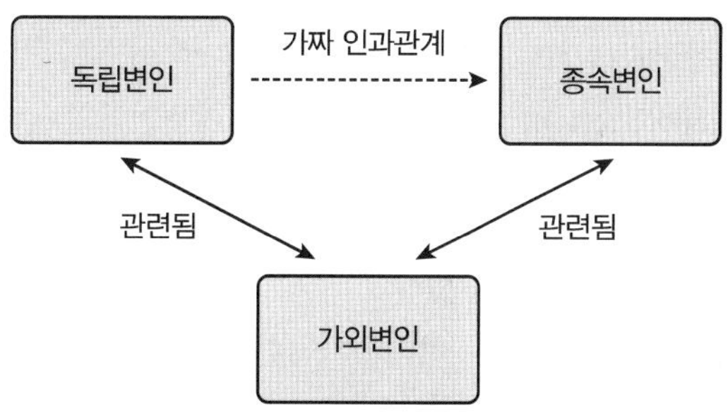

[그림 1-2] 가외변인이 유발하는 문제

ⓒ 가외변인의 예는 다음과 같다. 어떤 연구자가 사회 계층(독립변인)이 언어 유창성(종속변인)에 미치는 영향을 알고자 한다. 취합한 자료를 분석해서, 연구자는 사회 계층이 높으면 언어 유창성이 좋다는 결과를 얻었다. 이후 연구자는 교육 수준(가외변인)이 사회 계층 그리고 언어 유창성과 관련된다는 사실을 깨달았다. 또한 연구자는 사회 계층 그리고 언어적 유창성과 교육 수준 간의 관련성을 제거하면, 사회 계층과 언어 유창성 간의 인과관계가 사라진다는 점을 알았다. 결론적으로, 사회 계층과 언어 유창성 간의 실제 인과관계는 존재하지 않지만,

사회 계층과 언어 유창성이 교육 수준과 관련성이 있기 때문에 연구자가 사회 계층과 언어 유창성 간의 인과관계를 확인한 것이다.

더 알아두기

가외변인으로 작용하는 연구 관련 요인과 그 사례는 다음과 같다.

- **연구대상** : 어떤 연구자가 가정 폭력 피해자인 기혼 여성이 지인으로부터 본인의 가정 폭력 피해 신고에 대한 사회적 지지(독립변인)를 받으면, 가정 폭력 피해 신고(종속변인)를 많이 하는지 알고자 한다. 이에 연구자가 가정 폭력의 피해를 입은 한국 여성과 이주 여성을 연구대상으로 모집한 후 이들의 자료를 합쳐서 통계 분석을 실시하면, 연구대상의 원 국적(한국 vs 외국)에 해당하는 국가 간의 문화차이가 가외변인으로 작용할 수 있다.
- **연구자** : 어떤 연구자가 독립변인과 종속변인 간의 관계에 관한 소수의 논문(예 1편의 논문)을 검토한 후 연구를 진행하였다. 이 경우, 연구자는 독립변인과 종속변인의 관계에 영향을 미칠 수 있는 다양한 가외변인을 파악하기 어렵고, 독립변인과 종속변인의 실제 관계를 정확히 검증할 수 없다.
- **자료 수집 방법** : 어떤 연구자가 일부 자료를 본인의 지인들로부터 오프라인으로 얻고, 나머지 자료를 조사회사의 패널(panel)로부터 온라인으로 얻었다. 이때 연구대상 선정 방법 차이(지인 vs 조사회사 패널) 또는 자료 수집 방법 차이(오프라인 vs 온라인)가 가외변인으로 작용할 수 있다.
- **측정** : 어떤 연구자가 타당도와 신뢰도가 낮은 측정 문항(부실한 측정 문항)을 이용해서 자료를 수집한 경우, 측정 문항의 낮은 타당도와 신뢰도가 가외변인으로 작용할 수 있다.

㉣ 통제변인(control variable)

연구자가 독립변인과 종속변인의 관계에 혼입효과(confounding effect)를 일으킬 것으로 예상하고, 이 영향을 억제하고자 미리 계획한 가외변인을 **통제변인**이라고 한다. 이때 **혼입효과**란 독립변인 이외의 다른 여러 변인이 복잡하게 뒤얽혀서 종속변인에 영향을 미치기 때문에, 연구자가 독립변인이 종속변인에 미치는 영향 여부를 결정하기 어려운 상황을 말한다. 연구자는 통제변인의 혼입효과를 다음과 같은 방법으로 억제한다.

ⓐ 무선화(randomization) : **무선화**의 목적은 통제변인의 혼입효과를 연구대상 간 또는 실험연구의 실험조건 간 분산시켜서 평준화(level off)시키는 것이다. 무선화 방법에는 연구대상을 무작위로 모집하는 방법(무선표집)과 실험연구에서 연구대상을 여러 실험 조건에 무작위로 배정하는 방법(무선배정)이 있다.

ⓑ 조작적 통제(manipulated control) : **조작적 통제**는 주로 실험연구에서 사용되며, 조작적 통제의 목적은 통제변인을 상수(constant)로 바꾸는 것이다. 이때 상수란 항상 일정해서 변하지 않는 연구대상의 속성을 말한다. 이처럼 통제변인을 상수로 고정하면, 통제변인의 변화가 발생하지 않아서 통제변인이 독립변인이나 종속변인에 영향을 미칠 수 없게 된다.

ⓒ 통계적 통제(statistical control) : 연구자가 혼입효과를 일으킬 것으로 예상되는 통제변인을 미리 연구설계에 포함해서 자료 수집 과정에서 통제변인을 측정한다. 연구자가 자료를 분석할 때 통계적 기법을 이용해서 독립변인과 종속변인 간의 관계에 미치는 통제변인의 혼입효과를 통계적으로 억제한다.

㉤ 중재변인(intervening variable)

중재변인은 독립변인이 종속변인에 미치는 효과를 중재하는 변인이다. 중재변인은 그 역할에 따라서 매개변인(mediating variable)과 조절변인(moderating variable)으로 구분된다.

더 알아두기

연구자에 따라서 조절변인을 제외하고 매개변인만을 중재변인이라고 부르기도 한다.

ⓐ 매개변인

매개변인은 중재변인의 한 종류이다. **매개변인**은 독립변인이 종속변인에 미치는 영향을 중간에서 변화시키는 변인이다([그림 1-3] 참조).

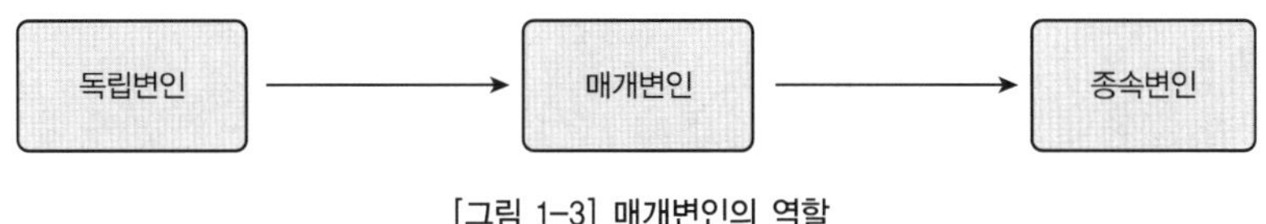

[그림 1-3] 매개변인의 역할

- 매개변인은 독립변인 그리고 종속변인 모두와 관련성을 가진다. 또한 매개변인은 독립변인의 입장에서 종속변인에 해당하며, 종속변인의 입장에서 독립변인에 해당한다.
- 매개변인의 예는 다음과 같다. 어떤 연구자가 연구대상에게 광고를 보여준 후 측정한 광고에 대한 태도(독립변인)가 광고 브랜드에 대한 태도(매개변인)에 영향을 미치고, 이후 광고 브랜드에 대한 태도가 광고 브랜드의 구입 의향(종속변인)에 영향을 미치는지 알고자 한다.
- 통계적으로 매개변인의 역할(매개효과)은 회귀분석(regression analysis), 소벨(Sobel) 검증, 경로분석(path analysis), 구조방정식모형(structural equation model) 등으로 검증한다.

ⓑ 조절변인

조절변인은 독립변인이 종속변인에 미치는 영향의 여부나 정도 차이를 유발(조절)하는 변인이다([그림 1-4] 참조).

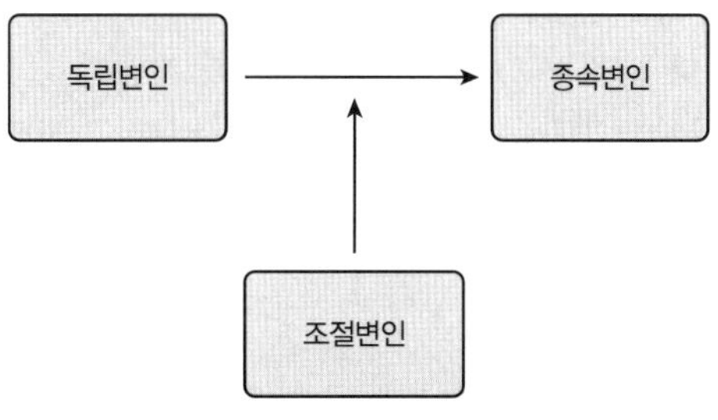

[그림 1-4] 조절변인의 역할

- 조절변인은 종속변인의 입장에서 또 하나의 독립변인에 해당한다. 따라서 독립변인과 조절변인은 관련성이 낮을수록 좋다.

- 조절변인의 예는 다음과 같다. 어떤 연구자가 아동의 성별에 따라서 폭력적 TV 프로그램 시청 시간(독립변인)이 폭력적 행동 빈도(종속변인)에 미치는 영향의 차이를 알고자 한다. 자료 수집 후 실시한 통계적 분석 결과, 남자 아동은 폭력적 TV 프로그램 시청 시간이 길면 폭력적 행동을 더 많이 하는 것으로 나타났다. 반면 여자 아동의 경우, 폭력적 TV 프로그램 시청 시간이 길면 오히려 폭력적 행동을 더 적게 하는 것으로 밝혀졌다. 즉, 아동의 성별에 따라서 폭력적 TV 프로그램 시청 시간(독립변인)이 폭력적 행동 빈도(종속변인)에 미치는 영향의 방향(남아 : 증가 vs 여아 : 감소)이 달랐다. 이처럼 독립변인이 종속변인에 미치는 영향의 차이를 유발하는 아동의 성별을 조절변인이라고 한다.
- 통계적으로 조절변인의 역할(조절효과)은 분산분석(analysis of variance), 회귀분석 등으로 검증한다.

더 알아두기

매개효과와 조절효과를 검증하는 통계적 기법에 대한 간략한 소개는 다음과 같다.
- **회귀분석(매개효과와 조절효과의 검증)** : 1개 이상의 독립변인이 종속변인에 미치는 영향 여부와 정도를 확인하는 통계적 기법이다.
- **구조방정식모형(매개효과의 검증)** : 연구자가 측정한 변인을 잠재변인(latent variable)으로 추정해서 2개 이상의 잠재변인 간 인과관계를 확인하는 통계적 기법이다.
- **소벨 검증(매개효과의 검증)** : 매개효과(독립변인 → 매개변인 → 종속변인)가 통계적으로 유의미한지를 확인하는 통계적 기법이다.
- **경로분석(매개효과의 검증)** : 연구자가 측정한 2개 이상의 변인 간 인과관계를 확인하는 통계적 기법이다.
- **분산분석(조절효과의 검증)** : 1개 이상의 독립변인이 유발하는 종속변인의 변화를 확인하는 통계적 기법이다.

(4) 현상, 개념 및 변인의 관계

과학적 연구와 관련해서, 연구자는 현실의 세계, 언어의 세계 및 측정의 세계와 관련된 활동을 한다. 즉, 연구자는 현실의 세계에서 실제로 발생하는 현상을 관찰하고, 언어의 세계에서 이론적 정의를 통해 현상을 언어적으로 정제한 개념으로 바꾸며, 측정의 세계에서 조작적 정의를 통해 개념을 측정 가능한 변인으로 구체화한다([그림 1-5] 참조). 이때 현상과 개념 간 그리고 개념과 변인 간 일치도가 높아야, 좋은 과학적 연구의 수행이 가능하다. 현상과 개념 간 그리고 개념과 변인 간 일치도를 타당도(validity)라고 한다.

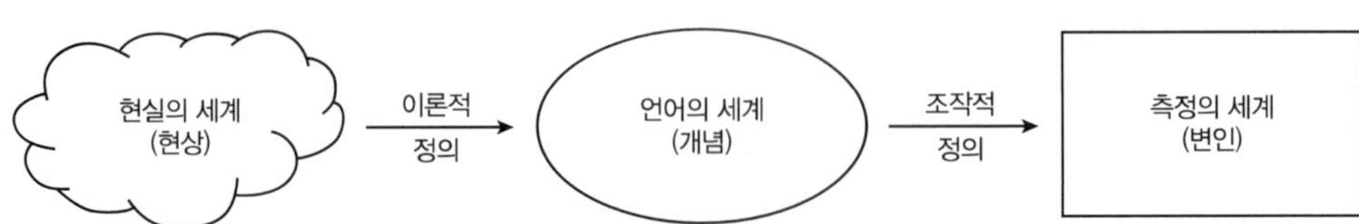

[그림 1-5] 현상, 개념 및 변인 간의 관계

제 2 장 심리학적 연구방법의 개요

제 1 절 심리학적 연구의 절차

일반적으로 심리학 연구는 다음과 같은 절차를 거쳐서 수행된다. 가장 먼저 심리학적 연구의 시작은 연구자가 호기심을 가진 인간의 행동과 정신과정에 관한 질문이다. 이후 연구자는 비판적 사고를 기반으로 심리학 연구를 다음과 같이 수행한다. 먼저 연구자는 질문을 연구주제로 선정하고, 문헌고찰(literature review)을 통해 연구주제를 변인 간의 관계를 기술한 가설이나 연구문제로 명확하게 정리한다. 이때 연구자는 가설과 연구문제를 이해하기 쉽고 객관적으로 평가하기 쉽도록 조작적 정의를 통해 변인을 명확하게 설정한다. 연구자는 가설 검증이나 연구문제의 결과 확인에 필요한 자료를 수집하는 과정에서 자료의 신뢰도(자료의 일관성)와 타당도(자료의 적합성)를 점검한다. 자료를 통해 가설을 검증하거나 연구문제의 결과를 확인한 후, 연구자는 연구결과의 발생 이유에 대한 논리적 또는 경험적 설명(예 이론)을 확인한다. 만약 연구자가 본인이 확인한 발생 이유에 대한 설명에 만족하지 못하면, 추가 연구를 실시한다.

제 2 절 심리학적 연구의 목적 및 필요성

심리학 연구의 최종 목적은 인류에게 도움을 제공하는 것이다. 이와 같은 최종 목적을 달성하기 위해서, 심리학 연구의 목적은 크게 4종류로 세분화된다. 이 목적은 모든 과학의 목적이라고도 볼 수 있다.

1 인간의 행동과 정신과정의 기술(description) 중요 ★★★

(1) 관련 질문

인간의 행동과 정신과정의 특징은 무엇인가?

(2) 인간의 행동과 정신과정의 기술은 인간의 행동과 정신과정에 대한 과학적 관찰의 구체적인 기록을 기반으로 한다. 구체적으로, 인간의 행동과 정신과정의 기술은 인간의 행동과 정신과정에 명칭(예 인지부조화)을 부여하고, 이를 분류하는 활동을 말한다. 그러나 인간의 행동과 정신과정의 기술은 인간의 행동과 정신과정의 발생 원인에 대한 답을 제공하지 않는다.

2 인간의 행동과 정신과정의 설명(explanation) 중요 ★★★

(1) 관련 질문

인간의 행동과 정신과정이 발생한 이유는 무엇인가?

(2) 인간의 행동과 정신과정의 설명은 인간의 행동과 정신과정의 발생 원인을 파악하는 활동이다.

3 인간의 행동과 정신과정의 예측(prediction) 중요 ★★★

(1) 관련 질문

향후 어떤 인간의 행동과 정신과정이 발생할 것인가?

(2) 인간의 행동과 정신과정의 예측은 미래에 발생할 인간의 행동과 정신과정을 예상하는 활동이다.

4 인간의 행동과 정신과정의 통제(control) 중요 ★★★

(1) 관련 질문

어떻게 하면, 인간의 행동과 정신과정에 영향을 미칠 수 있는가?

(2) 일반적으로 통제란 개인의 자유를 위협하는 활동으로 이해된다. 그러나 인간의 행동과 정신과정의 통제는 인간의 행동과 정신과정에 영향을 미치는 조건을 변화시키는 활동을 말한다.

제 3 절 심리학적 연구방법의 종류

연구자가 심리학 연구를 수행할 때 사용하는 연구방법은 다음과 같이 다양하다.

1 사례연구(case study)

연구자는 **사례연구**를 통해 특정 상황에서 발생하는 인간의 행동과 정신과정 또는 특정 연구대상 집단이나 특정 연구대상의 행동과 정신과정(예 생각, 느낌, 신념)을 심층적으로 이해한다. 사례연구를 수행할 때, 연구자는 특정 상황, 특정 연구대상 집단 및 특정 연구대상과 관련된 면접이나 검사를 실시하고 일기, 편지, 학생생활기록부 등의 자료를 수집한다.

(1) 사례연구의 예

사례연구의 예는 다음과 같다. 극히 드물게 발생하는 카그라스 증후군(Capgras syndrome)을 가진 사람은 본인의 가족, 친구, 지인 등은 이미 죽거나 사라지고, 이들과 똑같은 모습을 한 사기꾼이 가족, 친구, 지인 등의 역할을 대신한다고 믿는다. 어떤 연구자가 카그라스 증후군을 가진 연구대상이 일상생활을 하면서 어떤 경험을 하는지 알고자 한다. 이에 연구자는 연구대상의 일기, 학생생활기록부 등의 자료를 취합했다.

(2) 사례연구의 장점

① 연구자는 사례연구를 통해 개별 연구대상의 인생과 행동을 상세하게 이해하며, 이와 관련된 통찰을 얻을 수 있다.
② 연구자는 새롭고, 복잡하며, 일상에서 흔히 발생하지 않는 현상(예 코로나19 대유행 이후 발생하는 보복 소비)의 본질을 분석할 때 사례연구를 활용할 수 있다.
③ 사례연구의 결과는 후속연구의 연구주제 설정, 연구설계 등에 도움이 되는 기초 자료로 활용될 수 있다.
④ 사례연구는 정신 장애의 특징 이해와 치료 방법 개발에 유용한 방법이다.

(3) 사례연구의 단점

① 사례연구로 얻은 일부 자료는 연구대상의 기억에 의존하는 경우가 있다. 이 경우, 연구대상의 부정확하거나 불완전한 기억은 연구자의 자료 분석과 해석에 부정적인 영향을 미친다.
② 사례연구 과정에서, 연구자의 연구목적에 맞는 연구대상의 자료만 선별적으로 수집할 가능성이 있다.
③ 사례연구에 포함된 개별 연구대상이 정상적이지 않으면, 연구자는 정상적인 연구대상에게는 적용이 불가능한 제한된 결과를 얻을 수 있다.
④ 연구자는 사례연구를 통해 일반 연구대상이나 일반 상황의 보편적인 특성을 파악하기가 어려울 수 있다.
⑤ 연구자의 개인적 신념과 가치관에 따라서 자료의 해석이 달라질 수 있다.

더 알아두기

임상심리학자들이 사례연구를 많이 활용하기 때문에, 사례연구를 임상적 방법(clinical method)이라고 부르기도 한다.

2 자연주의적 관찰연구(naturalistic observation study)

자연주의적 관찰연구는 연구자(관찰자)가 상황을 변화시키거나 통제하지 않고 평범한 자연스러운 환경이나 조건에서 연구대상의 행동을 관찰해서 자료를 수집하는 방법이다.

(1) 자연주의적 관찰연구의 예

자연주의적 관찰연구의 예는 다음과 같다. 어떤 연구자가 아동의 주의 결핍과 과잉 행동장애의 기본 증상의 종류를 알고자 한다. 이에 연구자는 아동이 집, 학교, 운동장, 상점 등에서 하는 행동을 관찰했다.

(2) 자연주의적 관찰연구의 장점

① 연구대상이 본인의 행동과 관련된 내용을 연구자에게 말이나 글로 보고하기 어렵거나 보고할 능력이 없는 경우(예 신생아, 영유아)에도 연구자는 자연주의적 관찰연구를 수행할 수 있다.

② 연구자는 자연주의적 관찰연구를 통해 실험실에서 확인이 불가능한 실제 일상생활 상황에서 발생하는 연구대상의 행동을 연구할 수 있다.

③ 연구자는 자연주의적 관찰연구를 통해 연구대상의 일상생활을 가까이서 보기 때문에 연구대상의 전형적인 행동 방식을 정확히 파악할 수 있다.

④ 자연주의적 관찰연구에서 연구대상이 본인이 연구자에 의해 관찰되는 것을 모르면, 연구대상은 연구자가 원하는 방식으로 의도적으로 행동할 가능성이 낮다.

⑤ 자연주의적 관찰연구는 연구대상의 기억에 의존하지 않기 때문에, 연구자는 시간 경과에 따른 연구대상의 기억 왜곡에 영향을 받지 않은 자료를 수집할 수 있다.

⑥ 자연주의 관찰연구에서 얻은 결과를 근거로, 후속연구의 가설이나 연구문제를 설정할 수 있다.

(3) 자연주의적 관찰연구의 단점

① 연구자가 연구대상의 행동 관찰만으로 연구대상의 심리적 기제나 심리적 상태를 정확하게 파악하기 어렵다.

② 자연주의적 관찰연구에서 연구자는 다양한 가외변인을 통제할 수 없다.

③ 연구자의 개인적 신념과 가치관이 연구대상의 행동에 대한 연구자의 관찰과 해석에 영향을 미칠 수 있다. 자연주의적 관찰연구에서, 연구자가 본인의 기대에 맞추어 관찰을 왜곡하는 현상이 발생할 수 있다.

④ 자연주의적 관찰연구의 수행에는 연구자의 많은 시간과 노력이 소요되며, 연구자는 관찰 연구수행에 필요한 많은 훈련을 받아야 한다.

⑤ 연구자가 연구대상의 행동을 관찰하는 환경이나 조건을 변경하거나 통제할 수 없기 때문에, 연구자는 어떤 원인이 어떤 결과를 초래했는지(인과관계)를 명확하게 확인하기 어렵다.

⑥ 연구대상이 본인이 연구자에 의해서 관찰되고 있다는 사실을 알면, 연구대상은 평소와 다르게 행동할 수 있다. 즉, 연구대상이 본인이 관찰되고 있다는 것을 알기 때문에 연구대상의 행동이 변할 수 있다.

3 설문조사연구(survey study)

설문조사연구는 연구자가 정해진 기간 동안 다수의 연구대상을 직접 만나서 또는 전화, 인터넷, 우편 등을 이용해서 특정 연구주제와 관련된 미리 정해진 다수의 질문들을 묻고, 그에 대한 연구대상의 답을 얻는 방법이다.

(1) 설문조사연구의 예

설문조사연구의 예는 다음과 같다. 어떤 연구자가 얼마나 많은 수의 아동이 주의 결핍과 과잉 행동장애로 진단을 받았는지 알고자 한다. 이에 연구자는 아동을 자녀로 둔 10,000명의 성인 남녀에게 전화를 걸어서 자녀의 주의 결핍과 과잉 행동장애의 진단 여부를 질문했다.

(2) 설문조사연구의 장점

① 연구자는 설문조사연구를 통해 짧은 시간 안에 많은 수의 연구대상의 다양한 자료를 저렴한 비용으로 모을 수 있다.

② 연구자는 설문조사연구를 통해 연구대상의 다양한 인구통계적(예 성별, 연령), 사회경제적(예 직업, 수입) 및 심리적 특성 차이가 연구결과에 미치는 영향을 파악할 수 있다.

(3) 설문조사연구의 단점

① 설문조사연구에 참여한 제한된 수의 연구대상이 모집단(population, 모든 연구대상이 속한 전체 집단)을 대표하지 않으면, 설문조사연구에서 얻은 결과의 신뢰도와 타당도가 떨어진다.

② 설문조사연구에 참여한 연구대상이 설문조사연구의 질문에 항상 진정성 있게 답을 하는 것은 아니다. 특히, 연구대상은 민감한 질문(예 도덕적 판단을 묻는 질문)에 대해서 사회적으로 바람직한 답을 할 수 있다.

③ 연구대상은 질문에 대해서 연구자가 원하는 방향으로 답을 할 수 있다.

④ 연구자가 연구대상에게 어떻게 질문하는가(질문의 문구)에 따라서 다른 답을 얻을 수 있다. 예를 들어, '당신은 공장 매연이 자동차 매연보다 공해를 더 유발한다고 생각하는가?'라는 질문의 문구와 '당신은 자동차 매연이 공장 매연보다 공해를 더 유발한다고 생각하는가?'라는 질문의 문구에 따라서, 같은 연구대상이라도 다른 답을 할 수 있다.

⑤ 누가 연구대상에게 질문하는가에 따라서 다른 답을 얻을 수 있다. 예를 들어, 여성 연구자가 전화로 질문하는 경우와 남성 연구자가 전화로 질문하는 경우에 따라서, 같은 남성 연구대상이라도 다른 답을 할 수 있다.

⑥ 설문조사연구에 참여한 연구대상은 실제로는 주어진 질문에 대한 본인의 답변과 동일하게 행동하지 않거나, 본인의 실제 행동에 대해서 정직하게 답을 하지 않을 수 있다.

⑦ 연구자가 연구대상에게 설문조사연구 참여를 요청하더라도, 일부 연구대상은 연구목적, 연구주제 등이 본인의 개인적 신념과 가치관에 맞지 않기 때문에 설문조사연구 참여를 거절할 수 있다.

4 실험연구(experimental research)

실험연구란 오류, 편향 및 우연한 발생의 가능성을 최소화하는 규칙과 절차에 따라서 2개 이상의 변인 간 인과관계를 확인하는 방법이다.

(1) 실험연구의 예

실험연구의 예는 다음과 같다. 어떤 연구자가 유명 광고모델이 등장하는 광고가 무명 광고모델이 등장하는 광고보다 광고 브랜드의 구입 의향을 더 높이는지 알고자 한다. 이에 연구자는 연구대상을 2개의 집단으로 나눈 후 한 집단에는 유명 광고모델이 등장하는 광고를 보여주었고, 다른 집단에는 무명 광고모델이 등장하는 광고를 보여주었다. 이후 연구자는 2개 집단에 속한 모든 연구대상에게 광고 브랜드의 구입 의향을 물었다.

(2) 실험연구의 장점

① 실험연구에서 연구자는 가외변인을 통제하고, 독립변인과 종속변인 간의 인과성을 검증한다. 따라서 연구자는 실험연구를 통해 믿을 수 있는 2개 이상의 변인 간 인과성을 명확하게 확인할 수 있다.

② 실험연구에서 연구자는 변인을 통제하기 때문에, 연구자가 변인 간의 관계를 정밀하게 관찰할 수 있다.

③ 실험연구를 하면, 연구자가 독립변인이 실제 일상생활에서 자연적으로 발생할 때까지 기다릴 필요가 없다.

(3) 실험연구의 단점

① 연구자가 실험연구 중 통제변인을 제대로 통제하지 못하면, 실험연구의 결과가 왜곡될 수 있다.

② 일반적으로 제한된 수(예 30명) 또는 범위(예 대학생)의 연구대상이 실험연구에 참여한다. 이처럼 제한된 수나 범위의 연구대상은 모집단을 대표하지 않을 수 있다.

③ 연구자는 본인이 의식하지 못하지만 얼굴 표정, 어조 등을 통해 연구대상에게 실험연구 참여 중 어떻게 행동하고 반응해야 하는지를 전달할 수 있다. 그 결과, 연구대상의 행동과 반응 방식에 대한 연구자의 기대(가외변인)가 실험연구 결과에 부정적 영향을 미칠 수 있다.

④ 연구대상이 실험연구 참여 중 어떤 일이 일어날 것이라고 강하게 믿으면, 본인이 의식하지 못하지만 그 믿음에 맞추어 행동하고 반응한다. 이와 같은 현상이 가외변인으로 작용해서 실험연구 결과에 부정적인 영향을 미칠 수 있다.

⑤ 일부 연구주제와 관련된 실험연구는 비윤리적이라서, 실험연구를 실시할 수 없다. 예를 들어, 어떤 연구자가 납에 노출되는 것(독립변인)이 인지적 기능 저하(종속변인)에 미치는 장기적 영향을 알고자 한다. 그런데 납에 노출되는 것이 연구대상에게 심각한 피해를 주기 때문에, 연구자는 이와 같은 실험연구를 실시할 수 없다.

⑥ 연구대상의 일부 자연스러운 행동은 통제된 실험실 상황에서 발생하기 어렵다. 예를 들어, 연구대상이 일상생활 중 TV 광고를 볼 때, 푹신한 소파에 누워서 다른 일(예 스마트폰으로 채팅하기)도 함께

하는 경우가 많다. 그러나 실험연구에 참여한 연구대상은 통제된 실험실에서 딱딱한 의자에 앉아서 TV 광고를 집중해서 본다.

⑦ 연구자가 실험연구를 통해 일상에서 흔히 관찰하기 어려운 발생 빈도가 매우 낮은 독립변인과 종속변인의 인과관계를 검증하면, 그 실험연구의 결과는 인공적일(factitial) 수 있다.

5 상관관계연구(correlational research)

상관관계연구에서, 연구자는 2개 이상의 변인 간 관련성의 강도(magnitude)와 방향을 파악한다.

(1) 상관(correlation)의 이해

상관이란 두 변인 간 관련성의 강도와 방향을 말한다. 상관은 상관계수(correlation coefficient)로 표현된다. 상관계수는 −1.0(완벽한 부적 상관)~+1.0(완벽한 정적 상관)의 범위에 속한 값으로 표현된다. 상관계수의 − 부호(음수)와 + 부호(양수)는 두 변인 간 관련성의 방향을 나타낸다. 이때 상관계수가 음수인 경우, 한 변인의 발생이 증가할수록 다른 변인의 발생이 감소한다. 상관계수가 양수인 경우, 한 변인의 발생이 증가할수록 다른 변인의 발생도 증가한다. 또한 상관계수의 절댓값이 클수록, 두 변인 간 관련성이 더 강해진다.

(2) 상관연구의 예

상관연구의 예는 다음과 같다. 어떤 연구자가 성인기까지 지속되는 유아 교육의 긍정적인 효과를 알고자 한다. 이에 연구자는 성인인 연구대상에게 유치원 시절의 시험 점수를 얻었고, 이 점수가 현재의 개인 소득(월 평균 수입액)과 관련성이 있는지를 확인했다.

(3) 상관연구의 장점

① 상관연구를 통해 얻은 상관은 연구자가 변인 간 인과관계를 추측할 수 있는 단서로 작용한다.

더 알아두기 중요 ★★★

상관은 2개 이상의 변인이 서로 관련된다는 의미로, 어떤 변인이 원인(독립변인)이고 어떤 변인이 결과(종속변인)인지를 나타내는 인과성을 의미하지는 않는다. 즉, 상관은 연구자에게 2개 이상의 변인 간 관련성을 알려주지만, 2개 이상의 변인 간 인과성을 알려주지는 않는다.

② 연구자는 상관연구를 통해 얻은 상관계수를 근거로 연구대상의 행동을 예측할 수 있다.

③ 상관연구는 연구자가 실험실 상황, 임상 상황, 일상 상황 등의 다양한 상황에서 특별한 제약 없이 진행할 수 있다.

(4) 상관연구의 단점

① 상관연구에서 연구자는 다양한 가외변인을 통제하기 어렵다.
② 상관연구에서 확인한 2개 이상의 변인 간 관련성은 우연의 결과일 수 있다.
③ 종종 연구자가 상관연구를 통해 얻은 상관계수를 2개 이상의 변인 간 관련성이 아닌 인과성으로 해석하는 경우가 있다.

6 발달연구 중요 ★★

발달연구의 목적은 시간의 경과에 따른 인간의 행동과 특성의 변화를 알아보는 것이다. 발달연구는 종적 연구(longitudinal study), 횡적 연구(cross-sectional study), 동년배 집단 계열 연구(cohort sequential study)로 나뉜다.

(1) 종적 연구

종적 연구에서 연구자는 여러 발달 단계를 거치면서 발생하는 동일 연구대상의 행동과 특성의 변화를 파악해서 행동과 특성의 변화 정도와 변화 유형을 알아본다. 종적 연구는 동일 연구대상에 대해서 일정 기간 동안 진행된다. 종적 연구의 단점은 연구자에게 연구종료 시점까지 오랜 시간, 많은 노력, 많은 비용 등을 요구한다는 것이다. 연구대상의 선정 방법에 따라 종적 연구는 패널 연구(panel study), 동년배 집단 연구(cohort study), 경향 연구 또는 추세 연구(trend study)로 구분된다.

① 패널 연구

패널 연구는 연구자가 미리 선정한 연구대상(패널 구성원)으로부터 일정 기간 동안 일정한 시간적 간격을 두고 반복적으로 동일 자료를 얻어서 연구대상의 변화 양상을 확인하는 종적 연구의 한 종류이다.

㉠ 패널 연구의 예는 다음과 같다. 어떤 연구자가 시간의 경과에 따른 중학생의 학교 적응도의 변화를 알고자 한다. 이에 연구자는 2019년 3월 중학교 1학년에 재학 중인 400명의 남녀 청소년을 모집해서 패널을 구성한 후, 이 패널을 대상으로 이후 3년간 매년 3월에 이 패널의 학교 적응도를 동일한 질문을 이용해서 측정했다([표 1-4] 참조).

[표 1-4] 패널 연구의 수행 방법

자료 수집 시점	학년	연구대상	측정 내용
2019년 3월	중1	A	학교 적응도
2020년 3월	중2	A	학교 적응도
2021년 3월	중3	A	학교 적응도

주) 알파벳이 같으면, 연구대상은 같음

㉡ 패널 연구는 미리 정해진 동일한 연구대상을 연구하기 때문에, 패널 연구를 통해서 연구대상의 행동과 특성 변화 원인을 명확하게 확인할 수 있다는 장점을 가진다.

㉢ 패널 연구는 다음과 같은 단점을 가진다.

ⓐ 패널 연구의 연구 기간이 길면, 많은 연구대상이 패널에서 탈퇴하면서 연구대상의 수가 줄어든다.

ⓑ 동일한 연구대상에게 동일 질문을 반복해서 사용하기 때문에, 연구대상이 본인의 이전 답을 기억해서 그와 일치되는 답을 하거나, 질문에 익숙해져서 점점 더 높은 점수로 답을 할 가능성이 있다. 그 결과, 패널 연구를 통해 연구대상의 변화를 정확하게 파악하지 못할 가능성이 있다.

ⓒ 패널 연구의 연구 기간이 길어지면, 그 기간 내에 중요한 시대적 변화(㉠ 2020년 이후 코로나19 대유행으로 인한 우울 증가)가 발생할 수 있다. 이 경우, 패널 연구는 동일한 질문을 사용하기 때문에 질문에 시대적 변화를 즉각적으로 반영하기 어렵다.

② **동년배 집단 연구**

특정 시점에 발생한 사회적 · 경제적 · 문화적 · 정치적 주요 사건을 공유하는 유사한 연령대의 사람들은 유사한 가치관, 태도, 신념, 라이프스타일 등을 공유한다. 이와 같은 사람들을 동년배 집단(cohort)이라고 부른다. **동년배 집단 연구**는 일정 기간 동안 일정한 시간적 간격을 두고 특정 동년배 집단에 속한 매번 다른 구성원을 연구대상으로 새롭게 모집해서 반복적으로 동일 자료를 얻는 방법이다.

㉠ 동년배 집단 연구의 예는 다음과 같다. 어떤 연구자가 중학교 입학 직후 코로나19 대유행을 경험한 중학생들(동년배 집단)을 대상으로 코로나19 대유행 기간 중 시간 경과에 따른 학업 스트레스와 흡연에 대한 태도의 관련성 변화를 알고자 한다. 이에 연구자는 2020년 3월 중학교 1학년에 재학 중인 100명의 남녀 청소년을 모집해서 학업 스트레스와 흡연에 대한 태도를 측정하였다. 2021년 3월 연구자는 당시 중학교 2학년에 재학 중인 100명의 남녀 청소년을 새롭게 모집해서 학업 스트레스와 흡연에 대한 태도를 측정하였다. 2022년 3월 연구자는 당시 중학교 3학년에 재학 중인 100명의 남녀 청소년을 새롭게 모집해서 학업 스트레스와 흡연에 대한 태도를 측정하였다([표 1-5] 참조).

[표 1-5] 동년배 집단 연구의 수행 방법

자료 수집 시점	학년	연구대상	측정 내용
2020년 3월	중1	A	학업 스트레스, 흡연에 대한 태도
2021년 3월	중2	B	학업 스트레스, 흡연에 대한 태도
2022년 3월	중3	C	학업 스트레스, 흡연에 대한 태도

주) 알파벳이 다르면, 연구대상은 서로 다름

㉡ 동년배 집단 연구는 다음과 같은 장점을 가진다.

ⓐ 시간의 경과에 따른 동년배 집단의 행동과 특성 변화를 확인할 수 있다.

ⓑ 매번 다른 연구대상을 새롭게 모집해서 동년배 집단 연구를 실시하기 때문에, 각 자료 수집 시점에서 연구대상의 수를 안정적으로 유지할 수 있다.

③ **경향 연구**

경향 연구는 연구자가 연구주제와 관련된 특성을 가진 모집단(㉠ 전국의 심리학과 석사과정생)을 미리 정한 후 일정 기간 동안 일정한 시간 간격을 두고 모집단에서 무작위로 연구대상을 모집해서 동일 자료를 얻는 방법이다.

㉠ 경향 연구의 예는 다음과 같다. 어떤 연구자가 3년 동안 심리학과 석사과정생의 자기효능감이 어떻게 변하는지를 알고자 한다. 이에 연구자는 2020년부터 이후 3년 동안 매년 3월에 전국의 심리학과 석사과정생 명단에서 무작위로 100명을 모집한 후 이들을 대상으로 자기효능감을 측정했다([표 1-6] 참조).

[표 1-6] 경향 연구의 수행 방법

자료 수집 시점	학력	연구대상	측정 내용
2020년 3월	석사과정생	A	자기효능감
2021년 3월	석사과정생	B	자기효능감
2022년 3월	석사과정생	C	자기효능감

주) 알파벳이 다르면, 연구대상은 서로 다름

㉡ 경향 연구의 연구대상 특징
패널 연구에서 패널에 속한 구성원들은 임의 탈퇴, 사망 등이 없으면 일정 기간 동안 동일하게 유지된다. 또한 동년배 집단 연구에서 연구자가 정한 동년배 모집단(예 전국의 베이비부머 세대에 속한 모든 고령자들)에 속한 구성원들은 특별한 일(예 사망)이 없는 한 동일하다. 그러나 경향 연구에서 모집단에 속한 구성원들은 시점에 따라서 달라질 수 있다. 예를 들어, 2020년 9월에 심리학과 석사과정생이었던 사람이 2021년 2월에 졸업을 하면, 그 사람은 2021년 3월에는 심리학과 석사과정생이 아니다.

(2) 횡적 연구

횡적 연구는 일정 시점에서 여러 발달 단계에 해당하는 연구대상을 동시에 모집해서 연구자가 관심을 가진 연구대상의 발달 단계상 행동과 특성 변화를 알아보는 방법이다.

① 횡적 연구의 예는 다음과 같다. 어떤 연구자가 시간의 경과에 따른 중학생의 학교 적응도의 변화를 알고자 한다. 이에 연구자는 2020년 3월 중학교 1·2·3학년에 재학 중인 각 100명의 남녀 청소년을 모집해서 학교 적응도를 동일 질문으로 측정했다.

② 종적 연구와 비교하면, 횡적 연구는 상대적으로 적은 비용이 들며, 연구대상 관리가 쉽다는 장점을 가진다.

③ 횡적 연구는 다음과 같은 단점을 가진다.

㉠ 횡적 연구를 통해 확인한 연구대상의 발달 단계상 행동과 특성의 변화가 연구대상의 실제 발달 차이 때문에 발생한 것인지 또는 연구대상의 모집 과정에서 발생한 연구대상 집단 간 차이 때문에 발생한 것인지를 명확하게 확정하기 어렵다. 이 단점을 해결하기 위해서, 연구자는 각 발달 단계에 해당하는 모집단을 대표하는 연구대상을 모집해야 한다.

㉡ 횡적 연구의 결과가 타당하기 위해서, 횡적 연구를 실시한 시점에서 모집한 연구대상의 특성은 이들이 발달한 미래 시점에서도 동일해야 한다는 전제가 확보되어야 한다. 예를 들어, 현재 모집한 중학교 1학년생이 중학교 3학년이 되었을 때 현재 모집한 중학교 3학년생과 동일한 특성을 가지고 있어야 한다.

(3) 동년배 집단 계열 연구

동년배 집단 계열 연구는 횡적 연구와 종적 연구를 혼합한 것이다. 한 시점에서 여러 동년배 집단을 동시에 모집해서, 이들 집단을 대상으로 몇 년에 걸쳐서 실시하는 추적연구가 **동년배 집단 계열 연구**이다. 동년배 집단 계열 연구를 계열 연구(sequential study) 또는 교차 계열 연구(cross-sequential study)라고 부르기도 한다.

① 동년배 집단 계열 연구의 예는 다음과 같다. 어떤 연구자가 시간의 경과와 동년배 집단의 차이에 따른 중학생의 학교 적응도의 변화를 알고자 한다. 이에 연구자는 2020년 3월 중학교 1・2・3학년에 재학 중인 각 100명의 남녀 청소년을 모집해서 이들을 대상으로 이후 3년간 매년 3월에 학교 적응도를 동일 질문으로 측정했다([표 1-7] 참조).

[표 1-7] 동년배 집단 계열 연구의 수행 방법

자료 수집 시점	학년(연구대상)	측정 내용
2020년 3월	중1(A), 중2(B), 중3(C)	학교 적응도
2021년 3월	중2(A), 중3(B), 고1(C)	학교 적응도
2022년 3월	중3(A), 고1(B), 고2(C)	학교 적응도

주) 알파벳이 같으면, 연구대상은 같음. 알파벳이 다르면, 연구대상은 서로 다름

② 동년배 집단 계열 연구는 연구자가 시간에 따른 변화와 동년배 집단에 따른 차이를 모두 확인할 수 있다는 장점을 가진다. 또한 종적 연구에 비해서, 동년배 집단 계열 연구는 연구수행에 소요되는 시간이 상대적으로 짧다.

더 알아두기

일차자료(primary data)는 연구자 본인이 연구목적 달성을 위해서 취합한 정보이다. 반면 이차자료(secondary data)는 연구자 본인이 아닌 다른 연구자나 기관에서 특정 목적 달성을 위해 수집한 자료를 말한다. 통계청 자료, 각종 기관의 패널 자료, 리서치 회사의 여론 조사 자료 등이 이차자료에 해당한다.

연구자가 이차자료를 활용할 때 다음과 같은 장점이 있다.
- 자료 수집의 비용과 시간을 절약할 수 있다.
- 연구주제를 보다 더 명료화할 수 있다.
- 이차자료 검토를 통해 일차자료 수집 방법의 개선점을 찾을 수 있다.
- 일차자료의 결과를 검증할 때 사용할 수 있다.
- 이차자료를 기반으로 새로운 연구주제를 도출할 수 있다.

반면 연구자가 이차자료를 활용할 때 다음과 같은 단점이 있다.
- 이차자료는 다른 목적으로 수집되었기 때문에, 연구자의 연구주제에 완벽하게 적합하지 않을 수 있다.
- 이차자료는 자료 출처가 불명확하거나 자료 공개의 목적이 편파적이거나 자료의 질을 보장하는 근거가 미약한 경우, 그 정확성이 떨어진다.

제 3 장 심리학적 연구방법의 단계

제 1 절 심리학적 연구방법의 절차

심리학적 연구방법의 전형적인 절차는 연구주제 선정, **문헌고찰**, 가설 또는 연구문제 설정, 연구설계, 연구도구 선정 및 개발, 예비연구(pilot study) 실시, 본 연구 실시, 결과분석 및 해석, 결과보고의 단계로 구성된다([그림 1-6] 참조). 이상의 모든 절차를 마친 후 산출된 결과보고는 다른 연구자의 새로운 연구진행을 촉진한다.

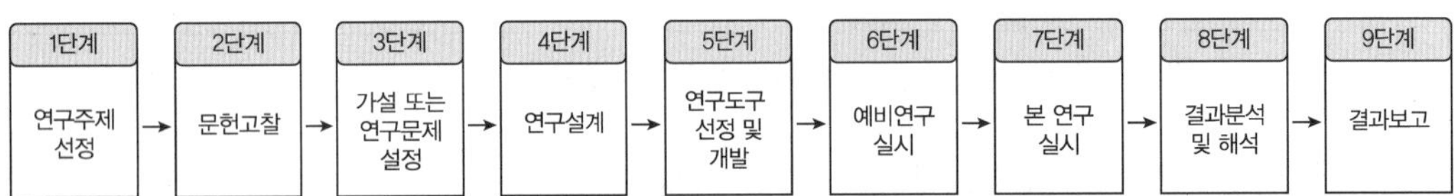

[그림 1-6] 심리학적 연구방법의 절차

제 2 절 심리학적 연구방법의 세부 단계

심리학적 연구의 시작은 특정 현상(인간의 행동과 정신과정)에 대한 연구자의 호기심이다. 현상에 대한 연구자의 호기심은 심리학적 연구방법의 여러 단계를 거쳐서 구체화되고 과학적이며 체계적으로 검증된다.

1 연구주제 선정 단계

(1) 연구주제 선정 방법 중요 ★

연구자는 다음과 같은 방법을 이용해서 현상에 대한 호기심을 **연구주제**로 발전시킨다.

① **현상 관찰**

연구자는 비판적 시각으로 주변의 현상을 주의 깊게 관찰하고, 해당 현상의 특징이나 본질 그리고 현상의 발생 원인과 결과를 기존 이론이나 선행연구의 결과로 설명할 수 있는지를 점검한다.

② **전문가와의 논의**

연구자가 호기심이 생긴 현상을 발견하면, 이 현상에 관심이 많고 연구 경험이 많은 전문가(예 교수)에게 조언을 얻는다. 이때 연구자는 전문가와 호기심이 생긴 현상에 대한 연구의 필요성 또는 중요성, 현상의 검증 가능성 등을 논의한다.

③ **문헌고찰**

연구자는 현상에 대한 본인의 호기심과 관련된 문헌을 찾아본다. 여기서 문헌이란 심리학 개론서, 학술지 게재 논문, 연구 보고서, 박사학위 논문 등을 말한다. 연구자는 이들 문헌을 탐색하면서 본인의 호기심과 관련된 선행연구의 흐름을 이해하고 그 결과를 통합해서, 선행연구의 제한점과 후속연구의 방향을 파악한다. 이때 연구자는 개별 논문의 논의 부분에 제시된 제한점과 후속연구를 위한 제언을 참고하고, 특정 연구주제와 관련된 다수의 선행연구를 질적으로 요약한 개관논문(review paper)이나 양적으로 요약한 메타분석논문(meta-analytic paper)을 탐색하는 것이 유용하다.

(2) 좋은 연구주제의 평가 기준 중요 ★★

① **참신성(originality)**

연구주제가 지금까지 연구가 진행되지 않은 현상에 관한 것이거나 기존 연구에서 사용한 방법과 절차의 문제점을 보완하는 것이면 참신하다.

② **구체성**

연구주제의 범위와 연구주제를 표현하는 용어는 추상적이거나 광범위하지 않고 구체적이야 한다.

③ **확인 가능성**

연구주제는 연구를 통해 확인 가능한 것이어야 한다. 연구자가 연구주제의 확인 가능성을 판단할 때, 본인의 자원(예 시간, 노력, 비용), 역량(예 현상과 관련된 학술적 지식 축적 정도, 통계지식 수준) 등을 고려해야 한다.

④ **기여도**

연구자는 본인의 연구주제가 학계나 실무 현장에 제공할 수 있는 이론적 의의(theoretical implication, 예 새로운 이론 개발)와 실용적 의의(practical implication, 예 실무 현장의 문제점 해결 방안 제안)를 가지는지 고려해야 한다.

2 문헌고찰 단계

(1) 문헌 취합

연구자는 웹사이트나 데이터베이스(예 PsycINFO), 검색엔진(예 Google Scholar), 이미 찾은 논문의 참고문헌, 서적(예 심리학 개론서)의 색인 등을 이용해서 연구주제와 관련된 문헌을 찾을 수 있다. 이때 연구자는 다양한 문헌의 종류 중 논문을 주로 찾는다. 연구자가 논문을 찾는 과정에서 다음의 사항에 유의할 필요가 있다.

① 연구자는 연구주제와 관련된 가장 최근 논문을 먼저 찾은 후 해당 논문의 참고문헌에 제시된 인용 논문들을 추가로 찾는 것이 유용하다.

② 학위논문이나 학술대회 발표 논문은 객관적인 검증(예 심사자가 연구자가 누구인지를 모르는 상태에서 논문을 심사함)이 제대로 되지 않을 수 있기 때문에 문헌고찰 대상으로 포함시킬 것인지를 신중하게 결정해야 한다.

③ 일부 학술지는 부실한 심사 과정을 거친 논문을 수록하기 때문에 학술지의 수준(예 한국연구재단 등재지, SSCI 등급의 학술지)에 대한 고려가 필요하다.

더 알아두기

심리학과 관련된 국내 논문과 해외 논문을 찾을 수 있는 대표적인 웹사이트와 데이터베이스는 다음과 같다.

- 국내 논문과 해외 논문 : Google Scholar
- 국내 논문 : 대한민국 국회 도서관 웹사이트, RISS(Research Information Sharing Service), KISS(Korean studies Information Service System)
- 해외 논문 : PsycARTICLES, PsycINFO

(2) 문헌고찰 방법

연구자는 문헌고찰 대상인 논문 내용 중 서론 또는 도입(introduction), 방법(methods), 결과(results) 및 논의(discussion) 부분(section)을 비판적 시각을 가지고 자세하게 읽을 필요가 있다. 각 부분별로 연구자의 비판적 시각을 유발하는 질문은 [표 1-8]과 같다.

[표 1-8] 좋은 문헌고찰을 위한 질문

부분	질문
서론	• 연구목적은 무엇인가? • 연구주제와 관련해서 어떤 부분이 밝혀졌으며, 어떤 부분이 아직 밝혀지지 않았나? • 가설이나 연구문제는 무엇인가?
방법	• 연구설계를 할 때 주의할 점은 무엇인가? • 연구방법(예 연구대상 선정 기준, 연구대상의 모집 방법, 측정 도구)이 가설을 검증하거나 연구문제의 결과를 확인하는 데 적합한가? • 독립변인, 종속변인, 매개변인, 조절변인, 통제변인은 무엇인가?
결과	• 예상과 다른 결과가 나왔는가? • 결과를 어떻게 해석할 수 있는가? • 결과에 대한 서론 부분의 설명과 다른 설명이 가능한가?
논의	• 자료에 부합하는 연구결과에 대한 해석인가? • 연구결과의 이론적 그리고 실용적 의의가 설득력이 있는가? • 연구목적을 달성했는가? • 진행 가능한 후속연구로 어떤 것들이 있는가?

(3) 문헌고찰 시 주안점 중요 ★

연구자는 연구주제를 선정한 이후 다음과 같은 목적을 달성하기 위해서 연구주제와 관련된 문헌을 고찰한다.

① 연구자는 본인의 연구주제에 관해서 이미 알려진 바가 무엇인지를 파악한다.
② 연구자는 본인의 가설 또는 연구문제를 설정하는 이론적 설명과 논리적 근거가 무엇인지를 확인한다.
③ 연구자는 본인의 연구설계와 관련해서 고려할 사항이 무엇인지를 파악한다.

3 가설 또는 연구문제 설정 단계 중요 ★★

연구자는 문헌고찰을 통해 확인된 이론적 설명과 논리적 근거를 바탕으로 연구주제를 변인 간의 관계를 기술한 **가설** 또는 **연구문제** 형식으로 구체화한다. 이론적 설명이 충분한 경우, 연구자는 연구주제를 가설 형식으로 구체화한다. 반면 연구주제와 관련된 선행연구의 수가 적어서 이론적 설명이 부족한 경우, 연구자는 연구주제를 연구문제 형식으로 구체화한다. 연구자가 설정하는 가설과 연구문제는 다음과 같은 특징을 가진다.

(1) 가설은 자료를 통해 검증 가능해야 하고, 연구문제는 자료를 통해 그 결과를 확인할 수 있어야 한다. 이를 위해서, 가설이나 연구문제에 포함된 변인은 관찰 가능하고 측정 가능해야 한다. 또한 연구자는 가설이나 연구문제에 변인 간의 관계를 명확하고 상세하게 기술해야 한다.

(2) 가설과 연구문제는 이론적으로 의의(예 인간의 정신과정에 대한 새로운 설명)가 있으며, 실용적으로도 의의(예 실무적 시사점)가 있어야 한다.

4 연구설계 단계

연구자는 가설과 연구문제를 설정한 이후 구체적인 연구방법을 구상하는 **연구설계** 단계로 들어간다. 연구자는 연구설계 단계에서 연구대상 선정 기준과 표집방법, 자료 수집방법, 연구도구 선정 및 개발 등을 결정하고, 이와 관련된 구체적인 계획을 수립한다. 연구자는 연구설계 단계에서 연구의 생태학적 타당도나 외적 타당도와 내적 타당도를 고려해야 한다.

(1) 생태학적 타당도 또는 외적 타당도

생태학적 타당도는 특정 연구를 통해 얻은 결과를 다양한 조건이나 상황에서도 동일하게 얻을 수 있는 정도를 말한다. **외적 타당도**는 특정 연구에서 얻은 결과를 해당 연구 상황이나 해당 연구대상 이외의 다른 연구 상황이나 다른 연구대상에게서도 얻을 수 있는 정도이다. 생태학적 타당도나 외적 타당도는 연구의 일반화 가능성과 관련된다.

(2) 내적 타당도

내적 타당도는 특정 연구가 현상의 본질을 파악하는 데 있어서 얼마나 많은 결점을 가지고 있는지의 정도이다. 독립변인을 효과적으로 조작하고 종속변인을 정확히 측정하며 가외변인을 엄격하게 통제하면, 연구의 내적 타당도가 높아진다. 따라서 내적 타당도는 연구수행이 얼마나 잘 통제되었는지를 반영한다.

(3) 생태학적 타당도 또는 외적 타당도와 내적 타당도의 관계 중요 ★★★

특정 연구의 생태학적 타당도 또는 외적 타당도가 증가하면, 해당 연구의 내적 타당도는 감소한다. 반대로 특정 연구의 내적 타당도가 증가하면, 해당 연구의 생태학적 타당도 또는 외적 타당도는 감소한다. 즉, 특정 연구의 생태학적 타당도 또는 외적 타당도와 내적 타당도는 상호 절충(trade off)의 관계이다. 따라서 연구자는 적절한 수준에서 생태학적 타당도 또는 외적 타당도와 내적 타당도 간 균형을 맞출 필요가 있다.

5 연구도구 선정 및 개발 단계

연구자는 연구설계에 따라서 가설 검증과 연구문제의 결과 확인을 위해 필요한 연구도구(예 측정 문항, 실험 자극물)를 선정하거나 개발한다. 예를 들어, 연구자가 실험을 할 때 선행연구에서 사용한 실험 자극물 중 적합한 것을 선정하거나, 새로운 실험 자극물을 개발한다. 설문조사연구의 경우, 연구자가 선행연구에서 사용한 측정 문항을 선별해서 사용하거나 새로운 측정 문항을 개발한다.

6 예비연구 실시 단계 중요 ★★

(1) 예비연구의 목적

연구자는 본 연구를 실시하기 전 소수의 연구대상이 참여하는 **예비연구**를 실시한다. 예비연구의 목적은 다음과 같다.

① 연구자는 예비연구를 통해 미리 계획한 연구방법과 절차의 문제점(예 연구대상의 연구참여 시간이 지나치게 긺)을 점검해서 이를 개선한다.

② 실험연구의 경우, 연구자가 실험 자극물의 효과가 예상과 같이 발생하는지를 점검(조작 점검)해서 문제가 있으면 이를 개선한다. 설문조사연구의 경우, 연구자는 측정 문항의 양호성(예 질문 이해의 난이도), 타당도, 신뢰도를 점검해서 문제가 있으면 이를 개선한다.

(2) 예비연구 진행 시 주의점

예비연구에 참여한 소수의 연구대상이 연구 모집단(study population)을 대표하지 않으면, 연구자가 예비연구의 점검 결과를 본 연구 진행에 반영하거나 적용할 수 없다. 따라서 연구자는 연구 모집단을 대표하는 소수의 연구대상을 예비연구에 참여시키는 방법에 대해서 고민해야 한다.

7 본 연구 실시 단계

연구자는 예비연구를 통해 연구설계의 문제점이 없음을 확인하거나, 연구설계의 문제점을 개선한 이후 자료 수집을 위한 본 연구를 실시한다. 연구자는 본 연구 실시 과정에서 다음과 같은 사항에 주의할 필요가 있다.

(1) 윤리적 연구수행

연구자는 연구대상(인간, 동물)이 경험하는 신체적 또는 심리적 피해를 예방하거나 최소화한다.

(2) 부주의한 연구자 편향(inadvertent researcher bias) 통제

연구자는 본인도 모르는 사이에 연구설계에 본인의 선입견이나 선호(예 정치적 신념)를 반영할 수 있다. 또한 연구자의 특성(예 성별, 연령)이 연구대상의 반응에 영향을 미칠 수 있다. 이와 같은 문제를 **부주의한 연구자 편향**이라고 한다. 부주의한 연구자 편향은 다음과 같은 방법으로 어느 정도 통제가 가능하다.

① 연구자는 본인의 선입견이나 선호가 연구설계에 영향을 미칠 수 있다는 점을 충분히 자각한다.

② 연구자는 본 연구 실시 전 연구절차와 방법을 상세하게 정한 목록인 **연구규약**(research protocol)에 따라서 모든 연구대상을 획일적으로 대한다.

③ 연구자는 본 연구의 진행자와 연구대상 모두가 연구목적과 연구내용을 모르도록 하는 **이중부지통제 기법**(double blind-fold technique)을 사용한다.

8 결과분석 및 해석 단계

연구자는 본 연구를 통해 자료를 수집한 이후 가설을 검증하거나 연구문제의 결과를 확인하는 자료 분석을 실시한다. 정량 자료(예 연구대상이 응답한 수치 자료)인 경우, 연구자는 자료에 대한 다양한 종류의 통계 분석(예 t검증)을 실시한다. 한편 정성 자료(예 연구대상이 응답한 언어 자료)인 경우, 연구자는 다양한 종류의 정성 분석(예 내러티브 분석)을 실시한다.

자료 해석이란 연구자가 자료를 분석한 결과의 이론적 또는 실용적 의미를 파악하는 것이다. 연구자는 자료 분석 이후 본 연구의 특정 분석 결과를 해석하거나, 선행연구에서 얻은 결과와 본 연구의 분석 결과를 비교하면서 그 양상(pattern)을 해석한다.

9 결과보고 단계

과학적 연구의 특징 중 하나가 연구자 간 연구결과를 공유하는 전파 가능성이다. 따라서 많은 연구자들이 다른 연구자들이 실시한 과학적 연구의 결과를 쉽게 접할 수 있어야 한다. 이를 위해서, 연구자는 본인의 연구결과를 학술지에 논문으로 게재한다. 이때 연구자는 본인의 연구결과를 다른 연구자에게 정확하게 전달하기 위해서, 논문에 사용하는 용어를 정밀하게 사용해야 한다. 이후 다른 연구자는 학술지에 게재된 해당 논문을 읽고, 그 결과가 본인의 관찰과 일치하는지를 판단한다. 또한 다른 연구자는 해당 논문을 읽고 새로운 연구를 시작한다.

결과보고의 한 형태인 학술지 게재 논문의 일반적 구성과 기능은 [표 1-9]와 같다.

[표 1-9] 학술지 게재 논문의 구성과 기능

부분 (section)	내용 및 기능
제목 (title)	• 내용 : 연구주제를 정확하고 간명하게 표현한다. • 기능 : 다른 연구자가 제목을 읽고, 본인의 관심 연구주제와 관련된 논문인지를 판단한다.
요약 (abstract)	• 내용 : 연구방법과 결과에 대한 간략한 개요를 제공한다. • 기능 : 다른 연구자가 전체 논문을 읽지 않은 상태에서 요약을 읽고, 논문 내용을 전반적으로 이해한다.
서론 (introduction)	• 내용 : 연구주제 소개, 연구주제의 중요성 기술, 연구주제와 관련된 문헌고찰 결과, 가설 또는 연구문제 설정의 근거를 기술한다. • 기능 : 다른 연구자가 서론을 읽고, 연구주제와 관련된 배경지식을 얻는다.
방법 (methods)	• 내용 : 자료 수집 방법과 절차를 기술한다. • 기능 : 다른 연구자는 방법을 읽고, 동일한 방법으로 연구를 진행했을 때 동일한 결과를 얻을 수 있는지를 판단한다.
결과 (results)	• 내용 : 자료를 도식화하고, 표로 요약하며, 통계적으로 분석한 결과를 제시한다. • 기능 : 다른 연구자가 결과를 읽고, 연구결과를 상세하게 이해한다.
논의 (discussion)	• 내용 : 연구주제와 연구결과 간의 관련성을 논의하고, 연구결과의 의의를 제시하며, 후속연구 방향을 제안한다. • 기능 : 다른 연구자가 논의를 읽고, 후속연구와 관련된 연구 아이디어를 얻는다.
참고문헌 (references)	• 내용 : 본문(서론, 방법, 결과, 논의)에 인용된 문헌의 목록을 제시한다. • 기능 : 다른 연구자가 참고문헌을 보고, 연구주제와 관련해서 참고할 문헌이 무엇인지를 파악한다.

제 4 장 윤리적인 연구의 수행

제 1 절 윤리적인 연구의 이해

심리학 연구는 종종 윤리적 문제를 일으킬 수 있다. 윤리적 문제 발생을 예방하기 위해서, 다양한 조직(예 한국심리학회)에서 **연구윤리 지침**을 제시한다. 연구자 소양 측면에서, 연구자는 반드시 인간 연구대상에 대한 존중 그리고 인간 연구대상의 품위와 안녕(welfare)에 대한 관심을 가지고 연구를 수행해야 한다. 또한 연구자는 동물 연구대상의 안녕을 보장하고 동물 연구대상을 인도적으로 다루어야 한다. 이와 더불어 연구자는 연구 부정행위와 부적절한 행위를 하지 말아야 한다.

1 연구윤리 지침 발전에 기여한 주요 사건

(1) 뉘른베르크 강령(Nuremberg Code) 공포

① **개요**

제2차 세계대전 후 나치 정권 하에서 과학이라는 미명으로 전쟁포로나 수용소 민간인을 대상으로 비인간적인 인체 실험을 자행했던 독일의 의사 20명과 과학자 3명이 독일 뉘른베르크 전범 재판에 회부되었다. 이들 중 15명이 유죄 판결을 받고, 그중 7명이 교수형 판결을 받았다. 1947년 재판부는 인체 실험에 대한 윤리적 기준을 정한 10개 조항의 강령을 판결문에 명시하였다. 이를 **뉘른베르크 강령**이라고 한다.

② **내용**

뉘른베르크 강령의 세부 조항은 다음과 같다.

㉠ 실험대상인 인간에게 반드시 자발적 동의를 얻어야 한다.

㉡ 다른 방법이나 수단으로 얻을 수 없는 사회적 가치가 있는 결과를 얻을 수 있을 때만 실험을 실시하며, 실험은 무작위로 실시되거나 불필요한 것이어서는 안 된다.

㉢ 실험(예 동물 실험)에서 다루는 질병의 자연적 경과 등과 같은 지식에 근거를 두고 실험이 계획되어야 한다. 또한 실험은 예상되는 실험 결과가 실험 실시를 정당화해야 한다.

㉣ 실험 시 모든 불필요한 신체적·정신적 고통과 침해를 피해야 한다.

㉤ 연구자가 실험에 참여하는 경우를 제외하고, 사망 또는 불구의 장애를 초래할 수 있다고 추측되면 실험을 실시할 수 없다.

㉥ 실험으로 인해 감수해야 하는 위험의 정도가 그 실험으로 해결되는 문제의 인도주의적 중요성을 초과해서는 안 된다.

ⓢ 상해, 장애 및 사망의 가능성으로부터 실험대상을 보호하기 위한 적절한 준비와 적당한 시설을 갖추어야 한다.
ⓞ 실험은 과학적으로 자격을 갖춘 연구자에 의해서만 실시되어야 한다.
ⓙ 실험 중 실험대상이 신체적 또는 정신적으로 더 이상 실험에 참여할 수 없으면, 실험을 자유롭게 종료시킬 수 있어야 한다.
ⓒ 연구자가 실험의 지속이 실험대상에게 상해, 장애 및 사망을 초래할 것으로 판단하면, 어느 단계에서든 실험을 중지할 준비가 되어 있어야 한다.

(2) 제네바 선언(Declaration of Geneva) 채택

① 개요

1948년 스위스 제네바에서 개최된 세계의사협회(World Medical Association)의 총회에서 **제네바 선언**을 채택하였다. 제네바 선언은 의사로서 명심해야 할 사항을 서약의 형식으로 표현한 것이다.

② 내용

주요 내용은 다음과 같다.

㉠ 나는 의사로서 나의 생애를 인류에게 봉사한다.
㉡ 나는 양심과 존엄으로 의술을 베푼다.
㉢ 나는 환자의 건강을 가장 우선적으로 배려한다.
㉣ 나는 환자에 관한 모든 비밀을 지킨다.
㉤ 나는 종교, 국적, 인종, 정치적 입장 또는 사회적 신분을 초월해서 환자에 대한 나의 의무를 다한다.
㉥ 나는 생명이 잉태된 순간부터 인간의 생명을 최대한 존중한다.
㉦ 나는 어떤 위협이 있어도 나의 의학 지식을 인륜에 어긋나게 사용하지 않는다.

(3) 헬싱키 선언(Declaration of Helsinki) 발표 중요 ★★

① 개요

1964년 핀란드 헬싱키에서 개최된 세계의사협회의 총회에서 의학 연구의 윤리 원칙인 **헬싱키 선언**을 발표하였다. 2013년까지 총 7차례의 개정이 있었다. 헬싱키 선언의 적용 대상은 인간을 대상으로 실시하는 의학 연구를 하는 모든 연구자와 의사이다.

② 내용

헬싱키 선언은 인간을 대상으로 하는 의학 연구의 남용을 규제하고, 실험대상의 불이익을 구제하며, 실험대상의 권리를 보호하려는 목적으로 제정되었다. 헬싱키 선언은 의학 연구에 있어서 과학이나 사회의 이익보다 실험대상의 권익이 우선이라는 원칙을 강조한다. 따라서 헬싱키 선언은 다음과 같은 기본 원칙을 제시한다.

㉠ 연구자는 연구의 시작과 과정에서 실험대상을 존중하고, 실험대상의 자발적 결정을 보장하며, 실험대상이 연구참여에 대한 충분한 설명을 들은 후 연구참여에 동의하도록 한다.
㉡ 연구자는 무엇보다 먼저 실험대상을 고려하며, 연구가 필요하더라도 과학적 질문과 사회의 이해보다 실험대상의 안녕을 먼저 생각한다.
㉢ 연구자는 실험대상에 대한 윤리를 법과 규정보다 우선시한다.

또한 헬싱키 선언은 연구수행과 관련해서 다음과 같은 주요 원칙을 제시한다.

> ㉠ 연구는 실험대상이 포함된 집단에 이익이 될 것으로 예상될 때 과학적 지식을 기반으로 실시된다.
> ㉡ 소양을 갖춘 연구자가 독립적인 심사위원회의 대면 회의에서 승인된 연구계획서를 준수하면서 연구를 실시한다.
> ㉢ 연구계획서에는 윤리적 사항을 포함하고, 헬싱키 선언을 준수한다는 내용이 있다.
> ㉣ 기존에 고려되었던 윤리적 사항이 충족되지 않았을 때, 연구는 중지된다.
> ㉤ 연구자는 연구결과와 연구의 이해상충(Conflict Of Interest, COI)과 관련된 정보를 대중에게 공개한다.
> ㉥ 실험연구는 현존하는 최고의 방법(예 치료)과의 효과 비교를 포함하고, 특별한 경우에 대조군을 활용한다.
> ㉦ 실험대상의 이익은 연구종료 후에도 윤리적 평가 대상이 된다.

더 알아두기 중요 ★

뉘른베르크 강령(1947년), 제네바 선언(1948년), 헬싱키 선언(1964년) 간의 관계는 다음과 같다. 세계의사협회에서 1947년 공포된 뉘른베르크 강령의 정신을 반영해서 1948년 제네바 선언을 채택하였다. 이후 세계의사협회는 뉘른베르크 강령의 한계를 보완하고 재해석해서 1964년 헬싱키 선언을 발표하였다.

(4) 벨몬트 보고서(Belmont Report) 발표 중요 ★★

① 개요

1979년 미국의 생물의학 및 행동연구의 인간 연구대상 국가 보호 위원회(National Commission for the Protection of Human Subjects of Biomedical and Behavioral Research)에서 **벨몬트 보고서**를 공식적으로 발표하였다. 이 보고서는 미국의 국가적 차원에서 인간을 연구대상으로 하는 모든 연구의 수행에 대한 기본적 윤리 원칙과 지침을 제시하였다. 벨몬트 보고서를 기반으로 현재의 윤리적 지침들이 만들어졌다.

② 내용

인간을 연구대상으로 하는 생물의학 및 행동연구의 윤리적 원칙과 지침은 다음과 같다.

㉠ 시술(practice)과 연구의 경계 구분

인간 연구대상을 보호하기 위해서, 시술과 연구를 구분해야 한다. 이때 시술이란 성공에 대한 합당한 기대를 기반으로, 개별 환자의 복지 증진을 위해서만 계획된 이미 확립된 요법을 이용한 환자에 대한 개입이다. 연구는 일반적 또는 보편적 지식을 발전시키기 위해서, 특정 목적과 해당 목적 달성에 필요한 일련의 인간 대상 연구절차의 계획을 제시한 행동이다. 새로운 시술 개발을 위한 연구는 초기 단계부터 그 안정성과 효과성에 대한 검증을 받아야 한다.

㉡ 기본 윤리 원칙

최초 벨몬트 보고서에서 인간 존중, 선행, 정의, 신의, 악행 금지 및 진실이라는 6개의 기본 윤리 원칙을 제시하였다. 그러나 최근 6개의 기본 윤리 원칙을 3대 기본 윤리 원칙(인간 존중, 선행, 정의)으로 줄였다. 3대 기본 윤리 원칙에 대한 설명은 다음과 같다.

ⓐ 인간 존중

인간은 자의적으로 본인의 목적을 결정할 수 있는 능력과 본인의 목적 달성을 위해 행동할 수 있는 능력을 가진다(자율성 인정). 따라서 자율성을 가진 인간 연구대상은 타인 또는 연구자의 강요나 부당한 영향을 받지 않고, 본인의 연구참여 여부를 결정할 자유를 가진다. 단, 자율성이 부족한 인간 연구대상(예 미성년자)은 연구자로부터 보호를 받아야 한다.

ⓑ 선행(beneficence)

선행은 연구자가 인간 연구대상에게 해를 입히지 말며, 인간 연구대상의 가능한 이익을 극대화하고 가능한 손해를 최소화해야 하는 의무이다.

ⓒ 정의(justice)

연구자는 연구자와 인간 연구대상 모두가 연구를 통해 얻는 이득과 부담을 동등하게 분배하도록 연구를 설계하고, 인간 연구대상을 공정하게 대해야 한다.

㉢ 적용

기본 윤리 원칙을 연구수행 과정에서 적용하기 위해서, 연구자는 다음과 같은 사항을 고려해야 한다.

ⓐ 동의

인간 존중 원칙과 관련되는 사항이다. 연구자는 인간 연구대상의 연구참여 이전 또는 연구참여 중 지속적으로 동의와 관련된 절차를 점검한다. 이때 연구자는 인간 연구대상에게 충분한 연구 관련 정보 제공, 정보에 대한 인간 연구대상의 이해, 인간 연구대상의 자발적 연구참여 등을 점검할 필요가 있다.

ⓑ 위험과 이득에 대한 평가

선행 원칙과 관련된 사항이다. 연구자는 연구의 사회적 또는 과학적 가치와 연구의 과학적 유효성을 평가하고, 연구가 초래하는 위험 대비 이득 비율이 정당하게 정해졌는지 평가한다.

ⓒ 인간 연구대상 선정

정의 원칙과 관련된 사항이다. 인간 연구대상의 선정 기준과 절차 그리고 모집 방법의 공정성을 확보해야 한다.

더 알아두기

미국 앨라배마(Alabama) 주에 거주하는 흑인을 연구대상으로 진행된 터스키기 매독 연구(Tuskegee syphilis study)의 비윤리적 문제 재발을 예방하고자, 미국의 국가적 차원에서 벨몬트 보고서가 작성되었다. 터스키기 매독 연구의 내용은 다음과 같다. 1932년부터 1973년까지 미국 공중보건국이 앨라배마 주의 터스키기 대학(Tuskegee University)과 함께 치료하지 않은 매독이 인간에게 어떤 영향을 미치는지 관찰하는 연구를 진행했다. 연구자들은 매독에 걸린 흑인 연구대상과 매독에 걸린 적이 없는 흑인 연구대상을 선별해서 연구를 진행하였다. 그런데 이 연구에 참여한 매독에 걸린 흑인 연구대상은 연구자들로부터 본인의 매독 감염 여부, 연구목적 등에 관한 고지를 받지 못했고, 연구자들은 매독에 걸린 흑인 연구대상에게 매독 치료(페니실린 주사)를 제공하지 않았다.

2 연구자의 윤리적 소양 중요 ★★

연구자에게 다음과 같은 윤리적 소양이 요구된다.

(1) 정직함(honesty)

연구자는 연구수행의 모든 과정에서 정직해야 한다. 연구자는 학술지 게재 논문, 학술대회 발표 논문, 연구 보고서 등의 자료, 연구방법과 절차, 연구결과, 저자 기여도, 이해상충 가능성 등을 정직하게 보고한다.

(2) 객관성(objectivity)

연구자는 연구수행의 모든 과정에서 객관적이고, 편파적이지 않아야 한다. 이와 같은 연구자의 객관성을 유지하기 위해서, 연구자의 연구계획, 자료 분석과 해석, 논문 심사 결과, 연구비 신청 등이 타당해야 한다.

(3) 개방성(openness)

연구자는 다른 연구자들과 자료, 결과, 방법과 절차, 도구, 측정 문항 등을 공유한다. 또한 연구자는 다른 연구자들의 비판을 수용하고, 새로운 연구주제에 개방적이어야 한다.

(4) 비밀유지(confidentiality)

연구자는 논문 심사 과정, 연구대상의 자료 등에 대한 보안을 지킨다.

(5) 신중함(carefulness)

연구자는 연구수행 과정이나 결과 제시 과정에서 오류가 발생하지 않도록 주의를 기울인다. 이를 위해 연구자는 자료 수집, 연구설계, 연구대상의 동의서 등 연구수행과 관련된 모든 내용을 기록으로 남긴다.

(6) 동료에 대한 존중(respect for colleagues)

연구자는 동료 연구자들과 연구보조원들(예 대학생, 대학원생)을 존중한다. 연구자는 동료 연구자들이나 연구보조원들에게 피해를 입히지 않고, 이들을 공정하게 대우한다. 연구자는 성별, 인종, 종교 등의 과학적 소양과 무관한 이유로 동료 연구자들과 연구보조원들을 차별하지 않는다. 또한 연구자는 신진 연구자 양성에 기여한다.

(7) 지적 재산에 대한 존중(respect for intellectual property)

연구자는 특허, 저작권 등의 지적 재산을 존중한다. 연구자는 학술지, 학술대회 등에 연구결과를 보고할 때 인용한 문헌의 출처를 반드시 밝히고, 표절하지 않는다.

(8) 준법정신(respect for law)

연구자는 본인의 연구활동과 관련된 법규나 기관(예 대학의 기관생명윤리위원회)의 규정을 준수한다.

(9) 연구대상에 대한 존중(respect for subjects)

연구자는 동물 연구대상에 대해서 존엄성을 가지고, 동물 연구대상을 조심스럽게 다룬다. 따라서 연구자는 필요하지 않거나 제대로 계획되지 않은 동물 연구대상의 연구를 하지 않는다. 또한 연구자는 인간 연구대상의 인권, 사생활, 자유의지를 존중한다. 연구자는 연구수행 중 인간 연구대상의 고통과 피해를 최소화하고 혜택을 최대화한다. 특히, 연구자는 연구수행 중 취약 계층(예 아동, 정신장애가 있는 사람)의 인간 연구대상에 대해서 특별한 주의를 기울인다.

(10) 자원 관리(stewardship)

연구자는 인적 · 금전적 · 기술적(예 연구도구) 자원을 잘 활용한다.

(11) 사회적 책임(social responsibility)

연구자는 연구, 자문, 대중 교육 등을 통해 사회적 기여를 한다.

(12) 자유(freedom)

연구자의 사고와 탐구는 연구기관과 정부에 의해서 간섭을 받지 않는다.

제 2 절 한국심리학회와 미국심리학회의 연구윤리 규정

한국심리학회와 미국심리학회는 연구윤리 지침과 관련된 **연구윤리 규정**을 자세하게 제시하였다. 그 내용을 소개하면 다음과 같다.

1 한국심리학회의 연구윤리 규정

한국심리학회는 윤리 규정의 제23~39조에 연구윤리 규정을 제시한다. 연구자의 연구준비, 연구실시, 결과보고의 단계별로 각 조항을 소개하면 다음과 같다.

(1) 연구준비 단계

① 학문의 자유와 사회적 책임(제23조)

연구자는 학문의 자유에 대한 기본권 그리고 사회적 책임과 의무를 가진다.

② 기관(예 대학의 기관생명윤리위원회)의 승인(제24조)

연구자는 연구수행 전 연구계획에 대한 기관의 승인을 받고, 승인된 계획대로 연구를 수행한다.

③ **연구참여에 대한 연구대상의 동의(제26조)**

연구대상은 자유의지로 연구에 참여하며, 연구자는 이에 대한 동의를 받는다. 또한 실험처치가 포함된 중재 연구의 경우, 연구자는 사전에 연구대상에게 연구절차와 내용을 공지한다.

④ **연구를 위한 음성 및 영상 기록에 대한 동의(제27조)**

연구자는 연구대상으로부터 사전에 음성 및 영상 기록에 대한 동의를 받는다.

⑤ **내담자/환자, 학생 등과 같이 연구자에게 의존적인 연구대상(제28조)**

연구자는 연구자에게 의존적인 연구대상의 연구참여 거부나 중단이 초래할 부정적 결과로부터 연구대상을 보호한다.

⑥ **연구동의 면제(제29조)**

연구대상에게 고통이나 해를 끼치지 않을 것으로 판단되거나 국가의 법률 또는 기관(예 대학의 기관생명윤리위원회)의 규칙에 의해 허용되는 경우, 연구자는 연구대상의 연구참여 동의를 받지 않을 수 있다.

(2) 연구실시 단계

① **연구대상에 대한 책임(제25조)**

연구자는 연구대상의 인격, 사생활 보호 권리, 자기결정권, 안전과 복지, 위험 노출 방지, 심리적 그리고 신체적 손상 방지를 보장하며, 연구대상에게 예상치 못한 고통이 유발되면 연구를 즉시 중단한다.

② **연구에서 속이기(제31조)**

연구자는 정당한 사유가 있고 대안적 절차가 불가능한 경우에만 속이기를 사용한다. 단, 연구자는 연구대상에게 연구참여가 신체적 통증이나 정서적 고통을 일으킬 수 있다는 정보를 속이지 않는다.

③ **연구대상에 대한 사후 보고(제32조)**

연구자는 연구대상에게 연구의 본질, 결과 및 결론에 대한 정보를 얻을 수 있는 기회를 제공하며, 연구절차가 초래하는 연구대상의 피해를 최소화하는 조치를 취한다.

④ **연구참여에 대한 보상(제30조)**

연구자는 연구대상에게 적절한 보상을 한다. 그러나 연구자는 연구대상에게 연구참여를 강요할 정도의 지나친 보상을 제공하지 않는다.

⑤ **동물의 인도적 보호와 사용(제33조)**

연구자는 다른 대안이 없을 때 과학적 지식을 얻기 위해 동물의 고통을 최소화하면서 동물을 연구대상으로 사용한다.

(3) 결과보고 단계

① **연구결과 보고(제34조)**

연구자는 자료를 조작하지 않고, 개별 연구대상 식별 자료를 익명으로 보고하며, 출판 결과의 오류를 바로잡는 조치를 취한다.

② **표절(제35조)**

연구자는 출처를 밝히지 않고 타인의 연구나 주장의 일부를 본인의 것으로 제시하지 않는다.

③ **출판 업적(제36조)**

연구자는 본인의 연구에 대해서만 출판물의 저자로 인정받으며, 연구 기여도를 기준으로 출판물의 저자를 명확하게 표기한다.

④ **연구자료의 이중 출판(제37조)**

연구자는 이미 출판된 자료를 새로운 자료인 것처럼 출판하지 않는다.

⑤ **결과 재검증을 위한 연구자료 공유(제38조)**

연구자는 특별한 문제가 없는 한 다른 연구자의 재분석을 위해 본인의 자료를 제공한다.

⑥ **심사(제39조)**

연구자는 학술지 투고 논문, 학술대회 발표 원고 및 연구계획서를 심사하는 경우, 비밀을 유지하고 저자의 저작권을 존중한다.

2 한국심리학회와 미국심리학회의 연구윤리 규정 비교

미국심리학회는 「심리학자의 윤리적 원칙과 행동 강령(Ethical Principles of Psychologists and Code of Conduct)」의 8번째 섹션(Section 8. 8.01~8.15)에서 15개 조항의 연구윤리 규정을 제시하였다. 15개 조항은 한국심리학회가 제시한 연구윤리 규정의 조항(윤리 규정 제23~39조)에 거의 그대로 포함된다. 한국심리학회와 미국심리학회의 연구윤리 규정을 조항별로 비교하면 [표 1-10]과 같다.

[표 1-10] 한국심리학회와 미국심리학회의 연구윤리 규정 비교

구분	한국심리학회(17개 조항)	미국심리학회(15개 조항)
연구준비 단계	제23조. 학문의 자유와 사회적 책임	–
	제24조. 기관의 승인	8.01 Institutional Approval
	제26조. 연구참여에 대한 연구대상의 동의	8.02 Informed Consent to Research
	제27조. 연구를 위한 음성 및 영상 기록에 대한 동의	8.03 Informed Consent for Recording Voices and Images in Research
	제28조. 내담자/환자, 학생 등과 같이 연구자에게 의존적인 연구대상	8.04 Client/Patient, Student, and Subordinate Research Participants
	제29조. 연구동의 면제	8.05 Dispensing with Informed Consent for Research
연구실시 단계	제25조. 연구대상에 대한 책임	–
	제31조. 연구에서 속이기	8.07 Deception in Research
	제32조. 연구대상에 대한 사후 보고	8.08 Debriefing
	제30조. 연구참여에 대한 보상	8.06 Offering Inducements for Research Participation
	제33조. 동물의 인도적 보호와 사용	8.09 Humane Care and Use of Animals in Research

결과보고 단계	제34조. 연구결과 보고	8.10 Reporting Research Results
	제35조. 표절	8.11 Plagiarism
	제36조. 출판 업적	8.12 Publication Credit
	제37조. 연구자료의 이중 출판	8.13 Duplicate Publication of Data
	제38조. 결과 재검증을 위한 연구자료 공유	8.14 Sharing Research Data for Verification
	제39조. 심사	8.15 Reviewers

더 알아두기

아래의 링크에 접속하면 한국심리학회와 미국심리학회의 세부 연구윤리 규정을 확인할 수 있다.

- 한국심리학회 : www.koreanpsychology.or.kr/user/sub01_4.asp#undefined3
- 미국심리학회 : www.apa.org/ethics/code

제 3 절 인간 대상의 연구와 관련된 윤리

연구자는 인간 연구대상(본 절에서 이하 연구대상으로 줄임)의 **권리**를 명확히 알고, 이 권리를 침해하지 않기 위해서 여러 사항에 주의를 기울여야 한다.

1 연구대상의 권리 중요 ★★★

(1) 해를 입지 않을 권리

① 연구대상은 연구참여가 초래할 수 있는 피해로부터 보호를 받을 권리를 가진다. 이때 피해는 연구과정에서 연구대상이 받을 가능성이 있는 신체적·정신적·법적·재정적·사회적 손상을 말한다.

② **취약 계층**이란 본인이 연구참여에 대한 완전한 사전 동의를 할 능력이 없거나, 연구참여로 인해서 예상하지 못한 부작용을 겪을 수 있는 사람들을 말한다. 미성년자(예 아동), 정신장애 또는 신체장애가 있는 사람, 질병 말기 환자, 수감자, 임산부 등이 취약 계층에 해당한다. 취약 계층을 대상으로 연구를 수행하는 경우, 연구자는 이들의 권리를 보호하기 위해서 사전 동의, 위험과 이익 평가, 연구절차 등에 주의를 기울여야 한다.

(2) 사생활 보호와 비밀 보장의 권리

① 연구자는 연구대상의 익명성 보장을 통해 연구대상의 사생활 보호와 비밀 보장의 권리를 지킬 수 있다. 이때 **익명성 보장**은 연구자가 개별 연구대상을 식별할 수 있는 개인정보(예 이름, 휴대전화번호)를 외부에 밝히지 않는 활동이다.

② 연구자는 연구대상의 익명성을 보장하기 위해 연구대상의 개인정보를 연구팀 이외의 다른 사람들에게 알리지 않는다. 또한 연구자는 연구대상 자료에서 연구대상을 식별할 수 있는 개인정보를 기호나 숫자로 바꾼 후 해당 자료로 분석과 해석을 실시한다.

(3) 자기 결정의 권리

연구대상은 부당한 압력, 속임수, 위협 등이 없는 상황에서 충분한 시간을 가지고, 연구참여에 동의할 **자기 결정의 권리**를 가진다. 연구대상이 자기 결정의 권리를 제대로 행사하기 위해서, 연구내용을 충분히 숙지하고 연구참여를 결정해야 한다. 또한 연구대상은 연구참여 과정에서 부당한 압력이나 강요를 받지 않고 연구참여 중단을 스스로 판단해야 한다.

(4) 연구내용을 알 권리

연구대상이 연구내용에 대한 충분한 정보를 알아야 자기 결정의 권리를 행사할 수 있다. 이에 연구대상의 연구내용을 알 권리를 보장하기 위해서, 연구자는 연구목적, 연구참여를 거부할 권리, 연구자의 책임, 연구참여가 초래하는 위험과 이익 등을 연구대상에게 설명해야 한다. 이를 완전 공개(full disclosure)라고 한다.

더 알아두기 중요 ★★

윤리적 연구에서 연구대상의 자발적 참여 동의는 연구대상의 자기 결정의 권리와 연구내용을 알 권리의 보장을 전제로 한다.

2 연구자의 주의사항 중요 ★★★

(1) 주지된 동의서(informed consent form) 받기

윤리적 연구를 수행하기 위해서, 연구자는 연구실시 전 연구대상에게 연구내용을 설명하고, 연구내용에 대한 연구대상의 질문에 답한다. 이 과정을 통해서, 연구대상은 연구참여가 초래할 수 있는 해로운 영향에 관한 사전 경고를 받는다. 이와 관련하여 연구대상은 연구과정에서 본인에게 요청되는 일(예 실험 과제)에 관한 상세 정보를 받고, 이를 통해 본인이 연구 참가 여부와 관련된 잠재적 피해를 이해했다는 **주지된 동의서**를 작성한다. 만약 연구대상이 미성년자이면 부모나 보호자(법정대리인 포함)에게 주지된 동의서를 받아야 한다.

더 알아두기

주지된 동의서에 포함되는 주요 내용은 다음과 같다.
- 연구의 목적
- 연구의 절차
- 연구참여에 소요되는 기간 또는 시간
- 연구대상 선정 기준과 방법
- 연구참여의 잠재적 위험
- 연구참여의 잠재적 이익
- 연구참여에 대한 보상
- 비밀유지 약속
- 자발적 동의 확인
- 연구참여를 중단할 권리나 정보 제공을 거부할 권리

(2) 속임수(deception)

연구자는 종종 연구의 진짜 목적 또는 연구참여 중 연구대상이 겪을 경험에 관해서 연구대상을 속이는 경우가 있다. 이와 같은 **속임수**는 보통 연구대상의 의도적 반응을 통제하기 위해서 사용된다. 예를 들어, 연구대상이 연구의 진짜 목적을 알거나 연구참여 중 겪을 진짜 경험을 알면, 본인의 평소 생각이나 행동과 다른 반응을 보일 수 있다.

① 연구자는 연구참여가 연구대상에게 심각한 신체적 또는 정신적 피해를 입히는 경우에는 속임수를 사용해서는 안 된다.

② 연구자가 속임수 사용의 비윤리성을 판단할 때 속임수를 사용한 연구를 통해 얻는 이익과 연구대상의 피해를 비교해야 한다. 만약 속임수를 사용한 연구를 통해 얻는 이익이 연구대상의 피해보다 월등히 많을 때 속임수의 사용이 정당화될 수 있다. 이 경우라도 연구자는 연구대상에게 속일 내용을 제외한 최대한 많은 양의 연구내용과 관련된 정보를 제공해야 하고, 연구대상이 불이익을 당하지 않고 언제든지 연구참여를 중단할 수 있다는 점을 알려야 한다.

③ 연구자뿐만 아니라 연구대상에 대한 연구자의 윤리적 대우를 감시하는 기관(예 대학의 기관생명윤리위원회)에서도 연구자의 속임수 사용이 초래하는 비윤리성을 판단한다.

(3) 연구참여를 거부하거나 중단할 자유(자기 결정의 권리)

연구자는 연구대상이 연구참여를 싫어하는 경우에 연구참여를 거부할 자유와 연구대상이 연구참여가 불편한 경우에 언제든지 연구참여를 중단할 자유를 보장한다.

① 연구자가 연구대상에게 연구참여를 제안할 때, 연구대상이 연구참여를 거부해도 연구대상은 어떤 불이익도 당하지 않아야 한다. 또한 연구대상이 연구참여를 중단할 때, 연구대상은 어떤 불이익을 당하지 않아야 한다.

② 연구자는 취약 계층의 연구참여 거부와 중단의 자유를 더 많이 보장해 주어야 한다.

(4) 피해로부터의 보호

연구대상이 최소한의 위험을 초래하는 연구에 참여하더라도, 연구자가 예상하지 못한 후유증(예 강한 분노 경험)을 경험할 수 있다. 따라서 연구가 종료된 이후 연구대상이 문제가 발생했을 때 연구자의 도움을 받을 수 있어야 한다.

(5) 사후 설명(debriefing)

연구자가 연구에서 속임수를 사용하거나 연구자가 예상하지 못한 연구참여의 피해가 발생하는 경우가 있다. 이때 연구자는 연구종료 후 연구대상에게 연구목적, 연구절차 등을 상세하게 설명해서, 연구대상이 연구와 관련해서 어떤 의문이나 오해가 없도록 해야 한다. 이 과정을 **사후 설명**이라고 한다.

(6) 해로운 영향의 제거

이례적인 상황이지만, 연구대상이 연구참여로 인해서 장기적으로 해로운 영향에 시달릴 수 있다. 따라서 연구자는 연구과정에서 연구대상에게 미치는 해로운 영향을 제거할 책임이 있다. 예를 들어, 연구대상이 연구참여 중 극심한 불쾌감을 느꼈다면, 연구자는 연구대상의 기분이 나아질 때까지 곁에서 연구대상의 상태를 관찰하면서 위기 상황에 대비해야 한다.

(7) 비밀유지

① 연구자는 연구대상이 연구참여 중 보인 모든 반응에 대한 비밀을 지켜야 한다. 또한 연구자는 연구대상의 개인정보를 외부에 누설하면 안 된다.

② 극히 드문 경우이지만, 연구자의 **비밀유지**에 따른 윤리적 딜레마가 발생할 수 있다. 예를 들어, 연구자가 우울증과 관련된 연구를 진행하다가 특정 연구대상의 우울증이 치료를 요하는 수준이란 것을 알았다. 이 경우, 연구자는 해당 연구대상의 비밀유지와 해당 연구대상의 치료를 위한 전문가와의 상담 주선 간의 윤리적 딜레마에 빠질 수 있다.

(8) 적절한 보상

연구대상은 연구참여에 대한 적절한 금전적 또는 물질적 보상을 받는다. 이 같은 종류의 보상 이외에 연구자가 고려해야 하는 다른 종류의 보상에 대한 설명은 다음과 같다.

실험연구(예 마음챙김명상 프로그램과 같은 특정 심리적 개입 프로그램의 효과를 검증하는 실험연구)의 경우, 연구대상을 실험집단과 통제집단으로 나눈 후 실험집단에만 실험처치(예 심리적 개입 프로그램을 실시함)를 하고 통제집단에는 아무런 실험처치를 하지 않을 수 있다. 이때 통제집단의 연구대상에게 어떤 실험처치도 하지 않고 연구를 끝마치는 것은 윤리적 문제를 유발한다. 이에 대한 해결 방안은 다음과 같다.

① 연구자가 통제집단에게도 종속변인에 영향을 미치지 않지만 실험처치와 다른 종류의 처치를 함으로써 통제집단의 연구대상이 연구참여를 위해 투자한 시간에 대한 보상을 해준다.

② 연구자가 실험집단에 대한 처치를 마치고 통제집단과의 처치 효과 비교 자료를 모두 취합한 후 통제집단에게 실험처치를 한다. 이와 같은 종류의 통제집단을 **대기자 통제집단**(waiting-list control group)이라고 한다.

제 4 절 동물 대상의 연구와 관련된 윤리

심리학 연구의 대부분은 인간을 대상으로 진행되지만, 인간 대상의 연구가 불가능한 경우에 상당히 많은 수의 심리학 연구는 동물을 대상으로 진행된다. 이때 연구자는 **동물 대상 연구**의 필요성을 고민하고 동물 연구대상의 윤리 지침이 무엇인지 이해할 필요가 있다.

1 동물 대상 연구에 대한 상반된 주장

(1) 동물 대상 연구를 반대하는 주장

윤리적으로 인간 연구대상에게 매우 위험하고, 그 피해를 되돌릴 수 없는 연구는 금지된다. 예를 들어, 인간 뇌의 손상을 일으키는 실험, 유아를 그 부모로부터 의도적으로 장기간 격리하는 연구, 부작용이 확인되지 않은 약물을 인간에게 투여하는 연구 등은 금지된다. 그 대안으로 동물 대상 연구가 허용된다. 그러나 동물 대상 연구에도 인간 대상 연구와 동일한 금지 사항을 적용해야 한다는 주장이 있다. 이 주장의 근거는 다음과 같다.

① 동물 연구대상도 인간 연구대상과 동일하게 고통을 느끼며, 연구의 부작용으로 삶이 파괴될 수 있다.

② 연구자가 동물 연구대상에게 해를 가하거나 죽이면, 연구자의 인간성이 파괴된다.

③ 동물 대상 연구를 통해서 인류의 과학적 진보를 달성했다는 주장은 종편파주의(speciesism)이다. **종편파주의**란 한 종에게 혜택이 있으면 다른 종들의 희생이 정당화된다는 신념이다.

(2) 동물 대상 연구를 찬성하는 주장

동물 대상 연구를 반대하는 주장의 근거를 반박하는 주장은 다음과 같다.

① 동물 연구대상도 인간 연구대상과 동일하게 고통을 느낀다. 그러나 동물 대상 연구에도 동물 연구대상에게 과도한 고통을 주는 것과 비인간적으로 다루는 것을 금지하는 윤리적 기준이 존재한다. 따라서 윤리적 연구자는 의도적으로 동물 연구대상에게 부당한 고통을 가하거나 동물 연구대상을 함부로 다루지 않는다. 또한 연구자와 기관(예 대학의 기관생명윤리위원회)이 연구를 통해 얻는 이익과 동물 연구대상의 고통을 비교해서 동물 대상 연구의 진행 여부를 결정한다.

② 연구자가 동물 연구대상에게 해를 가하거나 죽이면, 연구자의 인간성이 파괴된다는 주장이 있다. 그런데 인간은 생존하기 위해서 동물과 식물을 먹는다. 이 과정에서 동물과 식물을 죽일 수밖에 없다. 그렇다면 동물과 식물을 먹는 모든 인간은 인간성이 파괴되어야 한다. 또한 현대 의학의 발전은 동물 대상 연구의 결과로 이루어졌다. 만약 연구자가 동물 연구대상에게 해를 가하거나 죽이는 것이 연구자의 인간성을 파괴한다면, 동물 대상 연구의 결과로 얻은 이익(예 신약 개발)을 누리는 모든 인간은 인간성이 파괴되어야 한다.

③ 종편파주의의 주장과 달리, 많은 동물 대상 연구의 결과가 동물들의 안녕에 기여한다. 예를 들어, 개의 특성 연구결과는 동물 보호소에 수용된 개들의 복지를 개선하는 데 이용될 수 있다.

2 동물 대상 연구의 윤리 지침

동물 대상 연구의 핵심 윤리 지침은 연구자가 동물 연구대상을 인도적이고 윤리적으로 다루어야 한다는 것이다. 미국심리학회는 이와 관련된 내용을 「심리학자의 윤리적 원칙과 행동 강령(Ethical Principles of Psychologists and Code of Conduct)」의 8번째 섹션 중 제9조(Humane Care and Use of Animals in Research)에 상세히 제시하였다. 그 내용은 다음과 같다.

(1) 연구자는 정부의 법과 규정 그리고 전문가적 기준을 준수해서 동물 연구대상의 취득, 돌보기, 사용 및 처리를 한다.

(2) 연구방법의 훈련을 받고 실험실에서 동물 연구대상을 돌본 경험이 있는 연구자가 동물 연구대상이 관여된 모든 연구절차를 감시하고, 동물 연구대상의 안녕, 건강 및 인도적 처치가 적절하게 고려되었는지 확인하는 의무를 가진다.

(3) 연구자는 본인의 감독 하에 있는 동물 연구대상을 이용하는 모든 사람들이 연구방법 그리고 동물 연구대상의 돌보기, 유지 및 취급에 관한 교육을 각자의 역할에 적합한 수준까지 이수했는지 확인한다.

(4) 연구자는 동물 연구대상의 불편, 감염, 질병 및 고통을 최소화하는 충분한 노력을 기울인다.

(5) 연구자는 다른 대안이 없고 미래의 과학적・교육적・실용적 가치에 의해서 동물 대상 연구목적이 정당화되는 경우에만 동물에게 고통, 스트레스 또는 결핍을 유발하는 절차를 사용한다.

(6) 연구자는 동물 연구대상이 적합하게 마취된 상태에서 외과 수술을 실시하며, 수술 중 또는 수술 후 감염 예방과 고통 최소화의 방법을 사용한다.

(7) 동물 연구대상을 죽이는 것이 합당한 경우, 연구자는 동물 연구대상의 고통을 최소화하려고 노력하면서 허가를 받은 절차에 따라서 빠르게 이를 시행한다.

제 5 절 연구 부정행위

연구윤리는 연구대상 보호에서만 적용되는 것이 아니라 연구에 대한 공공의 신뢰에 관한 보호에서도 적용된다. 연구에 대한 공공의 신뢰를 깨는 연구자의 행위를 연구 부정행위라고 한다.

1 연구 부정행위의 정의와 특징 중요 ★★

연구 부정행위는 연구수행과 결과보고 과정에서 연구자가 행하는 학문 분야에서 통상적으로 용인되는 윤리적 범위를 심각하게 벗어난 행위를 말한다. 연구 부정행위에 대한 범위와 검증 체제는 연구자가 속한 사회의 연구 환경, 문화, 가치관 등을 반영하기 때문에, 세계적으로 연구 부정행위에 대한 개념적 이해는 동일하지만 부정행위에 해당하는 세부 내용은 나라마다 차이가 있다.

2 연구 부정행위 발생의 원인

(1) 모든 연구자가 연구수행과 결과보고는 객관적이고 합리적이어야 한다는 주장에 전적으로 동의한다. 그러나 연구수행과 결과보고의 객관성과 합리성 판단에 대한 명확한 기준(예 수량화된 기준)은 존재하지 않는다. 따라서 연구자가 연구수행과 결과보고의 객관성과 합리성 판단 기준을 자의적으로 적용할 가능성이 있다.

(2) 연구자 수의 증가로 인한 지적 경쟁과 학술지 게재 경쟁이 치열해지면서, 연구자들은 강한 연구실적 산출 압박을 느낀다. 이와 같은 연구 환경으로 인해 연구자의 연구 부정행위가 일종의 사회적 관행으로 용인될 소지가 있다.

(3) 강한 연구실적 산출 압박으로 인해서, 연구자들은 연구윤리 위반으로 얻을 수 있는 이익(예 저명한 학술지에 논문을 게재함)을 연구윤리 위반으로 잃을 수 있는 손해(예 양심의 가책)보다 더 크게 평가할 수 있다. 이와 같은 평가가 반복되면, 연구자들의 개인 윤리 의식이 둔화될 가능성이 있다.

(4) 연구자가 본인의 이론 또는 정치적 그리고 사회적 신념과 일치하지 않는 결과를 보고하지 않을 수 있다.

3 연구 부정행위의 유형

(1) 자료 수집 및 분석과 관련된 연구 부정행위 중요 ★★

연구자의 자료 수집 및 분석과 관련된 연구 부정행위는 **반복검증**(replication)을 통해서 밝혀질 수 있다. 다른 연구자들이 특정 연구를 반복해서 실시했는데, 그 결과가 해당 연구의 결과와 일관되게 다르면 학계에서 해당 연구가 진짜가 아니라는 결론을 내리게 된다. 자료 수집 및 분석과 관련된 부정행위에는 위조(fabrication)와 변조(falsification)가 있다.

① **위조**

위조는 연구자가 존재하지 않는 연구자료, 연구결과 등을 허위로 만들거나 이를 기록 또는 보고하는 행위를 말한다. 위조의 예는 다음과 같다.

㉠ 연구자가 수행한 적이 없는 연구의 자료를 가상으로 만든다.

㉡ 연구자가 실제로 수행한 연구의 결과가 유의미하도록 가상의 자료를 추가한다.

② **변조**

변조는 연구자가 연구자료를 인위적으로 조작하거나 임의로 변경 또는 삭제해서 연구결과를 본인이 원하는 방향으로 왜곡하는 행위이다. 예를 들어, 연구자가 연구를 통해 얻은 특정 연구대상의 자료를 다른 연구대상의 자료로 교체하는 행위가 변조이다.

(2) 결과보고와 관련된 연구 부정행위 중요 ★★

① **표절**(plagiarism)

표절은 연구자가 다른 연구자의 연구발상이나 저작물(예 논문, 연구 보고서, 서적)의 전부 또는 일부 내용을 그 출처를 밝히지 않고, 본인의 저작물에 그대로 사용하거나 다른 형태로 바꾸어서 사용하는 행위를 말한다. 표절의 예는 다음과 같다.

㉠ 연구발상 표절

연구자가 다른 연구자의 독창적인 연구주제, 분석 방법, 논문의 전개 방식과 결론 등을 그 출처를 밝히지 않고 본인의 저작물에 사용하는 것이 연구발상 표절이다. 연구발상 표절의 예는 다음과 같다.

ⓐ 연구자가 다른 연구자의 논문에서 설정한 가설을 그대로 베끼면서 본인이 가장 처음 해당 가설을 설정했다고 주장한다.

ⓑ 연구자가 학술대회 발표 논문에서 보았던 연구주제를 본인의 연구주제처럼 생각하고, 연구해서 논문을 학술지에 게재한다.

㉡ 저작물의 내용 표절

연구자가 다른 연구자의 저작물 내용(글) 전부 또는 일부를 그 출처를 밝히지 않고 본인의 저작물에 사용하는 행위가 저작물의 내용 표절이다. 저작물 내용 표절의 예는 다음과 같다.

ⓐ 복제

복제란 연구자가 본인의 저작물에 다른 연구자가 작성한 저작물의 다수 또는 일부 글을 그 출처를 밝히지 않고 그대로 베껴서 사용하는 행위를 말한다.

ⓑ 자료 표절

연구자가 다른 연구자의 저작물에 포함된 그림, 표, 그래프 등을 그 출처를 밝히지 않고 그대로 본인의 저작물에 사용하는 행위를 **자료 표절**이라고 한다.

㉢ 출처 표기 부실

출처 표기 부실의 사례는 다음과 같다.

ⓐ 연구자가 출판되지 않은 다른 연구자의 자료(예 석사 학위논문 자료)를 출처 표기 없이 본인의 논문 작성에 그대로 사용한다.

ⓑ 연구자가 다른 연구자가 학술대회에서 발표한 논문 내용을 본인의 논문에 인용할 때 그 출처를 밝히지 않는다.

ⓒ 연구자가 참고한 논문에 인용된 제3자의 논문 내용을 본인의 논문에 소개할 때, 제3자의 논문을 읽지 않고 제3자의 논문을 직접 읽은 것처럼 인용한다. 이 경우, 연구자는 제3자의 논문을 재인용했다는 표기를 해야 한다.

② **부당한 저자 표기**

부당한 저자 표기는 연구수행에 기여도가 없거나 미약한 연구자를 저작물의 저자로 표기하거나, 연구수행에 상당한 기여도가 있는 연구자를 저자로 표기하지 않는 행위를 말한다. 예를 들어, 지도교수가 지도학생의 석사 학위논문을 학술지에 게재할 때, 지도학생을 저자로 표기하지 않는 경우이다.

③ **중복 게재**

연구자가 이미 출간한 저작물, 가설, 자료 등과 상당 부분이 겹치거나 유사한 저작물을 출간하는 행위를 **중복 게재**라고 한다.

(3) 기타 연구 부정행위

① **연구윤리를 확립하려는 노력을 심각하게 방해하는 행위**

연구자 본인 또는 다른 연구자의 연구 부정행위에 대한 기관(예 대학의 기관생명윤리위원회)의 조사를 의도적으로 방해하거나, 연구 부정행위의 제보자에게 위해를 가하는 것도 연구 부정행위이다.

② **학문공동체에서 통상적으로 용인되는 윤리적 범위를 심각하게 벗어나는 행위**

연구자가 다른 연구자에게 연구수행에 기여도가 전혀 없음에도 불구하고 저자 표기를 요구하는 행위나 연구자가 연구보조원, 학생 등을 연구과정에 부적절하게 이용하는 행위도 연구 부정행위에 해당한다.

③ **책임이 있는 연구수행을 위해 근절되어야 할 연구 부적절 행위**

연구자의 부실한 연구자료 보관, 연구자료에 대한 합당한 공개나 공유 요청 거절, 연구결과의 중요성 부각을 위한 부적절한 자료 제시 등은 연구 부적절 행위에 해당한다.

제 6 절 연구자의 윤리적 연구수행 독려와 감시

사회적으로 연구자의 인간 대상 연구의 윤리적 수행을 독려하고 감시하는 차원에서, 연구자는 일정 기간(2년)마다 갱신이 필요한 「생명윤리 및 안전에 관한 법률」 교육을 이수하고, 인간 대상의 개별 연구를 수행할 때마다 기관생명윤리위원회(Institutional Review Board, IRB)의 심의를 거쳐서 승인을 받아야 한다. 참고로 동물 대상 연구의 경우, 동물실험윤리위원회(Institutional Animal Care and Use Committee, IACUC)의 심의와 승인을 받아야 한다.

1 「생명윤리 및 안전에 관한 법률」

2015년 12월 29일부터 시행된 「생명윤리 및 안전에 관한 법률」의 목적과 기본 원칙은 다음과 같다.

(1) 목적(제1조)

「생명윤리 및 안전에 관한 법률」은 인간과 인체유래물 등을 연구하거나, 배아나 유전자 등을 취급할 때 인간의 존엄과 가치를 침해하거나 인체에 위해를 끼치는 것을 방지함으로써 생명윤리 및 안전을 확보하고 국민의 건강과 삶의 질 향상에 이바지함을 목적으로 한다. 여기서 인체유래물은 인체로부터 수집하거나 채취한 조직, 세포, 체액 등의 인체 구성물 또는 이들로부터 분리된 혈청, 혈장, 염색체, DNA, RNA, 단백질 등을 말한다. 또한 배아란 인간의 수정란 및 수정된 때부터 발생학적으로 모든 기관이 형성되기 전까지의 분열된 세포군을 의미한다.

(2) 기본 원칙(제3조)

「생명윤리 및 안전에 관한 법률」의 기본 원칙을 세분화해서 제시하면 다음과 같다.

① 연구대상의 존엄과 가치를 존중한다.
② 연구대상의 인권과 복지를 우선적으로 고려한다.
③ 연구대상의 자율성을 존중한다.
④ 연구대상의 자발적 동의는 충분한 정보에 근거한다.
⑤ 연구대상의 사생활을 보호한다.
⑥ 연구대상의 안전을 충분히 고려하고, 위험을 최소화한다.
⑦ 취약 계층을 특별히 보호한다.
⑧ 생명윤리와 안전 확보에 필요한 국제 협력을 모색한다.
⑨ 생명윤리와 안전 확보를 위한 보편적인 국제 기준을 수용한다.

2 기관생명윤리위원회

(1) 기관생명윤리위원회의 구성

「생명윤리 및 안전에 관한 법률」에 의하면, **기관생명윤리위원회**(가상의 예 : 한국대학교 기관생명윤리위원회)를 구성하는 원칙은 다음과 같다.

① 위원장 1인을 포함해서 5인 이상으로 구성한다.
② 전원 남성 또는 여성으로 구성할 수 없다.
③ 연구의 사회적 타당성과 윤리적 타당성을 평가할 수 있는 경험과 지식을 갖춘 1인 이상 그리고 해당 기관에 종사하지 않는 1인 이상을 포함한다.
④ 이해상충을 방지하기 위해서, 심의대상인 연구나 개발 또는 이용에 관여된 위원장과 위원은 해당 심의에 참여하지 않는다.

(2) 기관생명윤리위원회의 업무

① 심의

기관생명윤리위원회는 연구가 초래하는 위험과 연구로 인해 얻는 이익을 따져서 연구자가 제출한 연구계획과 관련된 서류를 심의한다. 이때 기관생명윤리위원회는 연구가 유발할 수 있는 연구대상의 위험이 최소 위험(minimal risk)인지를 판단한다. **최소 위험**이란 일상생활에서 발생할 수 있는 수준의 위험을 말한다. 기관생명윤리위원회는 다음의 사항을 검토한다.

㉠ 연구자의 자격
㉡ 주지된 동의서의 형식
㉢ 연구대상 보호 방법(예 사생활 보호 방법, 개인정보 관리 방법)
㉣ 연구대상의 선정 기준과 모집 방법
㉤ 연구설계 및 방법
㉥ 자료의 수집, 분석 및 보관 방법

② 조사 및 감독

기관생명윤리위원회는 연구진행 과정이 연구계획과 일치하는지 등을 조사하고 감독한다.

③ 교육과 운영

기관생명윤리위원회는 기관 소속 연구자를 대상으로 생명윤리와 안전에 관한 교육을 실시하고, 취약 계층 보호 대책을 수립하며, 연구자를 위한 윤리 지침을 마련한다.

④ 보고

기관생명윤리위원회(가상의 예 : 한국대학교 기관생명윤리위원회)는 심의결과를 기관의 장(가상의 예 : 한국대학교 총장)에게 보고한다.

제 1 편 실제예상문제

checkpoint 해설 & 정답

제 1 장 심리학과 과학적 연구의 정의

01 다음 중 사람들이 지식을 얻을 때 사용하는 비과학적 방법이 아닌 것은?

① 직관을 이용하는 방법
② 전통을 이용하는 방법
③ 권위를 이용하는 방법
④ 직접적이며 체계적인 관찰과 자기교정(self-correcting) 과정을 이용하는 방법

01 지식을 얻을 때 직관을 이용하는 방법, 전통을 이용하는 방법, 권위를 이용하는 방법은 비과학적 방법이다. 반면 직접적이며 체계적인 관찰과 자기교정 과정을 이용하는 방법은 과학적 방법이다.

02 다음 중 넓은 의미에서 사람들이 지식을 얻을 때 사용하는 선험적(a priori) 방법이 아닌 것은?

① 논리적 추론을 이용하는 방법
② 직관을 이용하는 방법
③ 직접 경험을 이용하는 방법
④ 권위를 이용하는 방법

02 지식을 얻을 때 사용하는 선험적 방법이란 사람들이 다수의 직접 경험이 없이 현상의 본질을 파악하는 방법을 말한다. 논리적 추론을 이용하는 방법, 직관을 이용하는 방법, 권위를 이용하는 방법은 다수의 직접 경험 없이 지식을 얻는 방법이기 때문에 선험적 방법에 해당한다.

정답 01 ④ 02 ③

해설 & 정답 checkpoint

03 다음 중 과학적 연구의 특징이 아닌 것은?

① 논리성(logicality)
② 복잡성(complexity)
③ 반복가능성(replicability)
④ 반증가능성(falsifiability)

03 과학적 연구에서 가설이나 이론은 논리적 근거를 기반으로 설정되며(논리성), 한 연구자가 얻은 결과와 동일한 결과를 다른 연구자들도 얻을 수 있어야 하고(반복가능성), 가설이나 이론이 틀렸음이 검증될 가능성이 있어야 한다(반증가능성). 반면 과학적 연구는 복잡한 현상을 최대한 단순하게 설명할 수 있는 결과를 제공해야 한다(간명성).

04 다음 중 귀납법(induction)과 관련이 없는 설명은?

① 연구자가 이론을 먼저 설정한 후 이 이론을 자료를 통해 검증한다.
② 자료에서 도출된 이론은 잠정적인 것이다.
③ 자료에서 이론이 도출된다.
④ 경험주의(empiricism)와 관련된다.

04 연역법(deduction)은 합리주의(rationalism)와 관련되며, 연구자가 먼저 이론을 설정한 후 이 이론의 진위를 자료를 통해 검증하는 방법이다.

05 다음 중 이론적 정의(theoretical definition, conceptual definition)에 대한 설명으로 틀린 것은?

① 이론적 정의는 연구자가 언어를 이용해서 개념의 본래 의미를 명확하게 하는 활동이다.
② 이론적 정의는 조작적 정의보다 추상적이다.
③ 이론적 정의는 연구자가 개념을 관찰 가능하도록 경험적 지표로 바꾸는 활동이다.
④ 특정 개념에 대한 이론적 정의는 후속연구자에 의해서 수정될 수 있다.

05 연구자가 개념을 관찰 가능하도록 경험적 지표로 바꾸는 활동은 조작적 정의(operational definition)이다.

정답 03 ② 04 ① 05 ③

06 다음 중 종속변인(dependent variable)에 대한 설명으로 틀린 것은?

① 종속변인은 독립변인이 유발하는 효과나 반응이다.
② 종속변인은 준거변인(criterion variable)이라고도 부른다.
③ 종속변인은 독립변인의 영향으로 인해 발생하는 변화이다.
④ 연구자는 종속변인을 조작하거나 처치한다.

07 다음 중 가외변인(extraneous variable)에 대한 설명으로 틀린 것은?

① 가외변인은 독립변인과 종속변인의 관계에 연구자가 예상하지 못한 혼입효과(confounding effect)를 일으키는 변인이다.
② 연구자가 모든 가외변인을 미리 알 수 있다.
③ 조작적 또는 통계적으로 통제한 가외변인을 통제변인(control variable)이라고 한다.
④ 연구자는 가외변인 때문에 독립변인과 종속변인 간의 실제 관계를 제대로 파악하지 못할 수 있다.

08 다음 중 매개변인(mediating variable)에 대한 설명으로 틀린 것은?

① 매개변인은 독립변인이 종속변인에 미치는 영향을 중간에서 변화시키는 변인이다.
② 매개변인은 독립변인의 입장에서 보면 종속변인에 해당한다.
③ 매개변인은 통제변인(control variable)의 일종이다.
④ 매개변인은 독립변인과 종속변인 모두와 관련성을 가진다.

checkpoint 해설 & 정답

06 독립변인은 연구자에 의해서 조작되거나 처치되거나 측정되며, 종속변인은 연구자에 의해서 측정된다. 즉, 연구자가 조작하거나 처치할 수 있는 변인은 독립변인이다.

07 수많은 가외변인이 독립변인과 종속변인의 관계에 영향을 미칠 수 있다. 따라서 연구자가 모든 가외변인을 파악하는 것은 매우 어렵다. 단, 연구자가 연구변인들(예 독립변인, 종속변인) 간의 관계에 관한 많은 수의 논문들을 검토하면 보다 더 많은 수의 가외변인을 파악할 수 있다.

08 통제변인은 독립변인과 종속변인의 관계에 혼입효과(confounding effect)를 일으키기 때문에, 연구자가 통제하려는 변인이다. 따라서 연구자는 통제변인이 독립변인 그리고 종속변인과 어떻게 관련되는지에 큰 관심을 갖지 않는다. 반면 연구자는 매개변인이 독립변인과 종속변인의 관계에 어떤 영향을 미치는지 알고자 한다.

정답 06 ④ 07 ② 08 ③

해설 & 정답 checkpoint

09 다음의 가상 연구결과에서 고령자의 성별은 어떤 종류의 변인인가?

> 남성 고령자의 경우, 여가 참여도가 삶의 만족도에 긍정적인 영향을 미쳤다. 반면 여성 고령자의 경우, 여가 참여도가 삶의 만족도에 영향을 미치지 않았다.

① 조절변인(moderating variable)
② 매개변인(mediating variable)
③ 통제변인(control variable)
④ 종속변인(dependent variable)

09 가상 연구결과에서 여가 참여도는 독립변인이고, 삶의 만족도는 종속변인이다. 그런데 고령자의 성별에 따라서 여가 참여도(독립변인)가 삶의 만족도(종속변인)에 미치는 영향이 다르다. 고령자의 성별처럼 독립변인이 종속변인에 미치는 영향 여부나 정도 차이를 유발하는 변인을 조절변인이라고 한다.

주관식 문제

01 지식을 얻는 과학적 방법에 사용되는 경험적 관찰 또는 지식을 얻는 과학적 관찰의 특징을 2가지 이상 적으시오.

01 정답

① 과학적 방법의 경험적 관찰 또는 과학적 관찰은 관찰자가 직접 관찰을 통해 경험적(empirical) 자료를 수집하는 활동이다.
② 과학적 방법의 경험적 관찰 또는 과학적 관찰은 관찰자가 미리 수립한 계획 하에 체계적으로 진행된다.
③ 과학적 방법의 경험적 관찰 또는 과학적 관찰은 동일 현상에 대한 2명 이상의 관찰자 간 공유한 경험을 반영하는 상호주관성(inter-subjectivity)을 가진다.

02 과학적 연구의 정의를 적으시오.

02 정답

과학적 연구는 오류(error)와 편향(bias)을 최소화하기 위해 연구자가 현상과 관련된 관찰 자료를 체계적인 절차에 따라 취합해서 현상에 대한 질문의 답을 찾는 방법을 말한다.

정답 09 ①

checkpoint 해설 & 정답

03 정답
반증가능성은 가설이나 이론이 옳다고 증명될 가능성이 아니라 틀렸다고 증명될 가능성을 말한다.

04 정답
비판적 사고란 연구자가 제대로 된 지지 증거나 반박 증거를 기반으로 본인 또는 타인의 주장 내용을 평가하고 판단하는 과정이다.

05 정답
개념은 연구자가 현실 세계에서 자주 또는 많이 발생하는 특정 사건을 관찰해서 그 결과를 언어적으로 추상화한 것(verbal abstraction)이다.

03 반증가능성(falsifiability)의 정의를 적으시오.

04 과학적 연구를 수행하는 연구자에게 필요한 비판적 사고(critical thinking)가 무엇인지 정의하시오.

05 개념(concept, construct)의 정의를 적으시오.

해설 & 정답 checkpoint

06 조작적 정의(operational definition)가 무엇인지 적으시오.

07 변인(variable)의 정의를 기술하시오.

08 가외변인(extraneous variable)과 통제변인(control variable)의 개념을 적으시오.

06 **정답**
조작적 정의는 개념에 대한 이론적 정의를 관찰 가능하고 측정 가능한 형식으로 바꾼 진술문이다.

07 **정답**
변인이란 연구대상이 가진 변하거나 변할 수 있는 한 특성(a characteristic)을 말한다.

08 **정답**
가외변인은 독립변인과 종속변인 간의 관계에 영향을 미칠 수 있는 모든 변인이다. 통제변인은 연구자가 독립변인과 종속변인의 관계에 미치는 영향을 배제하고자 미리 계획한 가외변인을 말한다.

checkpoint 해설 & 정답

09 정답
매개변인은 독립변인이 종속변인에 미치는 영향을 중간에서 변화시키는 변인이다. 조절변인은 독립변인이 종속변인에 미치는 영향의 여부나 정도 차이를 유발(조절)하는 변인이다.

09 매개변인(mediating variable)과 조절변인(moderating variable)의 개념을 적으시오.

해설 & 정답 checkpoint

제 2 장 심리학적 연구방법의 개요

01 다음 중 심리학 연구에 대한 설명으로 틀린 것은?

① 심리학 연구는 인간의 행동과 정신과정에 대한 연구자의 질문에서 시작한다.
② 심리학 연구는 과학적 관찰을 기반으로 한다.
③ 심리학 연구를 위해서, 연구자는 신뢰할 수 있고 타당한 관찰 자료를 수집해야 한다.
④ 심리학 연구에서 문헌고찰(literature review)이 필요하지 않은 경우도 있다.

01 모든 심리학 연구에서 연구주제를 도출하거나 가설 또는 연구문제를 설정하기 위해서, 연구자는 반드시 문헌고찰을 실시해야 한다.

02 다음과 같은 특징을 모두 가진 연구방법은 무엇인가?

> • 연구자가 짧은 시간 안에 많은 수의 연구대상으로부터 많은 양의 자료를 얻을 수 있다.
> • 연구자가 연구대상을 직접 만나거나 전화, 인터넷, 우편 등을 이용해서 자료를 수집할 수 있다.
> • 변인 간의 인과성을 검증하기 어렵다.

① 설문조사연구(survey study)
② 실험연구(experimental research)
③ 사례연구(case study)
④ 자연주의적 관찰연구(naturalistic observation study)

02 실험연구는 변인 간의 인과성을 확인하는 데 좋은 방법이지만, 짧은 시간 안에 많은 수의 연구대상으로부터 자료를 얻는 것이 어렵다. 사례연구는 소수의 연구대상으로부터 심층 자료를 얻는 방법이다. 자연주의적 관찰연구는 전화나 우편으로 수행하기가 어렵다.

정답 01 ④ 02 ①

checkpoint 해설 & 정답

03 패널 연구는 일정 기간 동안 일정한 시간적 간격을 두고 반복적으로 같은 종류의 자료를 얻는 방법이다.

04 동년배 집단 계열 연구는 횡적 연구와 종적 연구를 혼합한 것으로, 한 시점에서 여러 동년배 집단을 동시에 모집해서, 이들 집단을 대상으로 몇 년에 걸쳐서 실시하는 추적연구를 말한다.
사례 연구는 특정 특성을 가진 소수 연구대상에게 면접, 검사, 일기, 편지, 학생생활기록부 등을 통해 다양한 자료를 수집하는 방법이다. 동년배 집단 연구는 일정 기간 동안 일정한 시간적 간격을 두고 특정 동년배 집단에 속한 매번 다른 구성원을 연구대상으로 새롭게 모집해서 반복적으로 동일 자료를 얻는 방법이다. 횡적 연구는 특정 시점에 한 번만 자료를 수집하는 방법이다.

정답 03 ④ 04 ②

03 다음 중 패널 연구(panel study)에 대한 설명으로 틀린 것은?

① 패널 연구는 연구자가 미리 선정한 연구대상으로부터 자료를 얻는 방법이다.
② 패널 연구 중 시간이 지남에 따라서 연구대상이 줄어들 수 있다.
③ 패널 연구는 종적 연구의 한 종류이다.
④ 패널 연구는 일정 기간 동안 일정한 시간적 간격을 두고 반복적으로 다른 종류의 자료를 얻는 방법이다.

04 다음의 가상 연구는 어떤 종류의 연구인가?

> 연구자가 2019년 8월 초등학교 1·2·3학년에 재학 중인 각 100명의 남녀 초등학생을 모집하였다. 이후 연구자는 이들을 대상으로 2019년 9월, 2020년 9월, 2021년 9월에 학업 성취도를 측정하였다.

① 사례 연구(case study)
② 동년배 집단 계열 연구(cohort sequential study)
③ 동년배 집단 연구(cohort study)
④ 횡적 연구(cross-sectional study)

해설 & 정답 checkpoint

주관식 문제

01 심리학적 연구의 목적 4가지를 적으시오.

01 정답
① 인간의 행동과 정신과정의 기술(description)
② 인간의 행동과 정신과정의 설명(explanation)
③ 인간의 행동과 정신과정의 예측(prediction)
④ 인간의 행동과 정신과정의 통제(control)

02 발달연구의 목적을 적으시오.

02 정답
발달연구의 목적은 시간의 경과에 따른 인간의 행동과 특성의 변화를 알아보는 것이다.

03 연구대상을 모집하는 방법에서 패널 연구(panel study)와 경향 연구(trend study)의 차이점이 무엇인지 적으시오.

03 정답
패널 연구나 경향 연구는 연구자가 연구대상의 특성(예 연령대)을 미리 선정한다는 점에서 동일하다. 그러나 패널 연구는 자료 수집 시점마다 동일 연구대상에게 지속적으로 자료를 수집하지만, 경향 연구는 자료 수집 시점마다 무작위로 뽑은 연구대상에게 자료를 수집한다.

checkpoint 해설 & 정답

04 정답
횡적 연구는 종적 연구보다 상대적으로 더 적은 비용이 들며, 연구대상 관리가 더 쉽다는 장점을 가진다.

04 **종적 연구(longitudinal study)와 비교해서, 횡적 연구(cross-sectional study)가 가진 장점을 적으시오.**

해설 & 정답 checkpoint

제 3 장 심리학적 연구방법의 단계

01 다음 중 심리학적 연구절차와 관련된 설명으로 틀린 것은?

① 실험연구의 경우, 연구자는 예비연구(pilot study)에서 실험 자극물의 효과가 예상과 같이 발생하는지를 점검한다.
② 설문조사연구의 경우, 연구자는 예비연구(pilot study)에서 측정 문항의 난이도를 점검한다.
③ 연구자는 전문가와의 논의를 통해 연구주제를 구체화한다.
④ 연구자가 본인의 현상 관찰을 통해 연구주제를 도출하는 것은 항상 잘못된 일이다.

01 연구자는 비판적 시각으로 본인 주변의 현상을 주의 깊게 관찰해서 연구주제를 도출할 수 있다.

02 다음 중 심리학적 연구절차와 관련된 설명으로 틀린 것은?

① 연구자는 문헌고찰을 통해 본인의 연구주제와 관련해서 이미 알려진 바가 무엇인지를 파악한다.
② 연구자는 연구설계 중 생태학적 타당도(ecological validity) 또는 외적 타당도(external validity)와 내적 타당도(internal validity) 간 균형을 맞추려는 노력을 해야 한다.
③ 연구자는 연구주제와 관련된 이론적 설명과 논리적 근거가 충분한 경우에 연구주제를 연구문제로 구체화한다.
④ 연구자가 설정한 가설과 연구문제에 포함된 변인은 관찰 가능하고 측정 가능해야 한다.

02 연구주제와 관련된 이론적 설명과 논리적 근거가 충분하지 않으면, 연구자는 연구주제를 연구문제로 구체화한다. 연구주제와 관련된 이론적 설명과 논리적 근거가 충분하면, 연구자는 연구주제를 가설로 구체화한다.

03 다음 중 예비연구(pilot study)와 관련된 설명으로 틀린 것은?

① 연구자는 연구 모집단(study population)을 대표하는 소수의 연구대상을 예비연구에 참여시키는 방법을 고민해야 한다.
② 연구자는 본 연구를 실시한 후 예비연구를 실시해야 한다.
③ 연구자는 예비연구에 참여한 연구대상이 본 연구에 참여하지 않도록 적절한 조치를 취해야 한다.
④ 연구자는 예비연구를 통해 연구설계의 문제점을 파악할 수 있다.

03 예비연구는 그 결과를 본 연구에 반영하기 때문에 본 연구 실시 전에 진행된다.

정답 01 ④ 02 ③ 03 ②

checkpoint 해설 & 정답

주관식 문제

01 심리학적 연구방법의 절차를 세부 단계로 나누어서 순서대로 적으시오.

01 정답
연구주제 선정 → 문헌고찰 → 가설 또는 연구문제 설정 → 연구설계 → 연구도구 선정 및 개발 → 예비연구 실시 → 본 연구 실시 → 결과분석 및 해석 → 결과보고

02 연구자가 예비연구(pilot study)를 실시하는 목적이 무엇인지 적으시오.

02 정답
본 연구의 진행 중 발생하는 연구방법과 절차의 문제를 예방하기 위해서, 연구자는 예비연구를 통해 미리 계획한 연구방법, 절차, 도구 등의 문제점을 점검해서 이를 개선한 후 본 연구를 진행한다.

03 연구자가 심리학 연구를 진행할 때 문헌고찰(literature review)을 하는 이유가 무엇인지 적으시오.

03 정답
① 연구자는 연구주제를 선정하기 위해서 문헌고찰을 한다.
② 연구자는 가설이나 연구문제를 설정하기 위해서 문헌고찰을 한다.

04 좋은 연구주제의 특징이 무엇인지 3가지 이상 적으시오.

해설 & 정답 checkpoint

04 정답

① 좋은 연구주제는 지금까지 연구가 진행되지 않은 것이다.
② 좋은 연구주제는 선행연구에서 사용한 연구방법과 절차의 문제점을 보완한 것이다.
③ 좋은 연구주제는 그 범위와 기술(description)이 구체적이다.
④ 좋은 연구주제는 연구를 통해 확인이 가능한 것이다.
⑤ 좋은 연구주제는 이론적 의의를 제공한다.
⑥ 좋은 연구주제는 실용적 의의를 제공한다.

checkpoint 해설 & 정답

제 4 장 윤리적인 연구의 수행

01 다음 중 연구윤리와 관련된 설명으로 틀린 것은?

① 사회적 이익보다 연구대상의 권익이 우선이다.
② 기본적으로 연구참여에 대한 연구대상의 자발적 동의가 있어야 연구자는 연구를 시작할 수 있다.
③ 연구가 종료된 후 발생하는 연구대상의 피해는 연구의 윤리적 평가 대상이 아니다.
④ 윤리적 소양을 갖춘 연구자가 연구를 실시한다.

01 연구대상의 피해는 연구진행 중 그리고 연구종료 후 발생할 수 있다. 따라서 연구대상의 피해는 연구가 종료된 이후에도 연구자가 책임을 지고 해결해야 하는 문제이다.
② 미성년자의 경우는 연구대상 본인과 부모나 보호자(법정대리인 포함)의 자발적 동의를 모두 얻어야 연구자가 연구를 시작할 수 있다.

02 다음 중 행동 연구자들(예 심리학자)과 생물의학 연구자들을 위한 현재의 윤리적 지침들에 가장 직접적인 영향을 미친 활동은 무엇인가?

① 벨몬트 보고서(Belmont Report)
② 뉘른베르크 강령(Nuremberg Code)
③ 헬싱키 선언(Declaration of Helsinki)
④ 제네바 선언(Declaration of Geneva)

02 행동 연구자들과 생물의학 연구자들을 위한 현재의 윤리적 지침들은 1979년 미국의 생물의학 및 행동연구의 인간 연구대상 국가 보호 위원회(National Commission for the Protection of Human Subjects of Biomedical and Behavioral Research)에서 발표한 벨몬트 보고서에 직접적인 기반을 두고 있다.

03 다음 중 벨몬트 보고서(Belmont Report)의 3대 기본 윤리 원칙이 아닌 것은?

① 연구대상은 자율성을 가지기 때문에 타인 또는 연구자의 강요나 부당한 영향을 받지 않고, 본인의 연구참여 여부를 결정할 자유를 가진다.
② 연구자는 연구대상에게 해를 입히지 말아야 하며, 연구대상의 가능한 이익을 극대화하고 가능한 손해를 최소화해야 한다.
③ 연구자는 연구자와 인간 연구대상 모두가 연구를 통해 얻는 이득과 부담을 동등하게 분배하도록 연구를 설계하고, 인간 연구대상을 공정하게 대해야 한다.
④ 연구자가 연구의 지속이 연구대상에게 상해, 장애 및 사망을 초래할 것으로 판단하면, 즉시 연구를 중단한다.

03 연구자가 연구대상이 연구에 참여해서 피해를 입을 것으로 판단하면 즉시 연구를 중단한다는 것은 연구자의 연구윤리에 해당하지만 벨몬트 보고서의 3대 기본 윤리 원칙에는 해당하지 않는다.
① 벨몬트 보고서의 3대 기본 윤리 원칙 중 인간 존중에 대한 내용이다.
② 벨몬트 보고서의 3대 기본 윤리 원칙 중 선행(beneficence)에 대한 내용이다.
③ 벨몬트 보고서의 3대 기본 윤리 원칙 중 정의(justice)에 대한 내용이다.

정답 01 ③ 02 ① 03 ④

해설 & 정답 checkpoint

04 다음 중 연구윤리와 관련된 연구자의 소양으로 틀린 것은?

① 연구자는 연구결과가 제공하는 사회적 기여를 가장 우선시한다.
② 연구자는 다른 연구자들과 자료, 결과, 방법과 절차, 도구, 측정 문항 등을 공유한다.
③ 연구자는 연구수행의 모든 과정(예 자료 수집)에서 편파적이지 않아야 한다.
④ 연구자는 연구대상의 자료에 대한 보안을 지킨다.

04 연구자는 연구결과가 제공하는 사회적 기여가 아무리 크더라도 연구대상에게 심각한 심리적 또는 신체적 피해를 줄 것이 명확한 연구는 진행하지 말아야 한다.

05 다음 설명 중 옳은 것은?

① 연구자가 속임수를 사용하지 않으면 연구대상에게 신뢰할 수 있는 자료를 얻을 수 없는 경우, 연구자는 속임수를 언제든지 사용해도 된다.
② 속임수 사용의 비윤리성 판단 권한은 전적으로 연구자에게만 있다.
③ 연구가 종료된 이후에도 연구대상은 연구참여와 관련된 문제가 발생하면 연구자의 도움을 받을 수 있다.
④ 미성년자가 연구대상인 경우, 미성년자 본인이 직접 작성한 주지된 동의서(informed consent form)만 있으면 연구자는 연구를 진행할 수 있다.

05 ① 연구자가 속임수를 사용하지 않으면 연구대상에게 신뢰할 수 있는 자료를 얻을 수 없더라도, 연구참여가 연구대상에게 심각한 신체적 또는 정신적 피해를 입히는 경우에는 연구자는 속임수를 사용해서는 안 된다.
② 연구자뿐만 아니라 기관(예 대학의 기관생명윤리위원회)에서도 속임수 사용의 비윤리성을 판단한다.
④ 미성년자가 연구대상인 경우, 미성년자의 부모나 보호자가 주지된 동의서를 작성해야 한다. 그 이후 연구자는 연구를 진행할 수 있다.

06 다음 중 연구자가 연구 부정행위를 저지르는 원인이 아닌 것은?

① 연구자에 대한 연구실적의 산출 압박
② 연구자 본인의 이론이나 정치적 또는 사회적 신념의 지지
③ 연구수행과 결과보고의 객관성과 합리성 판단 기준에 대한 연구자의 자의적 해석
④ 연구대상의 사생활 보호 노력

06 연구자가 연구대상의 사생활 보호를 위해서 노력하는 활동과 연구 부정행위는 서로 관련성이 없다.

정답 04 ① 05 ③ 06 ④

07 다음 설명 중 틀린 것은?

① 연구자 본인이 아닌 다른 연구자의 연구 부정행위에 대한 기관(예 대학의 기관생명윤리위원회)의 조사를 의도적으로 방해하는 행위는 연구 부정행위가 아니다.
② 연구수행에 기여도가 없거나 미약한 연구자를 논문의 저자로 표기하는 행위를 부당한 저자 표기라고 한다.
③ 연구수행에 상당한 기여도가 있는 연구자를 논문의 저자로 표기하지 않는 행위를 부당한 저자 표기라고 한다.
④ 이미 특정 학술지에 게재된 논문과 가설, 자료, 자료 분석 방법 등이 동일한 논문을 다른 학술지에 게재하는 행위를 중복게재라고 한다.

checkpoint 해설 & 정답

07 연구자 본인 또는 다른 연구자의 연구 부정행위에 대한 기관(예 대학의 기관생명윤리위원회)의 조사를 의도적으로 방해하는 행위는 연구 부정행위이다.

정답 07 ①

주관식 문제

01 벨몬트 보고서(Belmont Report)의 3대 기본 윤리 원칙과 그 내용이 무엇인지 적으시오.

01 정답
① 인간 존중 : 인간 연구대상은 자율성을 가지고 있기 때문에 타인 또는 연구자의 강요나 부당한 영향을 받지 않고, 본인의 연구참여 여부를 결정할 자유를 가진다.
② 선행(beneficence) : 연구자는 인간 연구대상에게 해를 입히지 말아야 하며, 인간 연구대상의 가능한 이익을 극대화하고 가능한 손해를 최소화해야 한다.
③ 정의(justice) : 연구자는 연구자와 인간 연구대상 모두가 연구를 통해 얻는 이득과 부담을 동등하게 분배하도록 연구를 설계하고, 인간 연구대상을 공정하게 대해야 한다.

해설 & 정답 checkpoint

02 연구참여와 관련된 인간 연구대상의 권리 4가지를 적으시오.

02 정답
① 해를 입지 않을 권리
② 사생활 보호와 비밀 보장의 권리
③ 자기 결정의 권리
④ 연구내용을 알 권리

03 연구윤리에서 규정하는 취약 계층의 정의를 적으시오.

03 정답
취약 계층이란 본인 스스로가 연구참여에 대한 완전한 사전 동의를 할 능력이 없거나, 연구참여로 인해서 예상하지 못한 부작용을 겪을 수 있는 사람들을 말한다.

04 연구자가 연구대상에게 주지된 동의서(informed consent form)를 받기 전에 연구대상에게 알려주어야 하는 연구 관련 내용이 무엇인지 4가지 이상 적으시오.

04 정답
① 연구목적
② 연구절차
③ 연구참여에 소요되는 기간이나 시간
④ 연구대상 선정 기준과 방법
⑤ 연구참여의 잠재적 위험
⑥ 연구참여의 잠재적 이익
⑦ 연구참여에 대한 보상
⑧ 비밀유지 약속
⑨ 자발적 동의 확인
⑩ 연구참여를 중단할 권리나 정보제공을 거부할 권리

checkpoint 해설 & 정답

05 정답
사후 설명의 목적은 연구자가 연구 종료 후 연구대상에게 연구목적, 연구절차 등을 상세하게 설명해서, 연구대상이 연구와 관련해서 어떤 의문이나 오해가 없도록 하는 것이다.

06 정답
연구 부정행위는 연구수행과 결과보고 과정에서 연구자가 행하는 학문 분야에서 통상적으로 용인되는 윤리적 범위를 심각하게 벗어난 행위를 말한다.

07 정답
위조는 연구자가 존재하지 않는 연구자료, 연구결과 등을 허위로 만들거나 이를 기록하거나 보고하는 행위를 말한다.

05 사후 설명(debriefing)의 목적은 무엇인지 적으시오.

06 연구자가 저지르는 연구 부정행위의 정의를 적으시오.

07 연구자가 저지르는 연구 부정행위 중 위조(fabrication)의 정의를 적으시오.

해설 & 정답 checkpoint

08 연구자가 저지르는 연구 부정행위 중 변조(falsification)의 정의를 적으시오.

09 연구자가 저지르는 연구 부정행위 중 표절(plagiarism)의 정의를 적으시오.

10 연구자가 저지르는 연구 부정행위 중 중복 게재가 무엇인지 적으시오.

08 정답
변조는 연구자가 연구자료를 인위적으로 조작하거나 임의로 변경 또는 삭제해서 연구결과를 본인이 원하는 방향으로 왜곡하는 행위이다.

09 정답
표절은 연구자가 다른 연구자의 연구 발상이나 저작물(예 논문, 연구 보고서, 서적)의 전부 또는 일부 내용을 그 출처를 밝히지 않고 본인의 저작물에 그대로 사용하거나 다른 형태로 바꾸어서 사용하는 행위를 말한다.

10 정답
연구자가 이미 출간한 저작물(예 논문, 연구 보고서, 서적) 또는 가설, 자료 등과 상당 부분이 겹치거나 유사한 저작물을 출간하는 행위를 중복 게재라고 한다.

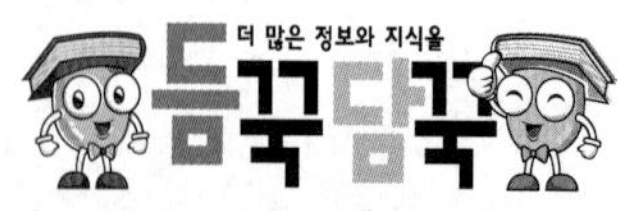

여기서 멈출 거예요? 고지가 바로 눈앞에 있어요.
마지막 한 걸음까지 SD에듀가 함께할게요!

제 2 편

연구의 기초

제1장 연구목적의 명료화
제2장 조사 및 실험대상
제3장 측정방법과 측정척도
제4장 신뢰도와 타당도
실제예상문제

단원 개요

본 편은 다음과 같은 내용으로 구성된다. 제1장에서 연구목적을 명료화하는 방법으로 명확한 가설 또는 연구문제의 설정, 적합한 연구방법의 선정 및 통제를 소개한다. 제2장에서 모집단에서 연구대상을 뽑는 활동인 표집의 종류를 소개하고, 표집과 관련된 다양한 용어들을 설명한다. 제3장에서 연구대상 특성의 측정과 관련된 척도, 척도화 및 검사와 관련된 용어들을 소개한다. 제4장에서 측정 신뢰도, 연구설계의 타당도 및 측정 타당도와 관련된 용어들을 소개하고, 그 종류를 설명한다.

출제 경향 및 수험 대책

- 가설의 종류 그리고 가설과 연구문제의 차이점을 이해한다.
- 다양한 연구방법의 분류 기준을 이해한다.
- 가외변인을 통제하는 대표적인 방법들과 각 방법의 특징을 이해한다.
- 표집과 관련된 기본 용어(예 표집오차)의 정의를 이해한다.
- 표집의 종류와 각 표집의 장점과 단점을 이해한다.
- 척도와 척도화의 정의를 숙지한다.
- 척도의 종류와 각 척도의 특징을 이해한다.
- 다양한 척도화 방법의 특징을 이해한다.
- 정확한 측정을 방해하는 요인이 무엇인지를 이해한다.
- 검사의 목적과 분류 방식을 이해한다.
- 측정 신뢰도의 종류와 그 정의를 이해한다.
- 연구설계의 타당도의 종류, 정의 및 관계를 이해한다.
- 측정 타당도의 종류와 그 정의를 이해한다.
- 측정 신뢰도와 측정 타당도 간의 관계를 이해한다.
- 측정 신뢰도, 연구설계의 타당도 및 측정 타당도에 영향을 미치는 요인을 이해한다.

제 1 장 연구목적의 명료화

연구의 효과적이며 효율적인 수행을 위해서, 연구자는 연구목적을 명확하게 구체화시켜야 한다. 이를 위해서 연구자는 연구목적을 명확하게 제시하는 가설이나 연구문제를 설정하고, 연구목적에 적합한 연구방법을 선택해야 한다. 또한 연구자는 연구목적에 부합하는 정확한 연구결과를 얻기 위해서, 연구목적에 맞는 연구설계를 해야 한다. 특히, 연구자가 연구설계를 할 때 가외변인의 혼입효과로 인해 연구목적과 다른 결과를 얻을 수 있다는 점에 주의를 기울여야 한다. 따라서 연구자는 연구설계를 할 때 가외변인을 통제하려는 노력을 해야 한다. 연구자가 어떤 가외변인을 통제변인으로 정할 것인지에 대해 고려하면서, 연구목적을 한 번 더 명료화할 수 있다.

제 1 절 가설과 연구문제

가설(hypothesis)과 연구문제(research question)는 연구자가 본인의 연구결과에 대한 예상과 기대를 글로 적은 진술문이다. 연구자는 가설이나 연구문제를 설정하는 과정에서 본인의 연구목적이 가설이나 연구문제에 정확하고 적절하게 반영되었는지 점검한다. 이와 같은 점검을 통해 연구자의 연구목적은 보다 더 명료해진다.

1 가설 중요 ★★★

(1) 가설의 정의와 특징

일반적으로 이론은 2개 이상의 개념 간의 관계에 대한 진술문을 말한다([그림 2-1] 참조). 이론에 기술된 개념들은 서로 이론적으로 또는 조작적으로 관련된다. 이때 개념 간의 **이론적 관련성**(theoretical linkage)은 어떤 이유로 개념들이 서로 관련되는지에 대한 논리적 설명을 제공하고, 개념 간의 **조작적 관련성**(operational linkage)은 어떤 방식으로 개념들이 서로 관련되는지(예 인과관계)에 대한 구체적 설명을 제공한다. 과학적 연구에서 개념 간의 이론적 관련성은 논리적 추론으로 확인되지만, 개념 간의 조작적 관련성은 자료(연구자의 관찰)를 기반으로 실시한 변인 간의 관련성 검증으로 확인된다.

가설은 연구자가 개념 간의 조작적 관련성을 검증하고자, 변인들이 서로 어떻게 관련되어야 하는지에 대한 예상을 기술한 진술문이다. 가설은 다음과 같은 특징을 가진다.

① 반증가능성(falsifiability) : 가설은 항상 진실로만 검증되지 않는다. 가설을 검증한 결과, 가설은 진실일 수도 있고 거짓일 수도 있다.

② 가설에는 변인 간의 관련성에 대한 연구자의 예상이 포함되어야 한다.

③ 검증가능성(testability) : 가설은 자료의 분석을 통해 그 진위를 검증할 수 있어야 한다.

④ 가설은 개념 간의 이론적 관련성에 기반을 두고 있어야 한다. 즉, 가설은 기존 이론이나 선행연구의 결과와 같은 합당한 논리적 근거 또는 경험적 근거를 기반으로 설정되어야 한다.

⑤ 특정 가설이 진실로 검증되었다고 해서, 해당 가설이 연구의 조건, 상황, 연구대상의 특성 등과 무관하게 절대적으로 진실인 것은 아니다. 어떤 연구에서 특정 가설이 진실로 검증되었다는 것은 연구자가 해당 가설이 진실이라고 강하게 확신할 수 있다는 것을 의미한다.

⑥ 가설은 평서문 형식('~일 것이다.')으로 간단하고 명료하게 기술되어야 한다.

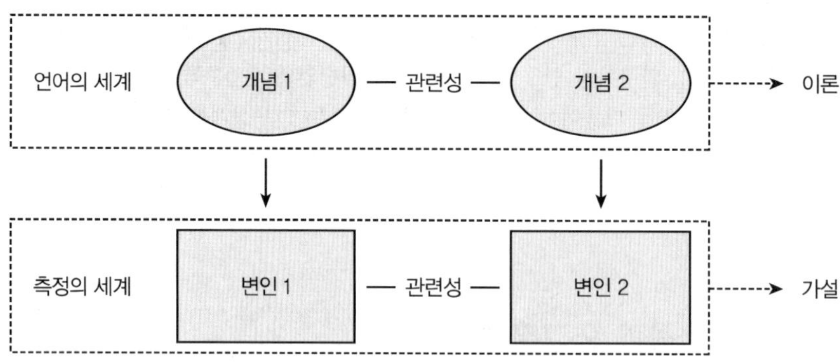

[그림 2-1] 이론과 가설의 관계

(2) 가설의 종류

① **관련성의 종류 : 관계가설**(relationship hypothesis) vs **비교가설**(comparative hypothesis)

가설에서 예상하는 변인 간 관련성의 종류에 따라서, 가설은 관계가설과 비교가설로 구분된다. **관계가설**은 변인 간 특정 관계의 존재를 기술한 진술문이다. 이때 변인 간 특정 관계는 변인 간 상관관계와 변인 간 인과관계로 세분화된다. 한편 **비교가설**은 한 변인의 수준에 따라서 다른 변인의 차이가 어떻게 달라져야 하는지에 대한 예상을 기술한 진술문이다.

② **예상 방향성의 유무 : 방향가설**(directional hypothesis) vs **무방향가설**(non-directional hypothesis)

가설에서 예상하는 변인 간 방향성 유무에 따라서, 가설은 방향가설과 무방향가설로 구분된다. 변인들이 서로 직선적으로 관련되었다는 전제 하에 연구자는 방향가설을 설정할 수 있다. 이때 **방향가설**이란 변인 간 관련성의 구체적인 방향을 기술한 진술문이다. 변인 간 관련성의 방향은 변인 간 정적 관련성(예 두 변인이 함께 증가하거나 함께 감소함)과 변인 간 부적 관련성(예 한 변인이 증가할 때, 다른 변인은 감소함)으로 세분화된다. **무방향가설**은 변인 간 관련성의 구체적인 방향을 제시하지 않고, 변인 간 관련성의 존재만을 기술한 진술문이다. 방향가설을 일방가설(one-tailed hypothesis)로, 무방향가설을 양방가설(two-tailed hypothesis)로 부르기도 한다.

③ **영가설**(null hypothesis) vs **대립가설**(alternative hypothesis)

㉠ 영가설과 대립가설의 정의

영가설은 변인 간의 관련성(관계나 비교)이 존재하지 않는다고 기술한 진술문이다. 영가설에 대립되는 가설이 대립가설이다. **대립가설**은 영가설이 부정되면 지지되는 변인 간 관련성의 존재와 방향을 기술한 진술문이다. 대립가설은 연구자가 검증하고자 하는 가설이기 때문에 **연구가설**

(research hypothesis)이라고도 부른다. 흔히 영가설은 H_0으로, 대립가설은 H_A로 그리고 연구가설은 H_R로 표현한다.

경우에 따라서, 연구자가 개념 간 서로 다른 조작적 관련성을 검증하고자 영가설이 아닌 가설(개념 간 조작적 관련성 1에 기반을 둔 가설 1)을 설정하고, 그 가설에 대립하는 가설(개념 간 조작적 관련성 2에 기반을 둔 가설 2)을 설정하기도 한다. 이 경우, 가설 2를 대립가설로 볼 수 있다. 예를 들어, A 이론에 의하면, SNS 이용은 오프라인에서 충족하지 못한 대인관계 동기 충족의 보상 방법이다. 반면 B 이론에 의하면, SNS 이용은 오프라인에서의 대인관계 동기 충족을 더 추구하게 만드는 촉진 활동이다. 연구자는 이 두 이론을 근거로 다음과 같은 서로 대립되는 가설을 설정할 수 있다.

- 가설 1 : 사람들이 SNS 이용을 많이 할수록, 오프라인에서의 대인관계 활동을 적게 할 것이다.
- 가설 2(대립가설) : 사람들이 SNS 이용을 많이 할수록, 오프라인에서의 대인관계 활동을 많이 할 것이다.

따라서 대립가설은 변인 간 관련성의 존재와 방향을 기술하거나, 특정 가설과 다른 개념 간 조작적 관련성을 기반으로 설정한 진술문을 말한다.

ⓛ 가설 검증 논리

가설이 진실로 검증되는 것을 가설 지지(support) 또는 가설 수용(accept)이라고 하며, 가설이 거짓으로 검증되는 것을 가설 기각(reject)이라고 한다. 연구자가 무방향가설을 대립가설로 설정하면, 연구자는 대립가설을 지지하기 위해서 영가설 기각을 입증하면 된다. 그런데 연구자가 방향가설을 대립가설로 설정한 경우, 연구자는 대립가설을 지지하기 위해서 영가설 기각뿐만 아니라 다른 방향의 가설 기각도 입증해야 한다. 예를 들어, 어떤 연구자가 '연령과 우울은 서로 정적으로 관련될 것이다.'라는 대립가설을 설정했다. 연구자는 이 대립가설을 지지하기 위해서, 영가설('연령과 우울은 관련이 없을 것이다.')과 다른 방향의 가설('연령과 우울은 서로 부적으로 관련될 것이다.') 모두의 기각을 입증해야 한다.

④ 가설 종류의 조합

연구자는 [표 2-1]과 같은 다양한 가설을 설정할 수 있다.

[표 2-1] 가설 종류의 조합과 예

관련성의 종류		예상 방향	가설 예
관계	상관관계	정적	'자기존중감이 높을수록, 삶의 만족도는 높을 것이다.'
		부적	'자기존중감이 높을수록, 삶의 만족도는 낮을 것이다.'
		방향 없음	'자기존중감과 삶의 만족도는 서로 상관이 있을 것이다.'
		영가설	'자기존중감과 삶의 만족도는 서로 상관이 없을 것이다.'
	인과관계	정적	'아동기의 외상 경험이 많으면, 성인기의 우울 수준이 높아질 것이다.'
		부적	'아동기의 외상 경험이 많으면, 성인기의 우울 수준이 낮아질 것이다.'
		방향 없음	'아동기의 외상 경험은 성인기의 우울 수준에 영향을 미칠 것이다.'
		영가설	'아동기의 외상 경험은 성인기의 우울 수준에 영향을 미치지 않을 것이다.'

비교	방향 있음	'여성 고령자가 남성 고령자보다 우울 수준이 높을 것이다.' 또는 '여성 고령자가 남성 고령자보다 우울 수준이 낮을 것이다.'
	방향 없음	'여성 고령자와 남성 고령자 간 우울 수준의 차이가 있을 것이다.'
	영가설	'여성 고령자와 남성 고령자 간 우울 수준의 차이가 없을 것이다.'

2 연구문제 중요 ★

연구자가 충분한 논리적 근거나 이론적 근거를 기반으로 개념 간 조작적 관련성을 예상할 수 있는 경우, 가설을 설정한다. 그러나 개념 간 조작적 관련성을 예상하는 이론적 근거가 되는 선행연구의 수가 매우 적고 논리적 근거가 부족하다면, 연구자는 **연구문제**를 설정한다. 또한 개념 간 조작적 관련성(예 부적 상관 vs 정적 상관 vs 상관없음)에 대한 상반된 결과를 제공하는 다수의 선행연구가 존재하는 경우, 연구자가 변인 간 관련성을 예상하기 어렵기 때문에 연구문제를 설정하기도 한다.

가설과 동일하게, 연구문제도 변인 간의 관련성에 대한 연구자의 예상 또는 기대를 기술한 진술문을 말한다. 그러나 가설과 달리, 연구문제는 의문문 형식(~하는가?)으로 기술된다. '성별에 따라서 고령자의 우울 수준이 어떻게 달라지는가?'가 연구문제의 예이다.

제 2 절 연구의 유형

연구자가 연구목적을 명료화하는 방법 중 하나는 연구주제가 어떤 유형의 연구에 적합한지를 판단해서, 해당 유형의 연구를 진행하는 것이다. 연구자가 연구목적에 부합하는 연구유형을 선택하고 이를 실시하는 과정에서 연구목적이 명확해진다. 연구자가 고려할 수 있는 연구유형의 분류 차원과 각 분류 차원에 해당하는 연구방법은 다음과 같다.

1 연구결과의 의의(implication)를 기준으로 한 분류 차원

연구유형은 연구결과의 의의를 기준으로, 기초연구(basic research)와 응용연구(applied research)로 구분된다.

(1) 기초연구

연구결과가 학술적 의의 또는 이론적 의의를 제공하는 연구는 **기초연구**에 해당한다. 연구자는 다음과 같은 목적을 달성하기 위해서 기초연구를 실시한다.

① 연구자가 학술적 이론 개발을 위한 정보를 수집하고, 이를 근거로 새로운 이론을 개발하고자 한다.
② 연구자가 기존 이론의 타당성을 검증하고자 한다.
③ 연구자가 기존 이론의 부적절한 부분을 수정하고자 한다.
④ 연구자가 기존 이론의 설명력과 예측력을 높이기 위해서 기존 이론에 구체적인 조건이나 상황(예 매개변인, 조절변인)을 추가하여 기존 이론을 정교화하고자 한다.

(2) 응용연구

연구결과가 실무적 의의를 제공하는 연구는 **응용연구**에 해당한다. 과학적 연구의 목적 중 하나가 기존 이론의 현실 적용 가능성과 그 효과를 확인하는 것이다. 이 연구목적을 달성하기 위해서, 연구자는 응용연구를 실시한다. 연구자는 응용연구를 통해 이미 개발된 기존 이론을 근거로 임상, 상담, 교육, 산업 장면 등과 같은 실무 상황에서 문제해결 방안을 찾고, 그 효과를 검증한다. 대표적인 응용연구의 연구 방법으로 실행연구(action research)와 평가연구(evaluation research)가 있다.

① **실행연구**
연구자가 실무 상황에서 새로운 문제 또는 기존 문제를 확인하고, 이 문제에 대한 새로운 해결 방안을 개발하고자 할 때 **실행연구**를 실시한다.

② **평가연구**
연구자가 실무 상황에서 이미 활용되고 있는 문제해결 방안의 효과를 확인하고자 할 때, **평가연구**를 실시한다.

2 현상 이해의 목적을 기준으로 한 분류 차원

연구유형은 현상 이해의 목적을 기준으로, 기술적 연구(descriptive research)와 설명적 연구(explanatory research)로 구분된다.

(1) 기술적 연구

현상의 현재 상태를 정확하게 기술하는 것을 목적으로 하는 연구는 **기술적 연구**에 해당한다. 기술적 연구의 목적은 연구자의 관심 대상인 현상의 현재 상태를 정확히 파악해서, 이를 체계적으로 기술하고 요약하는 것이다. 기술적 연구는 다양한 자료 수집 방법으로 실시될 수 있다. 기술적 연구의 대표적인 자료 수집 방법에는 설문조사, 관찰, 면접 등이 있다.

(2) 설명적 연구 중요 ★★

현상과 관련된 인과관계를 파악하는 것을 목적으로 하는 연구는 **설명적 연구**에 해당한다. 설명적 연구의 목적은 연구자의 관심 대상인 현상의 발생 원인과 그 결과 간의 인과관계를 확인하는 것이다. 설명적 연구의 대표적인 연구방법에는 실험연구(experimental research), 유사실험연구(quasi-experimental research), 인과비교연구(casual comparative research)가 있다.

① **실험연구**

실험연구는 연구자가 특정 현상 발생의 원인으로 예상되는 특정 변인(독립변인)을 조작이나 처치한 후 다른 변인(종속변인)을 측정해서, 두 변인 간의 인과관계를 검증하는 연구방법이다. 연구자가 실험연구를 진행할 때, 다음의 사항을 고려해야 한다.

㉠ 실험집단(experimental group)과 통제집단(control group)

실험연구에서 연구자는 독립변인을 조작하거나 처치한 집단의 종속변인 변화와 독립변인을 조작하지 않은 집단의 종속변인 변화를 비교해서, 인과관계를 명확하게 확인한다. 이때 독립변인을 조작하거나 처치한 집단을 **실험집단**, 독립변인을 조작하거나 처치하지 않은 집단을 **통제집단**이라고 한다.

㉡ 가외변인(extraneous variable)

실험연구에서 연구자는 독립변인이 종속변인에 미치는 영향을 정확하게 확인하기 위해서, 그 외의 다른 변인을 통제한다. 이때 그 외의 다른 변인을 **가외변인**이라고 한다.

㉢ 무선배정(random assignment)

실험연구에서 실험집단에 속한 연구대상의 특정 특성(㉾ 성별, 연령)과 통제집단에 속한 연구대상의 특정 특성이 서로 다르면, 연구자는 독립변인의 조작이 종속변인의 변화에 영향을 미친 것으로 결론을 내릴 수 없다. 따라서 연구자는 연구대상의 특정 특성이 실험집단과 통제집단에 고르게 분포되도록, 연구대상을 무작위로 실험집단과 통제집단에 할당해야 한다. 이를 **무선배정**이라고 한다.

② **유사실험연구**

연구자가 실험연구를 실시하기 어려울 때 가능한 한 실험연구의 조건과 동일한 조건을 만들고자 노력한다. 이와 같은 경우의 연구를 **유사실험연구**라고 한다. 유사실험연구에서는 엄격한 통제가 불가능하기 때문에 실험연구의 통제집단을 비교집단 또는 대조집단(contrast group)이라고 부르기도 한다. 유사실험연구는 다음과 같은 상황에서 실시된다.

㉠ 무선배정이 불가능한 경우

연구자가 연구대상을 실험집단과 통제집단에 무작위로 배정할 수 없는 경우에 유사실험연구를 실시한다. 예를 들어, 어떤 연구자가 초등학생 대상의 새로운 교수법을 개발하고, 그 효과성을 검증하고자 한다. 이때 연구자가 A 초등학교에 재학 중인 초등학생들을 새로운 교수법을 적용하는 학급(실험집단)과 기존 교수법을 적용하는 학급(통제집단)에 무작위로 배정해서 새로운 교수법의 효과를 확인하면, 이 연구는 실험연구이다. 그러나 현실적으로 A 초등학교에 재학 중인 초등학생들을 새로운 두 개의 학급(새로운 교수법 적용 학급 vs 기존 교수법 적용 학급)에 무작위로 배정하는 것은 불가능하다. 따라서 연구자는 이미 구성된 특정 학급을 실험집단으로, 다른 학급을 통제집단으로 선정한 후 새로운 교수법의 효과를 확인할 수밖에 없다. 이와 같은 연구를 유사실험연구라고 한다.

㉡ 독립변인을 직접 조작하거나 처치할 수 없는 경우

연구자가 독립변인을 조작하거나 처치하지 못하고, 연구자에게 주어진 조건을 그대로 사용하는 경우에 유사실험연구를 실시한다. 예를 들어, 어떤 연구자가 연령대에 따라서 키오스크(무인 주문기) 이용 상황에서 느끼는 불안 수준이 다른지를 알고자 한다. 이때 연구대상의 연령대는 독립변인에, 키오스크 이용 상황에서 느끼는 불안 수준은 종속변인에 해당한다. 그런데 연구자가 독립변인인 연구대상의 연령대를 조작할 수 없기 때문에 저연령대(20대)와 고연령대(60대)인 연구대상을 선정해서 연구를 진행해야 한다. 이와 같은 연구가 유사실험연구이다.

③ **인과비교연구**

인과비교연구의 목적은 연구자가 새로운 자료를 수집하지 않고, 기존 자료를 조사하고 분석해서 현상의 인과관계를 파악하는 것이다. 실험연구나 유사실험연구에서 연구자는 새로운 자료를 수집해서 분석하지만, 인과비교연구에서 연구자는 기존 자료를 취합해서 분석한다. 예를 들어, 어떤 연구자가 범죄자들의 재범 발생 원인을 찾고자 한다. 연구자는 재범자들이 이전에 초범으로 수감되었던 교도소에서 이들의 범죄 경력, 심리검사 결과, 교도관의 평가서 등의 자료를 취합한 후 이 자료를 비교·분석함으로써 어떤 요인이 재범 발생에 영향을 미쳤는지 확인할 수 있다. 인과비교연구는 사후연구라고도 한다.

㉠ 장점

인과비교연구에 기존 자료가 활용되기 때문에, 연구자가 새로운 자료를 수집하는 데 소요되는 시간, 비용, 노력을 줄일 수 있다.

㉡ 단점

인과비교연구에서 연구자가 독립변인을 조작하거나 처치할 수 없고, 가외변인을 통제하기 어려우며, 무선배정을 할 수 없기 때문에 연구자가 연구결과로 확인한 인과관계가 타당한가에 대해 확신하기 어렵다.

3 수집 자료의 특징을 기준으로 한 분류 차원

연구유형은 연구자가 수집하는 자료가 양적인지 아니면 질적인지에 따라서, 양적 연구(quantitative research)와 질적 연구(qualitative research)로 구분된다. 연구자는 **양적 연구**를 통해 수량화된 자료(예 평균값, 표준편차)를 수집한다. 반면 연구자는 **질적 연구**를 통해 연구대상의 언어적 자료(예 주관식 질문에 대한 연구대상의 비교적 긴 답변) 그리고 비언어적 자료(예 얼굴 표정에 드러난 감정, 행동의 구체적 내용)를 수집한다. 양적 연구는 실증주의(positivism) 또는 논리 실증주의(logical positivism)를, 질적 연구는 비판 이론(critical theory), 상대주의(relativism) 또는 구성주의(constructivism)를 철학적 기반으로 한다.
양적 연구와 질적 연구의 특징을 보다 더 명확하게 제시하고자, 실증주의와 구성주의를 중심으로 양적 연구와 질적 연구의 특징을 소개하면 다음과 같다.

(1) 양적 연구

① **실체(reality)에 대한 인식**

실체는 객관적으로 존재하고, 연구자는 이론과 법칙을 통해 실체를 이해할 수 있다.

② **연구자와 연구대상 간의 관계**

연구자는 연구대상과 독립된 존재이며, 연구자가 연구대상의 자료를 수집할 때 본인의 가치를 배제해야 한다. 연구대상에 대한 가치중립적 연구를 통해 발견한 내용은 진실이다.

③ **주요 연구목적**

연구자는 현상을 설명하고 예측하며 통제하고자 양적 연구를 실시한다.

④ **지식의 본질**

지식은 사실(자료)에 기반을 둔 연구자의 가설 검증 결과이다.

⑤ **이론과 자료의 관계**

양적 연구에서는 자료를 예측하는 이론이 중시되며, 연구자는 연역법(이론 → 자료)을 기반으로 연구를 실시한다.

⑥ **제한점**

연구자가 가외변인을 완벽하게 통제하기 어렵고, 연구결과의 외적 타당도(external validity)와 생태학적 타당도(ecological validity)를 확보하기 어려우며, 연구대상 특성의 개인차를 무시하고 집단의 평균적인 특성에 주목한다.

⑦ **대표적인 자료 수집 및 분석 방법**

실험 및 통계분석을 주로 사용한다.

(2) 질적 연구

① **실체에 대한 인식**

실체는 다면적이고 쉽게 변하며 눈에 보이지 않는 정신적 구성체이다. 따라서 연구자가 현재 시점이나 상황 또는 조건에서 이해한 실체는 다른 시점이나 상황 또는 조건에서 달라질 수 있다.

② **연구자와 연구대상 간의 관계**

연구자는 연구대상과 상호작용하기 때문에 연구대상의 자료를 수집할 때 필연적으로 연구자의 가치가 개입될 수밖에 없다. 연구자는 가치지향적 연구를 통해 연구대상과 상호작용하면서 연구결과를 만들어 간다.

③ **주요 연구목적**

연구자는 현상을 기술하고 이해하기 위해서 질적 연구를 실시한다.

④ **지식의 본질**

지식은 합의에 기반을 둔 연구자가 파악한 현상의 통합이다.

⑤ **이론과 자료의 관계**

질적 연구에서는 자료에서 이론이 도출됨이 중시되며, 연구자는 귀납법(자료 → 이론)을 기반으로 연구를 실시한다.

⑥ **제한점**

연구자가 자료를 수집하는 과정에서 많은 시간, 비용, 노력을 투입해야 하고, 자료 수집과 분석에 대한 표준화된 절차가 없기 때문에 연구설계의 내적 타당도(internal validity)를 확보하기 어려우며, 연구결과가 제한된 소수 연구대상의 자료에 의존하기 때문에 연구결과를 일반화하기도 어렵다.

⑦ **대표적인 자료 수집 및 분석 방법**

심층면접이나 참여관찰 및 내용 기술과 해석을 주로 사용한다.

더 알아두기

한 연구에서 연구자가 양적 연구와 질적 연구를 함께 실시하는 것을 혼합 방법 연구(mixed method research)라고 한다. 혼합 방법 연구는 다음과 같은 방식으로 진행될 수 있다.
- 연구자는 양적 연구와 질적 연구를 동시에 실시한 후 두 연구의 결과를 비교한다.
- 연구자는 양적 연구를 먼저 실시한 후 그 결과를 보완하기 위해서 질적 연구를 실시한다.
- 연구자는 질적 연구를 먼저 실시한 후 그 결과를 기반으로 양적 연구를 실시한다.

(3) 질적 연구의 접근 방법

질적 연구의 종류는 매우 다양하다. 이러한 질적 연구는 5가지의 접근 방법으로 분류할 수 있다.

① **내러티브(narrative) 연구**

내러티브란 연구자가 연구대상이 개인적 삶에서 경험하는 내용을 과거, 현재, 미래라는 시간의 순서에 따라 정리한 자료를 말한다. 내러티브 연구에서 연구자는 소수 연구대상(예 1명, 2명)의 개인적 삶에서 경험하는 내용과 의미를 주요 사건의 전개 순서나 시간의 흐름 순서로 기술한다. 이때 연구자는 연구대상의 사회적 상호작용 경험, 경험과 관련된 물리적 공간, 시간의 흐름별 경험의 관계 등에 주안점을 두고 경험의 내용과 의미를 파악한다.

② **현상학적(phenomenological) 연구**

특정 현상에 대한 연구대상의 경험은 연구자(타인)가 관찰할 수 있는 경험과 연구대상이 몸소 체험한 경험(lived experience)으로 구분할 수 있다. **현상학적 연구**에서 연구자는 개별 연구대상이 몸소 체험한 경험의 내용과 의미를 기술한다. 현상학적 연구의 목적은 개별 연구대상이 특정 현상과 관련해서 몸소 체험한 경험의 내용과 의미를 바탕으로 연구자가 현상의 보편적인 본질을 확인하는 것이다.

③ **근거이론(grounded theory) 연구**

근거이론 연구의 목적은 연구자가 특정 현상과 관련된 새로운 이론을 개발하거나 발견하는 것이다. 이때 연구자는 특정 현상을 경험한 연구대상으로부터 자료를 얻고, 이 자료를 근거로(grounded) 해당 현상과 관련된 새로운 이론을 개발하거나 도출한다. 특정 현상과 관련된 연구대상의 행동, 사회적 상호작용 등에 대한 기존 이론이 없는 경우에 근거이론 연구가 활용될 수 있다.

④ **문화기술지(ethnography) 연구**

문화기술지는 연구자가 특정 문화집단을 직접 관찰하고 해당 문화집단에 직접 참여해서 얻은 자료를 바탕으로 해당 문화집단의 본질을 기술하는 학문이다. 문화기술지 연구를 하는 연구자는 특정 문화를 공유하는 연구대상 집단에서 그들만의 행동, 가치관, 신념, 언어(예 속어)가 공유되고 학습되는 패턴(예 문화집단 내 연구대상 간 역학 관계)을 기술하고 해석한다. 이때 연구자는 오랜 기간에 걸쳐서 특정 문화집단을 관찰하고 해당 문화집단의 구성원으로서 직접 참여해서 연구대상을 관찰하고 면접하면서 자료를 수집한다.

⑤ **사례 연구**

사례 연구에서 연구자는 특정 연구주제와 관련된 1개 이상의 사례를 깊게 분석한다. 이때 사례란 연구대상, 사건 등이며, 사례 분석의 대상은 연구자의 관찰 내용과 면접 내용, 연구대상과 관련된 문서나 시청각 자료 등으로 다양하다.

더 알아두기 중요 ★

세 종류의 연구유형 분류 차원(연구결과의 의의, 현상 이해의 목적, 수집 자료의 특징)은 서로 관련된다. 예를 들어, 어떤 연구자가 본인이 수립한 연구목적에 맞추어 기초연구(연구결과의 의의 차원)이자, 설명적 연구(현상 이해의 목적 차원)이며, 양적 연구(수집 자료의 특징 차원)인 실험연구를 선택할 수 있다([그림 2-2] 참조). 따라서 연구자는 연구목적의 명료화를 위해서, 연구목적에 가장 적합한 세 종류의 연구유형 분류 차원의 조합을 선택하고 이를 실행해야 한다.

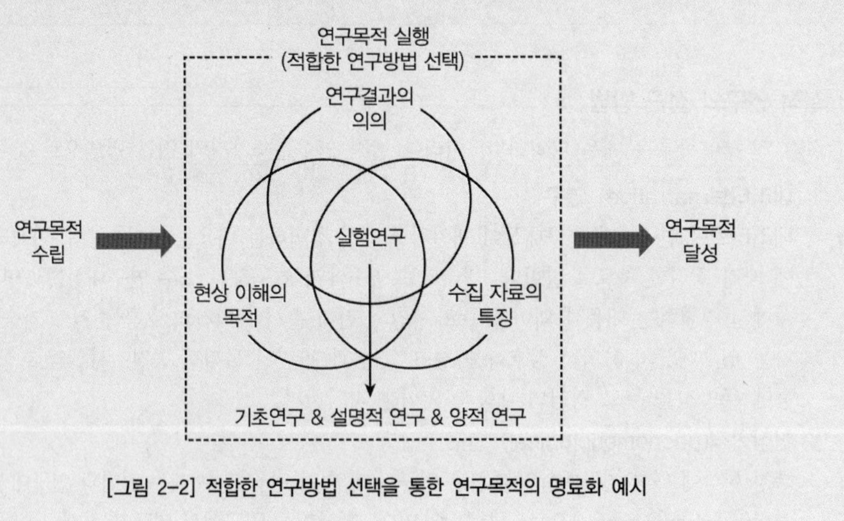

[그림 2-2] 적합한 연구방법 선택을 통한 연구목적의 명료화 예시

제 3 절 통제

연구자는 자료 수집 과정에서 연구목적에 부합하는 연구결과를 얻기 위해서 어떤 가외변인의 혼입효과를 통제할 것인지 고려한다. 이 과정에서 연구자는 연구목적을 한 번 더 명료화할 수 있다.

1 통제의 종류

(1) 무선화(randomization) 중요 ★★★

연구에 참여한 연구대상의 특정한 개인적 특성이 한 방향으로 편향된 경우, 해당 특성의 편향(bias) 때문에 연구자가 검증하고자 하는 변인 간의 관련성이 달라질 수 있다. 예를 들어, 어떤 연구자가 모집한 모든 연구대상이 관대한 성격이라서 연구자의 모든 질문에 대해서 긍정적인 답만 한다면, 연구자는 연구대상으로부터 정확한 자료를 얻을 수 없다. 따라서 연구자는 연구대상의 특정한 개인적 특성 편향의 혼입효과를 통제해야 한다.

연구자가 연구대상을 무작위로 모집한다면, 연구에 참여한 연구대상의 특정한 개인적 특성의 편향을 막을 수 있다. 이 방법을 **무선표집**(random sampling)이라고 한다. 또한 실험연구에서 특정한 개인적 특성이 편향된 연구대상이 특정 실험조건(실험집단 또는 통제집단)에 몰릴 수 있다. 이 경우, 연구자는 연구대상을 여러 실험조건에 무작위로 할당해서 한 실험조건에 특정한 개인적 특성이 편향된 연구대상이 몰리는 것을 막을 수 있다. 이 방법을 무선배정(random assignment)이라고 한다.

① **장점**

무수히 많은 가외변인이 혼입효과를 일으킬 수 있다. 그러나 연구자가 모든 가외변인을 예상하기는 어렵다. 이처럼 연구자가 어떤 가외변인이 혼입효과를 유발할지 예상하기 어렵거나 예상하지 못하는 상황에서 무선화를 이용할 수 있다.

② **단점**

㉠ 제한된 수의 연구대상을 무선표집하고 무선배정할 때, 실제로 무선화가 일어나지 않을 수 있다. 예를 들어, 연구자가 주사위 던지기를 통해 나온 숫자로 60명의 연구대상을 6개의 실험조건에 배정한 결과, 각 조건에 10명의 연구대상의 혼입효과 유발 특성이 완벽하게 고르게 할당되는 경우는 현실적으로 드물다.

㉡ 연구자가 무선화를 통해 어떤 가외변인의 혼입효과를 통제했다는 것을 확인할 방법이 없다. 따라서 무선화 후에도 특정 가외변인의 혼입효과가 발생할 수 있다.

(2) 조작적 통제(manipulated control) 중요 ★★

만약 연구자가 특정 가외변인이 변하지 않도록 상수로 고정한다면, 해당 가외변인은 연구자가 관심을 가진 변인 간의 관련성을 변화시킬 수 없다. 이와 같은 논리 하에 연구자는 가외변인을 상수로 고정하는 **조작적 통제**를 실시한다.

조작적 통제는 다음과 같은 방법으로 실시한다. 예를 들어, 어떤 연구자가 코로나19 확산 인식 정도가 우울 수준에 미치는 영향을 알고자 한다. 이때 연구자는 연구대상의 심각한 우울증이 연구결과에 혼입효과를 유발하는 가외변인라고 예상하였다. 이에 연구자는 병원에서 우울증 판정을 받은 연구대상을 연구에서 배제했다. 또 다른 예로, 실험연구에서 연구자가 연구대상의 인구통계적(예 성별, 연령) 그리고 사회경제적(예 직업, 월 평균 가구 소득) 특성이 연구결과에 혼입효과를 유발하는 가외변인이라고 예상했다. 이에 연구자는 미리 연구대상의 인구통계적·사회경제적 특징을 조사한 후 인구통계적·사회경제적 특성의 비율이 고르게 분포되도록 2개의 실험 조건에 연구대상을 배정했다. 즉, 연구자가 2개의 실험조건에 참여한 연구대상의 성별, 연령, 직업 종류 등의 비율이 동일하도록 연구대상을 2개의 실험조건에 고르게 배정했다.

또한 실험연구에서 어떤 연구자가 실험집단에게는 보기 흉한 폐 사진이 등장하는 금연 광고(금연 광고 1)를, 통제집단에게는 어떤 사진도 없는 금연 광고(금연 광고 2)를 실험용 자극물로 제시하고자 한다. 이 경우, 금연 광고 1과 금연 광고 2는 보기 흉한 폐 사진 유무를 제외하고 다른 모든 광고 구성요소(예 동일한 광고 카피, 동일한 광고모델)가 동일하게 조작되어야 한다.

① **장점**

조작적 통제는 연구설계의 내적 타당도를 높인다.

② **단점**

㉠ 연구자가 어떤 가외변인이 연구결과에 혼입효과를 일으킬 것인지를 예상할 수 있을 때만 조작적 통제를 사용할 수 있다.

㉡ 연구자가 예상하지 못한 가외변인이 연구결과에 혼입효과를 일으킬 가능성이 있다.

㉢ 지나치게 많은 수의 가외변인에 대한 조작적 통제는 연구설계의 외적 타당도와 생태학적 타당도를 낮춘다.

(3) 통계적 통제(statistical control)

연구자가 연구결과에 혼입효과를 일으킬 것으로 예상하는 특정 가외변인을 연구에 포함시켜서, 자료 수집 과정에서 해당 가외변인을 측정한 후 통계적으로 해당 가외변인이 연구결과에 미치는 영향을 배제하는 방법이 **통계적 통제**이다. 예를 들어, 어떤 연구자가 광고모델인 특정 유명인에 대한 선호도(독립변인)가 광고 브랜드 구입의향(종속변인)에 미치는 영향을 알고자 한다. 이때 연구자는 광고 브랜드에 대한 연구대상의 평소 선호도를 가외변인으로 예상했다. 이에 연구자는 광고 브랜드에 대한 연구대상의 평소 선호도를 먼저 측정하였다. 이후 연구자는 특정 유명인이 등장하는 광고를 연구대상에게 제시하고, 해당 유명인에 대한 선호도와 광고 브랜드 구입의향을 측정했다. 이와 같은 자료 수집을 마친 후 연구자는 광고 브랜드에 대한 평소 선호도(가외변인)가 유명인에 대한 선호도(독립변인)와 광고 브랜드 구입의향(종속변인) 간의 관련성에 미치는 영향을 통계적으로 통제해서 자료를 분석했다.

① **장점**

㉠ 연구자가 통계적 통제를 하면, 가외변인을 의도적으로 상수로 고정하지 않고(vs 조작적 통제), 특정 가외변인을 지정해서 통제하기(vs 무선화) 때문에 연구설계의 내적 타당도와 외적 타당도 또는 생태학적 타당도를 높일 수 있다.

㉡ 연구자가 통계적 통제를 하면, 가외변인이 본인이 검증하고자 하는 변인 간의 관련성에 실제로 얼마나 많은 영향을 미치는지 확인할 수 있다.

② **단점**

㉠ 연구자가 어떤 가외변인이 연구결과에 혼입효과를 일으킬 것인지를 예상할 수 있을 때만 통계적 통제를 사용할 수 있다.

㉡ 연구자가 예상하지 못한 가외변인이 연구결과에 혼입효과를 일으킬 가능성이 있다.

㉢ 연구자가 너무 많은 수의 가외변인을 통계적으로 통제하려면, 연구대상이 답해야 하는 측정 문항의 수가 늘어나서 연구대상의 응답 성실성이 떨어질 수 있다. 그 결과, 연구대상의 응답 신뢰도가 낮아질 가능성이 크다.

더 알아두기

통계적 통제에 사용되는 대표적인 통계분석 방법은 다음과 같다.

- 두 변인 간 상관관계를 검증하는 통계분석 방법은 상관분석이다. 이때 연구자가 가외변인을 추가하면, 편상관(partial correlation)분석이나 부분상관(part correlation 또는 semi-partial correlation)분석을 실시한다.
- 두 변인 간 인과관계(독립변인 → 종속변인)를 검증하는 통계분석 방법은 단순회귀(simple regression)분석이다. 이때 연구자가 가외변인을 추가하면, 다중회귀(multiple regression)분석을 실시한다.
- 한 변인(독립변인)의 두 수준에 따른 다른 변인(종속변인)의 변화 차이를 검증하는 통계분석 방법은 분산분석(ANOVA, ANalysis Of VAriance)이다. 이때 연구자가 가외변인을 추가하면, 공분산분석(ANCOVA, ANalysis of COVAriance)을 실시한다.

2 통제 방법의 선택 기준 중요 ★★★

연구자가 본인의 연구에서 어떤 종류의 통제를 선택하는 것이 좋은가에 대한 지침을 도식적으로 제시하면, [그림 2-3]과 같다. 이때 현상은 연구자 본인이 관심을 가진 현상을 말하며, 이론은 연구자가 연구를 위해서 설정한 이론과 이와 관련된 기존 이론(예 선행연구의 결과) 모두를 포함한다.

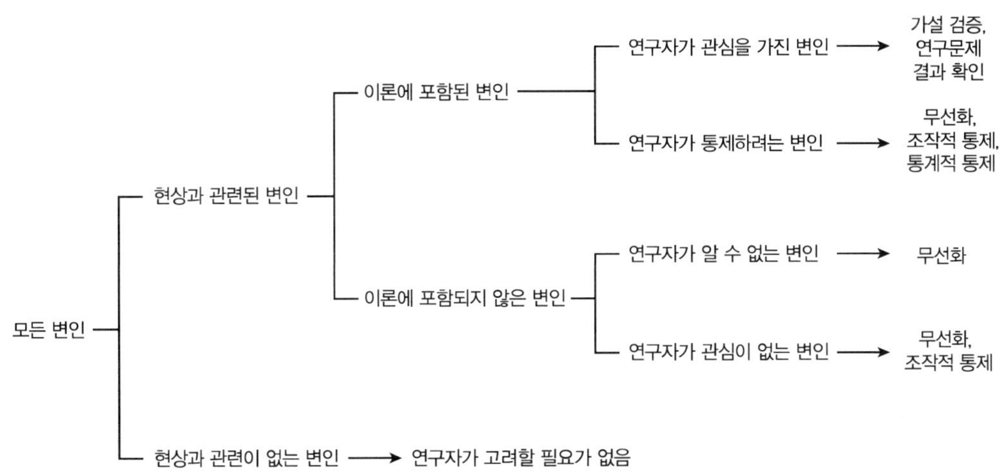

[그림 2-3] 통제 방법에 대한 의사결정 지침

제 2 장 조사 및 실험대상

조사 및 실험대상은 연구대상에 해당하며, 심리학적 연구방법에 있어서 연구대상과 관련된 주요 고려사항은 표집(sampling)이다. 표집과 관련된 핵심 개념에 대한 설명은 다음과 같다.

제 1 절 표집과 표집오차

1 모집단(population), 표본(sample) 및 표집 중요 ★★★

모집단은 연구자가 관심을 가진 공통 특성을 가진 연구대상의 전체 집단이다. 모집단을 전집이라고 부르기도 한다. 연구자가 모집단에 속한 모든 연구대상의 자료를 수집하는 조사를 **전수조사**(census)라고 한다. 그런데 전수조사에는 매우 많은 시간과 비용이 들어간다. 따라서 연구자는 일반적으로 모집단에 속한 일부 연구대상을 뽑아서 연구를 진행한다. 이때 연구자가 모집단에서 뽑은 모집단을 대표하는 일부 연구대상으로 구성된 하위 집단을 **표본**이라고 한다. **표집**은 연구자가 모집단에서 표본을 뽑는 활동을 말한다.

2 표집오차(sampling error)와 표준오차(standard error) 중요 ★★★

(1) 표집오차

[그림 2-4]에서, 모집단의 모든 연구대상은 총 16명이다. 이들이 응답한 자기효능감 점수는 '1, 2, 2, 3, 3, 3, 4, 4, 4, 4, 5, 5, 5, 6, 6, 7'(평균값 = 4.00)이다. 이들 점수를 가로축은 점수로, 세로축은 연구대상 수로 표현하면, 연구대상 수는 가로축의 평균값(4.00)을 기준으로 좌우대칭의 종 형태로 분포된다. 그런데 서로 다른 4명의 연구자가 모집단에서 3명의 연구대상만 뽑아서 자기효능감을 측정했다. 그 결과, 연구자 1은 '1, 2, 2'(표본 1, 평균값 = 1.67), 연구자 2는 '3, 4, 4'(표본 2, 평균값 = 3.67), 연구자 3은 '3, 5, 5'(표본 3, 평균값 = 4.33), 연구자 4는 '6, 6, 7'(표본 4, 평균값 = 6.33)의 점수를 얻었다. 모든 연구자가 얻은 평균값은 모집단의 평균값과 다르다. 이처럼 모든 연구자가 동일한 모집단에서 3명의 연구대상(표본)을 뽑아서 얻은 평균값이 서로 다르고, 이들 평균값이 모집단의 평균값과 다른 이유는 표집오차가 발생했기 때문이다. 이때 **표집오차**는 표집 과정에서 발생하는 우연적 오차이다. 또 다른 연구자인 연구자 5가 모집단에서 15명('2, 2, 3, 3, 3, 4, 4, 4, 4, 5, 5, 5, 6, 6, 7')을 뽑아서 평균값(4.20)을 얻으면, 모집단의 평균값(4.00)과 가까워진다. 즉, 표본에 속한 연구대상의 수를 늘리면, 표본이 모집단을 대표할 가능성이 커진다.

(2) 표준오차

이론적으로, 어떤 연구자가 모집단에서 3명의 연구대상(표본)을 무작위로 무수히 반복해서 뽑은 후 각 표본의 평균값을 얻을 수 있다. 이들 평균값을 가로축은 평균값으로, 세로축은 연구대상 수로 표현하면, 연구대상 수는 가로축의 모집단 평균값(4.00)을 기준으로 좌우대칭의 종 형태로 분포된다. 이와 같은 평균값의 분포를 평균값의 **표집분포**라고 한다. 연구자는 평균값의 표집분포를 이용해서 표집 과정에서 발생한 우연적 오차인 평균값의 표집오차를 추정할 수 있다. 이처럼 추정된 평균값의 표집오차를 평균값의 **표준오차**라고 하며, 평균값의 표집분포의 표준편차로 정의할 수 있다. 따라서 연구자가 평균값의 표준오차를 알면, 본인이 뽑은 표본에서 얻은 평균값이 모집단의 평균값과 얼마나 다른지를 추정할 수 있다.

더 알아두기

평균값은 연구대상의 점수 총합을 연구대상의 수로 나눈 수치이며, 표준편차는 연구대상의 점수들이 평균값으로부터 얼마나 많이 벗어나는지를 알려주는 수치이다.

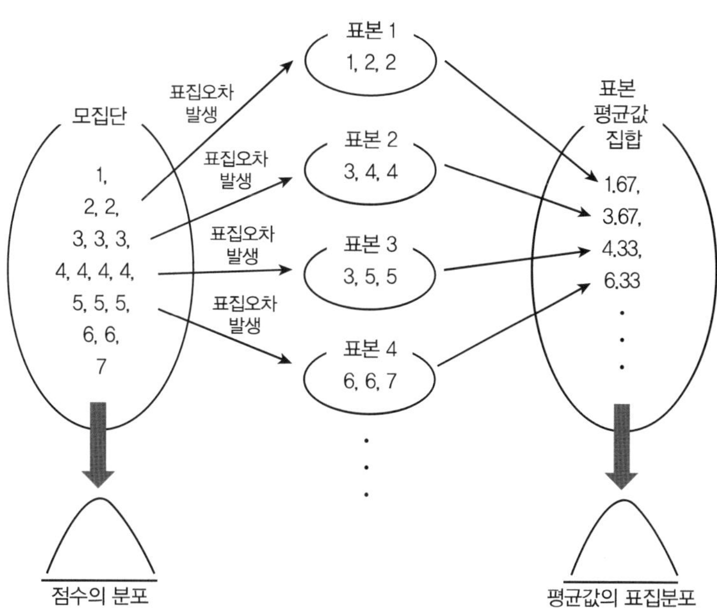

[그림 2-4] 모집단, 표본 및 표집분포의 관계

제 2 절 표집 시 고려사항

1 일반화(generalization)와 대표성(representativeness) 중요 ★★★

일반화는 연구자가 표본에서 얻은 결론을 모집단에서 얻은 결론으로 확장하는 과정이다. 비용, 시간 및 노력 투입의 효율성을 고려해서, 연구자는 모집단에서 제한된 수의 연구대상을 뽑아 표본을 구성하고, 이 표본을 대상으로 연구를 진행해서 얻은 결과를 모집단의 결과로 일반화한다. 그런데 모집단에 대한 표본의 대표성이 떨어지는 경우, 연구자는 표본에서 얻은 결과를 모집단의 결과로 일반화할 수 없다. 이때 **대표성**이란 표본과 표본을 추출한 모집단 간 관련 정도를 말한다.

2 표본의 대표성을 낮추는 요인

(1) 표본편향(sample bias) 중요 ★

표집 과정에서 체계적이며 일정한 방식으로 발생하는 오류를 **표본편향**이라고 한다. 표본편향에는 선택편향(selection bias)과 반응편향(response bias)이 있다.

① **선택편향**

선택편향은 모집단에 속한 특정 연구대상이 체계적이며 일정한 방식으로 표본에 뽑히지 않는 현상을 말한다. 선택편향은 연구자의 행동에 의해서 발생한다. 즉, 연구자가 표본을 구성하는 연구대상을 처음 선택할 때, 체계적이며 일정한 방식으로 특정 연구대상을 제외하는 행동을 하는 경우에 선택편향이 발생한다. 예를 들어, 어떤 연구자가 전화를 이용한 대통령 선거 여론조사를 하고자 한다. 이때 연구자가 연구대상의 무선 전화번호를 제외하고 유선 전화번호로만 전화를 거는 경우, 선택편향이 발생한다.

② **반응편향**

반응편향은 표본에 이미 포함된 연구대상이 체계적이며 일정한 방식으로 연구에 참여하지 않는 경우에 발생하는 현상이다. 반응편향은 표집된 연구대상의 행동(연구참여 거절 행동)에 의해서 발생한다. 예를 들어, 어떤 연구자가 흡연에 대한 성인의 태도를 알고자 한다. 이에 연구자가 무작위로 뽑은 300명의 연구대상(표본)에게 설문조사를 요청하였다. 그런데 이들 중 모든 여성 흡연자가 여성 흡연에 대한 부정적인 사회적 인식 때문에 설문조사 참여를 거절하였다. 이 경우, 연구자가 표집한 모든 여성 흡연자가 일괄적으로 연구에 참여하지 않는 현상인 반응편향이 발생했다.

③ **선택편향과 반응편향에 대한 대비 방법**

선택편향의 발생은 무선표집을 통해 막을 수 있다. 무선표집은 연구자가 모집단에 속한 연구대상을 무작위로 뽑아서 표본을 구성하는 활동이다. 그러나 반응편향의 발생은 무선표집으로 막을 수 없다. 연구자가 모집단에서 연구대상을 무작위로 뽑아서 표본을 구성하더라도, 연구대상이 연구참여를 거절하면 반응편향은 발생한다. 연구자가 반응편향의 발생을 확인하고 이를 막기 위한 방법은 다음과 같다. 단, 연구자가 이들 방법을 활용하기 위해서는 모집단의 특성에 대한 정보를 알고 있어야 한다.

㉠ 연구자가 연구에 참여한 연구대상의 인구통계적 특성(예 성별, 연령)과 사회경제적 특성(예 월 평균 가구 소득, 직업)이 모집단의 특성과 유사한지를 비교한다. 연구에 참여한 연구대상의 특성과 모집단의 특성이 크게 다르면, 반응편향이 발생한 것으로 볼 수 있다.

㉡ 연구자가 연구에 필요한 연구대상의 수보다 더 많은 수의 연구대상을 표집한다. 이를 과다표집(over sampling)이라고 한다. 연구자는 과다표집으로 반응편향의 발생을 어느 정도 억제할 수 있다.

㉢ 연구자가 모집단의 인구통계적 특성과 사회경제적 특성에 맞추어서 연구에 참여한 특정 특성을 가진 연구대상의 수에 가중치(weight)를 부여한다. 예를 들어, 어떤 연구자가 흡연에 대한 남녀 흡연자의 태도 차이를 알고자 한다. 이에 연구자는 대규모 조사에서 남녀 흡연자의 비율이 8:2라는 것을 알고, 300명의 남성 흡연자와 75명의 여성 흡연자를 무작위로 표집했다. 그런데 연구자가 무작위로 뽑은 300명의 남성 흡연자는 모두 연구에 참여했지만, 75명의 여성 흡연자 중에서 25명만이 연구에 참여했다. 만약 흡연에 대한 남녀 흡연자의 태도 점수 평균값이 모두가 3점이라면, 300명의 남성 흡연자의 태도 점수 평균값은 '3 × .8(대규모 조사에서 확인된 남성 흡연자 비율) = 2.4'이고 25명의 여성 흡연자의 태도 점수 평균값은 '3 × .2(대규모 조사에서 확인된 여성 흡연자 비율) = .6'으로 산출한다.

(2) 표집오차 중요 ★★

이론적으로 동전 던지기에서 동전의 앞면이 나올 확률은 50%이다. 그러나 실제로 동전 던지기를 6번 했을 때, 동전 던지기가 무작위로 실시됨에도 불구하고 동전의 앞면이 3번 나오는 일은 극히 드물다. 유사하게, 연구자가 무선표집을 하더라도 운이 없어서 모집단을 대표하는 연구대상으로 표본을 구성하지 못할 수 있다. 이와 같은 일이 발생한 이유는 표집 과정에서 표집오차가 발생했기 때문이다. 표집오차는 표본편향과 달리 체계적이거나 일정한 방식으로 발생하지 않고 무작위로 발생한다. 연구자가 표본에 속한 연구대상의 수를 늘리면, 표집오차를 줄일 수 있다. 예를 들어, 동전 던지기를 1,000번 하면 동전의 앞면이 500번 나올 가능성이 커진다.

3 대표성을 가진 표본을 추출하기 위한 3개의 전제조건

연구자가 표집을 통해 모집단의 특성을 대표하는 표본을 뽑기 위해서, 다음과 같은 전제조건을 갖추어야 한다. 이 전제조건이 충족되면, 연구자가 모집단에서 제한된 수의 연구대상을 무작위로 뽑는 것이 가능하다.

(1) 동등 가능성 원칙(equal likelihood principle)

모집단에 속한 모든 연구대상은 표본으로 뽑힐 동일한 확률을 가져야 한다.

(2) 우연의 원칙(principle of chance)

연구자의 의도가 아닌 우연에 의해서, 특정 연구대상이 표본으로 뽑혀야 한다.

(3) 표집틀(sampling frame) 확보

표집틀은 모집단에 속한 모든 연구대상이 누구이며 어떤 사람인지(예 남성)를 확인할 수 있는 목록이다. 연구자는 표집틀에서 다양한 특성 조합(예 남성 그리고 20대)을 가진 표본을 추출할 수 있어야 한다.

제 3 절 표집의 종류

1 양적 연구에서의 표집 종류

(1) 확률 표집(probability sampling) 중요 ★★★

확률 표집은 모집단에서 제한된 수의 연구대상을 무작위로 뽑아서 표본을 구성할 때 요구되는 3개의 전제조건(동등 가능성 원칙, 우연의 원칙, 표집틀 확보)을 모두 충족하는 표집을 말한다. 따라서 확률 표집에서 모집단에 속한 모든 연구대상이 표본으로 뽑힐 확률은 같다. 확률 표집의 종류는 다음과 같다.

① **단순 무선 표집(simple random sampling)**

㉠ 정의

단순 무선 표집은 연구자가 모집단에 속한 모든 연구대상에게 표본으로 뽑힐 기회를 동일하게 부여하고, 표집틀에서 표본을 무작위로 추출하는 방법이다.

㉡ 예시

어떤 연구자가 한국대학교에 재학 중인 모든 대학생(모집단)의 명단(표집틀)을 확보한 후 모든 대학생에게 일련번호를 부여하고 일련번호와 난수표(table of random numbers)를 이용해서 100명의 대학생을 무작위로 뽑는다. 이때 **난수표**는 0에서 9까지의 숫자를 각 숫자가 나오는 비율이 같도록 무작위로 배열한 표이다.

㉢ 장점

ⓐ 연구자는 단순 무선 표집으로 모집단을 대표하는 표본을 추출할 수 있다.

ⓑ 연구자가 단순 무선 표집을 이용하면, 표집 과정에서 선택편향이 발생하지 않는다.

ⓒ 모집단의 규모가 작은 경우, 연구자는 단순 무선 표집을 쉽게 실시할 수 있다.

㉣ 단점

ⓐ 연구자가 표집틀을 구하지 못하면, 단순 무선 표집을 실시할 수 없다.

ⓑ 연구자가 표집틀을 구성해야 하는 경우, 표집틀 구성에 필요한 자료를 수집하는 데 많은 비용, 시간, 노력이 소요된다.

ⓒ 모집단에 속한 연구대상의 수가 많은 경우, 연구자는 단순 무선 표집을 실시하는 데 많은 시간과 노력이 소요된다.

ⓓ 연구자가 적은 수의 연구대상으로 구성된 표본을 뽑을 때 단순 무선 표집을 실시하면, 표집틀에서 앞쪽에 위치한 연구대상만 뽑힐 가능성이 있다.

ⓔ 연구자가 단순 무선 표집을 이용하더라도, 연구대상의 반응편향이 발생할 수 있다.

② **층화 무선 표집**(stratified random sampling)

㉠ 정의

층화 무선 표집은 연구자가 모집단의 특성을 기준으로 모집단을 동일 특성(층화변인)을 가진 소수의 계층(strata)으로 나눈 후 각 계층별로 표본을 무작위로 뽑는 방법이다. 이때 같은 계층에 속한 연구대상의 특성은 같지만, 다른 계층에 속한 연구대상의 특성은 서로 다르다. 층화 무선 표집은 다음과 같이 두 종류로 세분화된다.

ⓐ 연구자가 각 계층에서 표본을 추출할 때 계층을 구분한 모집단의 특성(층화변인, 예 각 계층별 연구대상의 남녀 비율)을 반영해서 무선 표집을 하는 방식을 **비례 층화 무선 표집**(proportional stratified random sampling)이라고 한다.

ⓑ 연구자가 층화변인을 고려하지 않고 각 계층에서 표본을 추출하는 방식을 **비비례 층화 무선 표집**(disproportional stratified random sampling)이라고 한다.

㉡ 예시

어떤 연구자가 한국대학교에 재학 중인 모든 대학생의 명단을 확보했더니, 남녀 비율이 8:2였다. 연구자는 성별을 구분해서 두 개의 남녀 재학생 명단을 만든 후 각 명단에 속한 재학생에게 일련번호를 부여했다. 이후 연구자는 남녀 비율에 맞추어서 남자 재학생 명단에서 800명을, 여자 재학생 명단에서 200명을 무작위로 뽑았다. 이 경우가 비례 층화 무선 표집에 해당한다. 또한 연구자는 남녀 비율을 무시하고 남자 재학생 명단에서 500명을, 여자 재학생 명단에서 500명을 무작위로 뽑았다. 이 경우는 비비례 층화 무선 표집에 해당한다.

㉢ 장점

ⓐ 연구자는 층화 무선 표집으로 모집단을 대표하는 표본을 추출할 수 있다.

ⓑ 연구자가 층화 무선 표집을 이용하면, 표집 과정에서 선택편향이 발생하지 않는다.

ⓒ 연구자가 층화 무선 표집에서 사용하는 층화변인(예 각 계층별 연구대상의 남녀 비율)과 관련된 표집오차는 발생하지 않는다.

㉣ 단점

ⓐ 연구자가 표집틀을 구하지 못하면, 층화 무선 표집을 실시할 수 없다.

ⓑ 연구자가 표집틀을 구성해야 하는 경우, 표집틀 구성에 필요한 자료를 수집하는 데 많은 비용, 시간, 노력이 소요된다.

ⓒ 연구자가 층화 무선 표집에 사용하는 표집틀에는 모집단의 특성에 대한 정보(예 성별)가 포함되어 있어야 한다.

ⓓ 연구자가 층화 무선 표집을 이용하더라도, 연구대상의 반응편향이 발생할 수 있다.

③ **군집 표집**(cluster sampling)

㉠ 정의

군집 표집은 연구자가 모집단의 특성을 기준으로 모집단을 몇 개의 군집(cluster)으로 나눈 후 이들 중 소수의 군집을 무작위로 뽑고, 각 군집에 속한 모든 연구대상을 뽑는 방법이다.

㉡ 예시

어떤 연구자가 한국대학교의 모든 학과에 재학 중인 모든 대학생은 같은 특성을 가지고 있다고 가정한다. 이와 같은 가정 하에 연구자는 한국대학교의 모든 학과 중 2개의 학과를 무작위로 뽑았다. 이후 연구자는 2개 학과에 재학 중인 모든 대학생을 대상으로 연구를 진행했다.

㉢ 장점

ⓐ 연구자가 군집 표집을 이용하면, 자료 수집에 소요되는 시간과 비용을 절약할 수 있다.

ⓑ 모집단에 속한 연구대상의 수가 매우 많은 경우, 연구자는 군집 표집을 이용해서 비교적 단순하게 표본을 뽑을 수 있다.

ⓒ 연구자가 군집 표집 과정의 마지막 단계에 필요한 모든 표집틀(예 한국대학의 모든 학과에 재학 중인 대학생 명단)을 얻을 수 없는 경우에 군집 표집을 이용할 수 있다. 단, 연구자는 소수의 군집을 무작위로 뽑은 후 해당 군집에 속한 모든 연구대상의 표집틀을 확보해야 한다.

㉣ 단점

ⓐ 연구자가 군집을 구분하는 데 필요한 모집단의 특성을 알아야 한다.

ⓑ 연구자가 군집 표집을 이용하면, 표집 과정에서 선택편향이 발생할 수 있다.

ⓒ 모든 군집이 동일한 특성을 가진다는 연구자의 가정이 맞지 않으면, 군집 표집으로 뽑은 표본은 모집단을 대표하지 못한다.

(2) 유사확률 표집(quasi-probability sampling) 중요 ★★

연구자는 **유사확률 표집**을 통해 확률 표집으로 얻은 표본과 거의 같은 표본을 얻을 수 있다. 그러나 확률 표집 과정에 비해서, 유사확률 표집 과정에서 더 많은 선택편향이 발생할 수 있다. 유사확률 표집의 종류는 다음과 같다.

① 체계적 표집(systematic sampling)

㉠ 정의

체계적 표집은 연구자가 처음에는 모집단에서 연구대상을 무작위로 추출한 후 다음부터 연구대상을 체계적으로 추출하는 방법이다.

㉡ 예시

어떤 연구자가 한국시에 거주 중인 60만 명의 시민 명단(표집틀)을 확보하고, 각 시민에게 일련번호를 부여했다. 연구자는 60만 명의 명단에서 일련번호와 난수표를 이용해서 첫 번째 연구대상을 뽑았다. 이후 연구자는 이 연구대상에서 시작해서 일련번호를 기준으로 매번 2,000번째(600,000명 ÷ 300명 = 2,000명)에 해당하는 연구대상을 표집틀에서 뽑아 최종적으로 300명으로 구성된 표본을 확정하였다.

㉢ 장점

ⓐ 확률 표집에 비해서, 연구자가 체계적 표집을 이용하면 빠르고 쉽게 표본을 뽑을 수 있다.

ⓑ 표집틀에 포함된 모집단에 속한 연구대상의 수가 매우 많은 경우, 연구자가 체계적 표집을 이용하면 빠르고 쉽게 표본을 뽑을 수 있다.

㉣ 단점

ⓐ 연구자가 표집틀을 구하지 못하면, 체계적 표집을 실시할 수 없다.

ⓑ 연구자가 표집틀을 구성해야 하는 경우, 표집틀 구성에 필요한 자료를 수집하는 데 많은 비용·시간·노력이 소요된다.

ⓒ 연구자가 무작위로 뽑은 첫 번째 연구대상 이후 적용하는 체계적 절차(표집틀에서 첫 번째로 뽑힌 연구대상 이후 몇 번째에 해당되는 연구대상을 반복해서 뽑음)로 인해 선택편향이 발생할 가능성이 있다.

학자에 따라서 체계적 표집을 확률 표집의 한 종류로 보기도 한다.

② **다층 표집**(multistage sampling)

㉠ 정의

다층 표집은 연구자가 모집단의 특성(예 거주지의 행정구역)을 기준으로 모집단을 몇 개의 최상위 집단(예 경기도)으로 나누고, 이들 중 소수의 최상위 집단을 무작위로 뽑은 후, 순차적으로 최상위 집단을 구성하는 상위 집단(예 연천군) 그리고 그 상위 집단에 속한 연구대상을 무작위로 뽑는 방법이다.

㉡ 예시

어떤 연구자가 한국의 행정구역 중 경기도, 경상남도, 전라북도 및 강원도(최상위 집단)를 무작위로 선정했다(1단계). 이후 연구자가 각 도에서 8개의 군(상위 집단)을 무작위로 선정했다(2단계). 마지막으로 연구자가 각 군의 군민 명단에서 무작위로 연구대상을 뽑았다(3단계).

㉢ 장점

ⓐ 모집단에 속한 연구대상의 수가 매우 많은 경우, 연구자가 다층 표집을 이용해서 비교적 단순하게 표본을 뽑을 수 있다.

ⓑ 연구자가 다층 표집 과정의 마지막 단계에 필요한 모든 표집틀(예 한국의 모든 행정구역의 거주민 명단)을 얻을 수 없는 경우에 다층 표집을 이용할 수 있다. 단, 연구자는 무작위로 선정된 상위 집단에 속한 모든 연구대상의 표집틀을 확보해야 한다.

㉣ 단점

ⓐ 모집단에 속한 모든 연구대상이 표본으로 뽑힐 확률이 같지 않다. 따라서 연구자가 최종적으로 선정한 표본이 모집단을 대표하지 못할 가능성이 있다.

ⓑ 연구자가 다층 표집을 이용하면, 표집 과정에서 선택편향이 발생할 수 있다.

(3) 비확률 표집(non-probability sampling)

비확률 표집은 모집단에서 제한된 수의 연구대상을 무작위로 뽑아서 표본을 구성할 때 요구되는 3개의 전제조건(동등 가능성 원칙, 우연의 원칙, 표집틀 확보)을 충족하지 못하는 표집을 말한다. 따라서 비확률 표집에서 모집단에 속한 각 연구대상이 표본으로 뽑힐 확률은 다르다. 비확률 표집의 종류는 다음과 같다.

① **비대표적 할당 표집**(unrepresentative quota sampling)

㉠ 정의

비대표적 할당 표집은 연구자가 모집단의 특성을 기준으로 모집단을 몇 개의 집단으로 나눈 후 각 집단에서 연구대상을 임의로 뽑는 방법이다.

㉡ 예시

어떤 연구자는 만 65세 이상의 고령자 중 100명의 치매 환자와 100명의 비치매 환자를 뽑기로 한다. 그런데 한 연구에 의하면, 2020년 만 65세 이상 중 치매 환자의 비율은 10.4%로 추정된다.

따라서 연구자가 만 65세 이상의 고령자 중 100명의 치매 환자를 확률 표집으로 뽑는 것은 많은 시간, 비용, 노력이 요구된다. 이 경우, 연구자는 많은 요양병원이나 종합병원에 모집 광고를 게시해서 100명의 치매 환자를 뽑았다.

㉢ 장점

ⓐ 모집단에서 특정 집단에 속한 연구대상의 수가 극히 적더라도, 연구자는 비대표적 할당 표집을 통해 해당 집단의 연구대상 특성을 비교적 쉽게 파악할 수 있다.

ⓑ 연구자가 특별히 관심을 가진 특정 집단에 속한 연구대상을 효율적으로 뽑을 수 있다.

㉣ 단점

ⓐ 비대표적 할당 표집을 통해 선정된 표본은 모집단을 대표하지 않는다.

ⓑ 경우에 따라서, 연구자는 비대표적 할당 표집을 통해 얻은 연구결과에 모집단의 특성을 고려해서 가중치를 부여해야 한다.

② **목적적 표집**(purposive sampling)

㉠ 정의

목적적 표집은 연구자가 특정 목적을 가지고 모집단에서 표본을 임의로 뽑는 방법이다.

㉡ 예시

어떤 연구자가 AI 스피커에 대한 만 65세 이상 고령자의 사용 만족도를 알고자 한다. 연구자는 주변에서 AI 스피커를 이용하는 만 65세 이상의 고령자를 찾아서 표본을 구성했다.

㉢ 장점과 단점

연구자는 목적적 표집을 이용해서 본인의 연구주제에 부합하는 연구결과를 쉽게 얻을 수 있다. 그러나 목적적 표집으로 뽑힌 표본은 모집단을 대표하지 않는다.

③ **편의 표집**(convenience sampling)

㉠ 정의

편의 표집은 연구자가 쉽게 접근할 수 있는 연구대상을 뽑아서 표본을 구성하는 방법이다.

㉡ 예시

어떤 연구자가 초등학생의 집단 따돌림 예방책을 찾는 연구를 하고자 한다. 연구자는 본인이 개인적으로 아는 초등학교 교사가 담임인 학급의 초등학생들을 대상으로 연구를 진행했다.

㉢ 방법

연구자는 사람들의 왕래가 많은 길거리나 건물(예 쇼핑몰)에서, 특정 집단(예 교회의 신자, 학급의 학생)에서, 지인(예 친구, 이웃) 중에서 표본을 뽑는다.

㉣ 장점과 단점

연구자가 편의 표집을 이용하면, 저렴한 비용으로 자료를 쉽게 수집할 수 있다. 또한 연구자가 편의 표집을 이용할 때, 표집틀을 확보할 필요가 없다. 그러나 연구자가 편의 표집을 이용하면, 표집 과정에서 매우 큰 선택편향이 발생할 수 있다.

더 알아두기

학술지에 게재된 많은 연구는 대학생을 대상으로 진행되었다. 이와 관련해서, 어떤 연구자가 대학생을 표본으로 선정해서 연구를 진행하고자 할 때, 다음 사항에 주의할 필요가 있다.

- 기술적 연구에서, 대학생 표본이 가진 특성의 정도(예 성비, 측정 변인의 평균값)가 모집단이 가진 특성의 정도와 동일하면, 대학생 표본은 모집단을 대표한다. 따라서 대학생을 표본으로 선정하는 것은 편의 표집이 아니며, 대학생 표본에서 얻은 연구결과를 일반화할 수 있다.
- 설명적 연구에서, 대학생 표본의 특성 간의 관계(예 상관, 인과성)가 모집단의 특성 간의 관계와 유사하다면, 대학생 표본은 모집단을 대표한다. 따라서 대학생을 표본으로 선정하는 것은 편의 표집이 아니며, 대학생 표본에서 얻은 연구결과를 일반화할 수 있다.

2 질적 연구에서의 표집 종류

질적 연구를 하는 연구자는 본인이 관심을 가진 연구주제에 관한 정보를 많이 제공해주는 소수의 연구대상을 의도적으로 찾아서 표본을 구성한다. 따라서 질적 연구에 목적적 표집이 주로 사용된다. 질적 연구에서 사용되는 대표적인 목적적 표집의 종류는 다음과 같다.

(1) 결정적 사례 표집

연구자가 연구주제와 관련된 핵심 정보를 제공해주는 연구대상을 표본으로 뽑는다.

(2) 극단적 사례 표집

연구자가 연구주제와 관련된 극단적인 경험(예 자해)을 한 연구대상을 표본으로 뽑는다.

(3) 최대 다양성 표집

연구자가 특정 현상에 대해서 서로 다른 견해를 가진 연구대상을 표본으로 뽑는다.

(4) 눈덩이 표집(snowball sampling)

연구자가 본인이 관심을 가진 특정 특성(예 마약 상습 투여)을 가진 소수의 연구대상을 먼저 선정한 후 이들 연구대상에게 동일한 특성을 가진 다른 사람들을 추천해달라고 해서 그 사람들로 표본을 구성한다. 이를 눈덩이 표집이라고 한다.

제 4 절 표본 크기

1 양적 연구에서의 표본 크기(sample size)

(1) 표본 크기의 특징 중요 ★

표본에 포함된 연구대상의 수(표본 크기)는 다음과 같은 특징을 가진다.

① 표본 크기가 증가할수록, 표집오차는 감소한다. 그러나 표본 크기와 표집오차는 직선 형태의 반비례 관계가 아니다. 즉, 표본 크기가 증가함에 따라서 표집오차는 크게 감소하지만, 표본 크기가 일정 수준 이상으로 증가하면 표집오차의 감소폭은 크게 줄어든다. 이처럼 표본 크기의 증가에 따른 표집오차의 점감(diminishing returns, ⌞⌒ 의 형태)이 발생한다.

② 표본 크기가 증가할수록, 모집단에 대한 표본의 대표성이 증가한다.

③ 표본 크기가 증가할수록, 표본에서 얻은 연구결과의 일반화 가능성은 증가한다.

④ 표본 크기가 증가할수록, 실제로 관련성이 없는 두 변인이 관련된 것으로 잘못 검증될 가능성이 감소한다.

⑤ 표본 크기가 증가할수록, 실제로 관련된 두 변인이 관련성이 없는 것으로 잘못 검증될 가능성이 감소한다.

⑥ 표본 크기가 증가할수록, 두 변인 간의 미약한 관련성을 확인할 가능성이 증가한다.

⑦ 표본 크기가 증가할수록, 표집 과정에 소요되는 연구자의 비용, 시간, 노력이 증가한다.

(2) 표본 크기의 결정 방법

연구자는 표집틀 확보 여부, 연구자의 자원(비용, 시간, 노력), 모집단의 크기와 특성 등을 고려해서 표본 크기를 결정한다.

① **연구자의 자원**

연구자가 자료를 수집할 때 본인의 자원(비용, 시간, 노력)이 소요된다. 일반적으로 표본 크기가 커질수록, 연구자의 자원이 더 많이 소요된다. 연구자가 표본 크기를 결정할 때, 본인의 자원은 제약 조건에 해당한다. 따라서 연구자는 본인의 자원을 고려해서 대표성과 일반화 가능성을 가진 표본 크기를 결정해야 한다.

② **모집단의 크기와 동질성**

모집단의 크기가 클수록, 표본 크기도 커야 한다. 또한 모집단의 특성이 동질적이면 표본 크기가 무조건 커야할 필요는 없지만, 모집단의 특성이 이질적이면 서로 다른 특성을 가진 연구대상을 표본으로 뽑아야 하기 때문에 상대적으로 표본 크기는 커야 한다.

③ **가설 검증의 오류 수준과 효과 크기(effect size)**

통계적 검증력(statistical power)은 연구자가 가설 검증에서 실제로 거짓인 영가설을 기각할 가능성을 말한다. **유의도 수준**(level of significance)은 연구자가 가설 검증에서 영가설이 참임에도 불구하고 영가설을 기각할 확률을 말한다. **효과 크기**는 두 변인 간 관련성 강도를 말한다. 통계적 검증력과 유의도 수준은 가설 검증의 오류 수준을 반영하며, 효과 크기는 연구자가 기대하는 두 변인

간 최소 관련성 강도(최소 효과 크기 수준)와 관련된다. 연구자는 통계적 검증력, 유의도 수준 및 최소 효과 크기 수준을 고려해서, 표본 크기를 결정할 수 있다.

더 알아두기

연구자가 통계적 검증력, 유의도 수준 및 최소 효과 크기 수준을 고려해서 표본 크기를 결정할 때, G*Power라는 통계 소프트웨어를 이용할 수 있다. G*Power 소프트웨어는 다음의 링크에 접속해서 무료로 다운로드를 받을 수 있다.
https://download.cnet.com/G-Power/3000-2054_4-10647044.html

④ **표집 방법과 측정 도구의 신뢰도**

예를 들어, 연구자가 층화 무선 표집보다 단순 무선 표집을 실시하는 경우에 더 큰 표본 크기가 필요하다. 또한 측정 도구(측정 문항 또는 문항 모음)의 신뢰도가 낮을수록, 더 큰 표본 크기가 요구된다. 이때 신뢰도는 변인을 측정하는 도구가 여러 연구시점과 여러 연구조건에서 일관되고 안정적이며 정확하게 변인이 반영하는 개념을 측정할 가능성을 말한다.

2 질적 연구에서의 표본 크기

(1) 표본 크기의 특징

질적 연구에서 연구자는 참여관찰, 심층면접 등을 통해 자료를 수집한다. 그런데 참여관찰의 경우, 표집 대상은 연구대상이 아니라 연구관심장소일 수 있다. 양적 연구와 비교하면, 질적 연구에서 연구자는 매우 적은 수의 연구대상이나 연구관심장소를 표집한다. 특히, 양적 연구와 달리, 질적 연구에서 연구자는 자료 수집 전 연구대상의 정확한 수를 미리 정하지 않는다.

(2) 표본 크기의 결정 방법

① 연구자는 연구주제에 맞는 소수의 대표적인 연구대상 또는 연구관심장소를 표집한다.

② 질적 연구에서 연구자는 서로 다른 연구대상이나 연구관심장소를 대상으로 한 번씩 또는 동일 연구대상이나 연구관심장소를 대상으로 여러 번 참여관찰, 심층면접 등을 진행할 수 있다. 연구자가 서로 다른 연구대상이나 연구관심장소의 수 또는 동일 연구대상이나 연구관심장소에 대한 자료 수집 횟수를 늘렸을 때, 더 이상 새로운 결과를 얻을 수 없는 시점에서 표집을 중단한다.

③ 연구자가 심층면접으로 자료를 수집하는 경우, 일반적으로 5~25명의 연구대상을 표집하는 것이 바람직하다.

제 3 장 측정방법과 측정척도

제 1 절 측정과 척도

1 측정(measurement)의 이해 중요 ★★★

(1) 측정의 정의

측정은 연구대상의 특성(개념)에 숫자나 명칭을 체계적인 방식으로 부여하는 활동이다. 측정이라는 용어를 대신해서 검사(test)라는 용어를 사용하기도 한다.

(2) 측정의 특징

연구자는 현상에 대한 이론적 정의가 제공하는 현상의 언어적 의미(개념)를 측정할 수 있도록 조작적으로 정의한다. 조작적 정의(operational definition)의 결과인 측정은 다음과 같은 요소를 가진다.

① **측정 단위**

예를 들어, 연구자는 조작적 정의를 통해 시간을 분 단위로 측정할 것인가 아니면 초 단위로 측정할 것인가를 결정한다.

② **측정 수준**

연구자는 연구대상의 특성과 수치나 명칭 간의 관계를 다양한 수준으로 측정할 수 있다. 예를 들어, 연구자는 기혼 연구대상의 결혼 만족도를 결혼에 대한 만족 여부(만족 vs 불만족)나 결혼에 대한 만족 정도(매우 만족, 약간 만족, 보통, 약간 불만족, 매우 불만족)로 측정할 수 있다.

③ **조합 방식**

예를 들어, 어떤 연구자가 연구대상의 광고 태도를 3개의 문항으로 측정하였다. 연구자가 연구대상의 특성인 광고 태도에 단일 수치를 부여하고자 한다면, 조작적 정의를 내릴 때, 연구자는 3개 문항의 점수를 평균한 값을 산출할 것인지 아니면 3개 문항의 점수를 합산한 값을 산출할 것인지를 결정해야 한다.

2 척도(scale)의 이해 중요 ★★

척도라는 용어는 다음의 두 가지 의미로 사용된다. 첫째, 척도는 측정에서 사용되는 문항이나 문항의 모음 등의 수단이다. 예를 들어, 연구대상의 성격을 측정하는 수단인 MBTI(Myers-Briggs Type Indicator)는 척도이다. 또한 연구대상의 몸무게를 측정하는 수단인 체중계도 척도이다. 둘째, 척도는 측정에서 사용되는 수의 체계와 단위이다. 예를 들어, 어떤 연구자가 연구대상의 감정욕구를 1~5점의 범위(수의 체계 또는 단위)를 가진 9개의 문항으로 측정한 경우, 연구자가 감정욕구를 9개의 문항으로 구성된 5점 척도로 측정했다고 말한다.

제 2 절 척도의 속성과 종류

1 척도의 속성 중요 ★★★

척도를 개발하거나 측정에 사용할 때, 연구자는 4개의 속성을 고려해야 한다. 또한 이들 척도의 속성에 따라서, 연구자가 사용할 수 있는 통계 분석방법이 달라진다. 4개의 속성 중 차이 측정은 모든 척도의 기본 속성이다. 그러나 척도에 따라서, 나머지 속성인 크기 측정, 등간격(equal interval) 측정 및 절대영점(true zero) 측정을 척도의 속성으로 가지기도 하고 못 가지기도 한다. 4개의 척도 속성은 다음과 같다.

(1) 차이 측정

예를 들어, 온도계로 잰 뜨거운 물은 온도가 높지만, 시간이 지나서 물이 차가워지면 온도계로 잰 온도가 낮다. 이처럼 척도(예 온도계)는 연구대상의 특성 차이(예 온도 차이)를 측정해야 한다.

(2) 크기 측정

예를 들어, 어떤 사람의 신장은 다른 사람의 신장보다 크거나 작거나 같다. 어떤 연구자가 여러 사람의 신장을 줄자(척도)로 재면, 사람들 간의 신장 크기를 파악할 수 있다. 이처럼 어떤 종류의 척도로 얻은 수치는 서로 크기를 비교할 수 있다.

(3) 등간격 측정

예를 들어, IQ(지능지수) 90과 IQ 100 사이의 간격인 10은 IQ 100과 IQ 110 사이의 간격인 10과 동일하다. 이와 같이 측정 수치 간 간격이 같은 것을 **등간격**이라고 한다. 이처럼 어떤 종류의 척도로 얻은 수치 사이의 간격이 동일할 수 있다.

(4) 절대영점 측정

연구자는 일종의 기준점으로 **임의영점**을 설정할 수 있다. 예를 들어, 오늘 기온이 섭씨 0도라면, 온도가 전혀 없는 것이 아니라 섭씨 0도는 영상과 영하를 구분하는 기준점이다. 이때 섭씨 0도는 임의영점이다. 반면 **절대영점**은 연구대상의 특성이 실제로 전혀 없는 상태이다. 예를 들어, 어떤 연구대상이 실직해서 이번 달 수입이 전혀 없었다. 따라서 연구대상의 이번 달 수입은 0원이다. 이때 0원은 절대영점에 해당한다.

2 척도의 종류 중요 ★★★

특정 척도가 크기, 등간격 및 절대영점을 측정할 수 있는지에 따라서, 척도는 명명척도(nominal scale), 서열척도(ordinal scale), 등간척도(interval scale), 비율척도(ratio scale)로 세분화된다. 명명척도, 서열척도, 등간척도, 비율척도의 순서로 가장 낮은 측정 수준에서 가장 높은 측정 수준에 해당한다.

(1) 명명척도

① **정의**

명명척도는 연구자가 연구대상의 질적 특성(예 남성 vs 여성)에 수치를 임의로 부여할 때 사용하는 척도이다.

② **예시**

어떤 연구자가 연구대상의 종교 중 기독교에는 0점, 천주교에는 1점, 불교에는 2점 그리고 다른 종교에는 3점이란 수치를 부여했다. 연구자가 이 수치를 이용해서, 불교(2점)가 기독교(0점)보다 더 크다거나(크기), 기독교(0점)와 천주교(1점)의 차이가 천주교(1점)와 불교(2점)의 차이와 같다거나(등간격), 기독교(0점)는 종교 자체가 없는 것(절대영점)이라고 말할 수 없다. 이들 수치는 단순히 종교를 구분(차이)하는 역할만 한다. 종교 이외에 성별, 대학 전공, 인종 등이 명명척도의 예이다.

③ **특징**

연구자는 명명척도로 연구대상의 특성 차이를 확인할 수 있지만, 크기, 등간격 및 절대영점을 확인할 수 없다. 또한 연구자는 명명척도로 얻은 점수를 이용해서 평균값을 산출할 수 없다.

(2) 서열척도

① **정의**

서열척도는 연구자가 연구대상의 특성에 상대적인 양이나 크기의 차이에 따라서 순위를 매긴 척도이다.

② **예시**

어떤 연구자가 연구대상의 학업성취 수준에 따라서, 상위(3점), 중위(2점), 하위(1점)로 서열을 매기고 수치를 부여했다. 연구자가 이 수치를 이용해서, 상위(3점)와 중위(2점)의 차이가 중위(2점)와 하위(1점)의 차이와 같다거나(등간격), 어떤 연구대상이 학업성취 수준이 전혀 없다(절대영점)고 말할 수 없다. 단, 연구자는 상위(3점)가 하위(1점)보다 학업성취 수준이 높다(크기)고는 말할 수 있다. 군인의 계급, 사회계층(상, 중, 하), 고등학생의 학급 석차 등이 서열척도에 해당한다.

③ **특징**

연구자는 서열척도로 연구대상의 특성 차이와 크기를 확인할 수 있지만, 등간격과 절대영점을 확인할 수 없다. 또한 연구자가 서열척도로 얻은 점수를 이용해서 평균값을 산출하는 것은 합리적이지 않다.

(3) 등간척도

① **정의**

등간척도는 연구자가 연구대상의 특성에 부여된 수치들의 간격을 일정하게 만든 척도이다.

② **예시**

어떤 연구자가 연구대상의 지능을 IQ로 측정하였다. 이때 IQ 110은 IQ 90보다 높고(크기), IQ 90과 IQ 100 사이의 간격인 10은 IQ 100과 IQ 110 사이의 간격인 10과 동일하다(등간격). 그러나 IQ 0을 받은 연구대상은 지능이 전혀 없다(절대영점)고 말할 수 없다. 수학능력시험 점수, 섭씨나 화씨로 잰 체온 등이 등간척도에 해당한다.

③ **특징**

연구자는 등간척도로 연구대상의 특성 차이, 크기 및 등간격을 확인할 수 있지만, 절대영점을 확인할 수 없다. 또한 연구자는 등간척도로 얻은 점수를 이용해서 평균값을 산출할 수 있다.

(4) 비율척도

① **정의**

비율척도는 연구자가 연구대상의 특성에 절대영점을 포함한 수치들을 부여한 척도이다.

② **예시**

어떤 연구자가 연구대상이 컴퓨터 모니터에 제시된 5개의 단어와 5개의 비단어(예 하로구)를 보고 단어인지 아니면 비단어인지를 판단하는 실험을 진행했다. 실험 중 연구자는 연구대상의 판단 정답수(제시된 단어를 단어라고 판단한 횟수, 제시된 비단어를 비단어라고 판단한 횟수)를 측정했다. 연구자는 연구대상의 판단 정답수를 이용해서, 판단 정답수 10은 판단 정답수 1보다 많다거나(크기), 판단 정답수 10과 9의 차이는 판단 정답수 9와 8의 차이와 같다거나(등간격), 판단 정답수 0은 판단 정답수가 없다(절대영점)고 말할 수 있다. 신장, 체중, 무게, 켈빈(Kelvin) 온도 등이 비율척도이다.

③ **특징**

연구자는 비율척도로 연구대상의 특성 차이, 크기, 등간격 및 절대영점을 확인할 수 있다. 또한 연구자는 비율척도로 얻은 점수를 이용해서 사칙연산(더하기, 빼기, 곱하기, 나누기)을 할 수 있다.

명명척도, 서열척도, 등간척도, 비율척도의 속성을 요약하면, [표 2-2]와 같다.

[표 2-2] 척도 종류와 척도 속성 간의 관계

구분	차이 측정	크기 측정	등간격 측정	절대영점 측정
명명척도	○	×	×	×
서열척도	○	○	×	×
등간척도	○	○	○	×
비율척도	○	○	○	○

더 알아두기

심리학 연구에서 다루는 대부분의 변인은 서열척도나 등간척도로 측정된다. 그런데 심리학 연구에서 사용하는 거의 모든 서열척도는 여러 문항에 대한 연구대상의 응답 점수를 합산한 값(합산값)이나 평균한 값(평균값)으로 연구대상의 심리적 특성을 측정한다. 이처럼 서열척도의 여러 문항에서 얻은 합산값이나 평균값을 사용해서 연구대상의 심리적 특성을 측정하기 때문에 서열척도를 등간척도로 간주한다. 또한 심리학 연구에서 사용하는 등간척도에는 절대영점이 없지만, 등간척도를 개발할 때 결정한 임의영점을 절대영점이라고 보고 점수화하기 때문에 등간척도를 비율척도로 간주한다.

더 알아두기

명명척도와 서열척도로 얻은 수치는 비모수 통계 방법으로, 등간척도와 비율척도로 얻은 수치는 모수 통계 방법으로 분석할 수 있다.

제 3 절 척도화

1 척도화(scaling)의 정의 중요 ★

연구자가 연구대상의 특정 특성에 일관된 점수 체계를 부여해서 해당 특성을 수량화하는 측정 도구(질문 문항 또는 문항 모음과 그에 대한 응답 방식)를 만드는 것을 **척도화**라고 한다. 척도화의 결과는 1개 이상의 문항으로 구성된 척도이며, 척도화를 척도법이라고 부르기도 한다.

2 정신물리학적 척도화(psychophysical scaling)와 심리측정적 척도화(psychometric scaling)

특정 개념 발생의 원인과 결과를 구체화할 수 있는지의 여부에 따라서, 척도화를 정신물리학적 척도화와 심리측정적 척도화로 분류할 수 있다.

(1) 정신물리학적 척도화

정신물리학(psychophysics)이란 물리적 현상에 대한 연구대상의 심리적 반응을 연구하는 학문이다. 물리학자가 빛의 밝기, 소리의 크기 등을 측정할 수 있는 것과 같이, 정신물리학자는 빛의 밝기, 소리의 크기 등에 대응되는 심리적 특성을 측정할 수 있다. 이처럼 현상의 물리적 특성 값에 대응하는 연구대상의 심리적 특성을 수량화하는 측정 도구를 만드는 것이 **정신물리학적 척도화**이다. 일반적으로 정신물리학적 척도화는 연구자가 심리적 특성 발생의 원인과 결과를 특정할 수 있는 경우에 활용된다. 예를 들어, 소음이라는 심리적 특성은 소리의 크기가 원인이며, '정신이 없다.', '피곤하다.' 등의 결과를 발생시킨다. 따라서 소음을 측정하기 위해서 정신물리학적 척도화를 사용할 수 있다.
정신물리학적 척도화와 관련해서, 연구자는 현상의 물리적 특성 값과 연구대상의 심리적 특성 값이 일대일 대응 관계가 아니라는 점에 주의해야 한다. 예를 들어, 어떤 연구자가 확성기에서 나오는 음악의 소리 크기를 40dB(데시벨)(조용한 주택의 거실 소음 수준)에서 80dB(철로변 또는 지하철 소음 수준)로 2배 높였다. 그러나 연구대상은 80dB의 음악 소리를 40dB의 음악 소리보다 2배 더 크게 들린다고 느끼지 않는다.

(2) 심리측정적 척도화

심리측정적 척도화는 연구자가 심리적 특성 발생의 원인을 특정하기 어려운 경우에 활용된다. 예를 들어, 우울증이라는 심리적 특성은 유전, 환경, 경험 등의 다양한 원인 때문에 발생한다. 따라서 우울증을 측정하기 위해서, 연구자는 심리측정적 척도화를 사용한다.

더 알아두기

많은 정신물리학적 척도화와 대다수의 심리측정적 척도화의 결과는 자기보고 방법(self-report method)을 이용하는 척도(예 자기 기입식 설문조사의 문항들)이다. 자기보고 방법을 이용한 척도는 연구자의 직접적 관찰이 없이 연구대상의 개인적 보고로 연구대상의 심리적 특성을 측정한다. 따라서 연구자가 자기보고 방법의 척도를 이용하면, 연구대상이 보고한 본인의 심리적 특성을 실제로 체험했는지 확인할 방법이 없다. 그 결과, 자기보고 방법의 척도의 경우 타당도 문제가 발생한다.

3 심리측정적 척도화의 종류

일반적으로 심리측정적 척도화를 통해 개발된 연구대상의 심리적 특성을 측정하는 척도 중 연구자는 합산평정 척도(summated rating scale)를 가장 많이 사용한다. **합산평정 척도**는 심리적 특성과 관련된 여러 문항에 대한 연구대상의 응답 점수의 합으로 연구대상의 심리적 특성을 측정하는 체계이다. 다음에 소개하는 심리측정적 척도화 중 빈도 척도화를 제외한 다른 종류의 척도화들은 연구대상의 특성 강도(magnitude)를 측정할 때 사용된다.

(1) 빈도 척도화

가장 단순한 척도화는 연구대상의 특성이 발생한 사례의 수(빈도)를 세는 방법이다. 연구대상의 우울을 다음의 방식으로 측정하는 것이 **빈도 척도화**의 예이다.

당신은 지난 일주일 동안 평소에는 아무렇지도 않던 일들이 몇 번이나 괴롭고 귀찮게 느껴지셨습니까?
① 1일 미만 ② 1~2일 ③ 3~4일 ④ 5일 이상

연구자가 빈도 척도화를 할 때 측정 단위의 설정이 임의적일 수 있음에 주의해야 한다. 즉, 위 예의 4개 응답 범주(예 5일 이상)는 연구자가 임의로 설정한 것일 수 있다.

(2) 어의변별(semantic differential) 척도화 중요 ★★

어의변별 척도화는 연구대상이 서로 반대가 되는 형용사 쌍을 기준(anchor)으로 측정대상(예 사물, 사건)의 특성을 평가하는 방식이다. 어의변별 척도화는 측정대상의 특성에 대한 연구대상의 태도나 의견을 측정할 때 주로 사용된다. 연구자가 어의변별 척도화를 할 때, 연구대상에게 제시할 형용사 쌍이 측정대상의 특성을 대표적이며 적절하게 반영하고 있는지를 점검해야 한다.
연구대상의 전반적인 현재 기분을 다음의 방식으로 측정하는 것이 어의변별 척도화의 예이다.

현재 당신의 기분은 전반적으로 어떻습니까?

나쁘다	−2점	−1점	0점	+1점	+2점	좋다

(3) 리커트(Likert) 척도화 중요 ★★★

리커트 척도화는 연구대상이 긍정 또는 부정 방향의 단어나 문구를 보고 이에 대해서 동의하는 정도를 몇 개의 반응단계(예 5점, 7점)로 답하는 방식이다. 리커트 척도화의 주의사항은 다음과 같다.

① 리커트 척도화에서 반응단계가 많을수록, 연구대상으로부터 얻는 반응점수의 범위는 커진다. 그러나 연구대상은 많은 반응단계 중 한 단계를 선택할 때 인지적 부담을 느끼고, 여러 반응단계 간 차이를 제대로 구분하기 어려워할 수 있다.

② 연구자가 리커트 척도화를 할 때, 중립 반응단계(보통)를 넣어서 홀수 반응단계(예 3점 척도, 5점 척도, 7점 척도)를 구성하거나, 중립 반응단계를 빼고 짝수 반응단계(예 4점 척도, 6점 척도)를 구성할 수 있다. 그런데 중립 반응단계가 없는 경우가 있는 경우보다 연구대상이 단어나 문구에 대해서 동의 여부를 결정하기 위해 한 번 더 생각한 후 특정 반응단계를 선택하기 때문에 성실한 반응을 측정할 가능성이 더 크다.

③ 연구자가 리커트 척도화를 할 때, 긍정 단어나 문구만, 부정 단어나 문구만 또는 긍정과 부정 단어나 문구를 혼합해서 사용할 수 있다. 그런데 긍정(vs 부정) 단어나 문구만 연구대상에게 제시되는 경우, 연구대상은 긍정(vs 부정) 단어나 문구에 대해서 깊게 생각하지 않고 무조건 동의(vs 부동의)한다고 답할 가능성이 있다. 따라서 연구자가 리커트 척도화를 할 때, 긍정과 부정 단어나 문구를 혼합해서 사용하는 것이 바람직하다.

연구대상의 충동구매 경향성을 다음의 방식으로 측정하는 것이 리커트 척도화의 예이다.

다음의 문장에 동의하는 정도를 표시해주세요.

나는 마음에 드는 물건이 있으면 여유가 없더라도 일단 사는 편이다.

전혀 그렇지 않다	1점	2점	3점	4점	5점	매우 그렇다

(4) 쌍 비교(pairwise comparison) 척도화

쌍 비교 척도화는 연구자가 연구대상에게 조합할 수 있는 모든 측정대상의 쌍을 제시하고, 연구대상이 각 쌍에서 본인이 더 선호하는 1개의 측정대상을 선택하는 방식이다. 이때 연구자가 조합할 수 있는 모든 측정대상의 쌍의 수는 다음의 공식으로 산출한다.

$$\text{모든 측정대상의 쌍의 수} = \frac{\text{측정대상의 수} \times (\text{측정대상의 수} - 1)}{2}$$

쌍 비교 척도화에서, 연구자는 너무 많은 수의 측정대상의 쌍을 비교하면 연구대상의 응답 피로도가 높아진다는 점에 주의해야 한다. 예를 들어, 어떤 연구자가 10개의 측정대상을 이용해서 쌍 비교 척도화를 하면, 연구대상은 45개의 쌍을 보고 각 쌍에 대한 답을 해야 한다.
3명의 대통령 선거 후보자에 대한 연구대상의 투표 의향을 다음의 방식으로 측정하는 것이 쌍 비교 척도화의 예이다.

1. 당신은 다음에 제시된 대통령 선거 후보자 중 어느 후보에게 투표할 의향이 있는지 선택해주세요.
   ① 후보자 A ② 후보자 B

2. 당신은 다음에 제시된 대통령 선거 후보자 중 어느 후보에게 투표할 의향이 있는지 선택해주세요.
   ① 후보자 A ② 후보자 C

3. 당신은 다음에 제시된 대통령 선거 후보자 중 어느 후보에게 투표할 의향이 있는지 선택해주세요.
   ① 후보자 B ② 후보자 C

(5) 서스톤(Thurstone) 척도화

서스톤 척도화는 연구대상이 예나 아니요 또는 동의나 부동의로 답할 수 있는 다수의 태도 문항을 구성하는 방식이다. 서스톤 척도화의 점수는 0~11점 범위에 존재하기 때문에, 서스톤 척도화를 유사 등간 척도화라고도 부른다. 서스톤 척도화는 다음과 같은 단계(서스톤 척도 개발 단계)를 거쳐서 진행된다.

① **1단계**

연구자는 측정대상에 대한 태도를 잴 수 있는 가능한 한 많은 문항을 취합한다.

② **2단계**

연구자는 1단계에서 취합한 문항들이 측정대상에 대해 얼마나 호의적 또는 비호의적 태도를 반영하는지 평가할 수 있는 다수의 심사자(예 연구대상이 아닌 측정대상과 관련된 전문가)를 모집한다.

③ **3단계**

2단계에서 모집한 심사자들은 1단계에서 취합한 문항이 어느 정도의 호의적 또는 비호의적 태도를 반영하는지 11점 중 한 점수로 평가한다. 이때 심사자는 문항에 대한 본인의 태도를 평가하지 않고, 문항 자체의 호의 또는 비호의 정도를 평가한다.

④ **4단계**

연구자는 3단계의 심사자 평가 결과를 이용해서 각 문항의 중앙값이나 평균값을 산출한다.

⑤ **5단계**

연구자는 문항을 중앙값이나 평균값의 크기순으로 정렬한 후 0~11점 범위의 정수(예 3점, 4점)를 대표하는 11개의 문항을 선별한다. 이들 문항으로 서스톤 척도를 구성한다. 이때 서스톤 척도에 포함된 각 문항은 측정대상에 대한 고유한 태도 점수(0~11점)를 가진다.

서스톤 척도화는 척도 제작 과정이 복잡하고, 연구자는 서스톤 척도화를 위해서 많은 시간, 비용, 노력을 투입해야 한다. 그런데 이처럼 제작이 어려운 서스톤 척도화로 얻은 결과는 상대적으로 제작이 쉬운 리커트 척도화로 얻은 결과와 유사하다.
탈원전 정책에 대한 연구대상의 태도를 다음의 방식으로 측정하는 것이 서스톤 척도화의 예이다.

탈원전 정책과 관련된 다음 문항들에 대한 찬성 또는 반대 의견을 표시해주세요.

문항	답변	문항의 고유 점수
1. 탈원전 정책은 전면 중지되어야 한다.	① 찬성 ② 반대	11점
2. 탈원전 정책은 혜택을 받는 집단과 피해를 입는 집단을 모두 고려해야 한다.	① 찬성 ② 반대	3점
~	~	~
11. 사회적 합의를 바탕으로 탈원전 정책 시행 여부를 결정해야 한다.	① 찬성 ② 반대	6점

위 예에서 어떤 연구대상이 다른 문항들에는 반대 의견을 표시했는데 1번과 11번 문항에만 찬성 의견을 표시했다면, 탈원전 정책에 대한 해당 연구대상의 태도는 '(11점 + 6점) ÷ 11개의 문항'의 결과인 1.55점이다.

(6) 거트만(Guttman) 척도화

특정 대상에 대한 태도를 측정하는 문항들은 단일 차원으로 구성되어야 한다. **거트만 척도화**는 태도를 측정하는 문항들이 단일 차원으로 구성되는지 확인하는 방법이다. 예를 들어, 어떤 연구자가 매체의 성적 표현에 대한 태도를 알고자 한다. 이에 연구자는 3명의 연구대상(A, B, C)에게 4개의 매체를 제시하고, 이들로부터 각 매체의 성적 표현 여부에 대한 답을 얻었다.

① 모든 연구대상이 각 매체의 성적 표현 여부 질문에 대해서 일관된 양상으로 답한다면, 연구자는 다음과 같은 결과를 얻을 것이다.

문항	연구대상 A의 응답	연구대상 B의 응답	연구대상 C의 응답
문항 1. 성인물은 성적 표현물이다.	예	예	예
문항 2. 성인 웹툰은 성적 표현물이다.	예	예	아니요
문항 3. 여성 속옷 광고는 성적 표현물이다.	예	아니요	아니요
문항 4. 일간 신문은 성적 표현물이다.	아니요	아니요	아니요

이처럼 모든 연구대상의 일관된 응답 양상은 각 매체의 성적 표현 여부 질문이 단일 차원으로 구성되었기 때문에 가능한 것이다. 이때 연구자가 연구대상이 성인물부터 여성 속옷 광고까지를 성적 표현물이라고 응답하면 2점(보수적 태도)을, 성인물부터 성인 웹툰까지를 성적 표현물이라고 응답하면 3점을, 성인물만 성적 표현물이라고 응답하면 4점(개방적 태도)을 부여한다. 이 경우, 각 연구대상의 매체의 성적 표현에 대한 태도는 2점(연구대상 A), 3점(연구대상 B), 4점(연구대상 C)이다.

② 각 연구대상이 각 매체의 성적 표현 여부 질문에 대해서 서로 다른 양상으로 답한다면, 연구자는 다음과 같은 결과를 얻을 수 있다.

문항	연구대상 A의 응답	연구대상 B의 응답	연구대상 C의 응답
문항 1. 성인물은 성적 표현물이다.	예	예	예
문항 2. 성인 웹툰은 성적 표현물이다.	예	아니요	예
문항 3. 여성 속옷 광고는 성적 표현물이다.	예	예	아니요
문항 4. 일간 신문은 성적 표현물이다.	아니요	아니요	예

위 예에서, 연구대상 B는 여성 속옷 광고를 성적 표현물이라고 답했지만, 그보다 성적 표현 수위가 강한 성인 웹툰을 성적 표현물이 아니라고 응답했다. 연구대상 C는 여성 속옷 광고를 성적 표현물이 아니라고 응답했지만, 그보다 성적 표현 수위가 약한 일간 신문을 성적 표현물이라고 응답했다. 따라서 문항 2에 대한 연구대상 B의 답은 일관성이 떨어지며, 문항 3에 대한 연구대상 C의 답은 일관성이 떨어지는 것으로 볼 수 있다.

매체의 성적 표현에 대한 태도를 측정하는 4개 문항에 대한 연구대상의 응답 양상이 얼마나 일관성이 없는지를 확인하는 방법은 **재생성 계수**(coefficient of reproducibility)를 산출하는 것이다. 재생성 계수는 여러 문항에 대한 연구대상의 응답 양상이 문항의 단일 차원을 지지하는 방향으로 나타나는지의 정도를 알려준다. 위 예에서 재생성 계수는 다음과 같은 공식으로 산출할 수 있다.

$$\text{재생성 계수} = 1 - \left(\frac{\text{비일관응답수}}{\text{전체응답수}}\right) = 1 - \left(\frac{2}{12}\right) = .83$$

제 4 절 측정에 영향을 미치는 방해 요인

연구대상, 문항, 문항 맥락, 측정 조건의 특성이 정확한 측정을 방해한다.

1 연구대상의 특성 중요 ★

(1) 일관성 유지 동기

연구대상이 문항에 대한 답의 일관성을 유지하려는 동기(일관성 유지 동기)가 정확한 측정을 방해한다.

(2) 관련성에 대한 믿음

연구대상이 특별한 근거가 없이 변인들이 서로 관련되었다고 믿으면, 이 믿음에 따라서 변인들이 관련되게 문항에 답한다.

(3) 사회적 바람직성(social desirability)

사회적 바람직성이란 연구대상이 본인의 진짜 생각이나 감정보다 사회적 용인 여부나 수용 여부를 고려해서 문항에 답하는 경향성이다. 연구대상의 사회적 바람직성이 강하면, 정확한 측정이 어렵다.

(4) 관대성 편향(leniency bias)

관대성 편향이란 연구대상이 전반적으로 모든 문항에 긍정적으로 답하는 경향성이다. 연구대상의 관대성 편향이 강하면, 정확한 측정이 어렵다.

(5) 묵종 편향(acquiescence bias)

묵종 편향은 연구대상이 여러 문항에 일괄적으로 동의하거나(무한 긍정, yea-saying), 동의하지 않는(무한 부정, nay-saying) 경향성이다. 연구대상의 묵종 편향이 강하면, 정확한 측정이 어렵다.

(6) 감정상태(affectivity)

연구대상이 본인 또는 주변 상황을 긍정적으로 또는 부정적으로 보는가(감정상태)에 따라서 문항에 대한 연구대상의 응답이 달라진다.

(7) 일시적 기분

연구대상이 일시적으로 느끼는 기분에 따라서 문항에 대한 연구대상의 응답이 달라진다.

2 문항의 특성

(1) 문항이 요구하는 사회적 바람직성

문항의 단어나 문구에 따라서, 문항이 연구대상의 사회적 바람직성을 유발하는 정도가 다르다. 예를 들어, 연구대상은 인권(예 사형제도 폐지)과 관련된 문항에 답할 때, 사회적 바람직성을 강하게 느낄 수 있다.

(2) 문항의 요구특성(demand characteristics) 중요 ★★

문항의 요구특성이란 문항이 연구대상에게 어떤 방식으로 문항에 답해야 하는지 알려주는 단서를 전달하는 것을 말한다. 예를 들어, '많은 사람들이 인권 보호 차원에서 사형제도를 폐지해야 한다고 말하는데, 당신은 사형제도 폐지에 반대하십니까?'라는 문항은 연구대상의 응답에 대한 연구자의 기대나 신념이 반영된 것(문항의 요구특성)일 수 있다.

(3) 문항의 모호성

연구대상은 모호하게 표현된 문항을 보면, 그 문항의 질문 의도를 정확하게 파악하지 못하기 때문에 즉흥적으로 답하거나 적당한 답을 찾는다.

(4) 동일한 척도화

연구자가 한 연구에서 동일한 척도화(예 리커트 척도화, 어의변별 척도화)를 반복해서 사용하면, 연구대상은 해당 척도화에 일관성을 유지하며 반응할 가능성이 있다.

(5) 동일한 응답 기준(anchor)

연구자가 한 연구에서 동일한 응답 기준(예 전혀 그렇지 않다 vs 매우 그렇다)을 반복해서 사용하면, 연구대상은 한 응답 기준(예 매우 그렇다)에 맞추어 일관성을 유지하며 답할 수 있다.

더 알아두기

연구에서 동일한 척도화와 동일한 응답 기준의 사용은 다수의 문항에 대한 응답이 유발하는 연구대상의 피로감을 낮추는 데 도움이 된다.

(6) 문항의 긍정 또는 부정 문구

문항이 긍정 또는 부정 문구로 구성되는지에 따라서, 문항에 대한 연구대상의 답이 달라질 수 있다.

3 문항 맥락의 특성

문항들 간의 관계인 문항 맥락의 특성이 문항에 대한 연구대상의 해석과 반응에 영향을 미쳐서 정확한 측정을 방해할 수 있다.

(1) 문항의 점화 효과(priming effect)

연구대상에게 먼저 제시한 문항이 이후에 제시하는 문항에 대한 연구대상의 응답에 영향을 미친다. 예를 들어, 연구대상이 직업 만족도를 묻는 문항에 매우 불만족하다고 답하였다. 이후 연구대상이 직업 만족 이유를 묻는 질문에 답할 때, 직업이 만족스러운 이유가 하나도 떠오르지 않을 수 있다.

(2) 문항의 배태성(embeddedness)

중립 문구의 문항이 긍정 또는 부정 문구의 문항들 사이에 있으면, 연구대상은 중립 문구의 문항의 의미를 긍정적으로 또는 부정적으로 해석할 가능성이 있다. 예를 들어, 연구대상이 '나는 내가 과체중이라고 생각한다.', '나는 남들이 나의 체중을 아는 것이 싫다.' 등의 문항 뒤에 제시된 '나는 하루 세 번 정확한 시간에 식사를 한다.'라는 문항의 의미를 부정적으로 해석할 여지가 있다. 그 결과, 연구대상은 '나는 하루 세 번 정확한 시간에 식사를 한다.'라는 문항에 강하게 동의하기가 어려워질 것이다.

(3) 문항 간 감정 전이

연구대상이 먼저 제시된 문항에 답할 때 기분이 나빴거나 좋았다면, 이 나쁜 또는 좋은 기분이 연구대상이 이후에 제시된 문항에 대한 답을 할 때 영향을 미칠 수 있다.

(4) 척도의 길이(척도를 구성하는 문항의 수)

연구자가 적은 수의 문항으로 척도를 구성하면, 연구대상은 이전 문항에 대해 본인이 답한 내용을 떠올려서 다음 문항에 대한 답을 찾을 수 있다. 반면 연구자가 많은 수의 문항으로 척도를 구성하면, 연구대상은 척도의 모든 문항을 답하는 과정에서 큰 피로감을 느껴서 일부 문항에 대해서 불성실하게 답할 가능성이 있다.

(5) 이질적 문항을 하나로 묶기

연구자가 서로 다른 변인을 측정하는 이질적인 문항들을 하나로 묶어서 연구대상에게 제시하면, 동일 변인을 측정하는 문항 간 낮은 관련성과 서로 다른 변인을 측정하는 문항 간 높은 관련성이 발생할 가능성이 있다.

4 측정 조건의 특성

연구자가 측정을 하는 조건의 특성 때문에 정확한 측정이 어려워서 변인 간 관련성이 인위적으로 발생할 수 있다.

(1) 동일 시점에 측정하는 경우

변인들 간의 실제 관련성과 무관하게, 서로 다른 변인들을 같은 시점에 측정했기 때문에 이들 변인 간 관련성이 발견될 수 있다.

(2) 동일 장소에서 측정하는 경우

변인들 간의 실제 관련성과 무관하게, 서로 다른 변인들을 같은 장소에서 측정했기 때문에 이들 변인 간 관련성이 발견될 수 있다. 예를 들어, 어떤 연구자가 나이키 매장 앞에서 나이키 광고 태도와 나이키 브랜드 태도 간의 관련성을 측정하면, 둘 간의 관련성이 높게 나올 것이다.

(3) 동일 측정 방법을 이용하는 경우

변인들 간 실제 관련성과 무관하게, 서로 다른 변인들을 같은 방법으로 측정했기 때문에 이들 변인 간 관련성이 발견될 수 있다. 예를 들어, 어떤 연구자가 인쇄된 설문지를 이용해서 특정 브랜드에 대한 연구대상의 태도와 구입의향을 측정했다. 그 결과, 연구자는 연구대상의 브랜드 태도와 브랜드 구입의향 간의 높은 관련성을 확인했다. 그러나 연구자가 설문지로 측정한 브랜드 구입의향이 아닌 브랜드 구입행동을 자연주의적 관찰로 측정했다면, 설문지로 측정한 브랜드 태도가 자연주의적 관찰로 측정한 브랜드 구입행동과 관련성이 낮거나 없다는 결과를 얻을 수 있다.

제 5 절 연구대상의 척도 응답 과정과 측정 방해 요인의 관계

연구대상은 연구자가 제시한 문항 또는 척도를 본 후 이해, 인출, 판단, 반응 선택, 반응 보고의 단계를 거쳐서 답을 한다([그림 2-5] 참조). 각 단계와 관련된 연구대상의 활동과 측정 방해 요인을 소개하면 다음과 같다.

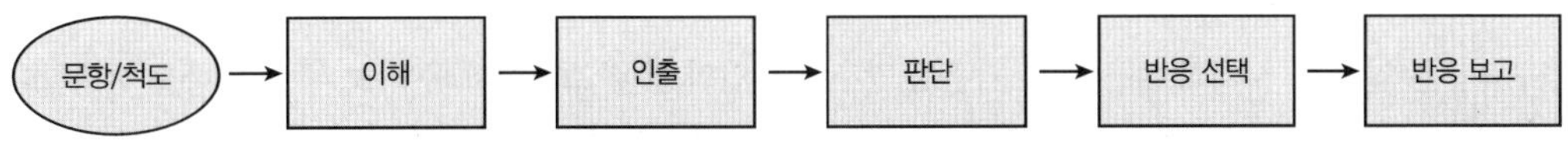

[그림 2-5] 문항 또는 척도에 대한 연구대상의 응답 과정

1 이해 단계

연구대상은 문항이나 척도 그리고 지시문에 주의를 기울이고, 문항이나 척도가 무엇을 묻는지 이해한다. 문항이나 척도가 모호하면, 연구대상은 문항이나 척도가 무엇을 묻는지 정확하게 이해하지 못한다.

2 인출 단계

연구대상은 문항이나 척도에 대한 답을 기억 속에서 떠올릴 때 필요한 단서를 찾고, 이 단서를 이용해서 기억 속에 저장된 정보를 떠올린다. 문항의 배태성, 이질적 문항을 하나로 묶기, 문항의 점화 효과, 문항이 요구하는 사회적 바람직성, 문항 간 감정 전이, 척도의 길이 등은 연구대상이 문항이나 척도와 관련해서 어떤 정보를 떠올릴지에 영향을 미칠 수 있다.

3 판단 단계

연구대상은 본인이 떠올린 정보가 완벽하고 정확한지를 판단한다. 필요한 경우, 연구대상은 정보의 불완전하고 부정확한 부분을 추론한다. 그 결과, 연구대상은 제시된 문항이나 척도에 대해서 어떻게 답을 할 것인지 결정한다. 일관성 유지 동기, 관련성에 대한 믿음, 문항의 요구특성, 문항의 점화 효과, 문항 간 감정 전이 등이 연구대상의 판단에 영향을 미칠 수 있다.

4 반응 선택 단계

연구대상은 연구자가 제시한 응답 보기 중 본인이 답할 내용에 해당하는 것을 마음속으로 선택한다. 동일한 응답 기준이 연구대상의 반응 선택에 영향을 미칠 수 있다.

5 반응 보고 단계

연구대상은 일관성, 사회적 수용 등의 기준에 맞추어 본인의 답을 조정해서 응답 보기 중 하나를 선택한다. 일관성 유지 동기, 사회적 바람직성, 관대성 편향, 묵종 편향, 문항의 요구특성 등이 연구대상의 반응 보고에 영향을 미칠 수 있다.

제 6 절 검사

1 검사(test)의 정의

검사는 연구대상의 구체적인 행동 표본(behavior sample)을 표준화된 절차에 따라 점수화하는 활동이다.

(1) 행동 표본

검사의 목적은 연구대상의 지능, 성격 등과 같은 개인의 특성을 측정하거나, 연구대상의 작업 수행, 학업 성취 등과 같은 행동의 결과를 예측하는 것이다. 그런데 연구자는 연구대상의 모든 특성을 측정하고 모든 행동을 예측할 수 없다. 따라서 연구자는 검사에서 측정하거나 예측하는 연구대상의 대표적인 특성과 행동 표본을 명확하고 체계적으로 정의해야 한다.

(2) 표준화된 절차의 준수 중요 ★

연구자는 측정 오차를 배제하기 위해서 검사의 제작, 실시, 점수 산출, 점수 해석 등의 모든 과정에서 표준화된 절차를 따라야 한다. 표준화된 절차에는 규준(norm) 개발도 포함된다. 이때 **규준**은 연구자가 모집단의 다른 연구대상들과 비교해서 특정 연구대상의 상대적 위치를 파악하기 위해 만든 점수 체계를 말한다. 연구자가 어떤 집단을 기준으로 연구대상을 비교할 것인지에 따라서 성별, 학년, 지역 등을 규준으로 사용할 수 있다. 또한 연구자는 모든 연구대상의 점수를 내림차순이나 오름차순으로 정렬한 후 상위 25%, 상위 50%, 상위 75%, 상위 100%를 기준으로 특정 연구대상의 점수가 전체 점수 집합에서 차지하는 상대적 위치를 파악할 수 있다. 이때 특정 연구대상의 백분위수(예 상위 10%)가 규준이 된다.

(3) 점수화 중요 ★★

연구자는 연구대상의 특성과 행동을 점수화해서 검사 결과를 산출해야 한다. 연구자는 점수화를 통해 연구대상의 특성과 행동을 쉽게 해석할 수 있다. 검사를 통해 측정한 구체적 수치인 검사점수는 원점수(raw score), 표준점수(standard score), 척도점수(scaled score) 등으로 표기할 수 있다. 이때 표준점수와 척도점수를 변환점수라고 한다.

① **표준점수**

연구자가 원점수를 **표준점수**로 변환하면, 검사를 실시한 모집단 내에서의 특정 연구대상의 상대적 위치를 파악하기가 쉽다([그림 2-6] 참조). 대표적인 표준점수는 Z점수, T점수, 9분점수 등이 있다.

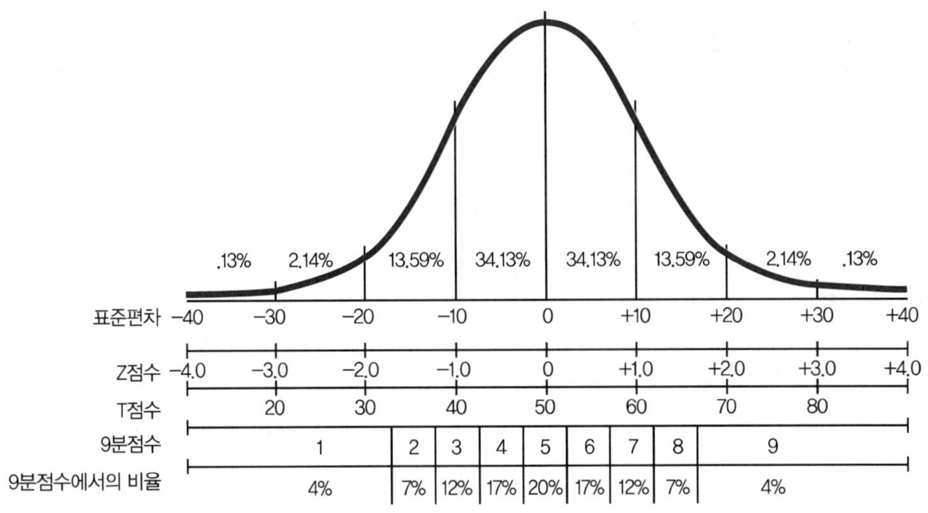

[그림 2-6] 표준점수의 상대적 위치[1]

㉠ Z점수

Z점수는 연구자가 연구대상의 원점수를 평균값이 0이고, 표준편차가 1인 점수 체계로 변환한 점수이다. 예를 들어, 특정 연구대상의 Z점수가 2점이라면, 해당 연구대상은 상위 2.27%에 속한다고 해석한다.

㉡ T점수

T점수는 연구자가 연구대상의 Z점수를 평균값이 50이고, 표준편차가 10인 점수 체계로 변환한 점수이다. Z점수 체계와 달리, T점수 체계에서는 소수점이나 음수를 사용하지 않는다. 예를 들어, 특정 연구대상의 T점수가 80점이면, 해당 연구대상은 상위 .13%에 속한다고 해석한다.

㉢ 9분점수

9분점수는 연구자가 연구대상의 원점수를 1~9점까지의 점수 체계로 변환한 점수이다. 예를 들어, 특정 연구대상의 9분점수가 9점이면, 해당 연구대상은 상위 4%에 속한다고 해석한다.

② **척도점수**

척도점수는 동일 내용을 측정하지만 서로 유형이 다른 검사들에서 얻은 점수를 비교하기 위해, 이들 검사의 원점수를 수학적으로 변환한 점수이다. 예를 들어, 토플(TOEFL) 시험 점수와 아이엘츠(IELTS) 시험 점수를 서로 비교하기 위해서, 각 시험 점수의 척도점수를 산출할 수 있다.

1) 아래의 출처에 제시된 그림 중 일부임
김아영・차정은・이채희・주지은・임은영, 『혼자 쓰는 연구 논문 - 연구방법론』(2016), 학지사.

2 검사의 종류

(1) 인지능력 검사(cognitive ability test)와 정의적 특성 검사(affective characteristics test)

연구자가 연구대상의 어떤 특성을 검사하는가에 따라서, 검사는 인지능력 검사와 정의적 특성 검사로 구분된다.

① **인지능력 검사**

인지능력 검사는 연구대상의 지능, 적성, 성취도 등을 측정한다. 이때 인지능력이란 연구대상의 지적 활동에 필요한 역량으로, 학습이 가능한 능력과 새로운 환경과 상황에 적응하는 능력을 말한다. 인지능력 검사의 종류는 다음과 같다.

㉠ 지능 검사

지능 검사의 목적은 연구대상의 정신능력이나 잠재력을 측정하는 것이다. 지능 검사로 비네-시몬(Binet-Simon) 검사, 스탠포드-비네 지능 검사(Stanford-Binet Intelligence Scales), 웩슬러 성인용 지능 검사(Wechsler Adult Intelligence Scale, WAIS), 아동용 웩슬러 지능 검사(Wechsler Intelligence Scale for Children, WISC), 웩슬러 유아용 지능 검사(Wechsler Preschool and Primary Scale of Intelligence, WPPSI), 아동용 카우프만 진단 검사(Kaufman Assessment Battery for Children, KABC) 등이 있다.

㉡ 적성 검사

적성 검사의 목적은 연구대상이 가진 특정 영역의 능력에 초점을 맞추어서 미래 수행을 예측하는 것이다. 차별적성검사(Differential Aptitude Test, DAT), 일반적성검사모음(General Aptitude Test Battery, GATB), 군직업적성검사모음(Armed Services Vocational Aptitude Battery, ASVAB), 대학수학능력시험 등이 적성 검사이다.

㉢ 성취도 검사

성취도 검사의 목적은 학습이나 훈련을 통해 성취한 연구대상의 성과를 측정하는 것이다. 성취도 검사에는 국제학업성취도평가(Programme for International Student Assessment, PISA), 수학・과학 성취도 추이변화 국제비교연구(Trends in International Mathematics and Science Study, TIMSS), 국가수준학업성취도평가 등이 있다.

② **정의적 특성 검사**

정의적 특성 검사는 성격, 태도 등과 같은 연구대상의 심리적 특성을 측정한다. 정의적 특성 검사는 정답이 없으며, 정의적 특성 검사의 목적은 연구대상이 지각하는 특정 특성(예 성격)의 정도나 수준을 파악하는 것이다.

㉠ 성격 검사

성격 검사의 목적은 각 연구대상의 특성이 다른 연구대상과 구별되며 일관성을 가진다는 전제 하에 각 연구대상의 특성을 파악하고 구분하는 것이다. 그 종류는 다음과 같다.

ⓐ 유형론 기반의 성격 검사

연구대상의 성격을 몇 개의 유형(type)으로 분류하는 성격 검사에는 마이어스-브릭스 유형 지표(Myers-Briggs Type Indicator, MBTI)가 있다.

ⓑ 특질론 기반의 성격 검사

특질(trait)이란 성격의 안정적인 기본 구성요소이며, 연구대상이 다양한 자극이나 상황에 대해서 유사한 방식으로 반응하려는 경향성을 말한다. 연구대상의 성격을 몇 개의 특질로 분류해서 각 특질의 양을 측정하는 성격 검사에는 16-PF 검사(Sixteen Personality Factors questionnaire), Big Five 검사, 미네소타 다면적 성격 검사(Minnesota Multiphasic Personality Inventory, MMPI) 등이 있다.

더 알아두기

유형론 기반의 성격 검사인 MBTI는 연구대상의 성격 유형을 외향성-내향성, 감각-직관, 사고-감정, 판단-지각의 차원으로 분류한다. 이들 차원의 조합인 16개의 성격 유형으로 연구대상을 분류한다. 반면 특질론 기반의 성격 검사인 Big Five 검사는 연구대상의 성격 특질을 신경증 성향(neuroticism), 외향성(extraversion), 경험에 대한 개방성(openness), 우호성(agreeableness), 성실성(conscientiousness)으로 구분하고, 한 연구대상이 이들 특징을 얼마나 많이 가지고 있는지 측정한다.

ⓒ 투사법 기반의 성격 검사

애매하고 모호한 자극에 대한 연구대상의 반응을 통해 연구대상의 성격을 확인하고 해석하는 투사법 기반의 성격 검사에는 로샤 검사, 주제통각 검사(Thematic Apperception Test, TAT), 문장완성 검사(Sentence Completion Test), 집-나무-사람 검사(House-Tree-Person Test, HTP Test) 등이 있다. 투사법 기반의 성격 검사는 타당도와 신뢰도를 확보하기 어렵다는 단점을 가진다.

㉡ 흥미 검사

흥미 검사의 목적은 주로 직무 상황에서 연구대상의 직업 교육이나 직업 선택을 위한 정보를 제공하는 것이다. 개정된 스트롱 직업 흥미 검사(Strong Interest Inventory-Revised, SII-R), 직업 흥미 검사(Vocational Preference Inventory, VPI) 등이 흥미 검사에 해당한다.

㉢ 태도 관련 검사

자기개념(self-concept)은 연구대상이 본인에 대해서 가지는 생각과 느낌의 총체이다. 연구대상의 자기개념에 따라서 태도가 달라지기 때문에 연구자가 연구대상의 자기개념과 관련된 자기존중감, 자기효능감 등을 측정해서 태도를 알아본다.

㉣ 진로 발달 검사

진로 발달 검사의 목적은 청소년들이 일과 직업에 대한 이해와 본인의 능력 개발을 어느 정도 달성했는지 알아보는 것이다. 진로성숙 검사, 진로미결정 검사, 진로장벽 검사 등이 진로 발달 검사에 해당한다.

더 알아두기 중요 ★

표준화 검사(standardized test)는 검사의 모든 과정에서 연구자의 주관적 의도나 해석이 개입될 수 없도록, 검사 실시(도구, 절차), 채점 및 결과 해석을 동일하게 만든(표준화한) 검사를 말한다. WAIS, MMPI 등이 표준화 검사에 해당한다. 표준화 검사의 기능은 다음과 같다.

- **예측 기능** : 연구자는 표준화 검사 결과를 토대로 연구대상의 행동의 특징과 미래 행동을 예측할 수 있다.
- **진단 기능** : 연구자는 표준화 검사 결과를 토대로 연구대상의 특성을 다양한 측면에서 파악하여 연구대상의 문제와 그 원인을 발견할 수 있다.
- **조사 기능** : 연구자는 다양한 특성(예 성별, 연령, 거주지)을 가진 연구대상들의 표준화 검사 결과를 비교할 수 있다.
- **개성과 적성 발견 기능** : 연구자는 표준화 검사 결과를 토대로 연구대상의 개성과 적성을 발견할 수 있다.

(2) 개인 검사와 집단 검사

연구자가 한 번에 실시하는 검사 대상의 수에 따라서, 검사는 개인 검사와 집단 검사로 구분된다. **개인 검사**는 한 명의 연구자가 한 명의 연구대상에게 일대일로 검사를 실시하는 방법이며, **집단 검사**는 한 명의 연구자가 다수의 연구대상에게 검사를 실시하는 방법이다.

(3) 지필 검사(paper-pencil test)와 수행 검사(performance test)

지필 검사는 연구대상이 언어로 작성된 검사지에 필기도구로 답을 하는 방식으로 실시된다. 이때 연구대상이 글을 읽고 쓰는 능력이 부족하면(예 글을 모르는 유아), 지필 검사를 제대로 실시할 수 없다. 이 경우, 연구대상이 물리적 수행이 요구되는 과제나 물체를 조작하는 과제를 하는 **수행 검사**가 실시된다.

(4) 자기보고 검사와 타인보고 검사

자기보고 검사는 연구대상이 본인의 특성을 스스로 평가해서 보고하는 검사 방식을 말한다. 그런데 의사소통이 어려운 연구대상(예 영아)을 검사하는 경우 또는 연구대상이 의도적으로 답을 왜곡할 가능성이 높은 경우, 연구자는 타인보고 검사를 실시한다. **타인보고 검사**는 타인(예 영아의 부모)이 연구대상의 행동을 관찰해서 평가하는 검사 방식을 말한다.

더 알아두기

대표적인 검사이론에는 고전검사이론(classical test theory)과 문항반응이론(item response theory)이 있다. 고전검사이론은 측정 점수가 진짜 점수와 오차 점수로 구성된다는 가정을 기반으로 한다. 고전검사이론에서 한 검사의 문항과 측정 결과는 특정 표본에만 적용된다. 반면 문항반응이론은 각 문항의 정답을 답할 확률은 연구대상의 능력에 따라 다르다는 전제 하에 각 문항과 연구대상 능력의 관계를 문항특성곡선으로 추정하는 수학적 모형이다. 문항반응이론에서 특정 문항은 고유의 변하지 않는 특성을 가지고 있기 때문에 해당 문항은 다른 표본에도 적용이 가능하다.

3 검사의 평가기준 중요 ★★

좋은 검사는 기본적으로 신뢰할 수 있고 타당해야 한다. 이 기준 이외에 좋은 검사는 다음과 같은 기준을 충족할 필요가 있다. 이 기준은 척도를 평가할 때도 적용된다.

(1) 효율성(efficiency)

좋은 검사는 최소한의 문항 수로 구성된다.

(2) 민감성(sensitivity)

좋은 검사는 서로 다른 연구대상이 가진 특성의 정도 차이를 정확하게 측정한다.

(3) 객관성(objectivity)

서로 다른 연구자가 좋은 검사를 이용해서 동일 연구대상을 측정하면 동일하거나 유사한 점수를 얻는다.

(4) 속도(speed)

문항의 수가 많거나 연구대상이 답하는 데 많은 시간이 걸리는 검사는 연구대상의 주의력을 낮추고 피로감을 높여서 응답 점수의 신뢰도가 떨어진다. 따라서 측정에 걸리는 시간이 짧은 검사가 좋다.

(5) 반응성(reactivity)

반응성이란 연구대상이 검사 상황을 인식해서 그에 어떻게 반응할지를 결정한 후 검사 문항에 의도적으로 답하는 것을 말한다. 예를 들어, 연구대상이 본인이 측정되고 있다는 사실을 인식해서, 검사 문항에 대해 본인의 생각이 아닌 사회적으로 바람직한 방향으로 답할 수 있다. 따라서 좋은 검사는 연구대상의 반응성이 낮아야 한다.

(6) 단순성(simplicity)

측정에 필요한 절차가 복잡한 검사보다 간단한 검사가 좋다.

제 4 장 신뢰도와 타당도

제 1 절 신뢰도의 이해

1 신뢰도(reliability) 중요 ★★★

신뢰도는 변인을 측정하는 문항(문항 모음)이 여러 연구시점과 여러 연구조건에서 일관되고 안정적이며 정확하게 변인이 반영하는 개념을 잴 가능성을 말한다. 신뢰도가 높은 문항은 개념 측정의 일관성, 안정성, 정확성을 가져야 한다.

(1) 측정과 오차

개념을 조작적으로 정의한 변인을 측정한 후 얻은 문항의 점수는 다음과 같이 구성된다.

> 측정 점수(또는 관찰 점수) = 진짜 점수(true score) + 오차 점수(error score)

예를 들어, 어떤 연구자가 연구대상이 0~7점 중 하나의 점수로 답하는 1개 문항으로 연구대상의 인지욕구를 측정하였다. 그 결과, 어떤 연구대상의 점수가 6점이었다. 이 6점 중 4점은 연구대상의 인지욕구를 정확히 측정한 결과(진짜 점수)이지만, 나머지 2점은 오차로 인해 발생한 결과(오차 점수)일 수 있다.

① 신뢰도와 관련하여, 오차 점수는 측정 과정에서 발생하는 연구자의 단순한 실수 때문이 아니라 어떤 피할 수 없는 요인들로 인해 연구자가 측정 점수의 변화를 예측하지 못해서 발생한다. 오차 점수는 다음과 같은 요인 때문에 발생한다.

㉠ 측정 방법

연구자가 변인을 측정하는 방법에 따라 오차 점수가 발생할 수 있다. 예를 들어, 어떤 연구자가 금연광고의 공포 소구(예 폐암에 걸린 흡연자의 폐 사진을 보여줌)가 유발하는 각성 수준을 심박수로 조작적 정의를 내리고, 연구대상의 심박수를 측정하였다. 그런데 연구자가 어떤 연구대상은 의자에 앉은 상태에서 심박수를 측정하고, 어떤 연구대상은 침대에 누운 상태에서 심박수를 측정하였다. 연구자의 측정 방법(앉은 상태에서 측정 vs 누운 상태에서 측정)에 따라서 심박수(측정 점수)가 달라질 수 있다.

㉡ 측정 환경

소음 정도, 측정 장소의 조명이나 온도 등과 같은 측정 환경에 따라서 오차 점수가 발생할 수 있다. 예를 들어, 연구대상이 어두운 장소에서 종이로 인쇄된 작은 글씨로 작성된 설문지를 직접 보고 문항에 답하는 경우, 해당 문항의 오차 점수가 높아질 가능성이 있다.

㉢ 연구대상의 특성

연구대상의 피로, 기분 등의 일시적 요인이 오차 점수를 발생시킬 수 있다. 예를 들어, 연구참여에 일시적으로 짜증을 느낀 연구대상이 종이로 인쇄된 설문지를 직접 보고 문항에 답하는 경우, 해당 문항의 오차 점수가 높아질 가능성이 있다. 또한 연구대상이 본인의 개인적 신념(예 종교적 신념)이나 가치관 또는 사회적 바람직성을 고려해서 문항에 답하는 경우, 오차 점수가 발생할 수 있다. 그 밖에 연구대상의 일관성 유지 동기, 관대성 편향, 묵종 편향 등에 의해서 오차 점수가 발생하기도 한다.

(2) 신뢰도 공식과 신뢰도 범위

① 개념적으로, 신뢰도는 다음의 공식과 같이 측정 점수 중 진짜 점수의 비율로 산출한다.

$$\text{신뢰도} = \frac{\text{진짜 점수}}{\text{진짜 점수} + \text{오차 점수}}$$

예를 들어, 어떤 연구자가 연구대상이 0~7점 중 하나의 점수로 답하는 1개 문항으로 연구대상의 인지욕구를 측정하였다. 그 결과, 어떤 연구대상의 점수가 6점이었다.

㉠ 연구대상의 점수인 6점 전부가 연구대상의 인지욕구를 정확히 측정한 결과(진짜 점수)이고, 오차로 인해 발생한 결과(오차 점수)는 전혀 없다. 이 경우, 문항의 신뢰도는 1이다.

$$1 = \frac{6}{6 + 0}$$

㉡ 연구대상의 점수인 6점 중 4점은 연구대상의 인지욕구를 정확히 측정한 결과(진짜 점수)이지만, 나머지 2점은 오차로 인해 발생한 결과(오차 점수)이다. 이 경우, 문항의 신뢰도는 .67이다.

$$.67 = \frac{4}{4 + 2}$$

㉢ 연구대상의 점수인 6점 전부가 오차로 인해 발생한 결과(오차 점수)이고, 연구대상의 인지욕구를 정확히 측정한 결과(진짜 점수)는 전혀 없다. 이 경우, 문항의 신뢰도는 0이다.

$$0 = \frac{0}{0 + 6}$$

② 신뢰도 공식에 따르면, 신뢰도는 0(진짜 점수 = 0)~1(오차 점수 = 0)의 범위를 가진다.

(3) 신뢰도와 측정 시점

예를 들어, 어떤 청소년의 키를 처음 쟀을 때는 170.1cm인데, 두 번째 쟀을 때는 171.1cm이다. 이 경우, 청소년의 신장을 두 번 잰 결과 간 1cm의 차이가 있다. 1cm의 신장 차이는 오차 점수 때문에 발생할 수 있다. 또한 1㎝의 신장 차이는 청소년이 실제로 성장했기 때문에 발생할 수도 있다(진짜 점수의 차이). 이처럼 동일 변인(신장)을 여러 번 측정하면, 그 결과가 완벽하게 일치하지 않는다. 그런데 동일 변인의 측정 결과 차이는 오차 점수 또는 진짜 변화의 결과일 수 있다. 동일 변인의 측정 결과 차이가 발생한 이유를 찾기 위해서, 연구자는 측정 점수가 아주 짧은 기간 동안에는 안정적이라고 가정해야 한다. 만약 청소년의 신장을 오늘 아침 9시에 처음 잰 후 오후 1시에 두 번째로 쟀는데 1㎝의 신장 차이가 있다면, 이 신장 차이는 오차 점수 때문에 발생한 것이다. 반면 청소년의 신장을 올해 1월에 처음 잰 후 내년 1월에 두 번째로 쟀는데 1㎝의 신장 차이가 있다면, 이 신장 차이는 발육이 왕성한 청소년이 실제로 성장했기 때문에 발생한 것이다. 동일 변인의 측정 점수는 아주 짧은 기간 동안에는 안정적이라는 가정 하에 연구자는 측정 문항의 오차 점수를 추정하고, 측정 문항의 신뢰도를 높이려고 노력하며, 논문 등에서 이를 보고한다.

2 신뢰도의 종류

심리학 연구에서 특정 변인을 단일 문항으로 측정하는 경우는 드물다. 따라서 심리학 연구에서는 일반적으로 특정 변인을 측정하는 단일 문항에 대한 신뢰도가 아닌 특정 변인을 측정하는 여러 문항의 모음(척도)에 대한 신뢰도를 확인한다.

(1) 검사-재검사 신뢰도(test-retest reliability) 중요 ★★

① **정의**

검사-재검사 신뢰도는 연구자가 비교적 짧은 시간 간격을 두고 특정 변인에 대한 동일한 여러 문항들을 동일한 연구대상에게 두 번 반복해서 측정한 후 확인한 두 측정 결과 간의 관련 정도를 말한다.

② **특징**

검사-재검사 신뢰도는 연구자가 미리 정한 두 시점에서 동일 연구대상이 특정 변인을 측정하는 동일한 여러 문항들에 답한 점수의 평균값 간 상관계수로 산출한다([그림 2-7] 참조).

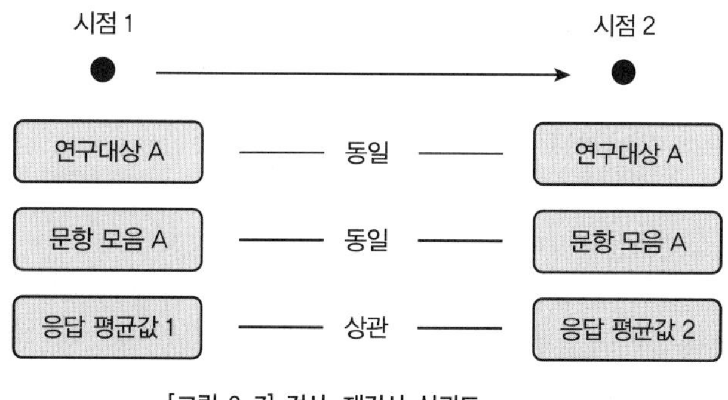

[그림 2-7] 검사-재검사 신뢰도

검사–재검사 신뢰도 산출의 원리는 동일한 문항들을 동일 연구대상에게 짧은 시간 간격을 두고 두 번 측정해서, 측정 결과의 차이가 있으면 그 차이는 오차 점수에 기인한 것으로 보는 것이다. 따라서 검사–재검사 신뢰도가 클수록, 연구자는 여러 문항들이 특정 변인을 더 안정적으로 측정하는 것으로 해석할 수 있다.

㉠ 검사–재검사 신뢰도는 두 번에 걸쳐서 측정이 실시되어야 한다는 단점을 가진다.

㉡ 연구자가 두 번의 측정 시점 간 시간 간격을 얼마로 정하는가에 따라서 검사–재검사 신뢰도의 타당성이 달라진다. 두 측정 시점 간 시간 간격이 지나치게 길면(예 2년 간격), 연구자가 측정 결과의 차이가 오차 점수 때문인지 아니면 연구대상의 특성 변화 때문인지를 판단하기 어렵다. 또한 두 측정 시점 간 시간 간격이 지나치게 짧으면(예 오전 측정 후 오후 측정), 연구대상이 첫 번째 측정 시점에서 문항들에 답한 내용을 두 번째 측정 시점에서도 기억해서 유사한 내용의 답을 할 가능성이 크다.

(2) 동형 검사 신뢰도(parallel form reliability) 중요 ★★

① **정의**

동형 검사 신뢰도는 연구자가 특정 변인을 측정하는 문항들과 호환될 수 있는 다른 문항들을 추가로 개발해서, 동일 연구대상에게 제시하고 그에 대한 답을 얻은 후 확인된 두 측정 결과 간 관련 정도를 말한다.

② **특징**

먼저 연구자가 특정 변인을 측정하는 문항들(문항 모음 1)과 내용과 기능 측면에서 동일한 문항들(문항 모음 2)을 추가로 개발한다. 이후 연구자는 2개의 문항 모음에 대한 동일 연구대상의 응답 결과의 평균값을 산출한 후 두 평균값으로 상관계수를 산출해서 동형 검사 신뢰도를 산출한다.

㉠ 검사–재검사 신뢰도의 산출과 달리, 연구자가 동형 검사 신뢰도를 산출할 때 측정 시점의 시간 간격에 대해서 고민할 필요가 없다.

㉡ 동형 검사 신뢰도의 산출에 사용되는 2개의 문항 모음이 내용과 기능 측면에서 동일하지 않으면, 두 측정 결과의 차이를 오차 점수의 차이로 해석할 수 없다.

(3) 반분 신뢰도(split–half reliability) 중요 ★★

① **정의**

반분 신뢰도는 특정 변인을 측정하는 여러 문항들을 임의로 2개의 모음으로 묶은 후 측정해서 얻은 두 문항 모음의 상호 관련 정도이다.

② **특징**

연구자가 특정 변인을 측정하는 여러 문항을 임의로 2개의 모음으로 나눈 후 두 문항 모음에서 얻은 점수 간 상관계수를 Spearman–Brown 공식을 이용해서 산출한다. 이때 연구자는 문항 번호의 홀·짝수, 전·후반부 또는 무작위로 2개의 문항 모음을 묶을 수 있다. 반분 신뢰도는 다음과 같은 장점을 가진다.

㉠ 연구자가 검사–재검사 신뢰도를 산출할 때, 측정 간 시간 간격을 어떻게 조정할 것인지를 고민해야 한다. 반면 반분 신뢰도는 한 번의 측정으로 산출할 수 있기 때문에, 연구자가 측정 간 시간 간격의 조정을 고민할 필요가 없다.

㉡ 연구자는 동형 검사 신뢰도를 산출할 때 2개의 동형 검사에 사용될 내용과 기능 측면에서 동일한 다수의 문항들을 개발해야 한다. 이때 연구자는 동형 검사 개발에 어려움을 경험할 수 있다. 반면 반분 신뢰도는 단일 검사의 문항들로 산출이 가능하다.

(4) 내적 일치도(internal consistency) 중요 ★★★

① **정의**

내적 일치도는 특정 변인을 측정하는 여러 문항 간 상호 관련성 또는 동질성의 정도(일치 정도)를 말한다.

② **특징**

개념적으로 연구자는 여러 문항 간 상관계수의 평균값을 산출해서 내적 일치도를 산출한다. Cronbach's α(크론바흐 알파), KR-21(Kuder-Richardson formula 21) 등으로 내적 일치도를 확인한다. 내적 일치도를 평가할 때, 가장 대표적으로 사용되는 Cronbach's α에 대한 세부 설명은 다음과 같다.

㉠ 산출 방법

Cronbach's α는 다음의 공식으로 산출한다.

$$\text{Cronbach's } \alpha = \frac{\text{문항수} \times \text{상관계수 평균값}}{1 + [(\text{문항수} - 1) \times (\text{상관계수 평균값})]}$$

예를 들어, 어떤 연구자가 광고 태도를 3개 문항으로 측정했다. 그 결과, [표 2-3]과 같은 문항 간 상관계수를 얻었다.

[표 2-3] 광고 태도를 측정하는 문항 간 상관계수

구분	문항 1	문항 2	문항 3
문항 1	1.00		
문항 2	.46	1.00	
문항 3	.53	.49	1.00

다음의 계산과 같이, 3개 상관계수의 평균값은 .49이다.

$$.49 = \frac{.46 + .53 + .49}{3}$$

문항 간 상관계수의 평균값(.49)과 문항 수(3)를 이용해서 산출한 Cronbach's α는 .74이다.

$$.74 = \frac{3 \times .49}{1 + [(3 - 1) \times .49]}$$

㉡ 해석

Cronbach's α는 0~1의 범위를 가진다. Cronbach's α가 클수록, 특정 변인을 측정하는 여러 문항 간 내적 일치도가 높음을 의미한다. 또한 Cronbach's α가 클수록, 여러 문항들이 동일한 변인을 측정하고 있음을 의미한다. 일반적으로 [표 2-4]와 같은 Cronbach's α의 범위에 따라서 내적 일치도를 평가한다.

[표 2-4] Cronbach's α의 범위와 내적 일치도 평가

범위	평가
.90 〈 Cronbach's α	매우 좋음(excellent)
.80 〈 Cronbach's α 〈 .90	좋음(good)
.70 〈 Cronbach's α 〈 .80	수용 가능함(acceptable)
.60 〈 Cronbach's α 〈 .70	의심스러움(questionable)
.50 〈 Cronbach's α 〈 .60	나쁨(poor)
Cronbach's α 〈 .50	수용 불가함(unacceptable)

더 알아두기

반분 신뢰도를 내적 일치도의 한 종류로 볼 수도 있다.

(5) 평정자 간 신뢰도(inter-rater reliability) 중요 ★

① 정의

평정자 간 신뢰도는 2명 이상의 평정자가 동일 연구대상 또는 동일 자료에 대해서 평가한 결과 간 일치 정도를 말한다.

② 특징

예를 들어, 어떤 연구자가 국내 지상파 TV(KBS, MBC, SBS)에 집행된 광고에 어떤 유형의 광고모델(유명인, 전문가, 일반인)을 많이 사용하는지 알고자 한다. 이에 2명 이상의 연구보조원이 미리 수집한 국내 지상파 TV 광고(동일 자료)를 보고, 광고모델을 유명인, 전문가, 일반인 중 한 유형으로 서로 분리된 장소에서 분류한다. 이 분류 결과의 신뢰도를 확인하기 위해서, 연구자는 각 광고모델 유형별로 연구보조원 간 분류 일치도(예 %)를 산출해서 평정자 간 신뢰도를 확인한다.

㉠ 자연주의적 관찰연구로 얻은 자료의 내용을 분석할 때, 연구자는 평정자 간 신뢰도를 산출한다.

㉡ 평정자 간 신뢰도는 평정자 간 평가 결과 간 상관계수, 일치율(%), 카파 계수(Kappa coefficient) 등으로 산출한다.

㉢ 2명 이상의 평정자 모두가 동일 연구대상 또는 동일 자료에 대해서 같은 방향으로 잘못된 평가를 하는 경우, 평정자 간 신뢰도는 높을 수 있다. 그러나 이 경우의 통계적 신뢰도(statistical reliability)는 낮다. 따라서 평정자 간 신뢰도가 높다고, 무조건 측정 신뢰도가 높다고 볼 수 없다.

더 알아두기

통계적 신뢰도는 연구자가 자료에 대한 통계분석을 통해 도출한 결론이 얼마나 정확하고 적절한지의 정도이다. 연구자는 통계적 신뢰도를 통해 본인이 내린 결론이 우연의 결과인지 아니면 신뢰할 수 있는 결과인지를 판단한다.

제 2 절 타당도의 이해

타당도(validity)는 연구설계의 타당도와 측정 타당도로 구분된다.

1 연구설계의 타당도

(1) 생태학적 타당도(ecological validity) 중요 ★

① **정의**

생태학적 타당도는 특정 연구를 통해 얻은 결과를 다양한 조건이나 상황에서도 동일하게 얻을 수 있는 정도를 말한다.

② **특징**

예를 들어, 어떤 연구자가 대학생을 연구대상으로 실시한 연구결과를 직장인 대상의 연구결과에 적용하는 경우, 생태학적 타당도가 낮을 수 있다.

㉠ 생태학적 타당도는 연구의 상황 대표성과 연구결과의 일반화 가능성과 관련된다.

㉡ 연구자 편향, 연구자가 현상을 과도하게 단순화시키기, 연구자가 모집단을 대표하지 않는 연구대상을 모집해서 연구를 실시하기 등이 생태학적 타당도를 낮춘다.

(2) 외적 타당도(external validity) 중요 ★★

① **정의**

외적 타당도는 특정 연구에서 얻은 결과를 해당 연구상황이나 해당 연구대상 이외의 다른 연구상황이나 다른 연구대상에게서도 얻을 수 있는 정도이다.

② **특징**

특정 연구의 외적 타당도가 낮다는 것이 해당 연구의 결과가 전혀 타당하지 않다는 것을 의미하지는 않는다. 대신 해당 연구의 결과를 특정 연구대상, 특정 상황 및 시간대에서만 얻을 수 있는 것으로 이해할 필요가 있다. 외적 타당도를 평가하는 방법은 **반복검증**(replication)이다. 연구의 외적 타당도에 대한 정확한 평가를 위해서 연구자는 연구절차, 연구용 제시 자극물, 연구대상 등을 다양하게 변경하면서 반복검증을 실시해야 한다.

더 알아두기

생태학적 타당도와 외적 타당도의 정의가 유사하다. 이를 보다 더 세밀하게 구분한다면, 생태학적 타당도는 특정 연구의 연구상황이나 연구대상이 현상을 충분히 반영했는지의 정도를 말한다. 반면 외적 타당도는 특정 연구의 결과를 다른 연구상황이나 연구대상에게서도 얻을 수 있는지의 정도이다. 그러나 많은 연구자가 생태학적 타당도와 외적 타당도를 혼용한다.

더 알아두기

외적 타당도는 개관연구(review study)나 메타분석(meta analysis)을 이용해서 확인할 수 있다. 개관연구는 연구자가 특정 연구주제를 다룬 많은 선행연구의 방법과 결과를 본인의 판단을 근거로 종합해서 개관하는 활동이다. 그런데 연구자가 개관연구를 할 때, 수많은 선행연구의 방법과 결과를 통합해서 최종 결론을 내리는 것은 어렵고, 종종 본인의 신념과 기대에 맞는 선행연구의 방법과 결과만을 선별함으로써 연구자의 결론이 편향될 가능성이 있다. 반면 메타분석은 연구자가 특정 연구주제를 다룬 많은 선행연구의 방법과 결과를 통계적 절차를 통해 종합해서 최종 결론을 도출하는 활동이다.

(3) 내적 타당도(internal validity) 중요 ★★

① **정의**

내적 타당도는 특정 연구가 현상의 본질을 파악하는 데 있어서 얼마나 많은 결점을 가졌는지의 정도이다.

② **특징**

내적 타당도는 변인 간의 관계에 관한 연구자의 결론이 얼마나 자료에 의해서 보장되는지를 반영한다. 따라서 연구설계가 내적으로 타당하면(통제가 잘 된 연구설계이면), 연구자는 연구를 통해 확인한 변인 간의 관계가 현상의 본질에 해당한다고 확신한다. 반면 연구설계의 내적 타당도가 낮으면(통제가 잘 되지 않은 연구설계이면), 연구자는 어떤 가외변인이 연구를 통해 확인한 변인 간의 관계에 영향을 미치는지를 찾을 필요가 있다.

(4) 연구설계의 타당도 간 관계

① 생태학적으로 또는 외적으로 타당한 연구설계는 내적으로 타당하지 않을 가능성이 있다. 반대로 내적으로 타당한 연구설계는 생태학적으로 또는 외적으로 타당하지 않을 수 있다. 이처럼 특정 연구설계의 생태학적 타당도 또는 외적 타당도는 해당 연구설계의 내적 타당도와 상호 절충(trade off)의 관계를 가진다.

② 생태학적 타당도, 내적 타당도, 외적 타당도를 [그림 2-8]과 같이 단순화해서 구분하면, 이해하기가 쉬울 것이다.

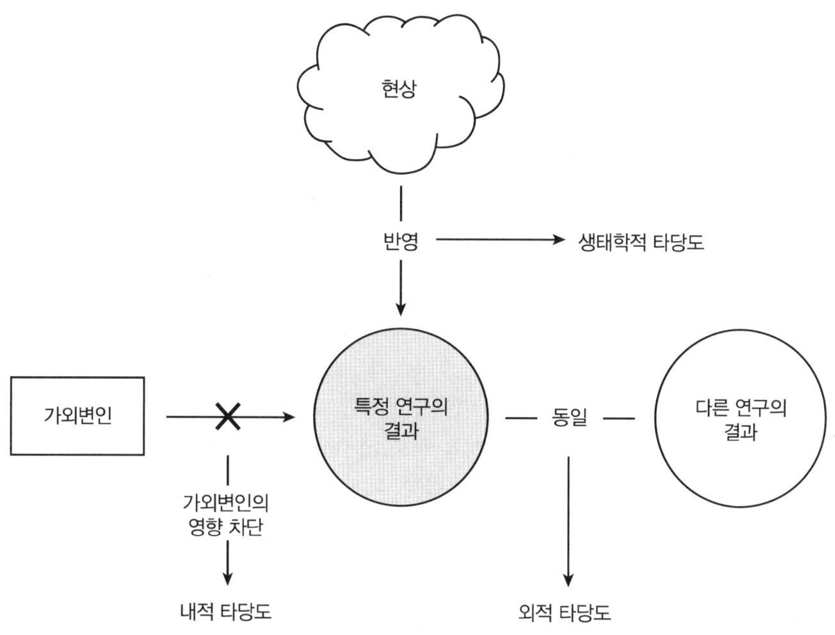

[그림 2-8] 생태학적 타당도, 내적 타당도, 외적 타당도

2 측정 타당도 중요 ★★★

안면 타당도(face validity)는 특정 현상을 이론적으로 정의한 개념이 해당 현상에 부합하는 정도(일치 정도)이다. 예를 들어, 연구자 A가 사랑(현상)에 대해서 '어떤 사람을 몹시 아끼고 소중히 여기는 마음'(개념)이라는 이론적 정의를 내렸다. 그런데 연구자 B가 이 개념을 보고, 사랑의 대상에는 사람뿐만 아니라 동물도 포함되며, 사랑은 마음뿐만 아니라 행동도 해당한다고 생각한다. 즉, 연구자 B는 연구자 A가 제안한 개념이 사랑(현상)의 특성을 모두 반영하지 못한다고 평가한다. 이 경우, 사랑에 대해서 연구자 A가 제안한 개념은 연구자 B의 입장에서 안면 타당도가 낮은 것이다. 안면 타당도를 높이기 위해서, 연구자는 현상의 다양한 특성을 면밀하게 관찰해야 한다.

측정 타당도는 연구자가 측정하고자 하는 것을 실제로 얼마나 제대로 측정했는지의 정도를 말한다. 즉, 측정 타당도는 특정 개념에 대한 조작적 정의의 결과인 변인이 해당 개념을 얼마나 잘 측정하고 있는지의 정도(일치 정도)이다.

안면 타당도와 측정 타당도의 관계를 도식적으로 요약하면 [그림 2-9]와 같다.

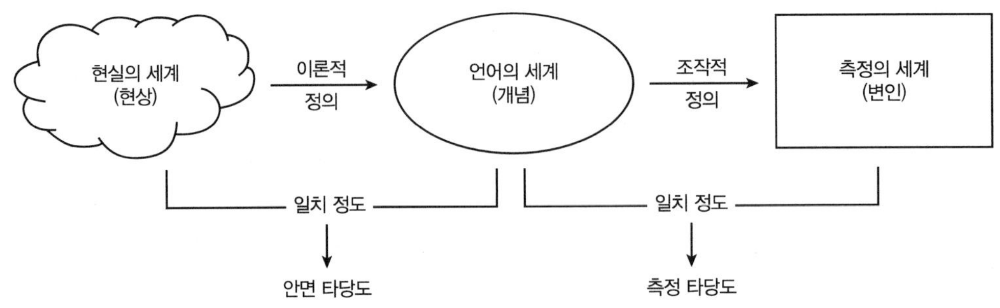

[그림 2-9] 안면 타당도와 측정 타당도

심리학 연구에서 일반적으로 연구자가 특정 변인을 측정할 때, 단일 문항보다 여러 문항들을 사용한다. 따라서 연구자는 단일 문항이 아닌 여러 문항 모음(척도)에 대한 측정 타당도 확인에 관심을 가진다. 특정 변인을 측정하는 여러 문항 모음에 대한 측정 타당도는 크게 내용 타당도(content validity), 준거 타당도(criterion validity), 구성 타당도(construct validity)로 분류할 수 있다.

(1) 내용 타당도

① 정의

내용 타당도는 특정 변인을 측정하는 문항들이 해당 변인이 반영하는 개념의 다양한 특성을 얼마나 잘 대표하는지의 정도이다.

② 특징

예를 들어, 어떤 연구자가 초등학교 1학년생의 산수 지식을 측정하는 10개 문항을 개발하였다. 그런데 이 중에서 고등학생이 배우는 미분 지식을 묻는 문항이 있다. 이 경우, 연구자가 개발한 초등학교 1학년생의 산수 지식 측정 문항 모음의 내용 타당도는 낮다. 보통 특정 연구주제에 관한 전문가들이 해당 연구주제와 관련된 특정 변인을 측정하는 문항 모음의 내용 타당도를 정성적으로 평가한다. 그러나 경우에 따라서, 연구자는 2명 이상의 전문가들의 평가 결과를 수량화한 내용 타당도 지수(content validity index)나 내용 타당도 비율(content validity ratio)을 산출해서 내용 타당도를 확인한다.

(2) 준거 타당도

준거 타당도는 특정 변인을 측정하는 문항 모음이 이미 구축된 특정 기준(준거)과 관련된 정도를 말한다. 준거 타당도를 평가할 때, 연구자는 본인이 사용할 준거가 얼마나 신뢰할 수 있고 타당한 것인지에 대해서 고민할 필요가 있다. 준거 타당도에는 예측 타당도(predictive validity)와 동시 타당도(concurrent validity)가 있다.

① 예측 타당도

㉠ 정의

예측 타당도는 연구자가 현재 특정 변인을 측정한 문항 모음이 해당 변인과 관련된 연구대상의 미래 행동이나 수행(준거)을 얼마나 잘 예측하는지의 정도이다.

㉡ 특징

예를 들어, 많은 국내 대학이 지원자의 대학 입학 후 학업 능력을 미리 판단할 목적으로 지원자의 대학수학능력시험 점수를 참고한다. 그 이유는 많은 대학이 대학수학능력시험 점수가 대학 입학 후 학업 능력을 예측한다고 가정하기 때문이다. 이 경우, 대학수학능력시험의 예측 타당도 준거는 대학 입학 후 학업 능력이다. 이때 지원자의 대학 입학 후 학업 능력은 대학 입학 후 첫 번째 학기의 학점으로 측정할 수 있다. 따라서 어떤 연구자가 대학수학능력시험의 예측 타당도를 확인하려면, 대학 지원자들의 대학수학능력시험 점수와 대학 입학 후 첫 번째 학기의 학점 간 상관계수 또는 회귀계수를 산출하면 된다.

② **동시 타당도**

㉠ 정의

동시 타당도는 동일 시점에서 특정 변인을 측정한 문항 모음이 해당 변인과 관련된 연구대상의 현재 행동이나 수행(준거)을 얼마나 잘 예측하는지의 정도이다.

㉡ 특징

예를 들어, 어떤 연구자가 실용영어 수준을 측정하는 새로운 문항 모음을 개발하였다. 연구자는 이 문항 모음의 동시 타당도를 확인하기 위해서, 연구대상의 문항 모음 점수와 이미 타당도와 신뢰도가 검증된 TOEIC 점수 간의 상관계수 또는 회귀계수를 산출한다.

(3) 구성 타당도

특정 변인을 측정하는 문항 모음은 해당 변인이 반영하는 개념과 가외변인 모두를 동시에 잰다. 만약 문항 모음이 개념보다 가외변인을 더 많이 잰다면, 문항 모음의 측정 타당도는 낮을 것이다. 이와 같은 경우가 발생하는지를 확인할 때, 연구자는 구성 타당도를 이용한다.

구성 타당도는 특정 변인을 측정하는 여러 문항들이 해당 변인이 반영하는 개념을 얼마나 정확하게 재는지의 정도를 말한다. 연구에서 사용한 문항 모음이 개념을 제대로 측정하지 못하면, 연구를 통해 개념 간의 관계인 이론을 개발하거나 검증할 수 없다. 따라서 구성 타당도는 연구결과의 해석과 의의에 매우 큰 영향을 미친다.

구성 타당도는 특정 변인을 측정하는 문항 모음의 요인분석(factor analysis)을 이용해서 확인한다. 예를 들어, 어떤 연구자가 특정 개념이 2개의 요인으로 구성되었다고 전제하고, 해당 개념을 반영한 변인을 측정하는 20개의 문항을 개발하였다. 연구자가 자료를 수집한 후 요인분석을 통해 20개의 문항이 2개의 요인으로 묶인다는 것을 확인하였다. 이 경우, 연구자는 본인이 개발한 20개 문항의 구성 타당도가 높은 것으로 확신한다.

구성 타당도에는 수렴 타당도(convergent validity, congruent validity)와 변별 타당도(discriminant validity, divergent validity)가 있다.

더 알아두기

요인분석은 개념을 구성하는 요인의 구조를 찾기 위해서, 측정 문항이 몇 개의 요인으로 묶이는지 또는 어떤 측정 문항이 어떤 요인에 속하는지를 확인하는 통계 기법이다.

① **수렴 타당도**

㉠ 정의

수렴 타당도는 2개 이상의 유사한 개념을 조작적으로 정의한 변인들을 측정하는 문항 모음 간 관련 정도를 말한다([그림 2-10]의 (A) 참조).

㉡ 특징

예를 들어, 하나의 개념인 감정욕구(need for affect)는 한 개인이 본인 또는 타인의 긍정적 또는 부정적 감정을 일으키는 상황과 활동에 접근 또는 회피하려는 경향성이다. 또 다른 개념인 정서욕구(need for emotion)는 한 개인이 감정적 상황을 추구하고 감정적 자극을 즐기며 감정을 통해 세상과 상호작용하려는 경향성이다. 이 두 개념은 서로 유사하다. 따라서 감정욕구를 측정하는 문항 모음은 정서욕구를 측정하는 문항 모음과 관련성이 높아야 한다. 이와 같은 관련성이 수렴 타당도이다. 수렴 타당도는 두 문항 모음 점수 간 상관계수를 이용해서 확인할 수 있다.

② **변별 타당도**

㉠ 정의

변별 타당도는 2개 이상의 서로 다른 개념을 조작적으로 정의한 변인들을 측정하는 문항 모음 간 비관련 정도를 말한다([그림 2-10]의 (B) 참조).

㉡ 특징

예를 들어, 하나의 개념인 인지욕구(need for cognition)는 한 개인이 인지적 노력이 필요한 활동에 참여하고 이를 즐기는 경향성이다. 인지욕구는 감정욕구와 관련성이 낮을 것이다. 따라서 감정욕구를 측정하는 문항 모임은 인지욕구를 측정하는 문항 모임과 관련성이 낮아야 한다. 이와 같은 낮은 관련 정도 또는 높은 비관련 정도가 변별 타당도이다. 변별 타당도는 두 문항 모음 점수 간 상관계수나 두 문항 모음의 요인분석을 이용해서 확인할 수 있다.

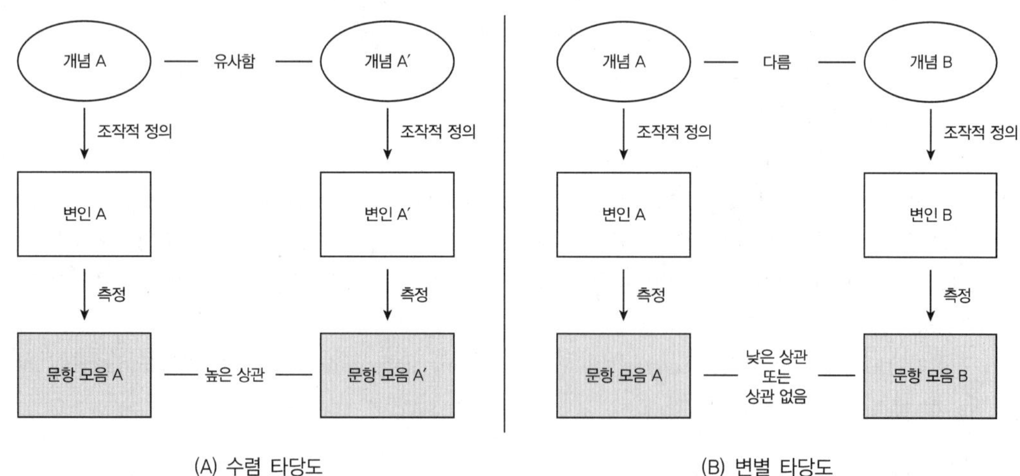

[그림 2-10] 수렴 타당도와 변별 타당도

제 3 절 신뢰도와 타당도의 관계

측정과 관련된 신뢰도와 타당도의 관계는 다음과 같다. 연구자가 얻은 측정 점수는 진짜 점수와 오차 점수로 구성된다. 이때 진짜 점수는 개념을 조작적으로 정의한 변인을 제대로 측정한 타당한 점수와 변인을 제대로 측정하지 못한 타당하지 않은 점수로 나눌 수 있다([그림 2-11] 참조).

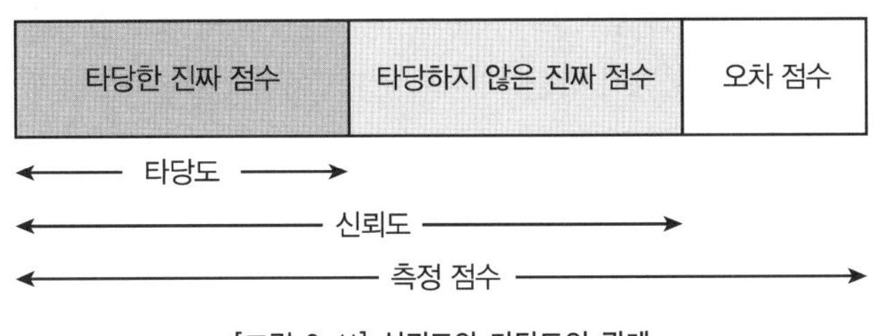

[그림 2-11] 신뢰도와 타당도의 관계

타당도는 측정 점수 중 타당한 점수가 몇 점인지를 반영하지만, 신뢰도는 측정 점수 중 오차 점수를 제외한 나머지 진짜 점수가 몇 점인지를 반영한다. 이때 신뢰도에는 타당한 진짜 점수뿐만 아니라 타당하지 않은 진짜 점수도 고려된다. 따라서 측정과 관련된 신뢰도와 타당도의 관계에서, 타당도는 신뢰도의 필요조건이고, 신뢰도는 타당도의 충분조건이다(타당도 ⊂ 신뢰도). 그 결과, 특정 문항 모음의 타당도가 높기 위해서 해당 문항 모음의 신뢰도가 높아야 한다. 그러나 특정 문항 모음의 신뢰도가 높다고 해서 해당 문항 모음의 타당도가 항상 높은 것은 아니다.

제 4 절 신뢰도와 타당도에 영향을 미치는 요인

1 표집 방법

비용, 시간 등의 현실적인 문제로 인해서, 연구자가 모집단 전체를 대상으로 연구를 진행하는 경우는 드물다. 대신 연구자는 모집단에 속한 연구대상 중 일부를 뽑아서 표본을 구성한 후 이를 대상으로 연구를 수행한다. 이때 모집단에서 일부 연구대상만 뽑은 표본이 모집단 전체의 특성을 정확하게 대표해야 외적 타당도가 높다. 또한 표본이 모집단 전체의 특성을 정확하게 대표하면, 가외변인이 연구대상의 측정 문항 모음 점수에 미치는 영향이 줄어들어서 내적 타당도가 높아진다. 연구자가 모집단에서 표본을 구성하는 연구대상을 선정할 때 무선표집, 무선배정, 층화 무선 표집 방법 등을 사용하면 모집단의 특성을 대표하는 표본을 선정할 가능성이 높다. 그 결과, 연구설계의 외적 타당도와 내적 타당도가 높아진다.

2 표본의 수

표본의 수(표본에 포함된 연구대상의 수)는 측정 신뢰도(예 검사-재검사 신뢰도)에 영향을 미친다. 일반적으로 표본에 포함된 연구대상의 수가 많을수록 표본이 모집단의 특성을 제대로 반영한다고 믿을 수 있다. 그런데 표본에 포함된 연구대상의 수가 지나치게 적으면, 이들 소수의 연구대상이 답한 문항 모음의 점수가 변인을 조작적으로 정의한 개념을 일관되고 안정적이며 정확하게 잴 가능성이 낮다. 즉, 표본의 수가 작으면, 측정 신뢰도가 떨어진다.

표본의 수가 큰 경우가 작은 경우보다 모집단에서 발생하는 독립변인의 실제 효과를 통계적으로 탐지할 가능성이 크다. 이와 같은 가능성을 통계적 검증력이라고 한다. 통계적 검증력은 통계적 신뢰도와 관련된다.

3 측정 문항, 측정 방법 및 측정 환경

(1) 측정 문항

측정과 관련된 신뢰도와 타당도를 높이기 위해서, 연구자는 다음과 같은 사항을 고려해서 측정 문항 모음을 구성할 필요가 있다.

① 개념의 다양한 특성을 최대한으로 반영해서 측정 문항들을 구성한다.

② 측정 문항의 수를 증가시킨다. 특정 개념을 2개의 문항으로 측정할 때보다 10개의 문항으로 측정할 때가 측정 신뢰도가 높다. 그런데 측정 문항의 수가 지나치게 많으면, 연구대상의 응답 피로도가 올라가고, 자료 수집 비용과 시간이 증가한다.

③ 애매모호하거나 이해하기 어려운 문항을 사용하지 않는다.

④ 지나치게 쉽거나 어려운 문항을 사용하지 않는다.

(2) 측정 방법 및 측정 환경

측정과 관련된 신뢰도와 타당도를 높이기 위해서, 연구자는 측정 조건 또는 환경 그리고 측정 절차를 표준화할 필요가 있다.

4 연구대상의 특성

연구대상의 피로, 기분 등의 일시적 요인이 측정과 관련된 신뢰도와 타당도에 영향을 미칠 수 있다. 또한 연구대상의 개인적 신념(예 종교적 신념)이나 가치관, 사회적 바람직성, 일관성 유지 동기, 관대성 편향, 묵종 편향 등이 측정과 관련된 신뢰도와 타당도에 영향을 미칠 가능성이 있다.

제 2 편 실제예상문제

제 1 장 연구목적의 명료화

해설 & 정답 checkpoint

01 다음 중 가설(hypothesis)에 대한 설명으로 틀린 것은?

① 가설은 의문문 형식('~하는가?')으로 기술된다.
② 가설에는 변인 간의 관련성에 대한 연구자의 예상이 포함된다.
③ 가설은 개념 간의 이론적 관련성에 기반을 둔다.
④ 가설은 자료의 분석을 통해 그 진위를 검증할 수 있어야 한다.

01 가설은 의문문 형식이 아닌 평서문 형식('~일 것이다.')으로 기술된다. 반면 연구문제는 의문문 형식(~하는가?)으로 기술된다.

02 다음 중 영가설(null hypothesis)에 대한 설명으로 옳은 것은?

① 연구자가 특정 방향가설을 대립가설(예 A 〉 B)로 설정한 경우, 영가설(예 A = B)이 기각(reject)되면 해당 대립가설은 무조건 지지(support)된다.
② 'SNS를 많이 이용하는 사람과 SNS를 적게 이용하는 사람 간 우울 수준은 다를 것이다.'라는 진술문은 영가설에 해당한다.
③ 영가설은 변인 간 관련성(관계나 비교)의 구체적인 방향을 제시하지 않고, 변인 간 관련성의 존재만을 기술한 진술문이다.
④ 영가설은 변인 간의 관련성이 존재하지 않는다고 기술한 진술문이다.

02 ① 연구자가 특정 방향가설을 대립가설(예 A 〉 B)로 설정한 경우, 영가설(예 A = B)과 또 다른 방향가설에 해당되는 대립가설(예 A 〈 B)이 기각되어야 해당 대립가설이 지지된다.
② 'SNS를 많이 이용하는 사람과 SNS를 적게 이용하는 사람 간 우울 수준은 다를 것이다.'라는 진술문은 영가설이 아니라 무방향 비교가설이다.
③ 변인 간 관련성의 구체적인 방향을 제시하지 않고, 변인 간 관련성의 존재만을 기술한 진술문은 무방향가설이다.

정답 01 ① 02 ④

checkpoint 해설 & 정답

03 설명적 연구(explanatory research)의 목적은 현상과 관련된 인과관계를 파악하는 것이다. 현상의 현재 상태를 정확하게 설명하는 것은 기술적 연구의 목적이다.

04 연구자는 인과비교연구를 할 때 본인이 직접 새로운 자료를 수집하지 않고, 기존에 있는 자료를 수집한다.

정답 03 ④ 04 ②

03 다음 중 연구유형에 대한 설명으로 틀린 것은?

① 기술적 연구(descriptive research)의 목적은 현상의 현재 상태를 정확하게 기술하는 것이다.

② 기초연구(basic research)의 연구결과는 학술적 의의(implication) 또는 이론적 의의를 제공한다.

③ 평가연구(evaluation research)에서 연구자는 실무 상황에서 이미 활용되고 있는 문제해결 방안의 효과를 확인한다.

④ 설명적 연구(explanatory research)의 목적은 현상의 현재 상태가 어떤지를 정확하게 설명하는 것이다.

04 다음 중 설명이 틀린 것은?

① 연구결과가 제공하는 의의(implication)를 기준으로 연구는 기초연구(basic research)와 응용연구(applied research)로 구분된다.

② 연구자가 인과비교연구(casual comparative research)를 할 때 기존에 있는 자료가 아닌 새로운 자료를 수집한다.

③ 현상 이해의 목적을 기준으로 연구는 기술적 연구(descriptive research)와 설명적 연구(explanatory research)로 구분된다.

④ 수집 자료의 특징을 기준으로 연구는 양적 연구(quantitative research)와 질적 연구(qualitative research)로 구분된다.

해설 & 정답 checkpoint

05 **다음 중 양적 연구(quantitative research)와 질적 연구(qualitative research)에 대한 설명으로 틀린 것은?**

① 질적 연구의 관점에 따르면, 지식은 사실(자료)에 기반을 둔 연구자의 가설 검증 결과이다.
② 질적 연구는 양적 연구에 비해서 자료 수집 과정에 많은 시간, 비용, 노력이 소요된다.
③ 양적 연구의 관점에 따르면, 실체는 객관적으로 존재하고, 연구자는 이론과 법칙을 통해 실체를 이해할 수 있다.
④ 질적 연구의 대표적인 자료 수집 방법은 심층면접과 참여관찰이다.

05 지식은 사실(자료)에 기반을 둔 연구자의 가설 검증 결과라는 주장은 양적 연구의 관점이다. 질적 연구의 관점에서 지식은 합의에 기반을 둔 연구자가 파악한 현상의 통합이다.

06 **다음의 목적에 맞는 질적 연구(qualitative research)의 접근 방법은 무엇인가?**

> 연구자가 특정 현상과 관련된 새로운 이론을 개발하거나 발견하고자 한다.

① 내러티브(narrative) 연구의 접근 방법
② 현상학적(phenomenological) 연구의 접근 방법
③ 근거이론(grounded theory) 연구의 접근 방법
④ 문화기술지(ethnography) 연구의 접근 방법

06 ① 내러티브 연구 접근 방법의 목적은 연구자가 소수의 연구대상이 본인의 개인적 삶에서 경험하는 내용과 그 의미를 시간의 순서에 따라 파악하는 것이다.
② 현상학적 연구 접근 방법의 목적은 연구자가 개별 연구대상이 몸소 체험한 경험의 내용과 의미를 이해하는 것이다.
④ 문화기술지 연구 접근 방법의 목적은 연구자가 특정 문화집단을 직접 관찰하고 해당 문화집단에 직접 참여해서 얻은 자료를 바탕으로 해당 문화집단의 본질을 파악하는 것이다.

정답 05 ① 06 ③

checkpoint 해설 & 정답

07 연구자가 어떤 가외변인이 연구결과에 혼입효과를 일으킬 것인지를 예상할 수 있을 때만 조작적 통제와 통계적 통제를 사용할 수 있다. 반면 연구자가 어떤 가외변인이 연구결과에 혼입효과를 일으킬 것인지를 예상할 수 없을 때는 무선표집이나 무선배정을 사용해서 가외변인을 통제한다.

07 다음 중 가외변인(extraneous variable)을 통제(control)하는 방법에 대한 설명으로 틀린 것은?

① 연구자가 제한된 수의 연구대상을 무선표집(random sampling)하고 무선배정(random assignment)하더라도, 실제로 무선화(randomization)가 일어나지 않을 수 있다.

② 연구자가 어떤 가외변인이 연구결과에 혼입효과를 일으킬 것인지를 예상할 수 있을 때만 무선표집과 무선배정을 사용할 수 있다.

③ 지나치게 많은 수의 가외변인에 대한 조작적 통제(manipulated control)는 연구설계의 외적 타당도(external validity)와 생태학적 타당도(ecological validity)를 낮춘다.

④ 연구자가 통계적 통제(statistical control)를 하면, 가외변인이 본인이 검증하고자 하는 변인 간의 관련성에 실제로 얼마나 많은 영향을 미치는지 확인할 수 있다.

주관식 문제

01 연구자가 연구목적을 명료화하기 위해서 사용하는 방법이 무엇인지 2가지 이상 적으시오.

01 정답

① 연구목적을 정확하게 제시하는 가설이나 연구문제를 설정한다.

② 연구목적에 적합한 연구방법을 선택한다.

③ 연구설계를 할 때 가외변인을 통제하려는 노력을 기울인다.

정답 07 ②

해설 & 정답 checkpoint

02 가설이 가진 주요 특징을 3가지 이상 적으시오.

02 정답
① 반증가능성(falsifiability)을 가진다.
② 가설에는 변인 간의 관련성에 대한 연구자의 예상이 포함된다.
③ 검증가능성(testability)을 가진다.
④ 개념 간의 이론적 관련성에 기반을 둔다.
⑤ 평서문 형식('~일 것이다.')으로 기술된다.

03 대립가설(alternative hypothesis)의 정의를 적으시오.

03 정답
대립가설은 영가설이 부정되면 지지되는 변인 간 관련성의 존재와 방향을 기술한 진술문이다.

04 연구자가 가설(hypothesis) 대신 연구문제(research question)를 설정하는 경우를 적으시오.

04 정답
① 개념 간 조작적 관련성(operational linkage)을 예상하는 이론적 근거가 되는 선행연구의 수가 매우 적고 논리적 근거가 부족하면, 연구자는 가설 대신 연구문제를 설정한다.
② 개념 간 조작적 관련성(예 부적 상관 vs 정적 상관 vs 상관없음)에 대한 상반된 결과를 제공하는 다수의 선행연구가 존재하는 경우, 연구자가 변인 간 관련성을 예상하기 어렵기 때문에 가설 대신 연구문제를 설정한다.

checkpoint 해설 & 정답

05 양적 연구의 제한점이 무엇인지 적으시오.

05 정답
양적 연구에서 연구자는 가외변인을 완벽하게 통제하기 어렵고, 연구결과의 생태학적 타당도와 외적 타당도를 확보하기 어려우며, 연구대상 특성의 개인차를 무시하고 집단의 평균적인 특성에 주목한다.

06 질적 연구의 제한점이 무엇인지 적으시오.

06 정답
질적 연구에서 연구자가 자료를 수집할 때 많은 시간, 비용, 노력을 투입해야 하고, 자료 수집과 분석에 대한 표준화된 절차가 없기 때문에 연구결과의 내적 타당도를 확보하기 어렵고, 연구결과가 제한된 소수 연구대상의 자료에 의존하기 때문에 연구결과를 일반화하기 어렵다.

07 가외변인(extraneous variable)을 통제(control)하는 방법 중 무선표집(random sampling)과 무선배정(random assignment)의 장점을 적으시오.

07 정답
연구자가 어떤 가외변인이 혼입효과를 유발할지 예상하기 어렵거나 예상하지 못하는 상황에서 무선표집과 무선배정을 이용해서 가외변인을 통제할 수 있다.

08 가외변인(extraneous variable)을 통제(control)하는 방법 중 조작적 통제(manipulated control)의 장점을 적으시오.

09 가외변인(extraneous variable)을 통제(control)하는 방법 중 조작적 통제(manipulated control)의 단점을 2가지 이상 적으시오.

10 가외변인(extraneous variable)을 통제(control)하는 방법 중 통계적 통제(statistical control)의 장점 2가지를 적으시오.

해설 & 정답 checkpoint

08 정답
조작적 통제는 연구설계의 내적 타당도를 높인다.

09 정답
① 연구자가 어떤 가외변인이 연구결과에 혼입효과를 일으킬 것인지를 예상할 수 있을 때만 조작적 통제를 사용할 수 있다.
② 연구자가 예상하지 못한 가외변인이 연구결과에 혼입효과를 일으킬 가능성이 있다.
③ 지나치게 많은 수의 가외변인에 대한 조작적 통제는 연구설계의 외적 타당도와 생태학적 타당도를 낮춘다.

10 정답
① 연구자가 통계적 통제를 하면, 연구설계의 내적 타당도와 외적 타당도 또는 생태학적 타당도를 높일 수 있다.
② 연구자가 통계적 통제를 하면, 가외변인이 본인이 검증하고자 하는 변인 간의 관련성에 실제로 얼마나 많은 영향을 미치는지 확인할 수 있다.

checkpoint 해설 & 정답

11 정답
① 연구자가 어떤 가외변인이 연구결과에 혼입효과를 일으킬 것인지를 예상할 수 있을 때만 통계적 통제를 사용할 수 있다.
② 연구자가 예상하지 못한 가외변인이 연구결과에 혼입효과를 일으킬 가능성이 있다.
③ 연구자가 너무 많은 수의 가외변인을 통계적으로 통제하려면, 측정 문항의 증가로 인해 연구대상의 응답 피로도가 높아져서 연구대상의 응답 신뢰도가 낮아질 가능성이 크다.

11 가외변인(extraneous variable)을 통제(control)하는 방법 중 통계적 통제(statistical control)의 단점을 2가지 이상 적으시오.

해설 & 정답 checkpoint

제 2 장 조사 및 실험대상

01 다음 중 비확률 표집(non-probability sampling)이 아닌 것은?

① 단순 무선 표집(simple random sampling)
② 비대표적 할당 표집(unrepresentative quota sampling)
③ 목적적 표집(purposive sampling)
④ 편의 표집(convenience sampling)

01 단순 무선 표집은 확률 표집(probability sampling)이다. 이 외에 층화 무선 표집(stratified random sampling)과 군집 표집(cluster sampling)도 확률 표집이다.

02 다음 중 연구자가 표집틀(sampling frame)을 확보하지 못해도 활용이 가능한 표집 방법은?

① 층화 무선 표집(stratified random sampling)
② 단순 무선 표집(simple random sampling)
③ 체계적 표집(systematic sampling)
④ 목적적 표집(purposive sampling)

02 목적적 표집은 연구자가 특정 목적을 가지고 모집단에서 표본을 임의로 뽑는 방법이다. 따라서 연구자가 표집틀을 확보하지 못해도 목적적 표집을 활용할 수 있다. 층화 무선 표집, 단순 무선 표집, 체계적 표집은 표집틀이 있어야 사용할 수 있다.

03 다음 설명의 연구자가 이용한 표집 방법은 무엇인가?

> 연구자가 본인이 관심을 가진 특정 특성을 가진 소수의 연구대상을 먼저 선정한 후 이들 연구대상에게 동일한 특성을 가진 다른 사람들을 추천해달라고 해서 그 사람들로 표본을 구성한다.

① 군집 표집(cluster sampling)
② 눈덩이 표집(snowball sampling)
③ 비대표적 할당 표집(unrepresentative quota sampling)
④ 체계적 표집(systematic sampling)

03 연구자가 연구주제와 관련된 소수의 연구대상을 먼저 선정한 후 이들에게 다른 연구대상을 추천받아서 표집하는 방법은 눈덩이 표집이다. 마치 사람들이 눈덩이를 굴려서 그 크기를 점점 크게 만드는 방식과 같다는 의미에서 이 표집 방법을 눈덩이 표집이라고 부른다.

정답 01 ① 02 ④ 03 ②

checkpoint 해설 & 정답

04 질적 연구에서 연구자는 자료 수집 전 연구대상의 정확한 수를 미리 정하지 않는다. 대신 연구자가 서로 다른 연구대상이나 연구관심장소의 수 또는 동일 연구대상이나 연구관심장소에 대한 자료 수집 횟수를 늘렸을 때, 더 이상 새로운 결과를 얻을 수 없는 시점에서 표집을 중단한다.

01 정답
모집단은 연구자가 관심을 가진 공통 특성을 가진 연구대상의 전체 집단이다. 연구자가 모집단에서 뽑은 모집단을 대표하는 일부 연구대상으로 구성된 하위 집단을 표본이라고 한다. 즉, '표본 ⊂ 모집단'의 관계이다.

02 정답
표집오차는 모집단에서 표본을 뽑는 과정에서 발생하는 우연적 오차(error)이다. 표준오차는 표집오차를 추정한 값이다.

정답 04 ①

04 다음 중 표본 크기와 관련된 설명으로 틀린 것은?

① 연구자는 질적 연구(qualitative research)를 시작하기 전 연구대상의 수를 정확히 결정해야 한다.

② 연구자는 양적 연구(quantitative research)에 쓸 수 있는 본인의 비용, 시간 및 노력을 고려해서 표본 크기를 결정해야 한다.

③ 양적 연구에서 일반적으로 모집단의 크기가 클수록, 표본의 크기도 커야 한다.

④ 양적 연구에서 측정 도구의 신뢰도가 낮을수록, 더 큰 표본 크기가 필요하다.

주관식 문제

01 모집단(population)과 표본(sample)의 관계를 적으시오.

02 표집오차(sampling error)와 표준오차(standard error)의 관계를 적으시오.

해설 & 정답 checkpoint

03 심리학 연구에서 일반화(generalization)의 정의를 적으시오.

03 정답
① 연구자가 표본에서 얻은 결론을 모집단에서 얻은 결론으로 확장하는 과정이다.
② 연구자가 특정 모집단에서 뽑은 표본에서 얻은 결론을 동일 모집단에서 뽑은 다른 표본에서 얻은 결론으로 확장하는 과정이다.

04 표본의 대표성(representativeness)이 무엇인지 적으시오.

04 정답
대표성이란 표본과 표본을 추출한 모집단 간 관련 정도를 말한다. 따라서 특정 표본의 대표성이 높으면, 해당 표본의 특성은 모집단의 특성과 동일하다.

05 연구자가 대표성(representativeness)을 가진 표본을 추출하기 위한 전제조건 3가지와 그 설명을 적으시오.

05 정답
① 동등 가능성 원칙(equal likelihood principle) : 모집단에 속한 모든 연구대상은 표본으로 뽑힐 동일한 확률을 가져야 한다.
② 우연의 원칙(principle of chance) : 연구자의 의도가 아닌 우연에 의해서, 특정 연구대상이 표본으로 뽑혀야 한다.
③ 표집틀(sampling frame) 확보 : 연구자는 모집단에 속한 모든 연구대상이 누구이며 어떤 사람인지(예 남성)를 확인할 수 있는 목록인 표집틀을 확보해야 한다.

checkpoint 해설 & 정답

06 정답
확률 표집은 모집단에서 제한된 수의 연구대상을 무작위로 뽑아서 표본을 구성할 때 요구되는 3개의 전제조건(동등 가능성 원칙, 우연의 원칙, 표집틀 확보)을 모두 충족하는 표집을 말한다. 따라서 확률 표집에서 모집단에 속한 모든 연구대상이 표본으로 뽑힐 확률은 같다.

06 확률 표집(probability sampling)의 정의를 적으시오.

해설 & 정답 checkpoint

제 3 장 측정방법과 측정척도

01 다음의 속성을 가진 척도는 무엇인가?

> 연구자가 이 척도를 이용하면 연구대상의 특성 차이, 특성 크기, 특성의 등간격, 특성의 절대영점(true zero)을 측정할 수 있다.

① 명명척도(nominal scale)
② 서열척도(ordinal scale)
③ 등간척도(interval scale)
④ 비율척도(ratio scale)

01 ① 명명척도로 연구대상의 질적 특성 차이를 측정할 수 있다. 그러나 명명척도로 연구대상의 특성 크기와 등간격을 측정할 수 없고, 명명척도에는 절대영점이 없다.
② 서열척도로 연구대상의 특성 차이와 특성 크기를 측정할 수 있지만 등간격을 측정할 수 없다. 또한 서열척도에는 절대영점이 없다.
③ 등간척도로 연구대상의 특성 차이, 특성 크기 및 특성의 등간격을 측정할 수 있다. 그러나 등간척도에는 절대영점이 없다.

02 다음 설명에 해당하는 척도화(scaling)는 무엇인가?

> 연구대상이 서로 반대가 되는 형용사 쌍을 기준(anchor)으로 측정대상(예 사람, 사물, 사건)의 특성을 평가하는 방식이다.

① 빈도 척도화
② 쌍 비교(pairwise comparison) 척도화
③ 리커트(Likert) 척도화
④ 어의변별(semantic differential) 척도화

02 ① 빈도 척도화는 연구자가 연구대상의 특성이 발생한 사례의 수(빈도)를 세는 방법이다.
② 쌍 비교 척도화는 연구자가 연구대상에게 조합할 수 있는 모든 측정대상의 쌍을 제시하고, 연구대상이 각 쌍에서 본인이 보다 더 선호하는 1개의 측정대상을 선택하는 방식이다.
③ 리커트 척도화는 연구대상이 긍정 또는 부정 방향의 단어나 문구를 보고 이에 대해서 동의하는 정도를 몇 개의 반응단계(예 5점, 7점)로 답하는 방식이다.

03 다음 중 정확한 측정(measurement)을 방해하는 요인이 아닌 것은?

① 연구대상의 사회적 바람직성(social desirability)이 강한 경우
② 연구대상의 묵종 편향(acquiescence bias)이 강한 경우
③ 문항의 구체성(concreteness)이 큰 경우
④ 문항의 요구특성(demand characteristics)이 큰 경우

03 연구대상의 사회적 바람직성과 묵종 편향이 강한 경우 그리고 문항의 요구특성이 큰 경우, 정확한 측정이 어렵다. 반면 문항의 구체성이 크면 정확한 측정이 가능하다. 그러나 문항이 모호하면 정확한 측정이 어렵다.

정답 01 ④ 02 ④ 03 ③

checkpoint 해설 & 정답

04 문항의 요구특성이란 문항이 연구대상에게 어떤 방식으로 문항에 답해야 하는지 알려주는 단서를 전달하는 것을 말한다.

05 T점수 체계에서는 소수점이나 음수를 사용하지 않는다.

06 적성 검사, 지능 검사, 성취도 검사는 인지능력 검사에 해당한다. 반면 성격검사는 정의적 특성 검사(affective characteristics test)에 해당한다.

정답 04 ① 05 ④ 06 ①

04 다음 중 설명이 틀린 것은?

① 문항의 요구특성(demand characteristics)이란 연구대상이 본인 또는 주변 상황을 긍정적으로 또는 부정적으로 보는가(감정상태)에 따라서 문항에 대한 연구대상의 응답이 달라지는 현상을 말한다.

② 관대성 편향(leniency bias)이란 연구대상이 전반적으로 모든 문항에 긍정적으로 답하는 경향성이다.

③ 사회적 바람직성(social desirability)이란 연구대상이 본인의 진짜 생각이나 감정보다 사회적 용인 여부나 수용 여부를 고려해서 문항에 답하는 경향성이다.

④ 묵종 편향(acquiescence bias)은 연구대상이 여러 문항에 일괄적으로 동의하거나 동의하지 않는 경향성이다.

05 다음 중 표준점수(standard score)와 관련된 설명으로 틀린 것은?

① 연구자가 원점수를 표준점수로 변환하면, 검사를 실시한 모집단 내에서의 특정 연구대상의 위치를 파악하기가 쉽다.

② Z점수는 연구자가 연구대상의 원점수를 평균값이 0이고, 표준편차가 1인 점수 체계로 변환한 점수이다.

③ 9분점수는 연구자가 연구대상의 원점수를 1~9점까지의 점수 체계로 변환한 점수이다.

④ T점수 체계에서 음수가 사용된다.

06 다음 중 인지능력 검사(cognitive ability test)에 해당하지 않는 것은?

① 성격 검사

② 적성 검사

③ 지능 검사

④ 성취도 검사

해설 & 정답 checkpoint

주관식 문제

01 측정(measurement)의 정의를 적으시오.

01 정답
측정은 연구대상의 특성(개념)에 숫자나 명칭을 체계적인 방식으로 부여하는 활동이다.

02 척도(scale)의 정의를 적으시오.

02 정답
① 척도는 측정(measurement)에서 사용되는 문항이나 문항의 모음 등의 수단이다. 예를 들어, 인지욕구척도, 감정욕구척도 등이 있다.
② 척도는 측정에서 사용되는 수의 체계와 단위이다. 예를 들어, 5점 척도, 7점 척도 등이 있다.

03 척도(scale)의 4개 속성이 무엇인지 적으시오.

03 정답
① 차이 측정
② 크기 측정
③ 등간격 측정
④ 절대영점 측정

checkpoint 해설 & 정답

04 정답
척도화는 연구자가 연구대상의 특정 특성에 일관된 점수 체계를 부여해서 해당 특성을 수량화하는 측정 도구(문항 또는 문항 모음과 그에 대한 응답 방식)를 만드는 활동이다.

05 정답
검사는 연구대상의 구체적인 행동 표본(behavior sample)을 표준화된 절차에 따라 점수화하는 활동이다.

06 정답
① 신뢰도(reliability)
② 타당도(validity)
③ 효율성(efficiency)
④ 민감성(sensitivity)
⑤ 객관성(objectivity)
⑥ 속도(speed)
⑦ 반응성(reactivity)
⑧ 단순성(simplicity)

04 척도화(scaling)의 정의를 적으시오.

05 검사(test)의 정의를 적으시오.

06 검사(test)를 평가하는 기준을 4가지 이상 적으시오.

해설 & 정답 checkpoint

제 4 장 신뢰도와 타당도

01 다음 중 측정 신뢰도(measurement reliability)의 정의와 관련된 설명으로 틀린 것은?

① 측정 신뢰도는 개념(concept, construct) 측정의 일관성을 나타낸다.
② 측정 신뢰도는 개념 측정의 포괄성을 나타낸다.
③ 측정 신뢰도는 개념 측정의 안정성을 나타낸다.
④ 측정 신뢰도는 개념 측정의 정확성을 나타낸다.

01 측정 신뢰도는 개념 측정의 일관성, 안정성, 정확성을 나타낸다. 그러나 개념 측정의 포괄성은 측정 신뢰도와 관련이 없다.

02 다음 중 척도의 측정 신뢰도(measurement reliability)에 대한 설명으로 틀린 것은?

① 척도의 신뢰도는 연구대상에게 얻은 측정 점수 중 오차 점수(error score)의 비율이 어느 정도인지를 나타낸다.
② 2번 이상의 측정이 필요한 척도의 신뢰도는 검사-재검사 신뢰도(test-retest reliability)이다.
③ 평정자 간 신뢰도(inter-rater reliability)는 척도의 신뢰도에 해당한다.
④ 연구자는 반분 신뢰도(split-half reliability)를 특정 변인을 측정하는 여러 문항들을 임의로 2개의 모음으로 묶은 후 확인한 두 문항 모음의 상호 관련 정도로 확인한다.

02 척도의 신뢰도는 연구대상에게 얻은 측정 점수 중 진짜 점수(true score)의 비율이 어느 정도인가로 확인한다.

정답 01 ② 02 ①

checkpoint 해설 & 정답

03 ① 검사-재검사 신뢰도는 비교적 짧은 시간 간격을 두고 동일 척도를 동일한 연구대상에게 두 번 반복해서 측정한 후 얻은 두 측정 결과 간의 관련 정도로 확인한다.
② 반분 신뢰도는 특정 변인을 측정하는 척도의 문항들을 임의로 2개의 모음으로 묶은 후 측정해서 얻은 두 문항 모음의 상호 관련 정도로 확인한다.
④ 평정자 간 신뢰도는 2명 이상의 평정자가 동일 연구대상 또는 동일 자료에 대해서 평가한 결과 간 일치 정도로 확인한다.

03 다음 설명에 해당하는 측정 신뢰도(measurement reliability)는 무엇인가?

> 연구자가 특정 변인을 측정하는 문항들과 호환될 수 있는 다른 문항들을 추가로 개발해서, 동일 연구대상에게 이들 문항을 제시하고 그에 대한 답을 얻었다. 이후 연구자는 연구대상에게 얻은 두 측정 결과 간 관련 정도를 확인했다.

① 검사-재검사 신뢰도(test-retest reliability)
② 반분 신뢰도(split-half reliability)
③ 동형 검사 신뢰도(parallel form reliability)
④ 평정자 간 신뢰도(inter-rater reliability)

04 척도를 구성하는 문항 수가 증가하면, Cronbach's α가 커진다.

04 다음 중 척도의 내적 일치도(internal consistency)에 대한 설명으로 틀린 것은?

① 연구자는 Cronbach's α(크론바흐 알파)를 산출해서 척도의 내적 일치도를 확인할 수 있다.
② 내적 일치도는 특정 변인을 측정하는 여러 문항 간 상호 관련성 또는 동질성의 정도를 말한다.
③ Cronbach's α가 클수록, 여러 문항들이 동일한 변인을 측정하고 있음을 의미한다.
④ 척도를 구성하는 문항 수가 증가하면, Cronbach's α가 작아진다.

05 외적 타당도가 높은 연구설계는 내적 타당도가 낮다. 반대로 내적 타당도가 높은 연구설계는 외적 타당도가 낮다. 즉, 연구설계의 외적 타당도는 연구설계의 내적 타당도와 상호 절충(trade off)의 관계를 가진다.

05 다음 중 연구설계의 내적 타당도(internal validity)와 외적 타당도(external validity)에 대한 설명으로 틀린 것은?

① 연구설계의 내적 타당도가 증가하면, 외적 타당도도 증가한다.
② 반복검증(replication)은 외적 타당도를 평가하는 방법이다.
③ 외적 타당도는 연구결과의 일반화 가능성(generalizability)과 관련된다.
④ 내적 타당도는 연구설계에에서 가외변인의 통제(control)와 관련된다.

정답 03 ③ 04 ④ 05 ①

해설 & 정답 checkpoint

06 **다음 중 측정 타당도(measurement validity)가 아닌 것은?**

① 예측 타당도(predictive validity)
② 내적 타당도(internal validity)
③ 수렴 타당도(convergent validity, congruent validity)
④ 동시 타당도(concurrent validity)

06 내적 타당도는 특정 연구가 현상의 본질을 파악하는 데 있어서 얼마나 많은 결점을 가졌는지의 정도로 연구설계의 타당도에 해당한다.

07 **다음 설명에 해당하는 측정 타당도(measurement validity)는 무엇인가?**

> 연구자가 2개 이상의 유사한 개념을 조작적으로 정의한 변인들을 측정하는 척도 간 관련 정도를 확인한다.

① 예측 타당도(predictive validity)
② 내용 타당도(content validity)
③ 변별 타당도(discriminant validity, divergent validity)
④ 수렴 타당도(convergent validity, congruent validity)

07 ① 예측 타당도는 연구자가 현재 특정 변인을 측정한 척도가 해당 변인과 관련된 연구대상의 미래 행동이나 수행(준거)을 얼마나 잘 예측하는지의 정도이다.
② 내용 타당도는 특정 변인을 측정하는 문항들이 해당 변인이 반영하는 개념의 다양한 특성을 얼마나 잘 대표하는지의 정도이다.
③ 변별 타당도는 2개 이상의 서로 다른 개념을 조작적으로 정의한 변인들을 측정하는 척도 간 비관련 정도를 말한다.

08 **다음 중 측정 신뢰도(measurement reliability)와 측정 타당도(measurement validity)에 대한 설명으로 틀린 것은?**

① 척도의 신뢰도는 측정 점수 중 오차 점수(error score)를 제외한 진짜 점수(true score)가 몇 점인지를 나타낸다.
② 척도의 타당도는 측정 점수 중 타당한 점수가 몇 점인지를 나타낸다.
③ 척도의 신뢰도가 높으면, 척도의 타당도는 항상 높다.
④ 척도의 타당도가 높기 위해서, 척도의 신뢰도가 높아야 한다.

08 측정 점수를 타당한 진짜 점수, 타당하지 않은 진짜 점수, 오차 점수로 나눌 수 있다. 이때 타당도는 타당한 진짜 점수만을 반영하지만, 신뢰도는 타당한 진짜 점수와 타당하지 않은 진짜 점수를 반영한다. 따라서 척도의 신뢰도가 높다고 해서, 척도의 타당도가 무조건 높은 것은 아니다.

정답 06 ② 07 ④ 08 ③

checkpoint 해설 & 정답

09 연구자가 단순 무선 표집을 하면, 연구설계의 내적 타당도와 외적 타당도가 높아진다. 또한 연구대상의 수가 많을수록 그리고 척도의 문항 수가 많을수록, 측정 신뢰도가 높아진다.

09 다음 중 설명이 틀린 것은?

① 연구자가 단순 무선 표집(simple random sampling)을 하면, 연구설계의 내적 타당도(internal validity)가 높아진다.
② 연구자가 단순 무선 표집을 하면, 연구설계의 외적 타당도(external validity)가 높아진다.
③ 연구대상의 수가 많을수록, 측정 신뢰도(measurement reliability)가 낮아진다.
④ 척도의 문항 수가 많을수록, 측정 신뢰도가 높아진다.

정답 09 ③

주관식 문제

01 정답
측정 신뢰도는 변인을 측정하는 문항 또는 문항 모음이 여러 연구시점과 여러 연구조건에서 일관되고 안정적이며 정확하게 변인이 반영하는 개념을 잴 가능성을 말한다.

01 측정 신뢰도(measurement reliability)의 정의를 적으시오.

02 정답
외적 타당도는 특정 연구에서 얻은 결과를 해당 연구상황이나 해당 연구대상 이외의 다른 연구상황이나 다른 연구대상에게서도 얻을 수 있는 정도이다.

02 외적 타당도(external validity)의 정의를 적으시오.

해설 & 정답 checkpoint

03 내적 타당도(internal validity)의 정의를 적으시오.

03 정답
내적 타당도는 특정 연구가 현상의 본질을 파악하는 데 있어서 얼마나 많은 결점을 가졌는지의 정도이다. 내적 타당도는 가외변인의 통제 정도와 관련되며, 내적 타당도가 높을수록 가외변인의 통제가 잘 된 것이다.

04 구성 타당도(construct validity)의 정의를 적으시오.

04 정답
구성 타당도는 특정 변인을 측정하는 문항 또는 문항 모음이 해당 변인이 반영하는 개념을 얼마나 정확하게 재는지의 정도를 말한다.

여기서 멈출 거예요? 고지가 바로 눈앞에 있어요.
마지막 한 걸음까지 SD에듀가 함께할게요!

기본적인 연구방법

제1장 심리학적 관찰연구
제2장 관계연구
제3장 실험연구
실제예상문제

단원 개요

본 편은 다음과 같은 내용으로 구성된다. 제1장에서 심리학적 관찰연구에 해당하는 자연주의적 관찰연구, 사례연구, 설문조사연구, 면접연구의 특징을 설명한다. 제2장에서 관계연구에 속하는 수반성연구, 상관관계연구, 인과관계연구의 특징, 차이점 및 통계 분석 방법을 소개한다. 제3장에서 실험연구의 특징, 관련 용어, 고려사항을 설명한다.

출제 경향 및 수험 대책

- 심리학적 관찰연구의 목적과 특징을 이해한다.
- 자연주의적 관찰연구의 특징과 장・단점을 이해한다.
- 사례연구의 특징과 장・단점을 이해한다.
- 설문조사연구에서 설문지 작성 시 주의사항을 이해한다.
- 면접연구의 특징과 장・단점을 이해한다.
- 교차분할표의 특징과 관련 용어를 이해한다.
- χ^2 검증의 논리를 이해한다.
- 상관관계의 정의, 특징(강도, 방향) 및 종류를 이해한다.
- 상관관계와 인과관계의 차이점을 이해한다.
- 실험연구의 특징을 이해한다.
- 실험연구에서 사용되는 통제 방법이 무엇이며, 그 특징이 무엇인지를 이해한다.
- 실험연구 중 발생할 수 있는 다양한 문제점과 그 해결 방법을 이해한다.

제 1 장 심리학적 관찰연구

제 1 절 심리학적 관찰연구의 이해

1 심리학적 관찰연구의 목적

심리학적 관찰연구의 목적은 연구자(관찰자)가 최대한 통제되지 않은 상황이나 조건에서 연구대상의 어떤 행동이 어느 정도의 강도와 빈도로 발생하고 있는지 기술하는 것이다. 심리학적 관찰연구를 통해 얻은 연구대상의 행동 종류, 발생 강도 및 발생 빈도의 기술은 연구대상의 행동을 이해하는 가장 기초적인 단계이다. 또한 심리학적 관찰연구를 통해 얻은 연구대상의 행동 종류, 발생 강도 및 발생 빈도의 기술 내용은 통제된 상황이나 조건에서 실시되는 후속 연구의 기초 자료로 활용될 수 있다.

예를 들어, 어떤 연구자가 아동이 일상생활 중 어떤 종류의 폭력적 행동을 하는지 그리고 어떤 종류의 행동이 가장 폭력적인지를 관찰하였다. 그 결과, 연구자는 아동이 일상생활에서 하는 가장 폭력적인 행동은 주먹으로 물건을 치는 것이란 점을 알았다(심리학적 관찰연구 결과). 이후 다른 연구자가 아동이 폭력적 TV 프로그램을 보고, 이를 모방해서 폭력적 행동을 많이 하는지 알고자 한다. 이에 연구자는 이전 심리학적 관찰연구 결과를 근거로 실험실에서 폭력성 수준이 서로 다른 3종류의 TV 프로그램(폭력성 없음, 폭력성 약함, 폭력성 강함)을 아동들에게 보여주고 아동들이 아동용 샌드백을 치는 횟수(가장 폭력적인 행동의 발생 빈도)를 기록했다.

2 심리학적 관찰연구의 특징과 종류 중요 ★

(1) 심리학적 관찰연구의 장점

① 심리학적 관찰연구는 연구자가 관심을 가진 현상에 관한 기초 지식을 얻는 데 도움이 된다. 많은 심리학 연구에서, 먼저 연구자는 심리학적 관찰연구를 통해 현상 중 어떤 영역을 연구할 것인지 정하고, 이를 가설이나 연구문제로 정교화한 후 다른 연구방법(㉠ 실험연구)을 통해 가설을 검증하거나 연구문제의 결과를 확인한다.

② 다른 연구방법과 비교하면, 심리학적 관찰연구의 수행에는 연구자의 더 적은 비용, 노력, 시간이 소요된다.

③ 연구자는 심리학적 관찰연구를 통해 일상에서 발생하는 지금까지 간과했던 흥미로운 연구대상의 행동을 발견할 가능성이 있다.

④ 심리학적 관찰연구에서 연구자는 통제되지 않은 상황이나 조건에서 연구대상을 관찰하기 때문에 심리학적 관찰연구 설계의 생태학적 타당도는 높다.

(2) 심리학적 관찰연구의 단점

① 실험연구에서 연구자는 특정 사건의 발생을 조작한 후 다른 사건과의 관련성을 즉각적으로 확인한다. 그러나 심리학적 관찰연구에서, 연구자는 통제되지 않은 상황이나 조건에서 특정 사건의 발생을 조작할 수 없고, 그 사건이 발생하기를 기다릴 수밖에 없다. 따라서 연구자가 심리학적 관찰연구를 통해 사건들 간의 관련성을 즉각적으로 파악하기 어렵다.

② 심리학적 관찰연구의 절차를 완벽하게 표준화하는 것이 어렵다. 따라서 절차의 차이로 인해 어떤 연구자가 심리학적 관찰연구를 통해 발견한 현상을 다른 연구자가 발견하지 못할 가능성이 있다.

③ 심리학적 관찰연구에서 관찰자 편향(observer bias)이 관찰 내용과 그에 대한 해석에 영향을 미칠 수 있다. 이때 **관찰자 편향**이란 연구자(관찰자)가 본인의 기대에 맞추어 관찰 내용과 해석을 왜곡하는 현상을 말한다.

④ 심리학적 관찰연구에서 연구대상이 연구자에 의해서 본인이 관찰되고 있다는 사실을 인식하면, 본인이 관찰 상황에서 어떻게 반응할지를 고려해서 자연스럽지 않은 의도적 반응을 보일 수 있다. 이를 **반응성**(reactivity)이라고 한다. 즉, 심리학적 관찰연구에서 연구대상의 반응성이 발생할 가능성이 있다.

더 알아두기

반응성과 요구특성(demand characteristics)의 의미는 유사하다. 그 의미를 명확하게 구분하면, 반응성과 요구특성 간 다음과 같은 의미의 차이가 있다. 반응성은 연구자가 원하는 연구대상의 반응에 대한 연구자의 압력이 없는 경우에 발생하는 현상이다. 반면 요구특성은 연구대상이 본인의 특정 반응에 대한 연구자의 압력을 받아서, 연구자의 요구에 따라 해당 반응을 보인다는 의미를 가진다.

(3) 심리학적 관찰연구의 종류

심리학적 관찰연구는 크게 자연주의적 관찰연구(naturalistic observation study), 사례연구(case study), 설문조사연구(survey study), 면접연구로 세분화할 수 있다.

제 2 절 자연주의적 관찰연구

1 자연주의적 관찰연구의 정의와 예

(1) 자연주의적 관찰연구의 정의 중요 ★★

자연주의적 관찰연구는 연구자가 관찰 상황을 인위적으로 조작해서 연구대상의 환경이나 조건을 통제하지 않고, 자연스럽게 발생하는 연구대상의 행동을 관찰해서 자료를 수집하는 방법이다. 자연주의적 관찰연구에서 연구자는 연구대상의 표정, 몸짓, 헛기침 등의 비언어적 의사소통 내용도 관찰한다. 일반적으로 자연주의적 관찰연구에서 연구자를 관찰자라고 부른다.

(2) 자연주의적 관찰연구의 예

① 어떤 연구자가 자연 환경에서 생활하는 동물 연구대상(예 밀림 속 침팬지)의 행동을 관찰했다. 연구자는 동물행동도(ethogram)를 이용해서 동물 연구대상의 잠자기, 음식 찾기, 놀기, 싸우기 등의 행동을 관찰하고 기록했다. 이때 동물행동도란 특정 종에 속한 개별 동물 연구대상이 하는 구체적인 행동의 목록을 말한다.

② 어떤 연구자가 신생아는 어떤 종류의 행동을 하며, 어떤 조건에 어떤 반응을 보이는지 관찰했다. 연구자는 손 쥐기, 눈 깜박이기, 손을 입으로 가져가기 등의 신생아 행동을 발견하였다. 또한 연구자는 우는 신생아를 콕 찌르면 신생아가 반응을 보이지 않지만, 신생아가 손을 입에 가져가는 행동을 할 때 콕 찌르면 반응을 보인다는 사실을 알았다.

③ 어떤 연구자가 연구대상의 눈썹 움직임을 관찰하였다. 그 결과, 연구자는 일생생활에서 유럽 문화권의 연구대상은 눈썹 움직임이 많은 반면, 아시아 문화권의 연구대상은 눈썹 움직임이 거의 없었다는 점을 발견했다.

2 자연주의적 관찰연구의 특징

(1) 자연주의적 관찰연구의 적용 중요 ★★★

연구자는 다음과 같은 연구 상황이나 조건에서 자연주의적 관찰연구를 수행하는 것이 좋다.

① 연구대상이 본인의 행동의 종류, 발생 강도 및 발생 빈도를 연구자에게 말이나 글로 보고하기 어렵거나 보고할 능력이 없는 경우(예 신생아, 동물 연구대상), 연구자는 자연주의적 관찰연구를 실시한다.

② 연구 상황이나 조건(예 통제된 실험실) 때문에 연구대상의 행동이 평소와 크게 달라질 수 있는 경우, 연구자는 자연주의적 관찰연구를 실시한다.

(2) 자연주의적 관찰연구의 종류

① **참여관찰**

참여관찰(participant observation)에서 연구자는 본인이 관찰하는 상황이나 장소에 들어가서 연구대상과 함께 활동하고 생활하면서 연구대상을 관찰한다. 이때 연구자는 관찰뿐만 아니라 연구대상과 면접을 실시한다.

② **비참여관찰**

비참여관찰에서 연구자는 연구대상의 활동이나 생활에 개입하지 않고 연구대상을 관찰한다.

(3) 자연주의적 관찰연구의 성공적 수행 방법 중요 ★★★

자연주의적 관찰연구에서 연구대상의 반응성이나 요구특성은 연구결과의 신뢰성과 타당성을 저해한다. 연구대상의 반응성과 요구특성의 발생을 막는 방법은 다음과 같다.

① **비개입적 관찰**(unobtrusive observation)

비개입적 관찰은 연구대상이 연구자에 의해서 본인이 관찰되고 있다는 사실을 의식하지 못하도록 연구자가 조치를 취하고 연구대상을 관찰하는 방법이다. 참여관찰의 경우, 연구자가 연구대상과 함께 활동하고 생활하기 때문에 시간이 지날수록 연구대상은 연구자의 관찰을 의식하지 않게 된다.

② **비개입적 측정**(unobtrusive measure)

비개입적 측정은 연구자가 연구대상의 행동 자체가 아닌 그 행동의 결과를 측정하는 방법이다. 연구자는 비개입적 측정을 통해 얻은 자료를 바탕으로 연구대상의 행동이나 그 이유 등을 추론할 수 있다. 예를 들어, 어떤 연구자가 고등학생의 학습 활동을 관찰하는 것 대신 고등학생의 학생생활기록부를 토대로 고등학생의 학습 활동을 추론할 수 있다.

(4) 자연주의적 관찰연구의 관찰자 간 신뢰도

한 명의 연구자가 단독으로 자연주의적 관찰연구를 진행할 수 있다. 또한 2명 이상의 연구자나 연구보조원(예 대학원생)이 자연주의적 관찰연구를 수행할 수 있다. 2명 이상의 연구자나 연구보조원이 자연주의적 관찰연구를 수행하는 경우, 서로의 관찰 내용 기록이 동일한지를 점검한다. 즉, 2명 이상의 연구자나 연구보조원이 동일한 행동을 동시에 관찰했을 때 동일한 결과를 얻는지(관찰자 간 신뢰도) 점검한다.

3 자연주의적 관찰연구의 자료 수집 방법

(1) 관찰 기록

자연주의적 관찰연구에서 연구대상은 매우 다양한 종류의 행동을 한다. 그런데 연구자는 이 모든 행동을 동시에 또는 짧은 기간 안에 주목하고 기억하기 어렵다. 따라서 연구자는 본인이 관찰하고자 하는 연구대상의 행동 범위를 미리 정해야 한다. 이후 연구자는 미리 정한 연구대상의 행동 범위에 해당하는 행동들을 관찰한다. 예를 들어, 연구자가 초등학생이 수업 중에 하는 행동 중 과잉 행동(예 자리를 이탈하기, 담임교사가 지시하기 전에 행동하기, 지나치게 말을 많이 하기)만을 미리 정해서 관찰할 수 있다.

연구자가 본인이 미리 정한 행동 범위에 해당하는 모든 행동을 긴 시간 동안 계속 관찰하는 것은 어렵다. 따라서 연구자는 행동 범위에 속하는 행동의 발생 시간(시간표집법)과 발생 빈도(행동표집법)를 기준으로 연구대상의 행동을 선별해서 관찰한다. 그런데 이와 같은 방법을 이용하는 연구는 자연주의적 관찰연구보다 통제된 관찰연구에 가깝다.

① **시간표집법**

시간표집법은 연구자가 연구대상을 관찰할 시간을 미리 정하고 해당 시간에 주기적으로 연구대상을 관찰해서 그 내용을 기록하는 방법이다. 연구자가 미리 정한 시간(예 오전 9~10시)과 주기(예 격일 간격)에 연구대상이 하는 행동이 평소 행동과 동일하다는 전제 하에 연구자는 시간표집법을 이용한다. 따라서 연구자는 연구대상을 관찰하는 시간과 주기를 어떻게 결정하는 것이 바람직한지에 대해 많은 고려를 해야 한다.

② **행동표집법**

행동표집법은 연구자가 미리 관찰하고자 하는 연구대상의 행동이 무엇인지를 구체화하고 조작적 정의를 내린 후 이들 행동을 관찰해서 그 내용을 기록하는 방법이다.

관찰 기록은 연구자가 연구대상의 행동 중 어떤 측면에 관찰을 집중할 것인지에 따라서 다음의 [표 3-1]과 같이 세분화된다.

[표 3-1] 관찰 기록의 종류

구분	내용
내러티브 기술법 (narrative description)	연구자는 연구대상의 행동 내용, 행동 발생의 맥락과 순서 등을 육하원칙(누가, 언제, 어디서, 무엇을, 어떻게, 왜)에 따라서 기록한다.
일지 작성법 (diary description)	연구자는 연구대상을 매일 정기적으로 일지 형식으로 관찰하고, 그 내용을 기록한다.
일화 기록법 (anecdotal description)	연구자는 특정 사건(일화)과 관련해서 해당 사건의 발생 시간과 상황, 연구대상의 행동, 주변 반응 등을 상세하게 관찰해서 그 내용을 기록한다.
행동 발생 빈도 기록법	연구자는 주어진 시간 동안 연구대상의 특정 행동이 몇 번이나 발생했는지를 기록한다.
행동 지속 시간 기록법	연구자는 연구대상의 특정 행동 발생이 얼마나 오랜 시간 동안 지속되는지를 기록한다.

(2) 참여관찰 중요 ★

참여관찰은 수개월에서 1년이 넘는 기간 동안 진행된다. 보통 연구자가 구체적인 가설을 설정하지 않고 참여관찰을 시작한다. 대신 연구자는 특정한 장소나 조직(예 학교, 정신병원) 또는 사회적 상호작용(예 사회화, 일탈)과 관련된 포괄적인 질문을 가지고 참여관찰을 시작한다. 연구자는 특정 장소나 조직을 먼저 선정하고, 이후 해당 장소나 조직에 들어가서 참여관찰을 실시한다.

연구자가 참여관찰을 하는 과정에서 다음과 같은 사항에 주의를 기울여야 한다.

① 연구자는 본인이 관심을 가진 장소나 조직의 게이트 키퍼(gate keeper, 예 초등학교 교장)를 찾아서, 참여관찰에 대한 게이트 키퍼의 허가를 받을 필요가 있다. 이때 연구자는 게이트 키퍼에게 참여관찰과 관련해서 연구대상의 일상생활을 방해하지 않고, 연구대상의 사생활과 비밀을 보장한다는 점을 강조한다.

② 참여관찰에서 연구자는 본인의 연구목적을 달성하면서 연구대상과 원활하게 함께 생활하기 위해 연구대상과 공감대(rapport)를 형성해야 한다. 공감대는 연구자와 연구대상 간 상호 이해, 수용 및 공감을 바탕으로 형성된다. 공감대 형성을 위해서, 연구자는 연구대상끼리 사용하는 고유한 어휘(예 속어, 약어)를 익힐 필요가 있다. 연구자는 공감대가 형성되기 전에는 연구대상에게 지나치게 많은 질문을 하거나 지나치게 많은 필기를 하지 않는 것이 좋다.

③ 연구자는 참여관찰 중 연구대상을 진심으로 대해야 한다. 예를 들어, 어떤 연구자가 참여관찰 중 연구대상의 심부름을 대신 해주는 행위로 인해 연구대상은 연구자에게 친근감과 진정성을 느낄 수도 있다.

④ 연구자는 참여관찰 중 연구대상에게 연구에 관한 지나치게 세부적인 내용을 이야기하지 말아야 한다.

⑤ 연구자는 매번 관찰이 끝나면 관찰 대상, 내용 등에 관한 현장 노트(field note)를 작성해야 한다.

더 알아두기

자연주의적 관찰연구에서 연구자는 관찰 상황이나 조건을 인위적으로 조작하지 않고, 자연스러운 상황에서 연구주제와 관련된 현상을 직접 관찰한다. 반면 **통제적 관찰연구**에서 연구자는 관찰 시간, 관찰 사건, 관찰 행동 등을 정해진 계획에 따라서 선택한 후 이와 관련된 현상을 관찰한다. 통제적 관찰연구는 실험적 관찰연구라고도 부른다.
자연주의적 관찰연구와 통제적 관찰연구의 차이점을 비교하면 [표 3-2]와 같다.

[표 3-2] 자연주의적 관찰연구와 통제적 관찰연구의 비교

구분	자연주의적 관찰연구	통제적 관찰연구
관찰 장소	인간 또는 동물 연구대상의 생활 장소	실험실과 같은 통제된 장소
방법	• 연구자의 참여관찰 또는 비참여관찰 • 연구대상이 연구자의 관찰을 인식하거나 인식하지 못함	
자료	관찰 기록, 면접결과 등	
주의점	• 연구대상의 반응성 • 관찰자 편향 • 통제 부족 • 비용과 시간이 많이 소요됨	• 연구대상의 반응성 • 관찰자 편향 • 유연성 부족

제 3 절 사례연구

1 사례연구의 정의 중요 ★★★

사례연구는 연구자가 특정 사례(특정 상황, 특정 연구대상, 특정 연구대상 집단)에 대해 다양한 자료(예 면접, 검사, 연구대상의 일기)를 이용해서 깊게 연구하는 활동이다.

예를 들어, 어떤 연구자가 장기간에 걸친 알코올 남용 때문에 최근 심각한 기억상실증에 걸린 성인 연구대상 A를 선정했다. 이후 연구자는 연구대상 A에게 연구대상 A의 초등학교 졸업 앨범에 나오는 교사들과 동기 학생들의 이름을 물어서 그 답을 자료로 수집했다. 또한 연구자는 기억상실증에 걸리지 않은 같은 또래의 연구대상 B를 선정해서, 연구대상 B에게 연구대상 B의 초등학교 졸업 앨범에 나오는 교사들과 동기 학생들의 이름을 물어서 그 답을 자료로 수집했다. 그 결과, 연구대상 B보다 연구대상 A가 과거에 대한 기억을 심각하게 못하는 것으로 밝혀졌다. 추가로 연구자는 연구대상 A와 연구대상 B가 새로운 정보를 기억하는 과제를 얼마나 잘 하는지 검사했다. 그 결과, 연구대상 A와 연구대상 B의 기억 과제 점수는 유사했다. 연구자는 이상의 사례연구를 통해 장기간에 걸친 알코올 남용은 과거 기억의 결함을 일으키지만, 새로운 정보에 대한 기억 결함을 일으키지 않는다고 결론을 내렸다.

2 사례연구의 주요 단점 중요 ★★

본 도서의 제1편 제2장에서 사례연구의 장점과 단점을 소개했다. 여기서는 사례연구의 주요 단점만 설명하고자 한다.

(1) 사례연구에서 연구자는 사례(예 특정 연구대상)에 대한 모든 사건 관련 자료를 정확하게 수집할 수 없고, 사례와 관련된 제한된 수의 사건의 발생순서만 대략적으로 파악한다. 따라서 연구자가 사례연구를 통해 사례와 관련된 사건 발생의 인과관계를 명확하게 확인하기 어렵다. 단지, 연구자는 사례연구의 결과에서 사례와 관련된 사건 발생의 인과관계를 추론한다.

(2) 사례연구에서 사용되는 많은 자료는 연구대상의 기억에 의존한다. 그런데 연구대상은 연구주제와 관련된 중요한 사건임에도 불구하고, 본인이 과거에 경험한 사건을 기억하지 못할 수 있다(**일상적 망각**). 특히, 연구자가 사례연구를 통해 자료를 수집하는 과정에서 연구대상의 동기화된 망각(motivated forgetting)이 발생할 수 있다. 이때 **동기화된 망각**이란 연구대상이 기억하기 싫은 과거 사건의 발생, 내용 등을 잊는 것을 말한다. 또한 연구대상은 본인이 현재 가지고 있는 신념, 가치관 등에 맞추어 과거의 경험 내용을 왜곡시키기도 한다.

3 사례연구의 대표적 종류

사례연구의 대표적인 종류는 이상사례분석(deviant-case analysis)이다. **이상사례분석**은 연구자가 많은 유사성을 가졌지만 결과가 다른 2개의 사례를 비교해서 분석하는 방법이다. 예를 들어, 어떤 연구자가 일란성 쌍둥이 중 한 명은 현재 경찰이고 다른 한 명은 현재 범죄자인 사례를 비교해서, 어떤 요인 때문에 일란성 쌍둥이의 현재 상황이 달라졌는지를 알고자 한다. 그런데 현실적으로 연구자는 많은 유사성을 가졌지만 결과가 다른 2개의 사례를 찾는 것이 매우 어렵다.

제 4 절 설문조사연구

1 설문조사연구의 정의 중요 ★★★

설문조사연구에서 연구자는 일정 기간 동안 대면 만남, 인터넷, 전화, 우편 등의 수단을 이용해서 다수의 연구대상으로부터 연구주제와 관련된 다수의 질문을 묻고, 그에 대한 답을 얻는다. 예를 들면, 어떤 연구자가 연구대상에게 전화를 걸어서 대통령 선거 후보자에 대한 선호도와 선호 이유, 지지 정당과 지지 이유 그리고 연구대상의 연령, 거주 지역, 학력, 월 평균 가구 소득 등을 묻는 것이다.

2 설문조사연구의 절차

설문조사연구는 [그림 3-1]의 단계를 거쳐서 진행된다. 이때 연구자는 연구대상 특성과 규모 결정(3단계), 표집 방법 결정(4단계) 및 자료 수집 방식 결정(5단계) 단계를 동시에 진행할 수 있다. 주요 단계에 대한 세부 설명은 다음과 같다.

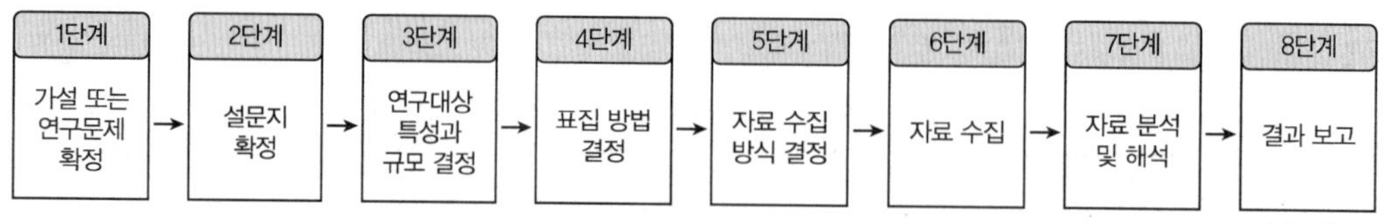

[그림 3-1] 설문조사연구의 절차

(1) 연구대상 특성과 규모 결정 단계(3단계)

연구대상 특성과 규모 결정 단계(3단계)에서 연구자는 연구대상의 성별, 연령, 거주 지역 등을 결정하고 몇 명의 연구대상에게 자료를 수집할 것인지 결정한다.

(2) 자료 수집 방식 결정 단계(5단계) 중요 ★

자료 수집 방식 결정 단계(5단계)에서 연구자는 연구대상에게 어떤 방식으로 자료를 수집할지 결정한다. 연구자가 이용할 수 있는 자료 수집 방식은 다음과 같다.

① **면대면 설문조사**

면대면 설문조사는 연구자가 출력된 설문지를 들고 연구대상을 만나서 설문조사를 실시하는 방식이다. 면대면 설문조사는 신뢰할 수 있는 자료를 수집할 가능성이 높고, 연구대상의 설문조사 참여율이 높으며, 연구대상의 부실응답이나 무응답이 적다는 장점을 가진다. 반면 면대면 설문조사의 자료 취합에 연구자의 많은 시간, 비용, 노력이 투입된다. 또한 연구자의 이동거리가 제한되기 때문에 연구자가 면대면 설문조사를 실시하면, 광범위한 지역에 걸쳐서 연구대상의 자료를 수집하기 어렵다.

② **전화조사**

전화조사는 연구자가 연구대상에게 전화를 걸어서 자료를 취합하는 방식이다. 연구자가 전화조사를 이용하면 광범위한 지역에 걸쳐서 연구대상의 자료를 수집할 수 있다. 또한 자료 취합에 소요되는 연구자의 시간, 비용, 노력이 적다. 특히, 연구자는 전화조사를 이용해서 짧은 시간 안에 많은 수의 연구대상 자료를 수집할 수 있다. 그러나 연구자는 전화조사에서 연구대상에게 많은 수의 질문 문항을 물어볼 수 없고, 시각적 자료(예 TV 광고) 제시가 필요한 질문 문항을 물어볼 수 없다. 그리고 연구대상이 전화조사에 참여하는 것을 거절할 가능성이 높다.

③ **온라인조사**

온라인조사는 연구자가 이메일, 조사회사의 웹사이트 등을 통해 연구대상의 자료를 취합하는 방식이다. 온라인조사를 통해 자료를 취합하는 데 소요되는 연구자의 시간과 비용이 적다. 연구자는 온라인조사를 이용해서 매우 짧은 시간 안에 많은 수의 연구대상 자료를 수집할 수 있다. 또한 연구자는 연구대상에게 다양한 시청각 자료를 제시하고, 이와 관련된 질문 문항에 대한 답을 얻을 수 있다. 그러나 연구자가 연구대상이 온라인조사에 몰두하도록 통제하기 어렵다. 예를 들어, 연구대상이 다른 여러 일(예 인터넷 쇼핑과 유튜브 콘텐츠 보기)을 하면서 동시에 온라인조사에 참여할 수도 있다. 그리고 이메일 계정이 없거나 조사회사의 웹사이트에 접속하지 않는 연구대상은 온라인조사에서 배제된다.

(3) 자료 분석 및 해석 단계(7단계)

자료 분석 및 해석 단계(7단계)에서 연구자는 자료를 대상으로 통계분석을 실시하고, 그 결과를 해석한다.

3 설문조사연구의 주요 단점 중요 ★

본 도서의 제1편 제2장에 설문조사연구의 장점과 단점을 소개했다. 여기서는 설문조사연구의 주요 단점만 소개하고자 한다.

(1) 설문조사연구에 참여한 연구대상의 특성은 연구대상이 속한 모집단의 특성과 동일해야 한다(표본의 대표성). 연구자는 표본의 대표성을 확보하기 위해서, 단순 무선 표집(simple random sampling)을 사용

하는 것이 바람직하다. 그런데 단순 무선 표집에 많은 비용이 소요된다. 이에 대한 해결 방법은 연구자가 층화 무선 표집(stratified random sampling)을 이용하는 것이다.

(2) 설문조사연구에서 연구대상에게 자료를 수집할 때 연구대상의 일상적 망각과 동기화된 망각이 발생할 가능성이 있다. 그런데 설문조사연구에서 사용하는 많은 질문 문항은 연구대상의 기억에 의존한 답을 요구하지 않는다. 예를 들어, 대통령 선거 후보자에 대한 선호도에 대한 질문 문항은 대통령 선거 후보자에 대한 연구대상의 과거 선호도를 묻는 것이 아니라 현재 선호도를 묻는 것이다.
대신 설문조사연구에서 다음과 같은 연구대상의 반응유형과 반응편향(response bias)이 연구결과에 부정적인 영향을 크게 미칠 수 있다.

① **연구대상의 반응유형**
연구대상의 반응유형에는 사회적 바람직성(social desirability), 관대성 편향(leniency bias), 묵종편향(acquiescence bias) 등이 있다. 본 도서의 제2편 제3장에 연구대상의 반응유형과 관련된 자세한 설명을 참고하기 바란다.
설문조사연구에서 이와 같은 연구대상의 반응유형이 연구결과에 미치는 영향을 예방하는 방법은 강제선택문항(forced choice item)을 이용하는 것이다. 강제선택문항은 연구대상이 특정 반응유형을 유발할 수 있는 질문에 대한 답으로 2개의 보기 중 하나를 무조건 선택하도록 만드는 문항이다. 예를 들어, 어떤 연구자가 연구대상의 직업 선호도를 알고자 한다. 이에 연구자가 사회적으로 바람직한 직업 A와 직업 B를 연구대상에게 제시하고, 연구대상이 두 직업 중 1개의 직업을 무조건 선택하도록 하면, 직업에 대한 사회적 바람직성이 연구대상의 선택에 미치는 영향을 어느 정도 예방할 수 있다.

② **연구대상의 반응편향**
특정 특성을 가진 연구대상이 설문조사연구에 자발적으로 참여하지 않을 수 있다(연구대상의 **반응편향**). 예를 들어, 특정 정당을 지지하는 연구대상이 특정 기관(예 특정 언론사)에서 실시하는 대통령 후보자 선호도 조사에 참여하지 않을 수도 있다. 이처럼 설문조사연구에 자발적으로 참여한 연구대상과 설문조사연구에 자발적으로 참여하지 않은 연구대상 간 특성의 차이가 있을 가능성이 있다. 따라서 연구대상의 반응편향이 발생하면, 연구자는 연구결과의 일반화를 하지 못한다. 연구대상의 반응편향을 어느 정도 막는 방법은 다음과 같다.
㉠ 연구자는 본인의 시간, 비용 및 노력이 가용한 한도 내에서 최대한 많은 수의 연구대상을 단순 무선 표집을 이용해서 뽑는다.
㉡ 연구자가 연구대상이 설문조사연구에 참여함으로써 얻는 보상(예 사례비)을 제공한다.
㉢ 연구자는 설문조사연구에 자발적으로 참여하지 않은 연구대상을 추가로 모집해서 자료를 수집한 후, 그 자료를 설문조사연구에 자발적으로 참여한 연구대상의 자료와 비교한다. 이 방법은 일종의 반복검증(replication)이다.

4 설문지 개발

설문조사연구 진행에는 **설문지**가 필요하다. 연구자는 기존의 설문지나 척도(문항 모음)를 이용해서 설문조사연구를 진행한다. 그러나 경우에 따라서, 연구자가 설문지를 개발해야 한다. 설문지 개발 과정은 척도 개발 과정과 유사하다. 설문지 개발 과정은 다음과 같은 단계로 이루어진다.

(1) 설문조사연구의 목적과 필요성의 명료화 단계

가장 먼저 연구자는 설문조사의 연구 목적을 명료화해야 한다. 이때 연구자는 설문조사연구에서 무엇을 알고 싶은지 구체적으로 정리해야 한다. 설문조사연구의 목적이 명확하지 않으면, 질문 문항이 모호해지고 결과 해석이 어려워질 수 있다. 또한 연구자는 설문조사연구를 통해 얻은 결과가 어떤 이론적 또는 실무적 의의를 제공하는지(설문조사연구의 필요성)에 대해서 고민해야 한다. 연구자가 설문조사연구의 필요성을 고려하지 않고 설문지를 만드는 경우, 불필요한 질문 문항이 추가되어 설문지의 길이가 지나치게 길어져서 연구대상의 응답 피로감과 짜증을 유발한다. 그 결과, 연구대상은 설문지에 부실하게 답한다.

(2) 질문 문항 구성 단계 중요 ★★★

연구자는 설문조사연구의 목적과 필요성에 부합하는 질문 문항 풀(item pool)을 구성한다. 이때 연구자는 선행연구 또는 전문가와의 논의를 통해 가능한 한 많은 수의 질문 문항을 모아서 질문 문항 풀을 구성한다. 이후 연구자는 질문 문항 풀에서 내용 타당도(content validity)가 확보된 문항들만 선별한다. 문항 선별을 마친 후 연구자는 질문 문항의 문구(wording)를 작성하고, 각 질문 문항에 대한 응답 유형을 결정하며, 설문지에서의 질문 문항 배열을 결정한다.

① 질문 문항의 문구 작성

연구자는 질문 문항의 문구를 작성할 때, 다음과 같은 사항에 주의를 기울여야 한다.

㉠ 한 질문 문항에는 한 개의 질문 내용만을 물어야 한다. 예를 들어, 어떤 연구자가 '당신이 이용하는 이동통신사의 장기고객 우대 서비스는 양적으로 충분하고, 질적으로 만족스러웠습니까?'라는 질문 문항의 문구를 작성했다. 연구대상이 이동통신사의 장기고객 우대 서비스가 양적으로 불충분하지만, 질적으로 만족스럽다고 생각하는 경우, 이 질문 문항에 '예'라고 답해야 할지 아니면 '아니요'라고 답해야 할지를 결정하기 어렵다.

㉡ 질문 문항은 질문 내용을 모호 또는 막연하게 표현하거나 연구대상이 혼동을 일으키지 않도록 구체적이고 명확하게 기술되어야 한다. 예를 들어, 어떤 연구자가 '방금 전에 본 광고 A는 좋았습니까?'라는 질문 문항의 문구를 작성했다. 연구대상이 광고 A의 광고모델은 좋았지만, 광고 배경음악은 싫었다면, 이 질문 문항에 '예'라고 답해야 할지 아니면 '아니요'라고 답해야 할지를 결정하기 어렵다.

㉢ 질문 문항은 짧고 단순한 문장으로 작성되어야 한다. 예를 들어, 어떤 연구자가 '나는 내가 사용하는 브랜드 A가 마음에 든다고 말하고 싶지 않은 것은 아니다.'라는 질문 문항의 문구를 작성했다. 이 질문 문항에는 이중부정이 사용되었다. 연구대상이 브랜드 A가 마음에 드는 경우, 이 질문 문항에 '예'라고 답해야 할지 아니면 '아니요'라고 답해야 할지를 헷갈려한다.

㉣ 질문 문항에 응답하는 연구대상의 연령, 지적 수준 등에 맞추어 적절한 언어 수준으로 질문 문항의 문구가 작성되어야 한다. 예를 들어, 어떤 연구자가 유치원생에게 묻기 위해 '당신은 영생을 믿는 것이 삶의 질을 높이는 데 도움이 된다고 생각합니까?'라는 질문 문항의 문구를 작성했다. 유치원생인 연구대상은 이 질문 문항에 포함된 영생과 삶의 질이란 단어의 의미를 정확하게 이해하지 못할 수 있다.

㉤ 질문 문항에는 정서적 평가의 표현을 배제해야 한다. 예를 들어, 어떤 연구자가 '당신은 방금 전에 본 광고 A에 대해서 매우 강렬하게 긍정적으로 생각하십니까?'라는 질문 문항의 문구를 작성했다. 연구대상이 광고 A에 대해서 긍정적으로 생각하지만, 매우 강렬한 정도까지 긍정적으로 생각하지 않는 경우, 이 질문 문항에 '예'라고 답해야 할지 아니면 '아니요'라고 답해야 할지를 결정하기 어렵다.

㉥ 질문 문항은 연구대상이 기억할 수 있는 내용만을 물어야 한다. 예를 들어, 어떤 연구자가 '당신은 작년에 업무의 목적으로 총 몇 명의 사람들을 만났습니까?'라는 질문 문항의 문구를 작성했다. 이 질문 문항에 정확한 답을 할 수 있는 연구대상은 극히 드물 것이다.

㉦ 질문 문항 내용이 연구대상이 특정 방향으로 답을 하도록 유도하지 말아야 한다. 예를 들어, 어떤 연구자가 '당신과 같은 또래의 대부분 사람들은 사형제도 폐지가 인명존중을 위해 필요하다고 말하는데, 당신은 사형제도 폐지에 찬성합니까?'라는 질문 문항의 문구를 작성했다. 이 질문 문항에서 연구대상의 동년배 집단에 속한 절대 다수가 사형제도 폐지에 동의한다고 했기 때문에, 많은 연구대상은 이 질문 문항에 '아니요'라고 답하기가 어려울 것이다.

㉧ 질문 문항들은 연구대상의 묵종 편향을 막는 방향으로 구성되어야 한다. 예를 들어, 어떤 연구자가 연구대상의 외로움을 측정한다면, '나는 외롭다고 느낀다.'라는 질문 문항과 '나는 가족이나 친구들에게 편하게 의지할 수 있다.'라는 질문 문항을 함께 사용하는 것이 좋다. 이때 외로움을 느낀 연구대상은 첫 번째 문항에 대해서 '예'라고 답하고, 두 번째 문항에 대해서 '아니요'라고 답해야 한다.

㉨ 질문 문항은 연구대상이 기억이나 경험을 근거로 답할 수 있는 내용을 물어야 한다. 예를 들어, 어떤 연구자가 '당신은 브랜드 A를 써본 후 얼마나 만족했습니까?'라는 질문 문항의 문구를 작성했다. 그런데 브랜드 A를 사용한 경험이 없는 연구대상은 이 질문 문항에 답할 수 없다.

㉩ 가정형 질문 문항(만약 ~한다면, ~하겠는가?)을 사용하지 말아야 한다. 예를 들어, 어떤 연구자가 '만약 하늘을 나는 1인용 자동차가 나온다면, 당신은 바로 그 자동차를 살 것입니까?'라는 질문 문항의 문구를 작성했다. 연구대상이 이 질문 문항에 대해 정확하게 답하려면, 1인용 자동차의 구입비용, 안전성 등의 측면을 모두 고려할 수 있어야 한다. 이와 같은 정보가 없는 경우, 연구대상은 막연한 느낌으로 가정형 질문 문항에 즉흥적으로 답할 수 있다.

② 질문 문항에 대한 응답 유형 결정

연구자는 질문 문항에 대한 연구대상의 응답을 어떤 방식으로 받을 것인지 결정해야 한다. 질문 문항에 대한 응답 유형은 크게 범주형(categorical), 연속형(continuous), 개방형(open-ended) 응답 유형으로 세분화된다.

㉠ 범주형 응답 유형

범주형 응답 유형은 명명척도와 관련된다.

ⓐ 예시

> 당신이 결혼 상대를 결정할 때, 중요하게 고려하는 사항은 무엇입니까? 다음 보기 항목 중 하나만 선택해주세요.
>
> (1) 사랑 (2) 결혼 상대의 외모 (3) 결혼 상대의 학벌
> (4) 결혼 상대 집안의 재력 (5) 결혼 상대 집안의 사회적 지위

ⓑ 특징

연구자가 범주형 응답 유형을 이용할 경우, 연구자는 연구대상이 답할 수 있는 모든 보기 항목(범주)을 빠짐없이 제시해야 하고, 보기 항목은 서로 중복되지 않아야 한다. 만약 연구자가 모든 보기 항목을 생각하기가 어렵다면, '기타'라는 보기 항목을 추가할 수 있다. 또한 필요한 경우, 연구자는 연구대상이 2개 이상의 보기 항목을 선택하도록 지침을 제공한다(중복 응답). 또는 연구자는 연구대상이 보기 항목의 중요 순서를 표시하도록 할 수 있다. 예를 들어, 연구자는 '당신이 결혼 상대를 결정할 때, 중요하게 고려하는 사항은 무엇입니까? 다음 보기 항목에서 중요한 순서대로 1순위, 2순위, 3순위를 표시해주세요.'라는 방식으로 연구대상의 답을 얻을 수 있다.

㉡ 연속형 응답 유형

연속형 응답 유형은 서열척도, 등간척도 및 비율척도와 관련된다.

ⓐ 예시

> 당신은 대형마트에 코로나19 방역패스를 적용하는 것에 찬성하십니까? 당신이 찬성하는 정도를 선택해주세요.
>
> (1) 적극적으로 찬성한다. (2) 찬성하는 편이다. (3) 찬성도 반대도 아니다.
> (4) 반대하는 편이다. (5) 적극적으로 반대한다.

ⓑ 특징

연속형 응답 유형에서 연구자는 연구대상의 응답을 몇 개의 반응단계(예 5점, 7점)로 받을 것인지 결정해야 한다. 이때 연구자는 중립 반응단계(보통)를 넣어서 홀수 반응단계(예 3점 척도, 5점 척도, 7점 척도)를 이용하거나, 중립 반응단계를 빼고 짝수 반응단계(예 4점 척도, 6점 척도)를 이용할 수 있다. 그런데 중립 반응단계가 없는 경우가 중립 반응단계가 있는 경우보다 연구대상이 질문 문항의 내용에 대해서 더 깊게 생각하기 때문에 더 성실하게 질문 문항에 답할 가능성이 있다.

㉢ 개방형 응답 유형

개방형 응답 유형은 흔히 말하는 주관식 응답 유형이다.

ⓐ 예시

> '아이폰' 하면 떠오르는 생각과 느낌을 모두 적어주세요.
> → ____

ⓑ 특징

연구대상이 개방형 응답 유형에 답하기 위해서는 많은 생각과 시간이 필요하다. 그 결과, 개방형 응답 유형은 연구대상의 피로감과 짜증을 유발하여 연구대상의 무응답 또는 불성실 응답을 증가시킨다. 따라서 연구자는 설문조사연구에서 최소한의 개방형 응답 유형을 사용하는 것이 바람직하다. 또한 연구자의 입장에서 개방형 응답 유형으로 얻은 자료의 내용분석(content analysis)에 많은 시간과 노력이 들어간다.

더 알아두기

내용분석이란 1인 이상의 연구자가 연구대상에게서 얻은 글이나 말의 내용(언어 자료)을 몇 개의 범주로 분류한 후, 각 범주에 분류된 언어 자료의 빈도를 산출하는 체계적인 양적 절차를 말한다.

③ 질문 문항의 배열 결정

연구자는 설문지에서 질문 문항을 어떤 순서로 연구대상에게 제시하는 것이 좋을지 결정해야 한다. 일반적으로 사용되는 질문 문항의 배열 결정 기준은 다음과 같다.

㉠ 질문 문항을 자연스러운 흐름에 따라 배열한다. 예를 들어, 설문지에서 과거 경험을 묻는 질문 문항을 먼저 배치하고, 현재 경험을 묻는 질문 문항을 나중에 배치한다.

㉡ 유사한 내용을 묻는 질문 문항은 함께 묶어서 배치한다. 예를 들어, 설문지에서 광고 태도를 묻는 3개의 질문 문항을 묶어서 먼저 배치하고, 이후 브랜드 태도를 묻는 3개의 질문 문항을 묶어서 배치한다.

㉢ 연구대상이 답하기 쉬운 질문 문항이나 포괄적인 질문 문항을 먼저 배치하고, 연구대상이 답하기 어려운 질문 문항이나 구체적인 질문 문항을 나중에 배치한다. 예를 들어, 설문지에서 연구자가 사랑에 대한 감정을 묻는 질문 문항을 먼저 배치하고, 이후 남녀 간의 사랑, 동성 친구 간의 사랑, 이성 친구 간의 사랑 등을 묻는 질문 문항을 배치한다.

㉣ 민감한 내용(예 종교적 신념, 성생활, 정치적 성향)을 묻는 질문 문항은 설문지의 마지막 부분에 배치한다. 민감한 질문 문항을 설문지의 처음 부분에 배치하면, 민감한 질문 문항에 대한 연구대상의 감정(예 당혹감, 불쾌감)이 이후 배치된 질문 문항에 대한 연구대상의 응답에 영향을 미칠 가능성이 있다.

㉤ 연구대상의 개인 정보에 해당하는 인구통계적(예 연령, 성별) 그리고 사회경제적(예 직업, 월 평균 가구 소득) 특성을 묻는 질문 문항은 설문지의 마지막 부분에 배치한다. 이들 질문 문항을 설문지의 처음 부분에 배치하면, 연구대상이 연구자가 본인을 식별할 수 있다고 생각해서 이후 배치된 질문 문항에 대해 정직한 답을 하지 않을 가능성이 있다.

(3) 예비연구(pilot study) 실시 단계

연구자는 질문 문항 구성을 마친 후 설문지 초안을 작성한다. 이후 연구자는 설문지 초안을 이용해서 예비연구를 실시한다. 연구자는 예비연구를 통해 다음과 같은 사항을 점검하고 개선한다.

① 연구자가 예비연구를 통해 취합된 연구대상의 자료를 이용해서 설문지 초안을 구성하는 질문 문항의 편포도(skewness)와 첨도(kurtosis) 그리고 문항 간 상관계수를 점검한다.

더 알아두기

편포도는 특정 질문 문항에 대한 연구대상의 응답 점수가 중앙을 기준으로 좌우 대칭적으로 분포되지 않고 오른쪽이나 왼쪽으로 편중되는 분포를 보이는 정도를 말한다. **첨도**는 특정 질문 문항에 대한 연구대상의 응답 점수가 특정 점수나 특정 구간에 몰려서 분포되어 있는지를 보여주는 점수 분포 형태의 뾰족한 정도를 말한다.

② 연구자는 설문지 초안을 구성하는 질문 문항의 측정 타당도와 측정 신뢰도를 점검한다. 연구자가 설문지의 측정 타당도를 점검하는 대표적인 방법은 요인분석(factor analysis)이며 측정 신뢰도를 점검하는 대표적인 방법은 Cronbach's α 산출이다. 필요한 경우, 연구자는 본 도서의 제2편 제4장에서 소개한 다양한 종류의 측정 타당도와 측정 신뢰도를 점검한다.

㉠ 설문지의 측정 타당도 점검

연구자는 설문지의 구성 타당도를 점검하기 위해서 설문지를 구성하는 질문 문항의 요인 구조를 확인한다. 이때 연구자는 설문지를 구성하는 질문 문항을 대상으로 탐색적 요인분석(explanatory factor analysis) 또는 확인적 요인분석(confirmatory factor analysis)을 실시한다.

더 알아두기

탐색적 요인분석은 설문지 초안을 구성하는 여러 질문 문항에 대한 연구대상의 응답 점수 양상을 기반으로 질문 문항이 몇 개의 요인으로 묶이는지를 탐색하는 통계적 분석 방법이다. 반면 **확인적 요인분석**은 연구자가 본인이 예상하는 요인 수와 각 요인에 포함되는 여러 질문 문항을 지정한 후 설문지 초안에 대한 연구대상의 응답 점수가 이를 지지하는지 확인하는 통계적 분석 방법이다.

㉡ 설문지의 측정 신뢰도 점검

연구자는 설문지의 신뢰도를 점검하기 위해서, 설문지의 질문 문항 간 내적 일치도 지표인 Cronbach's α를 산출한다.

③ 연구자는 예비연구를 통해 질문 문항의 양호성(예 질문 이해의 난이도)을 점검한다.

(4) 최종 설문지 확정 단계

연구자가 예비연구를 통해 설문지의 측정 타당도와 측정 신뢰도를 점검해서 이상이 없으면, 최종 설문지를 확정한다.

제 5 절 면접연구

1 면접연구의 정의 중요 ★

면접연구는 연구자가 연구대상에게 질문하고 연구대상이 이에 답하는 연구자와 연구대상 간 언어적 상호작용을 기반으로 연구대상으로부터 연구주제와 관련된 내용을 수집하는 방식으로 진행된다. 이때 연구자는 연구대상의 언어적 자료 이외에 얼굴 표정에 드러난 감정, 말투, 몸짓 등의 비언어적 자료도 수집한다. 일반적으로 면접연구에서 연구자를 면접자(interviewer)로, 연구대상을 피면접자(interviewee)로 부른다.

2 면접연구의 특징

면접연구가 원활하게 진행되기 위해서, 연구자는 연구대상에게 객관적인 입장을 취해야 하며, 공평하고 우호적인 태도를 가져야 한다. 또한 면접연구에 참여한 연구대상은 면접에 협조적이고 적극적으로 참여해야 면접연구가 원활하게 진행될 수 있다.

3 면접의 종류 중요 ★★

(1) 구조화 정도에 따른 분류

면접지침(interview guide)의 구조화 정도에 따라서, 면접은 구조화된(structured) 면접, 반구조화된(semi-structured) 면접, 비구조화된(unstructured) 면접으로 구분된다.

① **구조화된 면접**

구조화된 면접에서 연구자는 면접질문의 내용, 방식, 순서 등을 미리 정한 면접지침을 철저하게 구성한 후 모든 연구대상에게 이 면접지침에 따라서 면접을 일관되게 진행한다. 연구자가 구조화된 면접을 실시하는 경우, 연구자의 면접행동이 일관되게 유지되고, 연구자의 편견, 선입견 등으로 인한 면접결과의 편향이 줄어든다. 또한 연구자는 연구대상 간 면접결과를 비교하기 쉽고, 연구대상 간 공통된 면접결과를 얻을 수 있다.

② **반구조화된 면접**

반구조화된 면접에서 연구자는 면접질문의 내용, 방식, 순서 등을 미리 정하여 면접지침을 구성하지만, 실제 면접상황에서는 모든 면접지침을 따르지 않고 융통성 있게 면접을 진행한다. 일반적으로 반구조화된 면접에서 연구자는 중요 면접질문에 대한 면접지침을 철저하게 구성하지만, 그 외의 면접질문에 대한 면접지침은 개괄적으로 구성한다.

③ **비구조화된 면접**

비구조화된 면접에서 연구자는 면접질문의 내용, 방식, 순서 등을 개괄적으로 기술한 면접지침을 구성하고, 실제 면접상황에서 본인의 상황 판단에 따라 면접지침을 참고해서 유연하게 면접을 진행한다. 비구조화된 면접은 연구자의 자유재량권이 크게 부여되며, 연구자가 면접 시 발생하는 돌발 상황에 대해 유연하게 대처할 수 있고, 연구자가 면접지침을 구성할 때 간과했던 새로운 자료를 얻을 수 있다는 장점을 가진다. 반면 비구조화된 면접은 그 성공 여부가 연구자의 면접역량에 달려 있다는 단점을 가진다. 즉, 면접역량이 떨어지는 연구자가 비구조화된 면접을 진행하면, 면접결과의 신뢰성과 타당성이 떨어질 가능성이 크다.

(2) 연구대상의 수에 따른 분류

면접에 참여하는 연구대상의 수에 따라서, 면접은 개별면접과 집단면접으로 구분된다.

① 개별면접

개별면접에서 연구자는 1명의 연구대상을 개별적으로 면접한다. 개별면접은 면접 진행시간이 오래 걸리고, 연구자의 주관이 면접결과에 영향을 미칠 수 있다는 단점을 가진다. 반면 개별면접은 연구자가 연구대상의 개인적 특성을 자세하게 알 수 있다는 장점을 가진다.

② 집단면접

집단면접 중 대표적인 면접방법은 초점집단면접(focus group interview, FGI)이다. **초점집단면접**은 연구자가 연구주제(예 특정 사건, 상황, 주제)와 관련된 여러 연구대상을 목적적으로 표집해서 이들을 대상으로 연구주제와 관련된 연구대상의 심층적 견해(예 생각, 느낌)를 수집하는 면접방법이다. 일반적으로 초점집단면접에 참여하는 연구대상의 수는 3~10명이며, 이들은 미리 정해진 한 장소에 모여서 1~2시간 동안 연구자가 제시하는 연구주제에 대해 논의한다. 초점집단면접에서 연구자는 연구대상 간 논의를 촉진하는 역할을 하며, 논의 과정에서 모든 연구대상이 본인의 심층적 견해를 자유롭게 말할 수 있도록 논의와 분위기를 조절해야 한다. 따라서 초점집단면접에서 연구자를 촉진자(facilitator) 또는 조절자(moderator)라고 부른다.

4 면접연구의 장점과 단점 중요 ★★

(1) 면접연구의 장점

① 연구자가 면접연구를 통해 융통성 있게 연구대상의 자료를 수집할 수 있다. 예를 들어, 연구대상이 특정 질문의 내용을 정확하게 이해하지 못하는 경우, 연구자가 연구대상에게 해당 질문의 내용을 여러 차례 다시 쉽게 풀어서 설명해줄 수 있다.

② 면접연구에서 연구자는 연구대상에게 되묻기(probing)를 해서 연구대상이 한 말의 의미를 보다 더 정확하게 이해할 수 있다.

③ 면접연구에서 연구자는 연구대상의 말뿐만 아니라 그 말을 할 때의 행동(예 얼굴 표정에 드러난 감정, 말투, 헛기침, 연구자와의 시선 맞춤을 피하기)까지 관찰할 수 있다. 이때 연구자는 연구대상의 행동을 보고, 연구대상이 한 말의 진위를 어느 정도 파악할 수 있다.

(2) 면접연구의 단점

① 면접연구에는 연구자의 많은 시간, 노력, 비용이 소요된다.

② 연구자의 면접역량에 따라서 면접연구의 성패가 좌우된다. 따라서 연구자의 면접역량을 역할극(연구자나 연구보조원이 면접자 또는 피면접자 역할을 해봄) 등을 통해 미리 훈련해야 한다.

③ 면접연구에서 연구대상은 연구자와 대면으로 본인의 이야기를 해야 한다. 따라서 연구대상은 본인에게 민감하거나 사적인 내용을 연구자에게 말하지 않거나 정직하지 않게 말할 가능성이 있다.

④ 면접연구에서 표준화된 자료를 얻기가 어렵다. 연구자가 면접 절차를 최대한 표준화하더라도, 연구자의 영향(예 연구대상을 대하는 자세), 연구대상의 개인차(예 내향적 성격) 등을 모두 통제해서 표준화된 자료를 얻기가 어렵다.

5 심층면접(in-depth interview) 중요 ★

연구자가 비구조화된 면접을 이용해서 소수(예 1명)의 연구대상을 면접(개별면접)하는 대표적인 방법이 심층면접이다. **심층면접**은 유연하고 역동적이며, 지시적이지 않고, 구조화되지 않은 개방형 면접방법이다. 심층면접에서 연구자는 연구대상이 본인의 언어로 이야기한 본인의 삶, 경험 및 상황에 대한 연구대상의 관점을 이해한다.

(1) 심층면접의 저해 요인

① 연구대상은 말하는 상황에 따라서 다른 이야기를 할 수 있다. 따라서 연구자는 연구대상의 모든 이야기가 진심이라고 가정할 수 없다.

② 연구대상은 연구자가 알고 싶은 중요한 내용에 대해서 말하기를 거부하거나 꺼릴 수 있다. 따라서 연구자는 연구대상이 중요한 내용을 말할 수 있는 분위기를 조성해야 한다.

③ 연구대상은 본인의 생각과 느낌을 정확하게 말이나 글로 표현하지 못하는 경우가 있다. 따라서 연구자는 되묻기를 통해 연구대상의 생각과 느낌을 명료화해야 한다.

(2) 심층면접 시 고려사항

① **연구대상의 선정**

일반적으로 심층면접에 포함되는 연구대상의 수는 적다. 연구자는 소수의 연구대상과 한 번 심층면접을 진행하기도 하고, 1명의 연구대상과 여러 번 심층면접을 진행할 수도 있다. 연구자는 연구주제와 관련된 경험이나 느낌에 친숙하고, 이를 연구자에게 말할 의향과 명확하게 전달할 능력을 가진 연구대상을 선정하는 것이 좋다.

② **연구자의 역할**

심층면접에서 연구자는 연구대상이 편하게 말하도록 유도하고, 연구대상의 어떤 말이라도 이를 지지하며, 연구대상의 기분에 민감하게 대응하고(예 지친 기색이 보이면 잠시 쉼), 연구대상이 말할 때까지 인내심을 가지고 기다려야 한다.

③ **분위기 조성**

연구대상이 본인의 생각과 느낌을 편하게 말하도록 만들기 위해서, 연구자는 다음과 같은 자세의 유지가 중요하다.

㉠ 연구자는 연구대상을 판단하지 말아야 한다. 연구대상이 개인적이며 당황스럽고 부끄러운 내용을 연구자에게 말할 수도 있다. 이때 연구자는 연구대상의 말을 듣고, 연구대상을 부정적으로 판단하지 말고 지지해야 한다.

㉡ 연구자는 연구대상이 연구주제와 관련된 말을 많이 하도록 유도해야 한다. 종종 연구대상이 연구주제와 무관한 내용을 장황하게 오래 이야기할 수 있다. 이때 연구자는 무조건 연구대상의 말을 막지 말고, 연구대상이 자연스럽게 연구주제에 관한 이야기로 돌아올 수 있도록 유도해야 한다.

㉢ 연구자는 연구대상의 이야기에 주의를 기울여야 한다. 연구자는 연구대상의 이야기에 진심으로 관심이 있다는 것을 언어적(예 '아. 그렇군요. 저는 정말 몰랐네요.') 또는 비언어적(예 고개 끄덕임)으로 표현해야 한다.

㉣ 연구자는 본인의 말과 행동이 연구대상의 이야기 내용에 영향을 미칠 수 있음을 인식해야 한다. 따라서 연구자는 연구대상의 이야기에 관심을 보이고, 공감을 표현하며, 연구대상을 친근하게 대해야 한다.

④ **면접지침**

심층면접에서 연구자는 여러 연구대상과 이야기를 나눌 핵심 연구주제에 관한 면접지침을 사용한다. 이 면접지침은 설문지와 달리, 구조화된 질문 문항으로 구성된 것이 아니라 소수의 핵심 연구주제에 관한 소수의 개괄적인 질문으로 구성된다. 연구자가 심층면접을 진행함에 따라서 면접지침의 내용을 수정할 수 있다(예 첫 번째 심층면접 후 불필요하다고 판단된 질문을 면접지침에서 삭제함).

⑤ **되묻기**

연구자는 연구대상이 말한 내용 중 그 의미를 명료화하기 위해서 **되묻기**를 할 필요가 있다. 예를 들어, '그때 기분이 어떠셨어요?', '그 다음에 무슨 일이 있었나요?', '그때 당신이 했던 말을 기억하세요?' 등이 되묻기를 위한 질문에 해당한다.

⑥ **심층면접 내용의 점검**

연구자가 연구대상의 이야기를 확대해서 해석하거나 왜곡하는 경우가 있다. 연구자는 본인이 파악한 특정 연구대상의 말에 담긴 행간의 의미가 정확한지를 해당 연구대상에게 직접 물어볼 수 있다.

⑦ **심층면접 내용의 기록 또는 녹화와 녹음**

연구자가 연구대상의 말에 담긴 행간의 의미를 정확하게 파악하기 위해서, 심층면접 중 연구대상의 몸짓, 표정 등을 기록할 필요가 있다. 또한 연구자는 심층면접 후 연구대상의 말을 분석하고 해석하기 위해서 심층면접 내용을 녹화하거나 녹음하는 것이 좋다. 이때 연구자는 연구대상에게 심층면접 내용의 녹화와 녹음에 대한 허락을 미리 받아야 한다.

제 2 장 관계연구

제 1 절 수반성연구

1 수반성연구의 이해 중요 ★★

많은 연구자는 특정 변인의 결과가 다른 변인의 결과에 의존하고 있는지를 알고자 한다. 이때 연구자는 두 변인을 명명척도로 측정해야 한다. 이처럼 명명척도로 측정한 두 변인의 상호 의존성을 수반성(contingency)이라고 한다. 구체적으로, **수반성**이란 두 변인 간의 조건적이고 확률적인 관련성을 의미한다. 수반성연구의 목적은 연구자가 두 변인 간의 조건적이고 확률적인 관련성(수반성)을 검증하는 것이다.

2 수반성 검증

(1) 예시

어떤 연구자가 성인 남녀에 따라서 대형마트에 코로나19 방역패스를 적용하는 정책에 대한 찬반 의견이 달라지는지 알고자 한다. 이에 연구자는 200명의 성인 남녀를 대상으로 설문조사를 실시해서 [표 3-3]을 얻었다. 이 표를 **교차분할표**(contingency table)라고 부르며, 이 표는 두 변인의 모든 범주(예 성별 : 여성 vs 남성, 찬반 의견 : 찬성 vs 반대) 간 조합 내용을 보여준다. 수반성 검증을 위해서, 교차분할표는 2개 이상의 행(row)과 2개 이상의 열(column)로 구성되어야 한다. 교차분할표에서 특정 행렬의 조합을 칸(cell)이라고 부른다. 예를 들어, 대형마트에 코로나19 방역패스를 적용하는 정책에 대해서 찬성한 여성의 칸에 해당하는 연구대상 수(**관찰빈도**)는 20명이다.

[표 3-3] 교차분할표

※ 단위 : 명

구분	찬성	반대	각 행의 합계
여성	20	80	100
남성	70	30	100
각 열의 합계	90	110	200(전체)

(2) 통계적 검증 방법 중요 ★

일반적으로 수반성 검증을 위해서, 연구자는 χ^2 **검증**(카이제곱 검증)을 이용한다. χ^2 검증의 논리와 조건은 다음과 같다.

① 검증절차

χ^2 검증에서 영가설은 '교차분할표에서 관찰빈도(observed frequency)의 분포와 기대빈도(expected frequency)의 분포가 같다.'이다. 관찰빈도는 특정 칸에서 얻은 실제 빈도를 말하며, **기대빈도**는 영가설이 참일 때 특정 칸에서 얻을 것이라고 기대한 빈도를 말한다. 연구자가 영가설을 기각할 것인가 아니면 수용할 것인가는 다음과 같은 절차를 통해 결정된다.

㉠ 1단계

자료에서 얻은 교차분할표의 관찰빈도에 근거하여 다음의 공식을 이용해서 각 칸의 기대빈도를 산출한다. 그 결과, 각 칸의 기대빈도는 45명(여성 찬성 칸), 55명(여성 반대 칸), 45명(남성 찬성 칸), 55명(남성 반대 칸)이다.

$$\text{기대빈도} = \frac{\text{각 행의 관찰빈도 합}}{\text{전체 관찰빈도 합}} \times \frac{\text{각 열의 관찰빈도 합}}{\text{전체 관찰빈도 합}} \times \text{전체 관찰빈도 합}$$

예 여성 찬성 칸의 기대빈도는 다음과 같이 산출된다.

$$\text{기대빈도} = \frac{100}{200} \times \frac{90}{200} \times 200 = 45$$

㉡ 2단계

χ^2 값은 관찰빈도의 분포와 기대빈도의 분포 간 얼마나 크게 차이가 나는지를 알려주는 지표이다. 교차분할표의 χ^2 값을 산출하기 위해서, 먼저 각 칸의 관찰빈도와 기대빈도 간의 차이값을 다음과 같은 공식으로 산출한다. 그 결과, 각 칸의 빈도 차이값은 13.9(여성 찬성 칸), 11.4(여성 반대 칸), 13.9(남성 찬성 칸), 11.4(남성 반대 칸)이다.

$$\text{빈도 차이값} = \frac{(\text{관찰빈도} - \text{기대빈도})^2}{\text{기대빈도}}$$

예 여성 찬성 칸의 빈도 차이값은 다음과 같이 산출된다.

$$\text{빈도 차이값} = \frac{(20 - 45)^2}{45} = 13.9$$

㉢ 3단계

각 칸의 빈도 차이값을 모두 더하면, 교차분할표의 χ^2 값이 산출된다. 그 결과, 교차분할표의 χ^2 값은 50.5이다. 결론적으로 다음과 같은 공식으로 χ^2 값을 산출한다.

$$\chi^2 = \Sigma \frac{(O - E)^2}{E}$$

여기서 O는 관찰빈도를, E는 기대빈도를, Σ는 더하기를 나타낸다.

㉣ 4단계

자유도를 산출한다. χ^2 검증에서 자유도(degree of freedom, df)는 '(행의 수 − 1) × (열의 수 − 1)'로 산출한다. 따라서 교차분할표의 자유도는 1이다.

더 알아두기 중요 ★★

자유도는 통계 계산에서 변경이 허용된 값의 최대 개수를 말한다. 예를 들어, 4명 연구대상의 개별 값이 실제로 모두 5점인데, 연구자는 4명 연구대상에게서 얻은 평균값이 5점이라는 것만 알고 있다. 이때 연구자가 4명의 값을 모두 모른다면, 4명 각각의 정확한 개별 값을 추정하는 것이 불가능하다. 그런데 연구자가 4명의 연구대상 중 최소한 1명의 값을 안다면, 나머지 3명의 값을 어느 정도 추정할 수 있다. 이 경우, 4명에서 값을 무조건 알아야 하는 1명을 뺀 3명의 값은 변경이 허용된 것으로 볼 수 있다. 따라서 '4 − 1'인 3이 자유도이다.

- **조건 1** : 3명의 값을 아는 경우(5점, 5점, 5점), 연구자는 나머지 1명의 값을 정확히 추정할 수 있다.

$$5 = \frac{5 + 5 + 5 + ?}{4}$$

- **조건 2** : 2명의 값을 아는 경우(5점, 5점), 나머지 2명의 값을 자유롭게 추정할 수 있다.

$$5 = \frac{5 + 5 + ? + ?}{4}$$

- **조건 3** : 1명의 값을 아는 경우(5점), 나머지 3명의 값을 자유롭게 추정할 수 있다.

$$5 = \frac{5 + ? + ? + ?}{4}$$

㉤ 5단계

연구자가 χ^2 검증의 유의도 수준(level of significance)과 검증 방향을 결정한다. 이후 연구자는 χ^2 분포표에서 교차분할표의 자유도, 유의도 수준(.05) 및 검증 방향(양방)에 해당하는 χ^2 임계값(critical value)을 확인한다. χ^2 분포표는 인터넷에서 '카이제곱 표'로 검색하면 쉽게 찾을 수 있다. χ^2 분포표에서 자유도가 1이고, 유의 수준이 .05이며, 양방검증인 경우, χ^2 임계값은 3.84이다. 이때 χ^2 임계값은 연구자가 관찰빈도의 분포와 기대빈도의 분포가 같은지 또는 다른지를 결정할 때 사용하는 기준점이다.

더 알아두기 중요 ★★★

- **유의도 수준**은 연구자가 가설검증에서 영가설이 참임에도 불구하고 영가설을 기각할 확률을 말한다. 일반적으로 연구자는 유의도 수준을 .01(영가설을 기각할 확률 = 1%) 또는 .05(영가설을 기각할 확률 = 5%)로 정한다.
- 연구자가 대립가설 또는 연구가설을 방향가설(directional hypothesis)로 설정하면 **일방검증**을, 무방향가설(non-directional hypothesis)로 설정하면 **양방검증**을 실시한다. 예를 들어, '관찰빈도의 분포와 기대빈도의 분포는 다를 것이다.'는 무방향가설이다. 이때 연구자는 양방검증을 실시한다.
- **임계값**은 연구자가 본인의 연구결과가 통계적으로 의미가 있는지를 판단할 때 사용하는 의사결정 기준값을 말한다. 일반적으로 임계값보다 연구자가 얻은 결과값(예 자료에서 산출한 χ^2 값)이 작으면 영가설은 수용되고, 임계값보다 연구자가 얻은 결과값이 크면 영가설은 기각된다.

ⓑ 6단계

연구자가 산출한 χ^2 값인 50.5가 χ^2 분포표에서 확인한 χ^2 임계값인 3.84보다 크다. 따라서 영가설은 기각된다. 그 결과, 연구자는 성인 남성과 성인 여성 간에 대형마트에 코로나19 방역패스를 적용하는 정책에 대한 찬반 의견은 다르다고 결론을 내린다. 구체적으로, 대형마트에 코로나19 방역패스를 적용하는 것을 반대하는 여성이 찬성하는 여성보다 많은 반면, 대형마트에 코로나19 방역패스를 적용하는 것을 찬성하는 남성이 반대하는 남성보다 많았다.

② **조건**

㉠ 모든 연구대상은 무작위로 표집된다.

㉡ 두 변인은 명명척도로 측정된다.

㉢ 각 변인은 2개 이상의 범주로 측정된다.

㉣ 한 연구대상은 교차분할표에서 한 개의 칸에만 속한다.

㉤ 교차분할표의 각 칸은 서로 독립적이다.

㉥ 교차분할표의 행과 열이 2개 이상이면, 각 칸의 기대빈도는 5 이상이 되어야 한다. 또한 교차분할표의 행과 열 모두가 2개이면, 각 칸의 기대빈도가 10 이상이 되도록 표본의 크기가 커야 한다.

3 수반성연구 시 고려사항

(1) 연구대상의 반응성 개입

일반적으로 수반성연구에서 연구자는 설문조사를 이용해서 자료를 수집한다. 이 과정에서 연구대상의 반응성이 자료 내용에 영향을 미칠 수 있다.

(2) 불명확한 인과관계

연구자는 수반성연구에 사용된 두 변인 간의 인과관계를 확인할 수 없다. 예를 들어, 어떤 연구자가 수반성연구를 통해 성인 남성과 성인 여성 간 대형마트에 코로나19 방역패스를 적용하는 정책에 대한 찬반 의견이 다르다는 결론을 얻었다. 이때 연구자는 연구대상의 성별(원인)이 다르기 때문에 대형마트에 코로나19 방역패스를 적용하는 정책에 대한 찬반 의견이 달라졌다고(결과) 주장할 수 없다.

제 2 절 상관관계연구

1 상관관계연구의 이해 중요 ★★★

상관관계연구의 목적은 연구자가 2개의 변인 간의 관련성을 확인하는 것이다.

(1) 상관관계의 정의

상관관계는 두 변인 간 관련성의 강도(magnitude)와 방향을 말한다.

(2) 상관관계의 종류

연구자는 2개의 변인을 측정해서 얻은 점수 쌍들의 분포 양상을 **산포도**(scatter plot)를 이용해서 그릴 수 있다([그림 3-2] 참조). 산포도에서 상관관계는 정적(positive) 상관관계, 부적(negative) 상관관계, 상관관계가 없음, 곡선적(curvilinear) 상관관계로 표현된다.

① **정적 상관관계**

정적 상관관계인 두 변인은 함께 증가하거나 감소한다. 즉, 변인 A가 증가할수록 변인 B도 함께 증가하며, 변인 A가 감소할수록 변인 B도 함께 감소한다. 산포도에서 두 변인의 점수 변화는 우상향 형태(↗)를 보인다.

② **부적 상관관계**

부적 상관관계인 두 변인은 서로 반대 방향으로 증가하거나 감소한다. 즉, 변인 A가 증가할수록 변인 B는 감소하며, 변인 A가 감소할수록 변인 B는 증가한다. 산포도에서 두 변인의 점수 변화는 우하향 형태(↘)를 보인다.

③ **상관관계 없음**

두 변인이 서로 관련성이 없어서, 한 변인의 변화에 따라서 다른 변인이 함께 변하지 않는다. 이를 **상관관계 없음**이라고 한다. 산포도에서 두 변인의 점수 변화가 특별한 규칙성 없이 넓게 퍼진 형태를 보인다.

④ **곡선적 상관관계**

변인 A가 증가할수록(vs 감소할수록) 변인 B가 함께 증가하다가(vs 감소하다가) 일정 수준에서 변인 A가 감소하고(vs 증가하고) 이때 변인 B는 함께 감소한다(vs 증가한다). 산포도에서 두 변인의 변화가 역 U자 형태 또는 U자 형태를 보인다. 이를 **곡선적 상관관계**라고 한다.

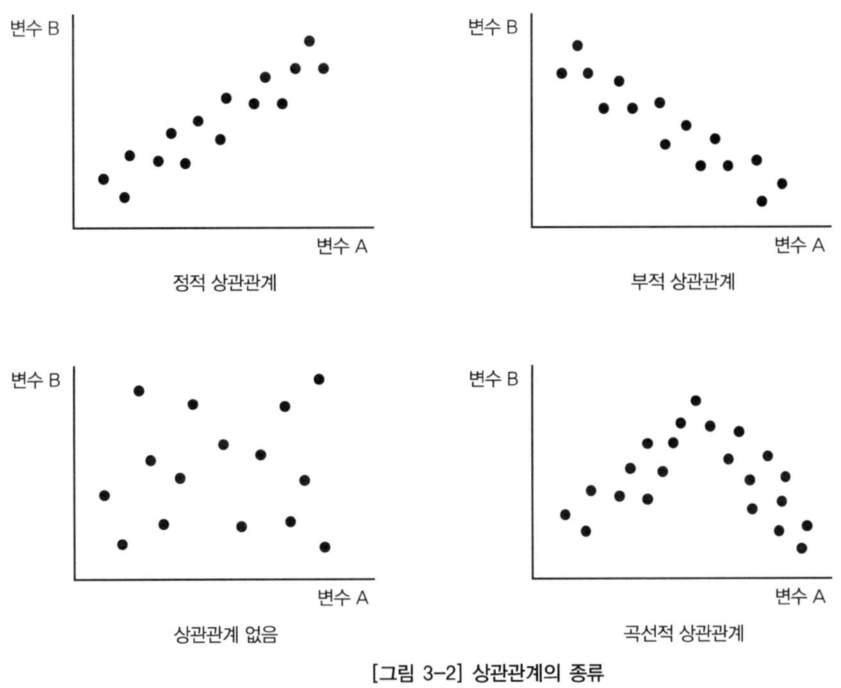

[그림 3-2] 상관관계의 종류

(3) 상관계수(correlation coefficient)의 특징

상관계수는 두 변인 간 직선적 관련성의 강도와 방향을 나타내는 지표이다. 상관계수의 특징은 다음과 같다.

① 상관계수는 -1.0(완벽한 부적 상관관계)~+1.0(완벽한 정적 상관관계)의 범위에 속한 값으로 표현된다. 상관계수가 0이면, 두 변인 간 관련성이 없다는 것을 의미한다. 상관계수의 절댓값이 클수록, 두 변인 간 관련성이 더 강하다는 것을 의미한다. 산포도에서 점수 쌍들의 분포 양상이 가늘수록(⬯) 두 변인 간 관련성이 더 강해진다. 반면 산포도에서 점수 쌍들의 분포 양상이 넓을수록(⬯) 두 변인 간 관련성이 더 약해진다.

또한 상관계수의 - 부호(음수)와 + 부호(양수)는 두 변인 간 관련성의 방향을 나타낸다. 이때 상관계수가 음수이면 두 변인이 부적 상관관계임을, 상관계수가 양수이면 두 변인이 정적 상관관계임을 나타낸다.

② 상관계수의 절댓값을 기준으로, 연구자는 상관계수의 강도를 [표 3-4]와 같이 해석한다.

[표 3-4] 상관계수 강도의 해석

상관계수의 범위	강도 해석
.70 ≤ 상관계수 ≤ 1.00	강한 상관관계임
.30 ≤ 상관계수 ≤ .69	중간 강도의 상관관계임
0 〈 상관계수 ≤ .29	약한 상관관계임
상관계수 = 0	상관관계 없음

③ 연구자가 상관계수를 해석할 때 다음의 사항에 주의를 기울여야 한다.

㉠ 인과관계

한 변인의 변화(원인)가 다른 변인의 변화(결과)를 일으키면, 이 두 변인은 인과관계(causality)를 가진다고 말한다. 그런데 연구자는 상관계수로 두 변인 간의 인과관계를 입증하지 못한다. 연구자는 상관계수를 통해 두 변인 간 관련성의 강도와 방향만을 알 수 있을 뿐이다.

㉡ 가외변인

가외변인이 두 변인 간의 관련성에 개입해서 두 변인 간의 강한 상관관계를 만들 수 있다. 예를 들어, 어떤 연구자가 사회 계층과 언어 유창성 간 .70의 상관계수를 얻었다. 그런데 사회 계층과 언어 유창성 간의 상관관계가 없더라도, 교육수준(가외변인)이 사회 계층 그리고 언어 유창성과 강한 상관관계를 가지기 때문에 사회 계층과 언어 유창성 간의 강한 상관관계가 발생할 수 있다. 이 경우, .70이라는 강한 상관계수는 사회 계층과 언어 유창성 간에 실제로 존재하는 강한 상관관계 때문이 아니라, 교육수준(가외변인)이 사회 계층 그리고 언어 유창성과 강한 상관관계를 가지기 때문에 나타날 수 있다.

㉢ 가짜 상관관계

상관계수는 단지 두 변인의 점수 집합만 있으면 산출할 수 있다. 경우에 따라서, 두 변인의 관련성이 실제로 없거나 가외변인이 전혀 없는 경우에도 연구자는 우연히 강한 상관계수를 얻을 가능성이 있다. 예를 들어, 특정 지역의 강력 범죄 발생 수와 특정 웹브라우저 사용자 수 간의 관련성은 전혀 없다. 그런데 어떤 연구자가 우연히 이 둘 간의 강한 상관계수를 얻을 수도 있다.

㉣ 제한된 범위(restricted range)

상관계수는 두 변인의 변화 양상을 기반으로 산출된다. 그런데 연구대상에게서 얻은 자료에서 한 변인 또는 두 변인의 변화 범위가 제한되면(**제한된 범위**), 연구자는 두 변인 간의 정확한 상관계수를 얻을 수 없다. [그림 3-3]에서 연구자는 집단 A의 자료에서 정적 상관계수를, 집단 B의 자료에서 0에 가까운 상관계수를, 집단 C의 자료에서 부적 상관계수를 얻을 것이다. 즉, 연구자가 어떤 연구대상 집단으로부터 자료를 수집하는가에 따라서 상관계수의 강도와 방향이 달라진다. 이와 같은 변인의 점수 변화 범위가 제한되기 때문에 발생하는 문제는 연구자가 동질적인 특성을 가진 표본(예 대학생)으로부터 얻은 자료에서 상관계수를 산출할 때 자주 발생한다. 즉, 동질적인 특성을 가진 표본에서 얻은 두 변인의 점수 변화는 특정한 제한된 범위에서만 일어날 가능성이 있다.

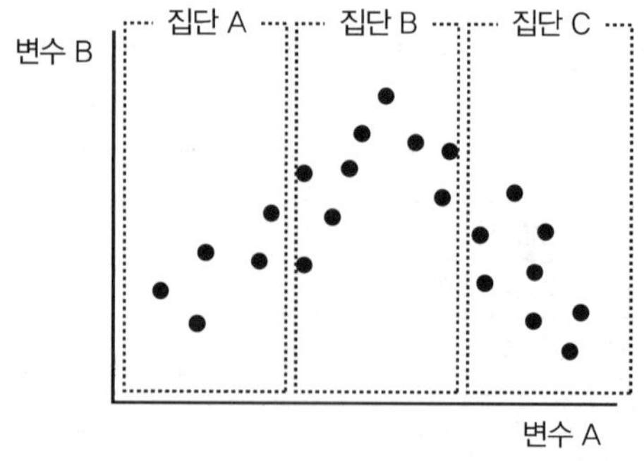

[그림 3-3] 산포도와 제한된 범위

㉤ 곡선적 관계

두 변인 간 관련성은 항상 직선적이지 않고, 곡선적일 수 있다. 두 변인 간 관련성이 곡선적인 경우, 두 변인 간 직선적 상관관계를 전제로 산출하는 상관계수(예 Pearson 상관계수)의 절댓값(강도)이 0에 가깝게 작아진다. 따라서 연구자는 산포도에서 두 변인 간 직선적 관련성을 시각적으로 확인한 후 두 변인 간 직선적 상관관계를 전제로 산출하는 상관계수를 구할 필요가 있다.

2 상관계수 산출

(1) 예시

어떤 연구자가 자기존중감과 삶의 만족도 간의 관련성을 알고자 한다. 이에 연구자는 10명의 성인 남녀를 대상으로 5점 척도(1~5점)로 자기존중감(A)과 삶의 만족도(B)를 측정하였다. 그 결과, [표 3-5]와 [그림 3-4]를 얻었다.

[표 3-5] 자료 수집 결과

※ 단위 : 점

구분 \ 연번	1	2	3	4	5	6	7	8	9	10
자기존중감(A)	4	5	3	4	5	3	2	1	2	3
삶의 만족도(B)	5	3	4	4	4	2	1	2	2	3

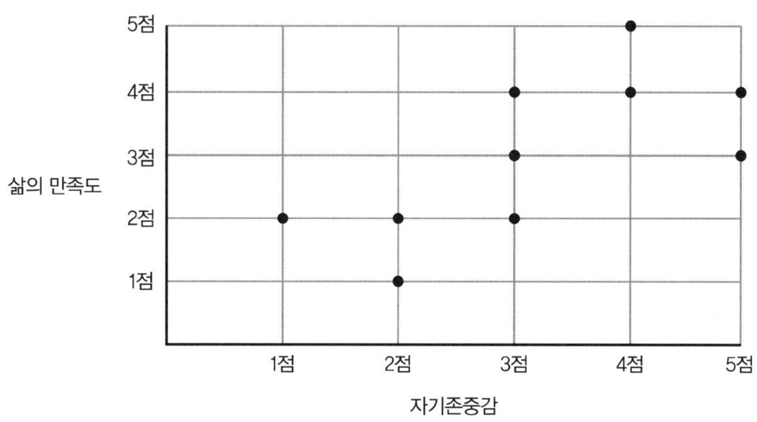

[그림 3-4] 산포도

(2) 상관계수 산출 절차

일반적으로 서열척도, 등간척도와 비율척도로 측정한 두 변인 간의 상관관계 확인을 위해서, 연구자는 **피어슨 상관계수**(Pearson correlation coefficient) 또는 **피어슨 적률 상관계수**(Pearson product moment correlation coefficient)를 산출한다. 보통 피어슨 상관계수를 r이라고 표현한다. r의 산출 방법은 다음과 같다([표 3-6] 참조).

① **1단계**

자기존중감(A)의 평균값($\overline{X}_A$ = 3.20)과 삶의 만족도(B)의 평균값($\overline{X}_B$ = 3.00)을 구한다.

② **2단계**

각 연구대상별로 자기존중감의 점수(X_A)에서 자기존중감의 평균값($\overline{X}_A$)을 뺀 값(a)을 구한다. 동일하게 삶의 만족도의 점수(X_B)에서 삶의 만족도의 평균값($\overline{X}_B$)을 뺀 값(b)을 구한다. 이렇게 얻은 값('연구대상의 개별 점수 - 평균값')을 **편차**(deviation)라고 한다.

③ **3단계**

각 연구대상별로 자기존중감의 편차(a)와 삶의 만족도의 편차(b)를 곱한 값(a × b)을 구한다.

④ **4단계**

각 연구대상의 자기존중감의 편차를 제곱한 값(a^2)을 구한다. 동일하게 각 연구대상의 삶의 만족도의 편차를 제곱한 값(b^2)을 구한다.

⑤ **5단계**

각 연구대상의 자기존중감의 편차를 제곱한 값을 모두 더한다(Σa^2). 동일하게 각 연구대상의 삶의 만족도의 편차를 제곱한 값을 모두 더한다(Σb^2). 이 과정을 거쳐서 얻은 값을 **자승화**(sum of squares, SS)라고 한다. 그 결과, Σa^2은 15.60이고, Σb^2은 14.00이다.

더 알아두기

자기존중감(A)의 편차를 모두 더하면, 0이 나온다(Σa = 0). 동일하게 삶의 만족도(B)의 편차를 모두 더하면, 0이 나온다(Σb = 0). 이와 같은 제로섬(zero sum) 현상을 막기 위해서, 자기존중감이나 삶의 만족도의 편차를 제곱한 후 이들 값을 모두 더한다(자승화).

⑥ **6단계**

자기존중감의 자승화(Σa^2)와 삶의 만족도의 자승화(Σb^2)를 곱한 값(218.40)의 제곱근(14.78)을 구한다.

⑦ **7단계**

자기존중감의 편차와 삶의 만족도의 편차를 곱한 값(a × b)을 모두 더한다. 그 결과는 10.00이다.

⑧ **8단계**

7단계에서 얻은 값(10.00)에서 6단계에서 얻은 값(14.78)을 나누면, .68이라는 r을 얻는다.

[표 3-6] r 산출 과정

구분 연번	A (단위 : 점)	B (단위 : 점)	a	b	a × b	a^2	b^2
1	4	5	.80	2.00	1.60	.64	4.00
2	5	3	1.80	.00	.00	3.24	.00
3	3	4	−.20	1.00	−.20	.04	1.00
4	4	4	.80	1.00	.80	.64	1.00
5	5	4	1.80	1.00	1.80	3.24	1.00
6	3	2	−.20	−1.00	.20	.04	1.00
7	2	1	−1.20	−2.00	2.40	1.44	4.00
8	1	2	−2.20	−1.00	2.20	4.84	1.00
9	2	2	−1.20	−1.00	1.20	1.44	1.00
10	3	3	−.20	.00	.00	.04	.00
	$\Sigma A = 32$, $\overline{X}_A = 3.20$	$\Sigma B = 30$, $\overline{X}_B = 3.00$	$\Sigma a = 0$	$\Sigma b = 0$	$\Sigma(a \times b)$ $= 10.00$	Σa^2 $= 15.60$	Σb^2 $= 14.00$

결론적으로 다음과 같은 공식으로 r(피어슨 상관계수)을 산출한다.

$$r = \frac{\Sigma(a \times b)}{\sqrt{\Sigma a^2 \times \Sigma b^2}}$$

여기서 a는 변인 A의 편차를, b는 변인 B의 편차를, Σ는 더하기를 나타낸다. 개념적으로 편차는 변인의 변화 정도를 반영한다. 따라서 r을 산출하는 공식에서 분자는 변인 A와 변인 B가 함께 변화하는 정도를, 분모는 변인 A와 변인 B의 총 변화 정도이다. 따라서 r은 변인 A와 변인 B의 총 변화 정도 중 변인 A와 변인 B가 함께 변화하는 정도가 차지하는 비율을 나타낸다.

더 알아두기

피어슨 상관계수(r)를 제곱한 값(R^2)은 두 변인이 함께 변하는 양(%)을 알려준다. 즉, R^2은 한 변인의 변화에 따라서 다른 변인이 변화하는 양이기 때문에, 한 변인의 변화에 따른 다른 변인의 변화에 대한 설명량에 해당한다. R^2을 **결정계수**(determination coefficient)라고 부른다.
예를 들어, 자기존중감과 삶의 만족도의 상관계수가 .55이면, 이 상관계수를 제곱한 값(R^2)은 .30이다. 이 경우, 연구자는 자기존중감의 변화 중 30%가 삶의 만족도와 함께 변하는 것 또는 삶의 만족도의 변화 중 30%가 자기존중감과 함께 변하는 것으로 이해할 수 있다.

3 상관관계연구 시 고려사항

(1) 연구대상의 반응성 개입

일반적으로 상관관계연구에서 연구자는 설문조사를 이용해서 자료를 수집한다. 이 과정에서 연구대상의 반응성이 자료 내용에 영향을 미칠 수 있다.

(2) 불명확한 인과관계 중요 ★★★

연구자는 상관관계연구에 사용된 한 시점에서 측정한 두 변인 간의 인과관계를 확인할 수 없다. 이와 같은 문제점을 해결하는 방법 중 하나가 연구자가 **교차지연 패널 상관 절차**(cross-lagged-panel correlation procedure)를 실시하는 것이다. 교차지연 패널 상관 절차에서 연구자는 장기간에 걸쳐서 동일 연구대상에게 여러 번 상관계수를 구한다.

예를 들어, 어떤 연구자가 공격적인 TV 프로그램에 대한 선호도가 공격성의 원인인지 알고자 한다(공격적 TV 프로그램 선호도 → 공격성)([그림 3-5] 참조). 이때 공격성이 공격적인 TV 프로그램에 대한 선호도의 원인일 가능성도 있다(공격성 → 공격적 TV 프로그램 선호도). 이와 같은 2개의 가능성을 점검하기 위해서, 연구자는 100명의 초등학생을 모집한 후 이들을 대상으로 공격적인 TV 프로그램 선호도(T1의 공격적 TV 프로그램 선호도)와 공격성(T1의 공격성)을 설문조사로 측정하였다. 이후 동일한 연구대상이 중학생일 때 공격적인 TV 프로그램 선호도(T2의 공격적 TV 프로그램 선호도)와 공격성(T2의 공격성)을 설문조사로 측정하였다. 그 결과, 연구자는 T1의 공격적 TV 프로그램 선호도와 T2의 공격성 간의 강한 상관계수를 얻었다. 반면, 연구자는 T1의 공격성과 T2의 공격적 TV 프로그램 선호도 간의 상관계수가 약하거나 상관관계가 없다는 것을 확인했다. 이 경우, 연구자는 공격적 TV 프로그램 선호도가 공격성의 원인이라는 결론을 내릴 수 있다.

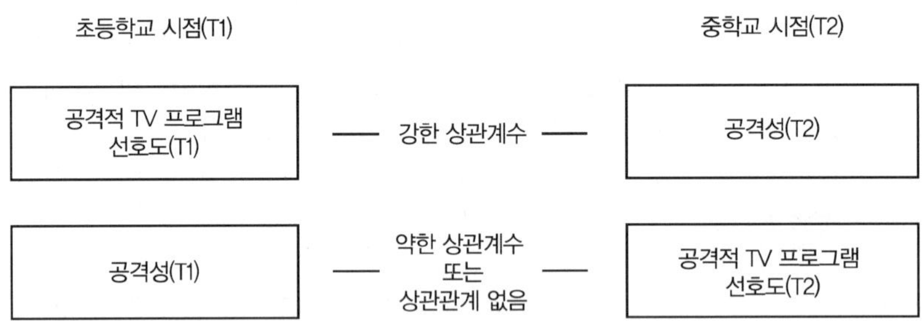

[그림 3-5] 교차지연 패널 상관 절차

교차지연 패널 상관 절차는 다음과 같은 한계점을 가진다.

① 연구자가 교차지연 패널 상관 절차로 자료를 수집할 때 많은 시간이 소요된다.

② 교차지연 패널 상관 절차가 두 변인 간의 상관관계를 명확하게 증명하는 것은 아니다. 예를 들어, T1의 공격적 TV 프로그램 선호도 이외에 다른 많은 가외변인이 T2의 공격성에 영향을 미칠 수 있다. 가외변인(예 중학교에 올라가서 공격성이 강한 여러 명의 친구들을 사귐)의 개입으로 인해서 T1의 공격적 TV 프로그램 선호도와 T2의 공격성 간에 강한 상관관계가 발생할 가능성이 있다.

제 3 절 인과관계연구

1 인과관계연구의 이해 중요 ★★★

인과관계연구의 목적은 연구자가 한 변인(원인)이 다른 변인(결과)의 변화에 영향을 미치는지를 확인하는 것이다.

(1) 상관관계와 인과관계의 차이

상관관계에서 두 변인은 서로 원인일 수도 있고 결과일 수도 있다. 예를 들어, 변인 A와 변인 B가 상관관계이면, 변인 A는 변인 B의 원인이다. 또한 변인 B는 변인 A의 원인이다. 반면 인과관계에서 두 변인 중 한 변인은 원인이고, 다른 변인은 결과이다. 예를 들어, 변인 C와 변인 A 또는 변인 B가 인과관계라면, 변인 C는 변인 A의 원인이다. 또한 변인 C는 변인 B의 원인이다. [그림 3-6]은 상관관계와 인과관계를 도식적으로 보여준다.

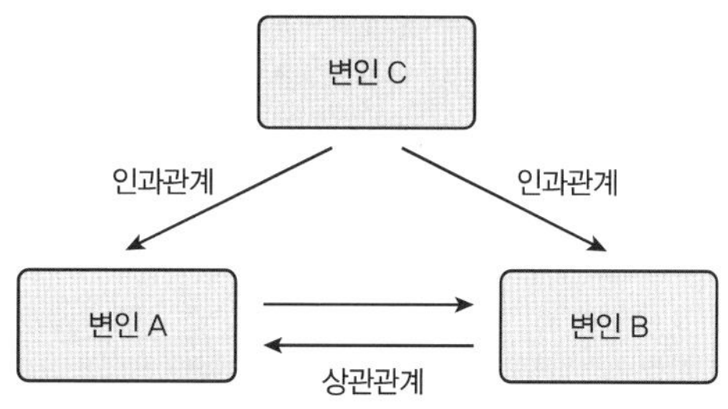

[그림 3-6] 관련성과 인과성

(2) 인과관계의 전제 조건

두 변인이 인과관계이기 위해서, 다음과 같은 전제 조건을 충족해야 한다(**인과관계의 전제 조건**).

① **공변성(covariance)**
두 변인은 서로 상관관계여야 한다. 즉, 한 변인의 변화에 따라서 다른 변인이 함께 변해야 한다.

② **시간 순서(temporal order)**
원인이 되는 변인의 변화는 결과가 되는 변인의 변화보다 시간적으로 먼저 발생해야 한다.

③ **가외변인의 영향 배제(non-spuriousness)**
두 변인 간의 상관관계에 다른 변인(가외변인)이 영향을 미치지 않아야 한다.

더 알아두기

인과관계를 가장 단순하게 확인하는 방법은 일치 차이 병용법(joint method of agreement and difference)을 이용하는 것이다. 이 방법에 따르면, 연구자가 특정 변인(변인 A)이 발생하면 다른 변인(변인 B)이 발생하는 것과 특정 변인(변인 A)이 발생하지 않으면 다른 변인(변인 B)이 발생하지 않는 것을 보여주면, 두 변인 간의 인과관계가 존재하는 것이다.

(3) 인과관계연구 방법

연구자가 설문조사로 자료를 수집해서 두 변인 간의 인과관계를 확인하는 것은 원칙적으로 바람직하지 않다. 연구자가 한 시점에서 실시한 설문조사로 두 변인을 측정하면, 두 변인의 공변성을 확인할 수 있다. 그러나 설문조사에서 연구자가 두 변인의 발생 시간 순서를 조작할 수 없고, 가외변인을 통제하는 것도 어렵다. 따라서 일반적으로 연구자는 실험연구를 통해 두 변인 간의 인과관계를 확인한다. 그럼에도 불구하고, 많은 연구자가 설문조사를 통해 두 변인 간의 인과관계를 확인한다. 이때 연구자는 두 변인 간의 인과관계를 입증한 다수의 선행연구나 두 변인 간의 인과관계를 제안한 여러 이론을 기반으로 설문조사를 실시한 후 두 변인 간의 인과관계를 확인해야 한다.

2 회귀(regression)

(1) 회귀의 정의 중요 ★★★

연구자가 두 변인의 상관관계를 기반으로 한 변인이 다른 변인을 예측하는지를 확인할 때, 회귀라는 용어를 사용한다. **회귀**는 한 변인(독립변인 또는 예측변인)을 기반으로 다른 변인(종속변인 또는 준거변인)을 예측하는 것을 말한다. 회귀는 회귀식을 기반으로 한다.

(2) 회귀식 산출 중요 ★★

① 예시

어떤 연구자가 자기존중감(X)이 삶의 만족도(Y)에 미치는 영향을 알고자 한다. 이에 연구자는 10명의 성인 남녀를 대상으로 5점 척도(1~5점)로 자기존중감(X)과 삶의 만족도(Y)를 측정하였다. 그 결과, [표 3-7]과 같은 자료를 얻었다.

[표 3-7] 자료 수집 결과

※ 단위 : 점

구분 \ 연번	1	2	3	4	5	6	7	8	9	10
자기존중감(X)	4	5	3	4	5	3	2	1	2	3
삶의 만족도(Y)	5	3	4	4	4	2	1	2	2	3

② 회귀식 산출 방법

회귀식은 두 변인(변인 X와 변인 Y) 간의 직선적 인과관계를 수학적으로 표현한 것이다. 회귀식은 수식으로는 'Y = a + bX'로 표현된다. 이때 a는 **절편**(intercept)이며, 변인 X가 0일 때의 변인 Y 값을 의미한다. 한편 b는 **기울기**(slope)이며, 변인 X가 한 단위 변할 때 변인 Y가 얼마나 많이 변하는가를 나타낸다. 회귀식을 산출하는 방식은 다음과 같다.

㉠ 1단계

자기존중감(X)과 삶의 만족도(Y)의 상관계수(.68)를 구한다.

㉡ 2단계

자기존중감(X)과 삶의 만족도(Y)의 **분산**(variance)을 다음의 공식으로 산출한다([표 3-8] 참조).

$$s_X^2 = \frac{\Sigma(X-\overline{X}_X)^2}{N-1} = \frac{15.60}{10-1} = 1.73$$

$$s_Y^2 = \frac{\Sigma(X-\overline{X}_Y)^2}{N-1} = \frac{14.00}{10-1} = 1.56$$

여기서 s_X^2는 자기존중감(X)의 분산을, s_Y^2는 삶의 만족도(Y)의 분산을, X는 자기존중감의 개별 점수를, Y는 삶의 만족도의 개별 점수를, $\overline{X}_X$는 자기존중감의 평균값을, $\overline{X}_Y$는 삶의 만족도의 평균값을, N은 연구대상의 수를 나타낸다.

[표 3-8] 분산 산출 과정

구분 / 연번	X (단위 : 점)	Y (단위 : 점)	$X-\overline{X}_X$	$Y-\overline{X}_Y$	$(X-\overline{X}_X)^2$	$(Y-\overline{X}_Y)^2$
1	4	5	.80	2.00	.64	4.00
2	5	3	1.80	.00	3.24	.00
3	3	4	−.20	1.00	.04	1.00
4	4	4	.80	1.00	.64	1.00
5	5	4	1.80	1.00	3.24	1.00
6	3	2	−.20	−1.00	.04	1.00
7	2	1	−1.20	−2.00	1.44	4.00
8	1	2	−2.20	−1.00	4.84	1.00
9	2	2	−1.20	−1.00	1.44	1.00
10	3	3	−.20	.00	.04	.00
	$\Sigma X = 32$, $\overline{X}_X = 3.20$	$\Sigma Y = 30$, $\overline{X}_Y = 3.00$			$(X-\overline{X}_X)^2 = 15.60$	$(Y-\overline{X}_Y)^2 = 14.00$

㉢ 3단계

자기존중감(X)과 삶의 만족도(Y)의 **표준편차**(standard deviation)를 다음과 같이 구한다. 자기존중감의 분산(1.73)의 제곱근을 구하고, 삶의 만족도의 분산(1.56)의 제곱근을 구한다. 그 결과, 자기존중감의 표준편차는 1.32이고, 삶의 만족도의 표준편차는 1.25이다.

㉣ 4단계

다음의 공식을 이용해서 기울기(b)를 구한다. 그 결과, 기울기는 .64이다.

$$b = r_{XY} \times (\frac{s_Y}{s_X}) = .68 \times (\frac{1.25}{1.32}) = .64$$

여기서 r_{XY}는 두 변인의 상관계수를, s_Y는 삶의 만족도(Y)의 표준편차를, s_X는 자기존중감(X)의 표준편차를 나타낸다. 공식을 보면, 개념적으로 기울기(b)는 변인 X의 변화 정도 중 변인 Y가 변인 X와 함께 변하는 정도의 비율이라고 볼 수 있다.

㉤ 5단계

다음의 공식을 이용해서 절편(a)을 구한다.

$$a = \overline{X}_Y - (b \times \overline{X}_X) = 3.00 - (.64 \times 3.20) = .95$$

여기서 $\overline{X}_Y$는 삶의 만족도(Y)의 평균값을, b는 기울기를, $\overline{X}_X$는 자기존중감(X)의 평균값을 나타낸다.

㉥ 6단계

기울기와 절편을 이용해서 다음과 같이 회귀식을 구성한다. 회귀식을 **회귀모형**(regression model)이라고도 부른다.

$$Y = .95 + .64X$$

③ **회귀계수(regression coefficient)와 표준화된 회귀계수(standardized regression coefficient)**

'Y = .95 + .64X'라는 회귀식에서 .95는 절편이며, .64는 기울기이다. 기울기를 **회귀계수**라고 한다. 연구자는 다음의 공식을 이용해서 회귀계수를 평균값이 0이고 표준편차가 1인 분포에 맞도록 표준화시킬 수 있다. 그 결과, 연구자는 .68이라는 표준화된 회귀계수를 얻었다.

$$\beta = (\frac{s_X}{s_Y}) \times b$$

여기서 β(베타라고 읽음)는 **표준화된 회귀계수**를, s_X는 자기존중감(X)의 표준편차를, s_Y는 삶의 만족도(Y)의 표준편차를, b는 회귀계수를 나타낸다.

표준화된 회귀계수를 회귀식에 적용하면, 다음의 식과 같이 절편 항이 사라지고 평균값이 0이고 표준편차가 1인 분포를 가지기 때문에 서로 다른 단위(예 3점 척도 vs 7점 척도)를 가진 회귀식 간 회귀계수의 비교가 가능해진다.

$$Y = .68X$$

1개의 독립변인과 1개의 종속변인에 대한 회귀분석 결과에서 표준화된 회귀계수(β)는 두 변인의 피어슨 상관계수(r)와 똑같다.

(3) 회귀식과 관련된 고려사항 중요 ★★

① [그림 3-7]과 같이, 회귀식 또는 회귀식을 기반으로 도출된 회귀선의 양상은 이상치(outlier)에 의해서 크게 달라진다. 이때 **이상치**란 다른 점수들과 크게 다른 극단적인 점수를 말한다. 따라서 연구자는 산포도를 통해 이상치 유무를 확인할 필요가 있다.

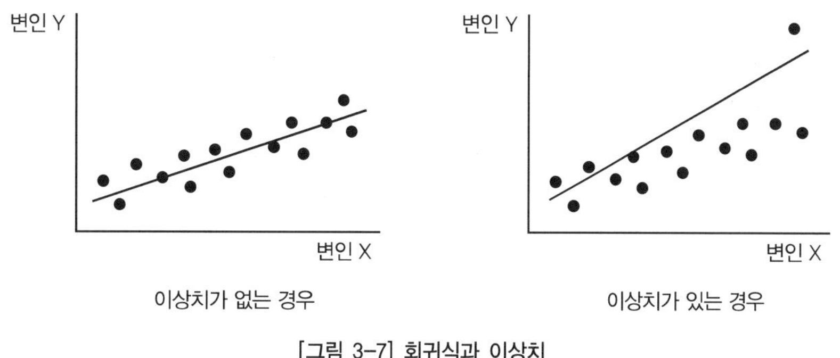

[그림 3-7] 회귀식과 이상치

② 회귀식의 기울기는 수학적으로 상관계수를 기반으로 산출된다. 따라서 어떤 연구자가 자료에서 두 변인의 회귀식을 산출했다고 해서, 두 변인의 인과관계를 확인한 것은 아니다. 두 변인 간의 인과관계는 두 변인 간의 공변성과 시간 순서 그리고 가외변인의 영향 배제라는 3개의 조건 충족을 전제로 한다.

제 3 장 실험연구

제 1 절 실험연구의 이해

1 실험연구의 정의 중요 ★

실험은 변인 간 인과관계를 설명할 수 있도록 설계된 검증절차를 말한다. **실험연구**는 연구자가 실험을 이용해서 변인 간 인과관계를 밝히는 방법이다. 그런데 종종 연구자가 실험연구를 통해 본인이 예상한 변인 간 인과관계가 없다는 결과를 발견하기도 한다. 이 경우, 연구자가 변인 간 인과관계를 밝히지 못하는 이유가 실험설계의 문제(예 연구대상의 수가 지나치게 적음) 때문일 가능성이 있다. 따라서 실험연구에서 연구자는 실험설계에 많은 주의를 기울여야 한다. 실험연구에서 흔히 연구대상을 피험자(subject)라고 부른다.

2 변인의 종류와 연구대상의 집단 중요 ★★★

(1) 실험에서 사용하는 변인의 종류

① **독립변인**

실험에서 **독립변인**은 연구자가 그 수준을 조작(manipulation)하거나 처치(treatment)한 변인을 말한다. 예를 들어, 어떤 연구자가 소음 정도가 집중력에 미치는 영향을 알고자 한다. 연구자는 연구대상에게 들려줄 소음 정도를 0dB(데시벨이라고 읽음)(소음이 전혀 없음), 40dB(조용한 주택의 거실 소음 수준), 80dB(철로변 또는 지하철 소음 수준)으로 그 수준을 다르게 조작할 수 있다.

② **종속변인**

실험에서 **종속변인**은 연구자가 연구대상의 반응을 관찰하고 기록(측정)하는 변인을 말한다. 예를 들어, 어떤 연구자가 연구대상에게 컴퓨터 모니터로 단어(예 복숭아, 어머니)와 비단어(예 구구로, 아이어)를 보여주고, 그 단어가 단어라고 생각되면 키보드의 P 키를 누르고 비단어라고 생각하면 Q 키를 최대한 빨리 누르게 하는 실험을 진행했다. 이때 연구대상이 어떤 키를 누르는지(반응 정확도)와 얼마나 빨리 키를 누르는지(반응 속도)가 종속변인이다.

③ **통제변인**

실험에서 **통제변인**은 연구자가 실험 중 일정하게 그 수준을 유지하는 잠재적 독립변인 또는 가외변인이다. 연구자는 통제를 통해 실험 중 발생하는 통제변인의 변동을 막는다. 통제변인의 변동이 독립변인과 종속변인의 관계에 영향을 미치는 것을 **혼입효과**(confounding effect)라고 한다. 예를 들어, 실험의 실시 시간대(예 이른 오전에 실험을 실시함 vs 늦은 오후에 실험을 실시함), 실험실의 온도 등이 통제변인이다. 연구자가 이들 통제변인이 독립변인과 종속변인 간의 관계에 영향을 미치는 것을 막기 위해서, 실험 중 통제변인의 수준을 변하지 않고 일정하게끔 유지한다.

④ **무위 결과(null result)**

무위 결과는 연구자가 조작하거나 처치한 독립변인의 수준에 따라서 종속변인의 변화가 발생하지 않는 것을 말한다. 무위 결과는 다음과 같은 이유 때문에 발생한다.

㉠ 연구자는 특정 독립변인이 종속변인의 변화에 영향을 미칠 것으로 예상하고, 해당 독립변인을 실험에서 조작이나 처치한다. 그런데 연구자가 종속변인에 영향을 미치지 않는 특정 변인을 독립변인으로 잘못 선정해서 실험을 진행하는 경우, 무위 결과가 발생한다.

㉡ 연구자가 선정한 특정 독립변인이 종속변인의 변화에 영향을 미치지만, 그 영향의 크기가 실제로 지나치게 작으면 무위 결과가 발생한다. 즉, 연구자가 조작하거나 처치한 독립변인의 실제 효과가 지나치게 약해서 종속변인의 변화를 일으키지 못하는 경우, 무위 결과가 발생한다.

㉢ 연구자가 독립변인을 타당하게 조작하거나 처치하는 데 실패한 경우, 무위 결과가 발생한다.

㉣ 종속변인 측정의 신뢰도가 떨어지면, 무위 결과가 발생할 수 있다. 예를 들어, 어떤 연구자가 한 실험에서 동일한 독립변인 수준을 동일한 연구대상에게 제시하고 종속변인을 두 번 측정했는데, 두 번 측정에서 얻은 연구대상의 종속변인 값이 서로 다르다. 이 경우, 종속변인의 측정 도구, 방법, 절차 등을 신뢰할 수 없다. 그 결과, 무위 결과가 발생한다.

㉤ 연구대상에게 얻은 종속변인 측정 점수들이 높은 범위나 낮은 범위에 몰려 있는 경우, 무위 결과가 발생할 수 있다.

ⓐ 천장효과(ceiling effect)

연구대상에게서 얻은 종속변인 측정 점수가 높은 범위에 몰려 있는 경우를 **천장효과**라고 한다. 예를 들어, 어떤 연구자가 다른 사람을 따라 행동하는 모방행동을 연구하고자 한다. 연구자는 실험에서 연구대상에게 특정 행동을 보여주고, 연구대상이 해당 행동을 따라서 하도록 요청했다. 그런데 연구자는 실험에서 모방행동(종속변인)을 누구나 쉽게 따라서 할 수 있는 행동(예 남을 따라서 오른손을 올리기)의 빈도로 측정했다. 이 경우, 실험에서 얻은 모든 연구대상의 행동 빈도는 거의 차이가 없이 동일하게 높을 것이다.

ⓑ 바닥효과(floor effect)

연구대상에게서 얻은 종속변인 측정 점수가 낮은 범위에 몰려 있는 경우를 **바닥효과**라고 한다. 예를 들어, 어떤 연구자가 다른 사람을 따라 행동하는 모방행동을 연구하고자 한다. 연구자는 실험에서 연구대상에게 특정 행동을 보여주고, 연구대상이 해당 행동을 따라서 하도록 요청했다. 그런데 연구자가 실험에서 모방행동(종속변인)을 남들이 따라서 하기 어려운 난이도가 높은 행동(예 어려운 요가 동작)의 빈도로 측정했다. 이 경우, 실험에서 얻은 모든 연구대상의 행동 빈도는 유사하게 낮을 것이다.

종속변인을 측정하는 과정에서 발생하는 천장효과와 바닥효과는 독립변인이 종속변인의 변화에 미치는 영향을 제한해서, 무위 결과를 발생시킬 수 있다.

㉥ 연구자가 통제변인을 제대로 통제하지 못하거나 통제변인을 잘못 선정해서 통제하는 경우, 혼입효과로 인해 무위 결과가 발생할 수 있다.

(2) 실험에서 사용하는 연구대상의 집단

① **실험집단(experimental group)**

실험집단은 독립변인에 노출된 연구대상의 집단을 말한다. 일반적으로 **피험자 간 설계**(between-subjects design)에서 한 실험집단은 독립변인의 한 수준(예 소음 연구에서 40dB의 소음 제시 조건)에만 노출된다. 반면 **피험자 내 설계**(within-subjects design)에서는 한 실험집단이 독립변인의 여러 수준(예 소음 연구에서 40dB의 소음 제시 조건과 80dB의 소음 제시 조건 모두)에 노출된다.

② **통제집단(control group)**

연구자가 독립변인이 종속변인의 변화에 미치는 영향을 명확하게 확인하기 위해서, 실험에서 연구대상을 중립 사건에 노출시키는 기저선(baseline) 조건(예 소음 연구에서 소음이 없는 조건 : 0dB 조건)을 포함시킨다. 이때 기저선 조건의 중립 사건은 종속변인에 아무런 인과적 영향을 미치지 않는 사건이다. 연구자는 기저선 조건의 결과를 기준으로 독립변인이 종속변인의 변화에 영향을 미쳤는지 확인한다. **통제집단**은 기저선 조건에 노출된 연구대상의 집단이다. 따라서 통제집단은 독립변인에 노출되지 않는다. 독립변인에 노출되지 않았다는 점을 제외하고, 통제집단의 다른 모든 실험조건은 실험집단과 동일하다.

더 알아두기

피험자 간 설계는 연구자가 모든 연구대상이 독립변인의 한 수준에만 노출되도록 연구대상을 실험조건에 배정하는 방식이다. 반면 피험자 내 설계는 연구자가 각 연구대상이 독립변인의 모든 수준에 노출되도록 만드는 방식이다.

제 2 절 실험연구의 특징

실험연구는 다음과 같은 특징을 가진다.

1 조작(manipulation) 중요 ★★★

연구자는 실험 중 원인이 되는 변인(독립변인)의 수준이나 값을 인위적으로 변화시킨다. 이를 **조작** 또는 **처치**(treatment)라고 한다. 실험연구에서 연구자는 독립변인의 조작이 종속변인(독립변인의 영향으로 변하는 변인)에 어떤 영향을 미치는지 알아본다. 그런데 연구자가 실험설계를 어떻게 하는가에 따라서 독립변인이 잘 조작될 수도 있고 잘 조작되지 않을 수도 있다.

2 통제(control)

통제는 연구자가 실험 중 독립변인 이외에 종속변인에 영향을 미칠 수 있는 변인(가외변인)을 제거하는 활동이다. 통제의 방법에는 무선화(randomization), 조작적 통제(manipulated control) 및 통계적 통제(statistical control)가 있다.

(1) 무선화 중요 ★★★

연구자가 사용할 수 있는 **무선화** 방법으로 무선표집(random sampling)과 무선배정(random assignment)이 있다. **무선표집**은 연구자가 모집단에서 연구대상을 무작위로 뽑는 방법이며, **무선배정**은 연구자가 여러 실험 조건에 연구대상을 무작위로 할당하는 방법이다.

(2) 조작적 통제 중요 ★★★

연구자가 가외변인을 상수로 고정하는 방법이 **조작적 통제**이다. 실험에서 자주 사용되는 조작적 통제의 종류는 다음과 같다.

① **균형화(balancing)**

균형화는 연구자가 피험자 간 설계에서 여러 실험 조건에 동일한 특성을 가진 연구대상을 고르게 할당하는 방법이다. 예를 들어, 어떤 연구자가 음주가 단어 기억에 미치는 영향을 알고자 한다. 연구자는 성별과 연령에 따라서 음주가 단어 기억에 미치는 영향이 달라질 수 있다고 예상했다. 이때 성별과 연령은 가외변인에 해당한다. 연구자는 연구대상의 성별과 연령대의 비율이 동일하도록 연구대상을 음주 조건(실험 중 일정량의 술을 마심)과 무음주 조건(실험 중 술을 전혀 마시지 않음)에 할당한다.

② **상쇄균형화(counterbalancing)**

피험자 내 설계에서 각 연구대상은 서로 다른 독립변인 수준 모두에 노출된다. 이때 앞서 제시된 독립변인 수준(수준 A)이 바로 뒤에 제시된 독립변인 수준(수준 B)에 대한 연구대상의 반응에 영향을 미칠 수 있다. 또는 수준 A를 먼저 제시하는 경우와 수준 B를 먼저 제시하는 경우 간 연구대상의 반응 차이가 발생할 수 있다. 이처럼 독립변인 수준의 제시 순서가 연구대상의 반응에 영향을 미치는 것을 **순서효과**(order effect)라고 한다.

연구자는 순서효과를 막기 위해서, 실험 중 상쇄균형화를 이용한다. **상쇄균형화**는 연구자가 각 연구대상별로 서로 다른 독립변인 수준의 가능한 모든 제시 순서 중 한 순서를 무작위로 선정한 후 그 순서에 따라서 여러 독립변인 수준을 해당 연구대상에게 제시하는 방법이다. 예를 들어, 어떤 연구자가 공감을 유발하는 헌혈 광고와 자부심을 유발하는 헌혈 광고 중 어떤 광고 유형이 연구대상의 헌혈 의향을 더 높이는지 알고자 한다. 이에 연구자가 각 연구대상에게 '공감 유발 헌혈 광고 제시 → 자부심 유발 헌혈 광고 제시' 순서와 '자부심 유발 헌혈 광고 제시 → 공감 유발 헌혈 광고 제시' 순서를 무작위로 제시했다. 이때 연구자는 각 헌혈광고 유형 제시 직후 연구대상의 헌혈 의향을 측정했다.

③ **부지(blind-fold) 통제와 이중부지(double blind-fold) 통제**

실험연구에서 종종 연구대상이 연구자의 실험 의도를 알아차리고, 그 의도에 맞추거나 그 의도에 반하는 방향으로 조작이나 처치된 독립변인에 대한 반응을 한다. 이를 막기 위해서, 연구자는 부지 통제나 이중부지 통제를 이용한다.

㉠ **부지 통제**는 연구자가 연구대상이 실험 의도를 모르도록 해서 조작이나 처치된 독립변인에 대한 연구대상의 왜곡된 반응을 막는 방법이다. 부지 통제를 사용하는 연구자는 실험 전 또는 실험 중 연구대상에게 실험의 구체적인 목적과 내용을 알리지 않는다.

㉡ 실험연구에서 종종 연구자의 기대가 연구대상의 반응에 영향을 미친다. 이를 막기 위해서, 연구자는 실험의 구체적인 목적과 내용을 모르는 연구보조원이 실험을 진행하도록 한다. 이 경우, 실험을 진행하는 연구보조원과 실험에 참여한 연구대상 모두가 실험의 구체적인 목적과 내용을 모른다. 이와 같은 방법을 **이중부지 통제**라고 한다.

(3) 통계적 통제

본 도서의 제2편 제1장에서 통계적 통제에 관한 구체적 내용은 소개했다.

3 인과관계 규명

인과관계는 공변성, 시간 순서 및 가외변인의 영향 배제라는 전제 조건을 충족해야 규명이 가능하다. 연구자가 실험을 실시하면 이들 전제 조건을 모두 충족할 수 있다. 따라서 실험은 가외변인의 영향(혼입효과)을 배제한 상태에서 독립변인을 먼저 조작하거나 처치한 후 독립변인이 일으킨 종속변인의 변화(인과관계)를 규명하는 방법이다.

제 3 절 실험연구의 절차

연구자는 다음과 같은 절차에 따라서 실험연구를 진행한다.

- 1단계(질문하기) : 연구자는 관찰과 문헌고찰을 기반으로 가설을 설정한다.
- 2단계(확인하기) : 연구자는 가설과 관련된 독립변인과 종속변인을 확인한다.
- 3단계(선정하기) : 연구자는 실험에 참여할 연구대상을 무작위로 선정한다.
- 4단계(배정하기) : 연구자는 실험 조건(실험집단 vs 통제집단)별로 연구대상을 무작위로 배정한다.
- 5단계(조작하기) : 연구자는 실험집단과 통제집단에 맞게 독립변인을 조작한다.
- 6단계(측정하기) : 연구자는 독립변인이 종속변인에 미치는 영향을 측정한다.
- 7단계(분석하기) : 연구자는 독립변인이 종속변인에 미치는 영향을 통계적으로 검증한다.

실험연구의 절차를 도식적으로 요약하면 [그림 3-8]과 같다.

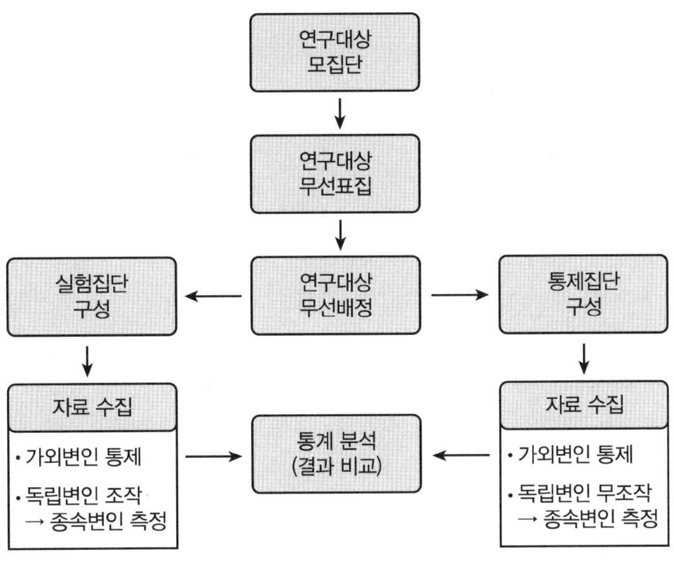

[그림 3-8] 실험연구의 절차

제 4 절 실험연구 중 발생 가능한 문제

실험연구 중 발생 가능한 연구자, 연구대상, 대표성과 관련된 문제가 실험연구 결과의 신뢰성과 타당성을 낮춘다.

1 연구자 관련 문제 중요 ★

(1) 자기 충족적 예언(self-fulfilling prophecy)

자기 충족적 예언은 연구자가 연구대상이 본인의 예상에 맞게 반응하도록 본인도 모르는 사이에 연구대상에게 영향을 미쳐서 본인의 예상이 옳다는 것을 입증하려는 경향을 말한다. 이때 연구자는 말투, 목소리 크기, 표정 등을 통해 연구대상의 반응에 영향을 미칠 수 있다. 자기 충족적 예언을 막는 방법 중 하나는 연구자가 이중부지 통제를 이용하는 것이다.

(2) 후광 효과(hallo effect)

후광 효과는 연구자가 연구대상의 특정 특성(예 성격, 외모)에 대한 본인의 선입견 때문에 실험 중 각 연구대상을 다르게 대해서 연구대상 간 반응 차이가 발생하는 현상이다. 예를 들어, 어떤 연구자가 본인 입장에서 성격이 좋다고 판단한 연구대상에게는 실험절차를 자상하게 설명하고, 성격이 좋지 않다고 판단한 연구대상에게는 실험절차를 성의 없이 간략하게 설명했다.

2 연구대상 관련 문제

일반적으로 실험에 참여한 연구대상은 실험의 목적이 무엇인지를 알고자 노력한다. 그 결과, 실험 중 호손 효과(Hawthorne effect), 존 헨리 효과(John Henry effect) 및 연구대상의 사회적 역할 수행이 발생한다. 이들 문제는 요구특성(demand characteristics)에 해당한다.

(1) 호손 효과(Hawthorne effect) 중요 ★

호손 효과는 연구대상이 본인이 실험에 참여했다는 사실을 강하게 인식함으로써 본인의 반응을 바꾸는 현상이다.

(2) 존 헨리 효과(John Henry effect) 중요 ★

존 헨리 효과는 실험집단과 통제집단으로 구성된 실험에서 통제집단의 연구대상이 본인이 통제집단에 배정된 사실을 알고, 실험집단의 연구대상보다 실험에 더 적극적으로 참여하는 현상을 말한다. 존 헨리 효과가 발생하면, 통제집단의 연구대상에게서 얻은 종속변인 점수가 실제보다 크게 높아져서, 실험집단의 연구대상에게서 얻은 종속변인 점수와 큰 차이가 없을 가능성이 있다.

(3) 연구대상의 사회적 역할 수행

연구대상은 실험 중 본인의 역할이 무엇인지를 생각하고, 그 역할에 맞추어 반응을 한다. 연구대상이 생각하고 행동하는 역할의 종류는 다음과 같다.

① **좋은 연구대상 역할**

좋은 연구대상 역할을 수행하는 연구대상은 실험 중 연구자의 기대에 부응하는 반응을 보이기 위해서 노력한다.

② **성실한 연구대상 역할**

성실한 연구대상 역할을 수행하는 연구대상은 연구자의 기대와 무관하게 실험 중 정직하고 성실하게 반응하려고 노력한다.

③ **부정적 연구대상 역할**

부정적 연구대상 역할을 수행하는 연구대상은 실험을 방해하거나 실험을 망치는 반응을 보인다.

④ **우려가 많은 연구대상 역할**

우려가 많은 연구대상 역할을 수행하는 연구대상은 실험 중 평가를 받는 것에 불편함을 느낀다. 따라서 이 연구대상은 실험 중 사회적으로 바람직한 방향으로 반응하려고 노력한다.

(4) 연구대상 관련 문제의 해결 방법

① **현장연구(field research) 실시**

현장연구는 자연주의적 관찰연구와 유사하지만, 명확한 독립변인이 있다는 점에서 다르다. 현장연구에서 연구자는 연구대상이 본인의 실험 참여를 자각하지 못하는 현장(상황이나 조건)에서 실험을 진행한다. 그런데 현장연구는 다음과 같은 한계점을 가진다.

㉠ 현장연구에서 연구자가 실험 상황이나 조건을 완벽하게 통제하기 어렵다.

㉡ 연구자가 현장연구를 통해 접근할 수 있는 연구대상의 수(예 그 현장에 있는 소수의 연구대상만 현장연구에 참여 가능함)와 측정 가능한 종속변인의 종류(예 현장연구에서 자극 제시 후 반응 시간의 세밀한 측정이 어려움)가 제한적이다.

㉢ 연구대상이 현장연구에 참여했다는 사실을 완벽하게 모르는 경우, 윤리적 문제가 발생할 수 있다.

② **속임수(deception) 사용**

연구자가 연구대상에게 실험 목적을 속이면, 연구대상은 진짜 독립변인에 대해서 자연스럽게 반응한다. 그러나 연구자가 **속임수**를 이용하는 경우, 윤리적 문제가 발생할 수 있다.

③ **실험 방법과 절차와 관련된 설명 생략**

연구자가 연구대상에게 실험 방법과 절차에 대한 자세한 정보를 설명하지 않으면, 연구대상은 진짜 독립변인에 대해서 자연스럽게 반응한다. 이와 같이 연구자가 실험 방법과 절차에 대한 자세한 설명을 생략하고 실험하는 방법을 **은폐실험**이라고 한다.

④ **모사실험(simulated experiment) 실시**

모사실험은 통제집단의 연구대상에게 독립변인이 무엇인지 알려주는 방법으로 진행된다. 예를 들어, 어떤 연구자가 공포 소구 금연광고의 사진(독립변인, 예 보기 싫은 손상된 폐 사진)이 금연 유지 의향(종속변인)에 미치는 영향을 알고자 한다. 이에 연구자는 실험집단의 비흡연 연구대상에게 공포 소구 금연광고를 보여주고, 통제집단의 비흡연 연구대상에게 공포 소구 금연광고 내용을 설명했다. 이후 연구자는 실험집단의 연구대상으로부터 공포 소구 금연광고를 본 후 금연 유지 의향이 어느 정도였는지를, 통제집단의 연구대상으로부터 만약 공포 소구 금연 광고를 본 후라면(모사된, simulated) 금연 유지 의향이 어느 정도였을지를 측정했다. 만약 이 두 측정 결과가 동일하다면, 실험집단에서 독립변인(공포 소구 금연광고의 사진)이 종속변인(금연 유지 의향)에 미친 영향을 감소시킨 중요한 연구대상 관련 문제(예 실험집단과 통제집단 모두가 흡연이 유발하는 신체적 피해에 대한 높은 두려움을 가짐)가 존재한다.

3 대표성 관련 문제 중요 ★★

실험연구에서 연구자는 연구대상, 독립변인의 조작 방법, 실험 상황을 선택한다. 이때 연구대상의 대표성, 독립변인의 대표성, 상황의 대표성의 문제가 발생할 수 있다.

(1) 연구대상의 대표성

일반적으로 많은 실험연구는 표집의 용이성 때문에 대학생을 대상으로 진행된다. 그런데 이들 실험연구의 대학생 표본이 인간 전체를 대표하는가에 대한 문제가 발생한다. 실험연구의 목적이 감각 과정, 학습 등과 관련된 비교적 단순한 현상(행동과 정신과정) 이해라면, 대학생 표본은 인간 전체를 대표할 수 있다. 그러나 실험연구의 목적이 보다 더 복잡한 현상 이해라면, 대학생 표본이 인간 전체를 대표한다고 보기 어렵다.

(2) 독립변인의 대표성

독립변인의 대표성이란 연구자가 독립변인을 여러 다른 방식으로 조작하거나 처치했을 때도 동일한 결과를 얻을 수 있는 능력이다. 예를 들어, 2명의 연구자(연구자 A와 연구자 B)가 소음 정도가 집중력에 미치는 영향을 알고자 한다. 이들 연구자는 독립변인의 수준을 40dB(조용한 주택의 거실 소음 수준)과 80dB(철로변 또는 지하철 소음 수준)로 조작했다. 이때 연구자 A는 악기를 이용해서 소음의 크기를 40dB과 80dB로 조작했고, 연구자 B는 사람들의 대화를 이용해서 소음의 크기를 40dB과 80dB로 조작했다. 만약 이들 연구자의 결과가 다르면, 독립변인의 대표성이 낮은 것이다.

(3) 상황의 대표성

상황의 대표성은 실험 상황이 현실의 세계와 닮아 있는지의 정도를 말한다. 따라서 실험연구에서의 상황 대표성은 실험연구 설계의 생태학적 타당도와 관련된다.

(4) 대표성 관련 문제의 해결 방법

연구자가 얻은 결과에 연구대상의 대표성, 독립변인의 대표성, 상황의 대표성 문제가 있는지 확인하는 방법은 다른 연구대상, 다른 독립변인 조작 방법, 다른 실험 상황에서도 동일한 결과가 나오는지를 알아보는 것이다.

제 3 편 실제예상문제

제 1 장 심리학적 관찰연구

01 다음 중 연구자가 자연주의적 관찰연구(naturalistic observation study)를 사용하는 것이 적합하지 않은 상황은?

① 연구대상이 본인의 행동의 종류, 발생 강도 및 발생 빈도를 연구자에게 말이나 글로 보고하기 어렵거나 보고할 능력이 없는 경우(예 신생아, 동물 연구대상)
② 연구 상황이나 조건(예 통제된 실험실) 때문에 연구대상의 행동이 평소와 크게 달라질 수 있는 경우
③ 연구자가 여러 가외변인(extraneous variable)을 통제하기 위해서 관찰 상황을 조작해야 하는 경우
④ 연구자가 본인이 관찰하는 상황이나 장소에 들어가서 연구대상과 함께 활동하고 생활하면서 연구대상의 평소 행동을 관찰하는 경우

02 다음 중 참여관찰(participant observation) 시 주의사항에 대한 설명으로 틀린 것은?

① 참여관찰에서 연구자는 본인이 관심을 가진 장소나 조직의 게이트 키퍼(gate keeper, 예 초등학교 교장)를 찾아서, 참여관찰에 대한 게이트 키퍼의 허가를 받을 필요가 있다.
② 참여관찰에서 연구자는 본인의 연구목적을 달성하면서 동시에 연구대상과 원활하게 함께 생활하기 위해서 연구대상과 공감대(rapport)를 형성해야 한다.
③ 연구자는 참여관찰 중 연구대상에게 연구에 관한 세부 내용을 정확하게 이야기해야 한다.
④ 연구자는 참여관찰 중 연구대상을 진심으로 대해야 한다.

해설 & 정답 checkpoint

01 자연주의적 관찰연구는 연구자가 관찰 상황을 인위적으로 조작해서 연구대상의 환경이나 조건을 통제하지 않고, 자연스럽게 발생하는 연구대상의 행동을 관찰해서 자료를 수집하는 방법이다. 따라서 연구자가 여러 가외변인을 통제하기 위해서 관찰 상황을 조작해야 하는 경우, 실험연구를 실시하는 것이 바람직하다.

02 연구자가 참여관찰 중 연구대상에게 연구에 관한 세부 내용을 정확하게 이야기하면, 연구대상이 그 내용에 맞추어서 의도적인 반응을 보일 수 있다. 따라서 연구자는 참여관찰 중 연구대상에게 연구에 관한 지나치게 세부적인 내용을 이야기하지 말아야 한다.

정답 01 ③ 02 ③

checkpoint 해설 & 정답

03 사례연구는 소수의 연구대상, 상황, 사건 등을 대상으로 실시된다. 반면 많은 수의 연구대상, 상황, 사건 등의 연구에는 설문조사연구가 적합하다.

03 다음 중 사례연구(case study)와 관련된 설명으로 틀린 것은?

① 사례연구의 한 종류인 이상사례분석(deviant-case analysis)은 연구자가 많은 유사성을 가졌지만 결과가 다른 2개의 사례를 비교해서 분석하는 방법이다.
② 사례연구에는 많은 수(예 100명)의 연구대상이 필요하다.
③ 사례연구에서 연구대상이 기억하기 싫은 과거 사건의 발생, 내용 등을 잊는 동기화된 망각(motivated forgetting)이 발생할 수 있다.
④ 사례연구에서 연구대상은 연구주제와 관련된 중요한 사건임에도 불구하고 본인의 과거 사건을 기억하지 못할 수 있다.

04 일반 연구대상의 보편적인 특성을 파악할 때 적합하지 않은 연구방법은 사례연구이다. 반면 설문조사연구의 목적 중 하나가 일반 연구대상의 보편적인 특성을 파악하는 것이다. 따라서 연구자는 설문조사연구를 통해 일반 연구대상의 보편적 특성을 파악할 수 있다.

04 다음 중 설문조사연구(survey study)의 단점에 해당하지 않는 것은?

① 설문조사연구에 참여한 제한된 수의 연구대상이 모집단을 대표하지 않으면, 설문조사연구 결과의 신뢰성과 타당성이 떨어진다.
② 설문조사연구에 참여한 연구대상은 주어진 질문에 대한 본인의 답변과 동일하게 실제로 행동하지 않거나, 본인의 실제 행동에 대해서 정직하게 답을 하지 않을 수 있다.
③ 연구자는 설문조사연구를 통해 일반 연구대상의 보편적인 특성을 파악하기가 어려울 수 있다.
④ 설문조사연구에 참여한 연구대상은 민감한 질문(예 도덕적 판단을 묻는 질문)에 대해서 사회적으로 바람직한 답을 할 수 있다.

정답 03 ② 04 ③

해설 & 정답 checkpoint

05 다음 중 설문조사연구(survey study)에서 연구자가 연구대상의 응답을 얻을 때 사용하는 범주형 응답 유형에 관한 설명으로 틀린 것은?

① 연구대상이 답하는 보기 항목은 서로 중복될 수 없다.
② 연구자는 연구대상이 답할 수 있는 모든 보기 항목을 빠짐없이 제시해야 한다.
③ 연구자가 모든 보기 항목을 생각하기가 어렵다면, '기타'라는 보기 항목을 추가할 수 있다.
④ 범주형 응답 유형은 서열척도와 관련된다.

05 범주형 응답 유형은 명명척도와 관련된다. 반면 서열척도는 연속형 응답 유형과 관련된다.

06 다음 중 설문지에 질문 문항을 배치하는 방식으로 틀린 것은?

① 유사한 내용을 묻는 질문 문항들은 함께 묶어서 배치한다.
② 연구대상이 답하기 어려운 질문 문항들을 먼저 배치하고, 연구대상이 답하기 쉬운 질문 문항들을 나중에 배치한다.
③ 민감한 내용(예 종교적 신념, 성생활, 정치적 성향)을 묻는 질문 문항들은 설문지의 마지막 부분에 배치한다.
④ 포괄적인 질문 문항들을 먼저 배치하고, 구체적인 질문 문항들을 나중에 배치한다.

06 설문지에서 연구대상이 답하기 쉬운 질문 문항들을 먼저 배치하고, 연구대상이 답하기 어려운 질문 문항들을 나중에 배치한다. 만약 연구대상이 답하기 어려운 질문 문항들을 설문지의 앞부분에 배치하면, 연구대상의 응답 피로도를 높일 수 있다. 그 결과, 연구대상은 이후 제시되는 질문 문항들에 대해서 불성실한 응답을 할 가능성이 있다.

07 다음 설명에 해당하는 연구대상의 특성은 무엇인가?

> 심리학적 관찰연구에서 연구대상이 연구자에 의해서 본인이 관찰되고 있다는 사실을 인식하면, 본인이 관찰 상황에서 어떻게 반응할지를 고려해서 자연스럽지 않은 의도적 반응을 보일 수 있다.

① 반응성(reactivity)
② 묵종 편향(acquiescence bias)
③ 사회적 바람직성(social desirability)
④ 관대성 편향(leniency bias)

07 ② 묵종 편향은 연구대상이 여러 문항에 일괄적으로 동의하거나(무한 긍정, yea-saying) 동의하지 않는(무한 부정, nay-saying) 경향성이다.
③ 사회적 바람직성이란 연구대상이 본인의 진짜 생각이나 감정보다 사회적 용인 여부나 수용 여부를 고려해서 문항에 답하는 경향성이다.
④ 관대성 편향이란 연구대상이 전반적으로 모든 문항에 긍정적으로 답하는 경향성이다.

정답 05 ④ 06 ② 07 ①

checkpoint 해설 & 정답

08 연구자가 면접 절차를 최대한 표준화하더라도, 연구자의 영향(예 연구대상을 대하는 자세), 연구대상의 개인차(예 내향적 성격) 등을 모두 통제해서 표준화된 자료를 얻기가 어렵다.

01 정답
심리학적 관찰연구의 목적은 연구자(관찰자)가 최대한 통제되지 않은 상황이나 조건에서 연구대상의 어떤 행동이 어느 정도의 양과 빈도로 발생하고 있는지 기술하는 것이다.

정답 08 ④

08 다음 중 면접연구의 특징에 대한 설명으로 틀린 것은?

① 면접연구에서 연구자는 연구대상에게 되묻기(probing)를 해서 연구대상이 한 말의 의미를 보다 더 정확하게 이해할 수 있다.
② 면접연구에서 연구자는 연구대상의 말뿐만 아니라 그 말을 할 때의 행동(예 얼굴 표정에 드러난 감정, 말투, 헛기침, 연구자와의 시선 맞춤을 피하기)까지 관찰할 수 있다.
③ 면접연구에서 연구대상은 본인에게 민감하거나 사적인 내용을 연구자에게 말하지 않거나 정직하지 않게 말할 가능성이 있다.
④ 면접연구에서 표준화된 자료를 얻을 수 있다.

주관식 문제

01 심리학적 관찰연구의 목적을 적으시오.

해설 & 정답 checkpoint

02 설문조사연구(survey study)에서 질문 문항의 문구를 작성할 때 주의할 사항을 4가지 이상 적으시오.

02 정답
① 한 질문 문항에는 한 개의 질문 내용만을 물어야 한다.
② 질문 문항은 질문 내용을 모호 또는 막연하게 표현하거나 연구대상이 혼동을 일으키지 않도록 구체적이고 명확하게 기술되어야 한다.
③ 질문 문항은 짧고 단순한 문장으로 작성되어야 한다.
④ 질문 문항에 응답하는 연구대상의 연령, 지적 수준 등에 맞추어 적절한 언어 수준으로 질문 문항의 문구가 작성되어야 한다.
⑤ 질문 문항에는 정서적 평가의 표현을 배제해야 한다.
⑥ 질문 문항은 연구대상이 기억할 수 있는 내용만을 물어야 한다.
⑦ 질문 문항 내용이 연구대상이 특정 방향으로 답을 하도록 유도하지 말아야 한다.
⑧ 질문 문항들은 연구대상의 묵종 편향을 막는 방향으로 구성되어야 한다.
⑨ 질문 문항은 연구대상이 기억이나 경험을 근거로 답을 할 수 있는 내용을 물어야 한다.
⑩ 가정형 질문 문항(만약 ~한다면, ~하겠는가?)을 사용하지 말아야 한다.

03 연구자가 원활한 심층면접(in-depth interview) 분위기를 조성하기 위해서 지켜야 할 자세를 3가지 이상 적으시오.

03 정답
① 연구자는 연구대상을 판단하지 말아야 한다.
② 연구자는 연구대상이 연구주제와 관련된 말을 많이 하도록 유도해야 한다.
③ 연구자는 연구대상의 이야기에 주의를 기울여야 한다.
④ 연구자는 본인의 말과 행동이 연구대상의 이야기 내용에 영향을 미칠 수 있음을 인식해야 한다.

checkpoint 해설 & 정답

제 2 장 관계연구

01 다음 중 교차분할표(contingency table)에 대한 설명으로 틀린 것은?

① 교차분할표는 2개 이상의 행(row)과 2개 이상의 열(column)로 구성된다.

② 교차분할표에서 특정 행렬의 조합인 칸(cell)에는 연구대상의 수가 기입된다.

③ 교차분할표의 자료에서 연구자는 피어슨 상관계수(Pearson correlation coefficient)를 산출할 수 있다.

④ 교차분할표에서 행과 열은 명명척도(nominal scale)의 범주로 구성된다.

01 교차분할표는 명명척도로 얻은 범주 자료로 구성된다. 반면 피어슨 상관계수는 등간척도 또는 비율척도로 얻은 자료에서 산출된다. 따라서 교차분할표의 자료에서 연구자는 피어슨 상관계수를 산출할 수 없다.

02 다음 중 χ^2 검증과 관련된 설명으로 틀린 것은?

① χ^2 검증을 위해 구성한 교차분할표에서 관찰빈도(observed frequency)는 실제로 자료에서 얻은 빈도를 말한다.

② χ^2 검증을 위해 구성한 교차분할표에서 기대빈도(expected frequency)는 대립가설(alternative hypothesis)이 참일 때 얻을 것으로 기대한 빈도를 말한다.

③ χ^2 검증의 영가설은 '교차분할표에서 관찰빈도의 분포와 기대빈도의 분포가 같다.'이다.

④ χ^2 검증에 사용되는 자료는 명명척도(nominal scale)로 측정한 결과이다.

02 χ^2 검증을 위해 구성한 교차분할표에서 기대빈도는 대립가설이 아닌 영가설(null hypothesis)이 참일 때 얻을 것으로 기대한 빈도를 말한다.

정답 01 ③ 02 ②

해설 & 정답 checkpoint

03 다음 중 상관계수에 대한 설명으로 틀린 것은?

① 상관계수는 −1.0(완벽한 부적 상관관계)~+1.0(완벽한 정적 상관관계)의 범위에 속한 값으로 표현된다.
② 상관계수의 절댓값이 클수록, 두 변인 간 관련성이 더 강하다는 것을 의미한다.
③ 상관계수가 음수이면 두 변인이 부적 상관관계임을, 상관계수가 양수이면 두 변인이 정적 상관관계임을 나타낸다.
④ 연구자는 상관계수를 통해 두 변인 간의 상관관계뿐만 아니라 인과관계도 확인할 수 있다.

03 상관계수는 두 변인 간의 관련성의 강도와 방향(상관관계)을 나타내는 지표이다. 따라서 연구자는 상관계수를 통해 두 변인 간의 인과관계를 확인할 수 없다.

04 다음 중 상관관계나 상관계수에 대한 설명으로 틀린 것은?

① 가외변인(extraneous variable)이 두 변인 간의 관련성에 개입해서 두 변인 간의 강한 상관관계를 만들 수 있다.
② 연구대상에게서 얻은 자료에서 한 변인 또는 두 변인의 변화 범위가 제한되면, 연구자는 두 변인 간의 정확한 상관관계를 파악할 수 없다.
③ 두 변인 간의 관계가 곡선적이면, 피어슨 상관계수(Pearson correlation coefficient)의 절댓값이 커진다.
④ 피어슨 상관계수는 두 변인 간의 직선적 관계를 전제로 산출된다.

04 피어슨 상관계수는 두 변인 간의 직선적 관계를 전제로 산출된다. 따라서 두 변인 간의 관계가 곡선적이면, 피어슨 상관계수의 절댓값(강도)이 0에 가깝게 작아진다.

정답 03 ④ 04 ③

checkpoint 해설 & 정답

05 연구자가 한 시점에서 실시한 설문조사로 두 변인을 측정하면, 두 변인의 공변성을 확인할 수 있다. 그러나 설문조사에서 연구자가 두 변인의 발생 시간 순서를 조작할 수 없고, 가외변인을 통제하는 것도 어렵다. 따라서 연구자는 1회 실시되는 설문조사로 두 변인 간의 인과관계를 정확하게 확인할 수 없다.

05 다음 중 설명이 틀린 것은?

① 연구자는 1회 실시되는 설문조사로 두 변인 간의 인과관계를 정확하게 확인할 수 있다.

② 연구자는 실험을 통해 두 변인 간의 인과관계를 정확하게 확인할 수 있다.

③ 두 변인 간의 인과관계를 입증한 다수의 선행연구나 두 변인 간의 인과관계를 제안한 여러 이론이 있으면, 연구자는 이를 기반으로 설문조사를 통해 두 변인 간의 인과관계를 확인할 수 있다.

④ 연구자가 자료에서 두 변인의 회귀식을 산출했다고 해서, 두 변인의 인과관계를 확인한 것은 아니다.

주관식 문제

01 정답
수반성이란 두 변인 간의 조건적이고 확률적인 관련성을 의미한다.

01 수반성(contingency)의 정의를 적으시오.

02 정답
자승화는 각 연구대상의 개별 점수에서 전체 연구대상의 평균값을 뺀 값들을 제곱한 후 이들 값을 모두 더한 값을 말한다.

02 자승화(sum of squares, SS)의 정의를 적으시오.

정답 05 ①

해설 & 정답 checkpoint

03 자유도(degree of freedom)의 정의를 적으시오.

03 정답
자유도는 통계 계산에서 변경이 허용된 값의 최대 개수를 말한다.

04 두 변인 간 인과관계 설정에 있어서 충족되어야 할 3개의 전제 조건을 적으시오.

04 정답
① 두 변인은 서로 상관관계여야 한다.
② 원인이 되는 변인의 변화는 결과가 되는 변인의 변화보다 시간적으로 먼저 발생해야 한다.
③ 두 변인 간의 상관관계에 다른 변인(가외변인)이 영향을 미치지 않아야 한다.

05 회귀분석에서 표준화된 회귀계수(standardized regression coefficient)의 정의를 적으시오.

05 정답
표준화된 회귀계수는 회귀계수를 평균값이 0이고 표준편차가 1인 분포에 맞도록 표준화시킨 결과 값이다. 일반적으로 표준화된 회귀계수는 β로 표기된다.

checkpoint 해설 & 정답

06 정답

회귀계수(regression coefficient)는 변인 X가 한 단위 변할 때 변인 Y가 얼마나 많이 변하는가를 나타낸다. 연구자가 회귀계수를 표준화해서 표준화된 회귀계수를 이용하면, 서로 다른 단위(예 3점 척도 vs 7점 척도)를 가진 회귀식 간 회귀계수의 비교가 가능하다.

06 회귀분석에서 표준화된 회귀계수(standardized regression coefficient)를 산출하는 이유가 무엇인지 적으시오.

해설 & 정답 checkpoint

제 3 장 실험연구

01 다음 중 실험과 관련된 설명으로 틀린 것은?

① 실험에서 통제변인은 연구자가 실험 중 일정하게 그 수준을 유지하는 잠재적 독립변인 또는 가외변인(extraneous variable)이다.

② 실험에서 독립변인은 연구자가 연구대상의 반응을 관찰하고 기록(측정)하는 변인을 말한다.

③ 실험은 연구자가 변인 간 인과관계를 확인할 수 있도록 설계된 검증절차를 말한다.

④ 실험에서 독립변인은 연구자가 그 수준을 조작(manipulation)하거나 처치(treatment)한 변인을 말한다.

01 실험에서 연구자가 연구대상의 반응을 관찰하고 기록(측정)하는 변인은 종속변인이고, 연구자가 조작하거나 처치한 변인은 독립변인이다.

02 다음 중 조작적 통제(manipulated control)에 대한 설명으로 틀린 것은?

① 균형화(balancing)는 연구자가 피험자 간 실험설계(between-subjects design)에서 여러 실험 조건에 동일한 특성을 가진 연구대상을 고르게 할당하는 방법이다.

② 상쇄균형화(counterbalancing)는 피험자 내 실험설계(within-subjects design)에서 순서효과(order effect)를 막기 위해 사용된다.

③ 연구자가 실험에서 이중부지(double blind-fold) 통제를 사용하면, 실험 진행자는 실험의 상세한 목적과 내용을 알지만 연구대상은 실험의 상세한 목적과 내용을 모른다.

④ 부지(blind-fold) 통제는 연구자가 연구대상이 실험 의도를 모르도록 해서 조작이나 처치된 독립변인에 대한 연구대상의 왜곡된 반응을 막는 방법이다.

02 연구자가 실험에서 이중부지 통제를 사용하면, 실험 진행자와 연구대상 모두가 실험의 상세한 목적과 내용을 모른다.

정답 01 ② 02 ③

03 다음은 실험 중 발생할 수 있는 효과나 현상에 대한 설명이다. 이 효과나 현상은 무엇인가?

> 연구자가 연구대상이 본인의 예상에 맞게 반응하도록 본인도 모르는 사이에 연구대상에게 영향을 미쳐서 본인의 예상이 옳다는 것을 입증하려고 한다.

① 후광 효과(hallo effect)
② 호손 효과(Hawthorne effect)
③ 자기 충족적 예언(self-fulfilling prophecy)
④ 존 헨리 효과(John Henry effect)

checkpoint 해설 & 정답

03 ① 후광 효과는 연구자가 연구대상의 특정 특성(예 성격, 외모)에 대한 본인의 선입견 때문에 실험 중 각 연구대상을 다르게 대해서 연구대상 간 반응 차이가 발생하는 현상이다.
② 호손 효과는 연구대상이 본인이 실험에 참여했다는 사실을 강하게 인식함으로써 본인의 반응을 바꾸는 현상이다.
④ 존 헨리 효과는 실험집단과 통제집단으로 구성된 실험에서 통제집단의 연구대상이 본인이 통제집단에 배정된 사실을 알고, 실험집단의 연구대상보다 실험에 더 적극적으로 참여하는 현상을 말한다.

04 다음 중 설명이 <u>틀린</u> 것은?

① 현장연구(field research)에서 연구자가 연구 상황이나 조건을 완벽하게 통제하기 어렵다.
② 연구자가 실험 방법과 절차에 대한 자세한 설명을 생략하고 실험하는 방법을 은폐실험이라고 한다.
③ 연구자가 속임수(deception)를 이용하는 경우, 윤리적 문제가 발생할 수 있다.
④ 모사실험(simulated experiment)은 실험집단의 연구대상에게 독립변인이 무엇인지 알려주는 방법으로 진행된다.

04 모사실험은 실험집단이 아닌 통제집단의 연구대상에게 독립변인이 무엇인지 알려주고, 만약 연구대상에게 독립변인의 조작이나 처치가 제시되었다면 어떤 결과가 발생했을지(모사) 묻는 방법으로 진행된다.

정답 03 ③ 04 ④

05 다음 중 설명이 틀린 것은?

① 실험연구에서의 상황 대표성은 실험연구 설계의 내적 타당도 (internal validity)와 관련된다.
② 실험연구의 대학생 표본이 인간 전체를 대표하는가에 대한 문제가 발생할 수 있다.
③ 상황의 대표성은 실험 상황이 현실의 세계와 닮아 있는지의 정도를 말한다.
④ 독립변인의 대표성이란 연구자가 독립변인을 여러 다른 방식으로 조작하거나 처치했을 때도 동일한 결과를 얻을 수 있는 능력이다.

해설 & 정답 checkpoint

05 실험연구에서의 상황 대표성은 실험연구 설계의 생태학적 타당도(ecological validity)와 관련된다.

주관식 문제

01 실험(experiment)의 정의를 적으시오.

01 정답
① 실험은 변인 간 인과관계를 설명할 수 있도록 설계된 검증절차를 말한다.
② 실험은 가외변인의 영향(혼입효과)을 배제한 상태에서 독립변인을 먼저 조작하거나 처치한 후 독립변인이 일으킨 종속변인의 변화(인과관계)를 규명하는 방법이다.

02 무위 결과(null result)의 정의를 적으시오.

02 정답
무위 결과는 연구자가 조작하거나 처치한 독립변인의 수준에 따라서 종속변인의 변화가 발생하지 않는 것을 말한다.

정답 05 ①

checkpoint 해설 & 정답

03 정답
연구대상에게 얻은 종속변인 측정 점수가 높은 범위에 몰려 있는 경우를 천장효과라고 한다. 예를 들어, 1~7점으로 구성된 7점 척도로 측정한 자료에서 다수의 연구대상의 응답 점수가 6점 또는 7점에 몰려서 나타나는 현상이 천장효과이다.

04 정답
① 연구자가 종속변인에 영향을 미치지 않는 특정 변인을 독립변인으로 잘못 선정해서 실험을 진행하는 경우, 무위 결과가 발생한다.
② 연구자가 선정한 특정 독립변인이 종속변인의 변화에 영향을 미치지만, 그 영향의 크기가 실제로 지나치게 작으면 무위 결과가 발생한다.
③ 연구자가 독립변인을 타당하게 조작하거나 처치하는 데 실패한 경우, 무위 결과가 발생한다.
④ 종속변인 측정의 신뢰도가 떨어지면, 무위 결과가 발생할 수 있다.
⑤ 종속변인을 측정하는 과정에서 발생하는 천장효과(ceiling effect)와 바닥효과(floor effect) 때문에 무위 결과가 발생할 수 있다.
⑥ 연구자가 통제변인을 제대로 통제하지 못하거나 통제변인을 잘못 선정해서 통제하는 경우, 혼입효과로 인해 무위 결과가 발생할 수 있다.

03 종속변인을 측정할 때 발생하는 천장효과(ceiling effect)가 무엇인지 적으시오.

04 무위 결과(null result)가 발생하는 이유를 3가지 이상 적으시오.

해설 & 정답 checkpoint

05 실험에서 사용되는 조작(manipulation)의 정의를 적으시오.

05 정답
조작은 연구자가 실험 중 원인이 되는 변인(독립변인)의 수준이나 값을 인위적으로 변화시키는 활동이다.

06 무선배정(random assignment)과 균형화(balancing)의 차이점을 기술하시오.

06 정답
무선배정은 연구자가 여러 실험 조건(예 실험 조건 1 vs 실험 조건 2)이나 집단(예 실험집단 vs 통제집단)에 연구대상을 무작위로 할당하는 방법이다. 반면 균형화는 연구자가 모든 실험 조건이나 집단에 동일한 특성을 가진 연구대상을 고르게 체계적으로 할당하는 방법이다. 연구자가 가외변인인 연구대상의 특성이 무엇인지를 파악하기 어려운 경우, 무선배정을 이용한다. 반면 연구자가 가외변인인 연구대상의 특성을 알고 있는 경우, 연구자가 가외변인인 연구대상의 특성이 모든 실험 조건에 고르게 분산되도록 균형화를 실시한다.

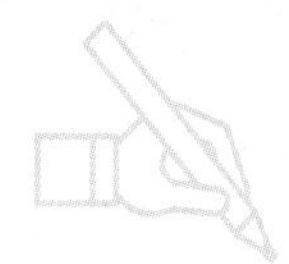

여기서 멈출 거예요? 고지가 바로 눈앞에 있어요.
마지막 한 걸음까지 SD에듀가 함께할게요!

제 4 편

고급 연구방법

제1장 실험설계
제2장 복합설계
제3장 소집단 실험법
제4장 유사 실험법
실제예상문제

단원 개요

본 편은 다음과 같은 내용으로 구성된다. 제1장에서 실험설계의 기본 개념, 내적 타당도와 외적 타당도의 위협요인 및 기본 실험설계의 종류를 소개한다. 제2장에서 복합설계에 해당하는 요인설계의 장점, 그 결과로 제공되는 정보의 유형 및 연구대상 배정 방법을 설명한다. 제3장에서 소수의 연구대상이 참여하는 실험에 활용되는 소집단 설계의 특징 그리고 소집단 설계의 종류와 각 종류의 장・단점을 소개한다. 제4장에서 진실험설계와 유사실험설계의 구분 기준을 소개하고, 유사실험설계의 특징과 종류를 설명한다.

출제 경향 및 수험 대책

- 실험설계의 특징과 유관 개념(예 조작)을 이해한다.
- 실험설계의 내적 타당도와 외적 타당도의 위협요인의 종류와 그 해결 방법을 이해한다.
- 사후 설계와 사전사후 설계의 특징과 주요 고려사항을 이해한다.
- 피험자 간 설계, 피험자 내 설계, 대응 짝 설계의 특징과 주요 고려사항(예 이월효과)을 이해한다.
- 요인설계의 장점을 이해한다.
- 요인설계가 제공하는 정보(주효과, 상호작용)의 의미를 이해한다.
- 요인설계에서 주효과와 상호작용의 양상을 이해한다.
- 요인설계에서 연구대상을 실험조건이나 실험집단에 할당하는 방법의 종류가 가진 장・단점을 이해한다.
- 소집단 설계의 적용이 필요한 연구 상황을 이해한다.
- 소집단 설계의 종류와 각 종류의 장・단점을 이해한다.
- 진실험설계와 유사실험설계를 구분하는 기준이 무엇인지 이해한다.
- 유사실험설계의 종류와 각 종류의 특징을 이해한다.

제 1 장 실험설계

제 1 절 실험설계의 이해

1 실험설계(experimental design)의 정의와 목적 중요 ★★★

실험설계는 연구대상 선정, 변인 조작과 처치, 자료 수집과 분석, 가외변인 통제 등을 고려해서 타당한 결론을 얻기 위한 과학적 검증 절차의 개요나 계획을 말한다. 실험설계의 가장 중요한 목적은 연구설계의 내적 타당도(internal validity)를 높이는 것이다.

2 연구대상 선정 방법

연구자가 어떤 방법으로 표본을 추출하는가에 따라서 연구설계의 외적 타당도(external validity)가 달라진다. 연구설계의 외적 타당도를 확보하기 위해서, 다음의 사항을 고려해야 한다. 먼저 확률 표집(probability sampling)에 의해서 뽑힌 표본은 모집단의 특성을 대표한다. 따라서 모집단의 특성을 정확하게 기술하는 연구(기술적 연구)에서는 연구자가 확률 표집을 실시하는 것이 바람직하다. 즉, 기술적 연구는 확률 표집을 통해 연구설계의 외적 타당도를 높인다. 반면 연구자가 이론을 기반으로 설정한 변인 간의 관련성을 검증하는 경우(설명적 연구), 비확률 표집(예 대학생 표집)을 실시하는 것이 효율적이다. 대다수의 실험연구가 설명적 연구이기 때문에 연구자가 실험설계에 비확률 표집을 사용해도 연구설계의 외적 타당도에 치명적인 문제가 없다.

3 독립변인과 종속변인 중요 ★

가장 단순한 실험설계에서 연구자는 1개의 독립변인을 조작(처치)하고, 그 결과로 인해 발생하는 1개의 종속변인의 변화를 측정한다.

(1) 독립변인의 조작

독립변인을 조작하기 위해서, 연구자는 개념에 대한 조작적 정의를 내려야 한다. 즉, 연구자는 실험설계에서 개념을 연구대상에게 제시하는 지시문, 사건(예 실험용 상황) 및 자극(예 실험용 광고)으로 구체화한다.

① **단순 조작(straightforward manipulation)**

단순 조작은 연구자가 글이나 말로 하는 실험 지시나 시각적 자극 제시를 통해 독립변인을 조작하는 활동이다. 예를 들어, 어떤 연구자가 광고모델의 시선(독립변인)이 광고태도에 미치는 영향을 알고자 한다. 이때 연구자는 광고모델이 정면, 우측 또는 좌측을 응시하도록 시선을 조작했다.

② **사건 조작(event manipulation) 또는 단계적 조작(staged manipulation)**

연구자는 **사건 조작**을 통해 연구대상의 특정 심리 상태를 만들거나, 실생활에서 일어나는 상황을 모사(simulation)해서 독립변인을 조작한다. 연구자가 사건 조작을 할 때 조력자(confederate, accomplice)의 도움을 받는 경우도 있다. 조력자는 연구대상과 함께 실험에 참여하지만, 연구자의 독립변인 조작을 돕는 역할을 한다. 사건 조작을 단계적 조작이라고도 부른다.

사건 조작은 연구대상이 독립변인의 조작을 실험용이 아닌 실제 상황으로 인식하게 만드는 장점을 가진다. 반면 사건 조작은 다른 연구자에 의해서 반복하기 어렵고, 결과 해석이 어렵다는 단점을 가진다.

㉠ 특정 심리 상태를 조작하기

어떤 연구자가 고령자의 정서 상태가 긍정 내용의 뉴스 선택편향에 미치는 영향을 알고자 한다. 이에 연구자는 고령 연구대상에게 분노를 유발하는 동영상 또는 즐거움을 유발하는 동영상을 보여줌으로써 이들의 정서 상태를 부정적으로 또는 긍정적으로 조작한다. 이후 연구자는 연구대상이 긍정 내용의 뉴스와 부정 내용의 뉴스 중 어떤 쪽을 더 많이 선택하는지를 측정한다.

㉡ 실생활에서 일어나는 상황을 모사하기

어떤 연구자가 사회적 압력이 동조(conformity)에 미치는 영향을 알고자 한다. 이를 위해서, 연구자는 한 실험실에 4명의 조력자와 1명의 연구대상을 모은 후 이들에게 답이 명확한 아주 쉬운 문제를 냈다. 이후 연구자와 사전에 합의한 모든 조력자는 틀린 답을 정답처럼 말했다. 모든 조력자가 답을 말한 후 연구자는 맨 마지막에 연구대상에게 답을 말해달라고 요청했다. 이 경우, 연구대상은 4명의 조력자 모두가 틀린 답을 말했기 때문에 본인이 정답을 말하는 것에 사회적 압력을 경험한다. 따라서 연구대상도 4명의 조력자에 동조해서 틀린 답을 말할 가능성이 크다. 이와 같은 동조 상황은 실생활에서 종종 발생한다.

(2) 종속변인의 측정

다수의 실험설계에서 연구자는 종속변인을 측정하기 위해 자기보고(self-report), 행동측정치(behavioral measure), 생리측정치(physiological measure)를 이용한다.

① **자기보고**

자기보고는 태도, 판단, 행동의향, 정서 상태 등의 다양한 연구대상의 반응을 측정하는 데 사용된다. 연구자가 자기보고로 종속변인을 측정하는 경우, 어의변별 척도, 리커트 척도 등을 주로 이용한다.

② **행동측정치**

행동측정치는 연구자가 연구대상의 반응 행동을 직접 관찰한 결과이다. 예를 들어, 연구자는 본인이 관심을 가진 연구대상의 반응 행동이 얼마나 자주 발생하는지(반응빈도), 자극 제시 이후 연구대상의 반응 행동이 얼마나 빨리 발생하는지(반응시간), 연구대상의 반응 행동이 얼마나 오래 지속되는지(반응의 지속시간) 등을 측정한다.

③ **생리측정치**

생리측정치는 연구자가 연구대상의 신체 반응을 기록한 결과이다. 예를 들어, 연구자는 정서적 각성과 불안 측정용으로 피부전기반응(galvanic skin response, GSR), 스트레스나 긴장 측정용으로 근전도(electromyogram, EMG), 특정 뇌 부위의 활성화 측정용으로 뇌파(electroencephalogram, EEG) 또는 기능적 자기공명영상(functional magnetic resonance imaging, fMRI) 등의 기기를 통해 연구대상의 신체 반응을 기록할 수 있다.

④ **다중측정치**

많은 연구자는 단일 종속변인에 대한 1개의 측정치가 아닌 2개 이상의 측정치를 이용한다. 그 이유는 단일 종속변인을 다양한 방법으로 측정할 수 있기 때문이다. 예를 들어, 건강은 연구대상의 혈압과 같은 생리측정치와 연구대상이 직접 기록한 연간 병원 방문 횟수로 측정할 수 있다. 만약 독립변인의 영향에 의해서 동일 종속변인의 여러 측정치가 동일하게 변한다면, 연구자는 독립변인이 종속변인에 미치는 영향에 대해서 더욱 더 확신한다.

4 조작점검(manipulation check) 중요 ★★★

조작점검이란 독립변인의 조작이 연구자가 기대한 연구대상의 반응을 실제로 유발했는지 알아보는 활동이다. 즉, 조작점검은 조작의 구성 타당도를 확인하는 방법이다. 예를 들어, 어떤 연구자가 불안을 조작했다면, 불안을 조작하지 않은 연구대상보다 불안을 조작한 연구대상의 불안 정도가 더 높아야 한다.
일반적으로 조작점검은 다음과 같은 방법으로 실시되며, 각 방법은 서로 다른 장점을 가진다.

(1) 예비연구(pilot study)에서의 조작점검 실시

연구자는 본 실험 전 예비연구에서 조작점검을 실시한다. 조작점검의 결과, 독립변인의 조작이 효과적이지 않으면 연구자는 독립변인의 조작을 변경한 후 본 실험을 진행한다. 이처럼 본 실험 전에 예비연구에서 조작점검을 실시하면, 연구자는 독립변인의 조작 효과가 실제로 발생하지 않는 본 실험을 진행했기 때문에 낭비되는 비용, 시간, 노력을 절감할 수 있다.

(2) 본 실험에서 조작점검 실시

연구자가 본 실험의 초기에 조작점검을 실시하는 경우, 그 결과가 종속변인의 측정에 영향을 미칠 가능성이 있다. 따라서 연구자는 본 실험이 끝날 때쯤 조작점검을 실시한다. 연구자가 본 실험 중 조작점검을 실시하는 경우, 예상과 다른 결과가 독립변인의 조작 문제 때문에 발생한 것인지를 확인할 수 있다.

제 2 절 실험설계의 내적 타당도와 외적 타당도

1 내적 타당도의 위협요인과 내적 타당도 제고 방법

(1) 내적 타당도의 위협요인 중요 ★★★

연구자가 독립변인을 효과적으로 조작하고, 종속변인을 정확히 측정하며, 가외변인을 엄격하게 통제함으로써 실험설계의 **내적 타당도**를 높일 수 있다. 연구자는 예비연구를 통해 독립변인의 조작이 효과적인지 그리고 가외변인의 통제가 제대로 되었는지를 미리 점검할 수 있다. 또한 연구자는 반복검증 연구(replication study)를 통해 본 실험에 참여하지 않은 연구대상에게서 얻은 결과가 본 실험의 결과와 동일한지를 확인할 수 있다. 연구자는 내적 타당도를 낮추는 위협요인을 파악해서 이를 해결하는 방법을 실험설계에 적용해야 한다. 실험설계의 내적 타당도를 낮추는 위협요인은 다음과 같다.

① **역사(history)**

연구대상이 실험 진행 기간 중 경험한 특정 사건이나 환경이 종속변인의 측정에 영향을 미치면 내적 타당도가 낮아진다. 이때 연구대상이 개인적으로 경험한 특정 사건이나 환경을 **역사**라고 한다. 예를 들어, 어떤 연구자가 금연 광고가 흡연자의 금연 지속 의향에 미치는 영향을 알고자 한다. 이에 연구자는 연구대상에게 금연 광고를 제시한 후 금연 의향을 측정했다. 1주일 뒤 연구자는 연구대상의 금연 의향을 다시 측정했다. 그런데 1주일 동안 어떤 연구대상은 흡연의 폐해에 대한 다큐멘터리 A를 보았지만, 다른 연구대상은 다큐멘터리 A를 보지 않았다. 이 경우, 다큐멘터리 A의 시청 여부(역사)가 연구대상의 두 번째 금연 의향 측정에 영향을 미칠 수 있다.

② **성숙(maturation)**

시간의 경과에 따라서 발생하는 연구대상의 변화(예 성장, 노화, 피로, 지루함)는 내적 타당도를 낮춘다. 이와 같은 변화가 **성숙**이다. 예를 들어, 어떤 연구자가 1년간 SNS 중독 경향성이 높은 대학생들을 대상으로 SNS 중독 치료 프로그램을 실시했다. 1년 뒤 이들의 SNS 중독 경향성은 낮아졌다. 그런데 이와 같은 결과가 발생한 이유가 연구자가 실시한 SNS 중독 치료 프로그램 효과 때문일 수 있지만, SNS 이용에 대한 연구대상의 싫증 증가 때문일 수도 있다.

③ **검사 실시(testing)**

연구자가 독립변인의 조작 전・후에 측정하는 **검사**가 동일하면, 독립변인의 조작 전 실시한 검사(사전검사)가 독립변인의 조작 후 실시한 검사(사후검사)에 영향을 미칠 수 있다. 이 경우, 내적 타당도가 낮아진다. 예를 들어, 어떤 연구자가 본인이 개발한 학업 성취도 제고 프로그램의 효과를 알고자 한다. 이에 연구자가 학업 성취도 제고 프로그램을 시작하기 전 연구대상의 학업 성취도(사전검사)를 측정하고, 학업 성취도 제고 프로그램을 마친 후 다시 학업 성취도(사후검사)를 측정했다. 이때 연구대상이 사후검사를 받는 중 기억이 난 사전검사 때의 본인 답과 동일하게 답해서 사전검사와 사후검사 간 학업 성취도의 차이가 없을 수 있다. 또한 연구대상이 사전검사와 사후검사를 통해 학업 성취도 검사에 익숙해져서 학업 성취도 점수가 높아질 가능성이 있다.

④ **도구 사용**(instrumentation)

실험 중 사용된 **도구**가 달라져서 종속변인의 측정치가 변하면 내적 타당도가 떨어진다. 예를 들어, 연구자가 지시문을 읽는 속도와 말투가 달라져서 연구대상의 반응이 달라질 수 있다. 또한 사전검사(예 자기보고)와 사후검사(예 행동측정치) 때 사용하는 종속변인의 측정치가 달라지면, 연구대상의 반응이 달라질 수 있다.

⑤ **통계적 회귀**(statistical regression)

통계적 회귀란 사전검사 때 극단적으로 높거나 극단적으로 낮은 점수가 사후검사 때 중간 수준의 점수(예 평균값)에 가까워지는 현상을 말한다. 독립변인의 조작 여부가 아닌 통계적 회귀로 인해 사전검사와 사후검사 간 점수 차이가 발생하면, 내적 타당도가 떨어진다. 예를 들어, 어떤 연구자가 매우 어려운 수학 성취도 검사(사전검사)를 실시해서 모든 연구대상의 점수가 매우 낮았다. 이후 이들 연구대상은 수학 성취도 제고 프로그램에 참여한 후 동일한 수학 성취도 검사(사후검사)를 받았다. 통계적 회귀로 인해서 사전검사의 점수가 매우 낮았기 때문에 사후검사의 점수는 사전검사의 점수보다 낮기가 어렵다. 이처럼 사후검사의 점수가 사전검사의 점수보다 높은 이유는 수학 성취도 제고 프로그램의 효과가 아닌 통계적 회귀 때문일 수 있다.

⑥ **연구대상 소멸**(mortality, attrition)

여러 차례 실시되는 실험 중 일부 연구대상이 이전 실험에 참여했지만 이후 실험에서 자발적 또는 비자발적으로 탈퇴하는 경우, 내적 타당도가 떨어진다. 이를 **연구대상 소멸**이라고 한다. 예를 들어, 어떤 연구자가 A 중학교에 재학 중인 중학생들의 금연 의향을 측정한 후 이들을 대상으로 금연 프로그램을 실시했다. 그런데 이 프로그램에 참여한 일부 흡연 중학생들이 A 중학교에서 퇴학을 당하거나 다른 중학교로 전학을 갔다. 그 결과, 금연 프로그램 종료 후 실시한 금연 의향이 금연 프로그램 시작 전 실시한 금연 의향보다 높게 나왔다.

⑦ **선택편향**(selection bias)

㉠ 기본 내용

선택편향은 모집단에 속한 특정 연구대상이 체계적이며 일정한 방식으로 표본에 뽑히지 않는 현상을 말한다. 연구자가 실험집단과 통제집단을 구분한 후 두 집단 간 독립변인의 조작 효과 차이를 검증하는 경우, 선택편향이 발생하면 실험집단과 통제집단에 속한 연구대상의 특성이 서로 달라서 내적 타당도가 낮아진다. 예를 들어, 어떤 연구자가 온라인 게임 중독 치료 프로그램을 개발한 후 해당 프로그램에 자발적으로 참여하는 전국의 중학생들로 실험집단을 구성했다. 반면 온라인 게임 중독 치료 프로그램에 대한 자발적인 참여 의향을 묻지 않고 A 중학교에 재학 중인 모든 중학생들을 강제적으로 통제집단으로 구성했다. 그 결과, 실험집단의 중학생들은 온라인 게임 중독 치료 프로그램에 적극적으로 참여하지만, 통제집단의 일부 중학생들은 온라인 게임 중독 치료 프로그램에 마지못해 참여한다. 이 경우, 선택편향이 발생해서 실험설계의 내적 타당도에 문제가 발생한다.

㉡ 선택편향과 다른 위협요인의 조합

선택편향은 다른 위협요인과 함께 내적 타당도를 낮춘다. 내적 타당도를 위협하는 선택편향과 다른 요인의 조합 예는 [표 4-1]과 같다.

[표 4-1] 선택편향과 위협요인의 조합 예

위협요인의 조합	내용
선택편향과 역사	실험집단과 통제집단 간 특성 차이가 있고, 두 집단 간 사전검사와 사후검사 전 경험한 사건과 환경이 서로 다름
선택편향과 성숙	실험집단과 통제집단 간 특성 차이가 있고, 두 집단 간 사전검사와 사후검사 때의 성숙 정도가 서로 다름
선택편향과 검사 실시	실험집단과 통제집단 간 특성 차이가 있고, 두 집단 간 사전검사 실시가 사후검사에 서로 다른 영향을 미침
선택편향과 도구 사용	실험집단과 통제집단 간 특성 차이가 있고, 두 집단 간 사전검사와 사후검사에서 사용한 도구의 종류가 다름
선택편향과 연구대상 소멸	실험집단과 통제집단 간 특성 차이가 있고, 두 집단 간 연구대상 소멸 정도가 다름
선택편향과 통계적 회귀	실험집단과 통제집단 간 특성 차이가 있고, 두 집단 간 사전검사와 사후검사의 통계적 회귀 정도가 다름

(2) 내적 타당도 제고 방법 중요 ★★

내적 타당도의 위협요인에 대처해서, 내적 타당도를 높이는 방법은 다음과 같다.

① **역사, 성숙, 검사 실시, 통계적 회귀** : 연구자가 적절한 통제집단을 실험설계에 포함시킨다.

② **도구 사용** : 연구자가 실험에서 신뢰할 수 있고 타당한 도구를 사용하고, 실험을 진행하는 연구보조원을 훈련시킨다.

③ **연구대상 소멸** : 연구자가 한 집단에서 탈락한 연구대상의 특성을 확인한 후 다른 집단에서 동일한 특성을 가진 연구대상을 통계적 분석 대상에서 제외한다.

④ **선택편향** : 연구자가 연구대상을 무작위로 실험집단과 통제집단에 배정하거나 균형화를 실시한다.

2 외적 타당도의 위협요인과 제고 방법

(1) 외적 타당도의 위협요인 중요 ★

연구자는 본인이 실시한 실험연구의 결과를 다른 연구대상 또는 다른 조건이나 상황에서 얻은 결과로 일반화시킬 수 있는지 고려할 필요가 있다. 이와 같은 **외적 타당도**를 높이기 위해서, 연구자가 가장 쉽게 활용할 수 있는 방법이 확률 표집이다. 또한 연구자는 외적 타당도를 낮추는 위협요인을 파악해서 이를 해결하는 방법을 실험설계에 적용해야 한다. 외적 타당도를 낮추는 위협요인은 다음과 같다.

① **연구대상 선정오류와 독립변인 조작 간의 상호작용**

연구대상의 특성에 따라서 독립변인의 조작이 종속변인에 미치는 영향이 달라지면 연구대상 선정오류가 발생한 것이다. 이때 연구대상의 특성 차이(**연구대상 선정오류**)와 독립변인 조작이 함께 종속변인에 영향을 미친다. 이처럼 연구대상 선정오류와 독립변인 조작 간의 상호작용이 발생하면, 외적 타당도는 낮아진다. 예를 들어, 어떤 연구자가 교도소 재소자의 사회 재활 프로그램의 효과를 알고자 한다. 이에 연구자가 사회 재활 프로그램에 자발적으로 참여하고자 하는 재소자를 실험집단에 배정하고, 사회 재활 프로그램에 강제적으로 참여하도록 한 재소자를 통제집단에 배정했다. 연구자가 사회 재활 프로그램이 종료된 후 실험집단과 통제집단 모두의 사회 적응 의향을 측정하였다. 그 결과, 실험집단의 사회 적응 의향이 통제집단의 사회 적응 의향보다 높았다. 그러나 이 결과를 모든 교도소 재소자에게 일반화하기는 어렵다.

② **사전검사의 상호작용**

사전검사의 상호작용이란 사전검사 실시가 독립변인의 조작에 대한 연구대상의 반응에 영향을 미치는 현상이다. 사전검사의 상호작용이 발생하면, 사전검사를 실시한 집단의 결과를 사전검사를 실시하지 않은 집단의 결과로 일반화하기 어렵다. 예를 들어, 어떤 연구자가 20대의 진로 성숙도 제고 프로그램 효과를 알고자 한다. 이에 연구자는 연구대상의 진로 성숙도를 측정한 후(사전검사) 진로 성숙도 제고 프로그램을 실시하였다. 이 경우, 연구대상은 사전검사 중 본인의 진로 성숙도를 깊게 생각하고, 부족한 부분을 보충할 의지가 강해질 수 있다. 그 결과, 연구대상은 진로 성숙도 제고 프로그램에 매우 적극적으로 참여해서 진로 성숙도가 이전보다 더 좋아질 가능성이 크다. 이 결과를 사전검사 때 진로 성숙도를 측정하지 않은 연구대상의 결과로 일반화할 수 없다.

③ **실험절차의 반응적 효과(reactive effect)**

실험절차의 반응적 효과는 실험상황에서 연구대상이 평소와 다른 반응을 보임으로써 독립변인의 조작 효과가 왜곡되는 현상이다. 실험절차의 반응적 효과가 발생하면, 외적 타당도는 낮아진다. 호손 효과(Hawthorne effect), 존 헨리 효과(John Henry effect), 연구대상의 사회적 역할 수행 등이 실험절차의 반응적 효과에 해당한다.

④ **다중 조작의 간섭(interference) 효과**

연구자가 2개 이상의 독립변인 또는 1개 독립변인의 여러 수준을 조작하는 경우가 있다. 이처럼 여러 조작을 동일한 연구대상에게 실시했을 때, **조작 간의 간섭**이 발생할 수 있다. 그 결과, 연구자는 어떤 조작이 종속변인의 변화에 영향을 미쳤는지를 명확하게 이해하기 어렵다. 다중 조작을 사용한 실험의 결과는 동일한 다중 조작을 사용한 다른 실험의 결과에만 일반화할 수 있다.

⑤ **실험자 효과**

실험을 진행하는 연구자(실험자)는 연구대상이 본인의 예상에 맞게 반응하도록 부지불식간에 영향을 미쳐서 본인의 예상이 옳다는 것을 입증하는 경향인 **자기 충족적 예언**(self-fulfilling prophecy)을 한다. 또한 **후광 효과**(hallo effect)로 인해, 연구자가 연구대상의 특정 특성(예 성격, 외모)에 대한 본인의 선입견 때문에 실험 중 각 연구대상을 다르게 대해서, 그 결과로 연구대상 간 반응 차이가 발생하기도 한다. 이와 같은 경우, 다른 연구자가 실험을 진행하면 다른 연구 결과를 얻을 수 있다. 따라서 실험 중에 자기 충족적 예언과 후광 효과가 발생하면 외적 타당도가 낮아진다.

(2) 외적 타당도 제고 방법 중요 ★★

외적 타당도의 위협요인에 대처해서, 외적 타당도를 높이는 방법은 다음과 같다.

① **연구대상 선정오류와 독립변인 조작 간의 상호작용** : 연구자가 확률 표집과 균형화를 실시한다.

② **사전검사의 상호작용** : 연구자가 동일한 사전검사를 받은 통제집단을 실험설계에 포함하거나 사전검사를 받지 않은 실험집단을 실험설계에 포함한다.

③ **실험절차의 반응적 효과** : 연구자가 연구대상에게 최소한의 연구 관련 정보만을 제공한다.
④ **다중 조작의 간섭 효과** : 연구자가 독립변인에 대한 조작의 수를 최소화하거나 조작 시점을 다르게 한다.
⑤ **실험자 효과** : 연구자가 **이중부지**(double blind-fold) 통제를 이용한다.

제 3 절 기본 실험설계의 종류

1 사전검사(pretest) 유무에 따른 분류

가장 단순한 실험설계는 1개의 독립변인과 1개의 종속변인으로 구성된다. 또한 1개의 독립변인은 최소 2개의 수준(예 독립변인 조작에 노출됨 vs 독립변인 조작에 노출되지 않음)으로 이루어진다. 이때 연구대상은 독립변인의 2개 수준에 따라서 실험집단과 통제집단으로 무작위로 배정된다.

(1) 사후 설계(posttest-only design)

사후 설계는 연구자가 독립변인 조작에 노출된 집단(실험집단)과 독립변인 조작에 노출되지 않은 집단(통제집단)의 종속변인을 독립변인 조작 노출 후(사후검사) 한 번만 측정하는 실험설계이다. 이 실험설계의 정확한 명칭은 **사후 통제집단 설계**(posttest-only control-group design)이다. 사후 설계는 다음과 같은 절차로 진행된다.

- 1단계 : 연구자가 연구대상을 실험집단과 통제집단에 무작위로 배정한다.
- 2단계 : 연구자가 실험집단에는 독립변인 조작을 제시하고, 통제집단에는 독립변인 조작을 제시하지 않는다.
- 3단계 : 연구자가 실험집단과 통제집단의 종속변인을 측정한다(사후검사).

더 알아두기

일반적으로 연구자는 사후 설계에서 독립변인의 2개 수준을 연구대상에게 독립변인 조작을 노출함(실험집단)과 연구대상에게 독립변인 조작을 노출하지 않음(통제집단)으로 조작한다. 경우에 따라서, 연구자는 사후 설계에서 독립변인의 조작 정도(강한 조작 vs 약한 조작)를 기준으로 독립변인의 2개 수준을 조작할 수 있다. 예를 들어, 어떤 연구자가 금연 광고에 표현된 흡연의 위험성(독립변인)을 매우 혐오스러운 사진을 이용해서 강하게 조작하고, 덜 혐오스러운 사진을 이용해서 약하게 조작할 수 있다.

(2) 사전사후 설계(pretest-posttest design)

사전사후 설계는 연구자가 독립변인 조작에 노출된 집단(실험집단)과 독립변인 조작에 노출되지 않은 집단(통제집단)의 종속변인을 독립변인 조작 노출 전・후 모든 시점(사전검사와 사후검사)에서 측정하는 실험설계이다. 이 실험설계의 정확한 명칭은 **사전사후 통제집단 설계**(pretest-posttest control-group design)이다. 사전사후 설계는 다음과 같은 절차로 진행된다.

- 1단계 : 연구자가 연구대상을 실험집단과 통제집단에 무작위로 배정한다.
- 2단계 : 연구자가 실험집단과 통제집단의 종속변인을 측정한다(사전검사).
- 3단계 : 연구자가 실험집단에는 독립변인 조작을 제시하고, 통제집단에는 독립변인 조작을 제시하지 않는다.
- 4단계 : 연구자가 실험집단과 통제집단의 종속변인을 측정한다(사후검사).

(3) 사전검사 실시의 장점과 단점 중요 ★★

사후 설계와 사전사후 설계의 차이점은 사전검사 실시 여부이다. 연구자는 사전검사 실시의 장・단점을 고려해서 사후 설계와 사전사후 설계 중 하나를 선택한다.

① 사전검사 실시의 장점

㉠ 연구자는 실험집단과 통제집단 간 사전검사 결과를 비교해서 두 집단에 포함된 연구대상의 특성이 동일한지를 확인할 수 있다.

㉡ 연구자가 사전검사를 실시하면 각 연구대상의 사전검사와 사후검사 간 변화 정도를 확인할 수 있다.

㉢ 실험집단의 중도 탈락률이 매우 높은 경우, 연구자는 실험집단과 통제집단 간 사전검사 결과를 비교해서 두 집단에 포함된 연구대상의 특성 차이로 인해 높은 중도 탈락률이 발생하는지를 점검할 수 있다.

② 사전검사 실시의 단점

㉠ 사전검사 실시에 시간이 소요된다.

㉡ 사전검사 실시가 사전검사의 상호작용을 발생시킬 수 있다. 즉, 연구대상이 사전검사에 참여하면서 연구 목적과 내용을 파악할 가능성이 있다. 그 결과, 연구대상이 사전검사가 없을 때와 다르게 독립변인 조작에 대한 왜곡된 반응을 보일 수 있다.

(4) 솔로몬 4집단 설계(Solomon four-group design)

① 솔로몬 4집단 설계의 이해

솔로몬 4집단 설계는 사후 설계와 사전사후 설계를 조합한 실험설계이다. 솔로몬 4집단 설계에서 연구자는 연구대상을 사전검사를 실시한 2개 집단(2개의 사전검사 집단)과 사전검사를 실시하지 않은 2개 집단(2개의 비사전검사 집단)에 무작위로 배정하고, 1개의 사전검사 집단과 1개의 비사전검사 집단에만 독립변인 조작을 노출시킨다. 이때 독립변인 조작을 처치(treatment)라고 부른다. 연구자는 솔로몬 4집단 설계를 이용해서 사전검사의 효과를 직접적으로 검증할 수 있다. 솔로몬 4집단 설계는 [그림 4-1]과 같다.

	사전검사	처치	사후검사
집단 1	O_1	×	O_2
집단 2	O_3		O_4
집단 3		×	O_5
집단 4			O_6

주) O = 종속변인 측정, × = 독립변인 조작

[그림 4-1] 솔로몬 4집단 설계

예를 들어, 솔로몬 4집단 설계에서 연구자는 처치의 효과를 'O_5 − O_6'으로, 사전검사의 효과를 'O_4 − O_6'으로, 역사나 성숙의 효과를 'O_4 − O_3'으로 확인할 수 있다.

② **솔로몬 4집단 설계의 장점과 단점**

㉠ 장점

연구자는 솔로몬 4집단 설계를 이용해서 사전검사 효과, 처치 효과 및 사전검사와 처치의 상호작용을 확인할 수 있다. 또한 연구자는 솔로몬 4집단 설계를 통해 내적 타당도를 위협하는 역사와 성숙의 효과도 확인할 수 있다.

㉡ 단점

솔로몬 4집단 설계는 실험조건이 늘어나면서 실험에 필요한 연구대상의 수가 늘어난다는 단점을 가진다.

2 연구대상의 할당 방식에 따른 분류

연구자가 실험조건에 연구대상(피험자)을 어떤 방식으로 할당하는가에 따라서, 실험설계는 피험자 간 설계(between-subjects design), 피험자 내 설계(within-subjects design), 대응 짝 설계(matched pairs design)로 세분화된다. 피험자 간 설계는 서로 다른 독립된 실험조건의 연구대상 간 종속변인의 비교를 하기 때문에 **독립집단 설계**(independent groups design)라고도 부른다. 피험자 내 설계는 각 연구대상이 독립변인의 여러 수준에 반복적으로 노출되기 때문에 **반복측정 설계**(repeated measures design)라고 부르기도 한다.

(1) 피험자 간 설계 중요 ★★★

① **피험자 간 설계의 이해**

피험자 간 설계에서 각 연구대상은 독립변인의 다른 수준에 노출된다. 예를 들어, 어떤 연구자가 소음 정도가 집중력에 미치는 영향을 알고자 한다. 이에 연구자는 독립변인의 수준을 40dB(조용한 주택의 거실 소음 수준, 집단 1)과 80dB(철로변 또는 지하철 소음 수준, 집단 2)로 조작하였다. 이후 연구자는 10명의 연구대상을 실험집단 1(5명)과 실험집단 2(5명)에 무작위로 배정하였다([표 4-2]

참조). 이 경우, 실험집단 1에 속한 5명의 연구대상은 40dB의 소음에 노출되지만, 80dB의 소음에 노출되지 않는다. 반면 실험집단 2에 속한 5명의 연구대상은 80dB의 소음에 노출되지만, 40dB의 소음에 노출되지 않는다.

[표 4-2] 피험자 간 설계의 예

실험집단	연구대상	40dB 노출	80dB 노출
실험집단 1	연구대상 1	○	×
	연구대상 2	○	×
	연구대상 3	○	×
	연구대상 4	○	×
	연구대상 5	○	×
실험집단 2	연구대상 6	×	○
	연구대상 7	×	○
	연구대상 8	×	○
	연구대상 9	×	○
	연구대상 10	×	○

더 알아두기 중요 ★★★

피험자 간 설계에서 각 연구대상은 독립변인의 다른 수준에 노출된다. 독립변인의 2개 수준은 다음과 같이 조작될 수 있다.

- **실험집단 vs 통제집단** : 실험집단의 연구대상은 독립변인 조작에 노출되고, 통제집단의 연구대상은 독립변인 조작에 노출되지 않는다.
- **실험집단 1 vs 실험집단 2** : 실험집단 1의 연구대상은 독립변인 조작 수준 1에 노출되고, 실험집단 2의 연구대상은 독립변인 조작 수준 2에 노출된다.

② 내적 타당도 제고를 위한 방법

피험자 간 설계에서 연구자는 여러 실험집단(여러 실험집단 중 하나가 통제집단일 수 있음)에 속한 연구대상의 특성 간 차이가 없다는 것을 입증해야 한다. 그래야 연구자가 여러 실험집단 간 종속변인의 차이가 독립변인의 수준 조작에 의한 것이라고 주장할 수 있다. 이때 연구자는 균형화(balancing)와 무선화(randomization)를 이용해서 여러 실험집단에 속한 연구대상의 특성 차이가 없도록 조치를 취한다.

㉠ 균형화

연구자가 가외변인이라고 예상하는 연구대상의 특정 특성을 선정한다. 이후 연구대상의 해당 특성이 서로 다른 실험집단(통제집단 포함)에 고르게 분포되도록 특정 특성을 가진 연구대상과 특정 실험집단 간 짝을 지어서 각 연구대상을 각 실험집단에 배정한다. 이를 **균형화**라고 한다. 예를 들어, 어떤 연구자가 음주량(독립변인)이 단어 기억(종속변인)에 미치는 영향을 알고자 한다. 연구자는 성별과 연령에 따라서 음주량이 단어 기억에 미치는 영향이 달라질 수 있다고 예상했다. 이때 성별과 연령은 가외변인에 해당한다. 연구자는 연구대상의 성별과 연령대의 비율이 동일하게 연구대상을 적은 음주량 조작 집단(실험집단 1, 적은 양의 술을 마시게 하는 조건)과 많은 음주량 조작 집단(실험집단 2, 많은 양의 술을 마시게 하는 조건)에 배정한다. 균형화를 짝짓기(matching)라고도 한다. 그런데 연구자는 모든 가외변인을 균형화하는 것이 어렵다.

ⓛ 무선배정(random assignment)

무선배정은 연구자가 여러 실험집단(통제집단 포함)에 연구대상을 무작위로 할당하는 방법이다. 무선배정은 각 연구대상이 특정 실험집단에 속할 동등한 가능성을 증가시키는 기법이다. 단, 표본의 수가 매우 적은 경우, 무선배정을 한다고 해서 실험집단 간 연구대상의 특성이 항상 동등하다는 보장을 하지 못한다.

2개의 실험집단에 연구대상을 무선배정하는 방법은 다음과 같다.

ⓐ 제비뽑기, 주사위 던지기 및 동전 던지기의 사용

먼저 연구자는 2개의 실험집단 중 한 집단을 홀수로, 다른 집단을 짝수로 정한다. 이후 연구자가 각 연구대상에 대해서 제비뽑기(홀수 vs 짝수), 주사위 던지기(홀수 vs 짝수) 및 동전 던지기(앞면 - 홀수 vs 뒷면 - 짝수)를 실시해서, 그 결과에 따라서 각 연구대상을 2개의 실험집단 중 한 집단에 배정한다.

ⓑ 난수표의 사용

먼저 연구자는 2개의 실험집단 중 한 집단을 홀수로, 다른 집단을 짝수로 정한다. 연구자가 난수표의 한 열을 선택한 후 각 연구대상에 대해서 해당 열에 제시된 숫자가 홀수인지 짝수인지에 따라서 각 연구대상을 2개의 실험집단 중 한 집단에 배정한다.

ⓒ 난수 생성 프로그램의 사용

연구자는 엑셀이나 Research Randomizer(www.randomizer.org)를 이용해서 각 연구대상을 2개의 실험집단 중 한 집단에 배정한다.

(2) 피험자 내 설계 중요 ★★★

① 피험자 내 설계의 이해

피험자 내 설계에서 모든 연구대상은 독립변인의 모든 수준에 노출된다. 예를 들어, 어떤 연구자가 소음 정도(독립변인)가 집중력(종속변인)에 미치는 영향을 알고자 한다. 이에 연구자는 독립변인의 수준을 40dB(조용한 주택의 거실 소음 수준, 실험조건 1)과 80dB(철로변 또는 지하철 소음 수준, 실험조건 2)로 조작하였다. 이후 연구자는 10명의 연구대상에게 40dB의 소음과 80dB의 소음을 무작위로 제시했다([표 4-3] 참조). 이 경우, 모든 연구대상은 40dB의 소음과 80dB의 소음 모두에 노출된다.

[표 4-3] 피험자 내 설계의 예

연구대상	40dB 노출	80dB 노출
연구대상 1	○	○
연구대상 2	○	○
연구대상 3	○	○
연구대상 4	○	○
연구대상 5	○	○
연구대상 6	○	○
연구대상 7	○	○
연구대상 8	○	○
연구대상 9	○	○
연구대상 10	○	○

더 알아두기 중요 ★★★

피험자 내 설계에서 모든 연구대상은 독립변인의 모든 수준에 노출된다. 이때 독립변인의 2개 수준은 다음과 같이 조작될 수 있다.

- **실험조건 vs 통제조건** : 모든 연구대상은 실험조건에서 독립변인 조작에 노출되고, 통제조건에서 독립변인 조작에 노출되지 않는다.
- **실험조건 1 vs 실험조건 2** : 모든 연구대상은 실험조건 1에서 독립변인 조작 수준 1에 노출되고, 실험조건 2에서 독립변인 조작 수준 2에 노출된다.

② 피험자 내 설계의 장점과 단점

㉠ 피험자 내 설계의 장점

ⓐ 연구자가 피험자 내 설계를 이용하면, 적은 수의 연구대상으로 실험이 가능하다.

ⓑ 연구자는 피험자 내 설계를 통해 연구대상의 수를 늘리는 데 소요되는 비용을 절약할 수 있다.

ⓒ 모집단에 속한 연구대상의 특성 차이가 크거나, 실험 중 연구대상의 반응 차이가 크게 나타날 것으로 예상되는 상황은 연구대상 간 개인차(individual difference)가 큰 조건이다. 이와 같은 조건에는 피험자 내 설계가 적합하다. 그 이유는 다음과 같다. 연구자가 피험자 내 설계를 이용하면, 모든 실험조건에 대한 개별 연구대상의 자료를 얻는다. 따라서 연구자는 개별 연구대상의 개인차(무선 오차)가 상쇄된 실험조건 간 종속변인 측정치 차이를 확인할 수 있다. 그 결과, 피험자 내 설계는 무선 오차를 제거하기 때문에 실험조건 간 통계적으로 유의미한 차이를 찾아내는 것에 민감하다.

㉡ 피험자 내 설계의 단점

ⓐ 연구대상에게 상대적으로 영구적인 변화를 일으키는 독립변인의 조작(예 심리치료 프로그램 실시, 일부 뇌 조직의 제거와 같은 외과적 시술)이 있는 실험에는 피험자 내 설계를 적용할 수 없다.

ⓑ 피험자 내 설계는 순서효과(order effect)를 유발한다. **순서효과**란 연구대상에게 제시하는 독립변인의 조작 수준의 순서가 종속변인에 영향을 미치는 현상이다. 예를 들어, 어떤 연구자가 소음 정도가 집중력에 미치는 영향을 알고자 한다. 이때 연구자가 연구대상에게 먼저 40dB의 소음을 제시하고, 나중에 80dB의 소음을 제시할 때(40dB의 소음 제시 → 80dB의 소음 제시)의 두 조건 간 집중력 차이와 연구대상에게 먼저 80dB의 소음을 제시하고, 나중에 40dB의 소음을 제시할 때(80dB의 소음 제시 → 40dB의 소음 제시)의 두 조건 간 집중력 차이가 다를 수 있다.

ⓒ 피험자 내 설계에서 연구대상이 처음 제시된 실험상황에 익숙해져서 이후 제시되는 실험상황에서 연구대상의 종속변인 측정치가 향상될 수 있다. 이를 **연습효과**(practice effect) 또는 **학습효과**(learning effect)라고 한다.

ⓓ 피험자 내 설계에서 연구대상은 반복적으로 제시되는 실험상황에 지치거나 지루해져서 나중에 제시되는 실험상황에서 연구대상의 종속변인 측정치가 낮아질 수 있다. 이를 **피로효과**(fatigue effect)라고 한다.

ⓔ 피험자 내 설계에서 처음 제시된 실험조건(예 독립변인의 조작 수준 1)에 대한 연구대상의 반응이 이후 제시되는 실험조건(예 독립변인의 조작 수준 2)에 대한 연구대상의 반응에 영향을 미칠 수 있다. 이를 **이월효과**(carryover effect)라고 한다. 예를 들어, 연구대상이 약한 공포심을 유발하는 금연 광고를 본 후 강한 공포심을 유발하는 금연 광고를 보면, 강한 공포심을 유발하는 금연 광고에 약한 공포심을 유발하는 금연 광고를 보지 않을 때보다 더 큰 공포심을 느낄 수 있다.

③ 내적 타당도 제고를 위한 방법

피험자 내 설계의 가장 큰 문제점은 이월효과이다. 이월효과가 발생하면, 내적 타당도가 낮아진다. 이월효과를 막음으로써 내적 타당도를 높이는 방법은 다음과 같다.

㉠ 무선제시

무선제시는 서로 다른 실험조건을 각 연구대상에게 무작위 순서로 제시하는 방법이다. 무선제시 방법은 무선배정과 동일하게, 연구자는 제비뽑기, 주사위 던지기, 동전 던지기, 난수표 이용하기, 난수 생성 프로그램 이용하기 등으로 무선제시를 할 수 있다. 그러나 실험조건의 수가 적은 경우, 무선제시는 적합하지 않다.

㉡ 상쇄균형화(counterbalancing)

연구자는 여러 실험조건의 가능한 모든 제시 순서 조합을 산출한다. 이후 연구자는 각 연구대상에게 여러 실험조건의 가능한 모든 제시 순서 조합 중 하나의 순서 조합을 무작위로 선정한 후 그 순서 조합에 따라 여러 실험조건을 해당 연구대상에게 제시한다. 이와 같은 방법을 **상쇄균형화**라고 한다.

연구자는 여러 실험조건의 가능한 모든 제시 순서의 수를 n계승(n!)으로 산출한다. 이때 n은 모든 실험조건의 수를 의미한다. 예를 들어, 실험조건이 2개이면, 2!(2 × 1)이 적용되어서 2개 실험조건의 가능한 모든 제시 순서는 총 2개이다. 4개 실험조건의 가능한 모든 제시 순서는 총 24개(4! = 4 × 3 × 2 × 1)이며, 5개 실험조건의 가능한 모든 제시 순서는 총 120개(5! = 5 × 4 × 3 × 2 × 1)이다.

연구자가 상쇄균형화를 실시하면, 실험조건의 수가 증가할수록 실험조건의 가능한 모든 제시 순서의 수(n!)도 급증한다. 이처럼 실험조건의 가능한 모든 제시 순서의 수가 급증하면, 각 순서에 무작위로 할당해야 하는 최소한의 연구대상 수도 급증해서 실험에 참여하는 연구대상의 전체 수가 증가해야 한다. 예를 들어, 4개 실험조건의 가능한 모든 제시 순서는 총 24개(4!)이다. 이때 각 순서에 최소한 10명의 연구대상이 무작위로 노출된다면 전체 연구대상의 수는 최소한 240명이 필요하다. 그런데 실험에 참여하는 전체 연구대상의 수는 제한적이다. 따라서 실험조건의 수가 증가함에 따라서 연구자가 완벽한 상쇄균형화를 실시하는 것이 불가능해진다.

더 알아두기

무선제시는 연구자가 각 연구대상에 여러 실험조건을 무작위 순서로 제시하는 방법이다. 반면 상쇄균형화는 연구자가 각 연구대상별로 여러 실험조건의 가능한 모든 제시 순서 중 한 순서를 무작위로 선정한 후 그 순서에 따라서 여러 실험조건을 해당 연구대상에게 제시하는 방법이다. 따라서 무선제시는 연구자가 각 연구대상에게 개별 실험조건을 무작위 순서로 제시하는 방법이며, 상쇄균형화는 연구자가 연구대상에게 여러 실험조건의 가능한 모든 제시 순서 중 무작위로 선정된 한 순서로 여러 실험조건을 제시하는 방법이다.

㉢ 라틴방형 설계(Latin square design)

연구자는 실험조건의 수가 증가하면, 완벽한 상쇄균형화를 실시할 수 없다. 이를 해결하는 방법이 **라틴방형 설계**의 사용이다. 라틴방형 설계는 각 실험조건이 각 제시 순서에 동일한 빈도로 나타나는 설계이다. 예를 들어, 라틴방형 설계로 4명의 연구대상(연구대상 1, 2, 3, 4)에게 4개의 실험조건(실험조건 A, B, C, D)을 제시하면, [표 4-4]와 같다. [표 4-4]에서 칸들의 대각선에 제시된 실험조건 A, B, C, D가 동일하다. 이와 같은 형태 때문에 라틴방형 설계라고 부른다.

[표 4-4] 라틴방형 설계의 예

연구대상	실험조건의 제시 순서			
	첫 번째 제시	두 번째 제시	세 번째 제시	네 번째 제시
연구대상 1	A	B	C	D
연구대상 2	B	C	D	A
연구대상 3	C	D	A	B
연구대상 4	D	A	B	C

라틴방형 설계에서 실험조건의 수는 실험조건의 제시 순서의 수와 같다. 또한 라틴방형 설계의 행(연구대상 수)과 열(실험조건의 제시 순서의 수)의 수는 같아야 한다. 따라서 실험조건이 4개인 경우, 연구대상은 4명이 필요하다. 그러나 일반적으로 연구자는 라틴방형 설계에서 연구대상의 수를 실험조건 수(예 4개의 실험조건)의 배수 이상(예 8명, 12명, 16명)으로 모집한다. 연구대상이 배수로 증가하는 경우, 연구자는 다음과 같은 방법으로 라틴방형 설계를 적용할 수 있다.

ⓐ 동일한 라틴방형 설계의 적용

4 × 4 라틴방형 설계의 예([표 4-4])에서, 연구자가 8명의 연구대상을 모집했다. 이 경우, 연구자는 먼저 4명의 연구대상(연구대상 1, 2, 3, 4)에게 라틴방형 설계에 맞추어 실험조건을 순서대로 제시한다. 이후 연구대상 5에게는 연구대상 1과, 연구대상 6에게는 연구대상 2와,

연구대상 7에게는 연구대상 3과, 연구대상 8에게는 연구대상 4와 동일한 순서로 실험조건을 제시한다.

ⓑ 새로운 라틴방형 설계의 적용

4 × 4 라틴방형 설계의 예([표 4-4])에서, 연구자가 8명의 연구대상을 모집했다. 이 경우, 연구자는 먼저 4명의 연구대상(연구대상 1, 2, 3, 4)에게 라틴방형 설계에 맞추어 실험조건을 순서대로 제시한다. 이후 연구자는 나머지 4명(연구대상 5, 6, 7, 8) 각각에게 새로운 라틴방형 설계를 만들어서 적용한다.

㉣ 연구대상에게 독립변인 조작 수준을 제시할 때 시간 간격을 두기

피험자 내 설계에서 연구자는 여러 실험조건(여러 독립변인 조작 수준) 제시 간 휴식 시간을 둘 수 있다. 또한 피험자 내 설계에서 연구자는 여러 실험조건 제시 간 휴식 시간 대신 연구주제와 무관한 과제(예 간단한 사칙연산 문제 풀기)를 연구대상에게 제시할 수 있다. 예를 들어, 연구자가 각 연구대상에게 실험조건 1과 2를 제시한 후 '3 + 4 = ?'와 같은 간단한 과제를 제시한다. 이후 연구자는 각 연구대상에게 실험조건 3과 4를 제시한다.

더 알아두기

피험자 간 설계에는 통제집단이, 피험자 내 설계에는 통제조건이 포함될 수 있다. 이때 통제집단과 통제조건은 다음과 같은 2개의 의미를 가진다.

- 통제집단의 연구대상 또는 통제조건의 연구대상은 아무런 처치(독립변인 조작)를 받지 않는다. 예를 들어, 어떤 연구자가 소음 정도가 집중력에 미치는 영향을 알고자 한다. 이에 연구자는 실험집단의 연구대상에게 80dB의 소음을 들려주었다. 반면 통제집단의 연구대상에게는 소음을 들려주지 않았다.
- 통제집단의 연구대상 또는 통제조건의 연구대상은 특정 처치(독립변인 조작)를 받는다. 예를 들어, 어떤 연구자가 본인이 개발한 불안 치료 프로그램 A의 효과를 알고자 한다. 이에 연구자는 불안 수준이 높은 연구대상을 모집해서 [표 4-5]와 같은 실험을 진행했다. 이때 불안 치료 프로그램 B는 다른 연구자에 의해서 이미 개발되어 현장에서 실시되고 있다.

[표 4-5] 불안 치료 프로그램 A의 효과 검증을 위한 실험 예

집단	처치(독립변인 조작)	종속변인 측정
집단 1	불안 치료 프로그램 A 실시	불안 측정
집단 2	가만히 기다림	불안 측정
집단 3	불안 치료 프로그램 B 실시	불안 측정

불안 치료 프로그램 A를 실시한 집단 1은 실험집단에 해당한다. 집단 2의 연구대상은 연구자로부터 불안 치료 프로그램 효과를 알아보는 실험을 위해서 선정되었다는 말을 들었다. 그러나 집단 2의 연구대상은 아무런 처치도 받지 않고, 연구자의 연락을 그냥 기다린다. 연구자로부터 특별한 연락이 없이 시간만 지나면, 집단 2에 속한 연구대상의 불안이 높아질 수 있다. 따라서 집단 2는 실험집단(집단 1)의 효과를 확인하기 위한 적절한 기저선(baseline)을 제공하는 통제집단이 될 수 없다. 이 경우, 불안 치료 프로그램 B를 실시한 집단 3이 적절한 기저선을 제공하는 통제집단에 해당한다.

(3) 대응 짝 설계 중요 ★★

① 대응 짝 설계의 이해

대응 짝 설계는 유사한 특성을 가진 2명의 연구대상을 한 쌍으로 구성한 후 각 쌍 중 한 명씩을 2개의 실험집단(예 실험집단 1 vs 실험집단 2)에 무작위로 배정하는 실험설계이다. 2명의 연구대상을 한 쌍으로 구성할 때 사용하는 유사 특성을 **대응변인**이라고 한다. 대응변인으로 종속변인이나 종속변인과 관련된 또 다른 변인을 사용한다. 대응 짝 설계는 다음과 같은 절차로 진행된다.

- 1단계 : 연구자가 연구대상의 대응변인을 측정한다.
- 2단계 : 연구자는 대응변인 측정치의 내림차순 또는 오름차순으로 연구대상의 순위를 정리한다.
- 3단계 : 연구자는 대응변인 측정치의 높은 순위부터 낮은 순위로 2명의 연구대상을 한 쌍으로 해서 이를 순서대로 묶는다. 예를 들어, 대응변인 측정치의 1순위와 2순위의 연구대상은 첫 번째 쌍이고, 대응변인 측정치의 3순위와 4순위의 연구대상은 두 번째 쌍이 된다.
- 4단계 : 연구자는 각 쌍의 연구대상 중 한 명은 실험집단 1로, 다른 한 명은 실험집단 2로 무작위로 배정한다.
- 5단계 : 연구자는 각 실험집단에 해당하는 독립변인을 조작한 후 2개의 실험집단의 종속변인을 측정한다.

② 대응 짝 설계의 장점과 단점

㉠ 대응 짝 설계의 장점

ⓐ 연구대상의 수가 적더라도, 2개의 실험집단에 속한 연구대상의 특성이 동질적이다.

ⓑ 많은 수의 연구대상을 모집하기 위해 많은 비용이 소요되는 경우, 대응 짝 설계의 사용이 연구자에게 유용하다.

ⓒ 피험자 내 설계와 동일하게, 연구자가 대응 짝 설계를 이용하면 개별 연구대상의 개인차가 상쇄되어서 독립변인의 유의미한 효과를 민감하게 탐지할 수 있다.

㉡ 대응 짝 설계의 단점

ⓐ 연구자가 대응변인이 무엇인지를 정확히 파악해야 한다.

ⓑ 연구자가 연구대상의 대응변인 측정치를 얻어야 한다. 이 과정에서 비용과 시간이 많이 소요된다.

ⓒ 종종 연구자가 대응 짝을 구성한 후 전체 연구대상의 수가 줄어들 수 있다. 예를 들어, 연구자가 대응변인 측정을 위해서 홀수의 연구대상(예 11명)을 모집했다면, 대응 짝(예 5개의 대응 짝) 구성 후 최소한 1명의 연구대상이 실험에서 제외된다.

ⓓ 상승효과(synergy effect)란 2개 이상의 변인이 조합된 효과가 개별 변인의 효과 합보다 큰 현상을 말한다. 연구자가 2개 이상의 대응변인을 사용하는 경우, 이들 간의 상승효과가 발생해서 결과 해석이 어렵다.

ⓔ 특정 특성에 대한 첫 번째 검사에서 극단적으로 높거나 낮은 점수를 받은 연구대상이 다시 검사를 하면, 두 번째 검사 점수는 연구대상의 집단 평균값에 가까워진다. 이를 통계적 회귀라고 한다. 대응 짝 설계에서 연구자가 측정한 대응변인은 종속변인이거나 종속변인과 관련된 변인이다. 따라서 대응 짝 설계에서 대응변인 측정과 종속변인 측정 간 통계적 회귀가 발생할 가능성이 있다. 이 경우, 연구자는 종속변인의 변화가 독립변인의 조작 때문인지 아니면 통계적 회귀 때문인지를 명확하게 구분하기 어렵다.

제 2 장 복합설계

제 1 절 복합설계의 이해

1 단순한 실험설계의 문제점

가장 단순한 실험설계는 1개의 독립변인과 1개의 종속변인 그리고 단일 독립변인의 2개의 수준(예 실험집단 vs 통제집단, 실험조건 vs 통제조건)을 다룬다. 이와 같은 기본 실험설계는 다음과 같은 문제점을 가진다.

(1) 독립변인의 2개 수준만 다룬 실험설계의 문제점

① **독립변인과 종속변인 간의 정확한 관계 양상 파악의 어려움**

독립변인의 2개 수준만 다룬 실험설계는 독립변인과 종속변인 간의 정확한 관계 양상에 관한 정보를 제공하지 못한다. 예를 들어, 2명의 연구자(연구자 A와 연구자 B)가 주식 투자 상황에서 수익 금액(독립변인)이 투자 만족도(종속변인)에 미치는 영향을 알고자 한다. 이에 연구자 A는 투자 수익의 금액을 0원과 100만 원(독립변인의 2개 수준)으로 조작한 후 2개 집단의 연구대상에게 무작위로 제시하였다. 반면 연구자 B는 투자 수익의 금액을 0원, 20만 원, 40만 원, 60만 원, 80만 원, 100만 원(독립변인의 6개 수준)으로 조작한 후 6개 집단의 연구대상에게 무작위로 제시하였다. 이후 2명의 연구자는 각 집단의 투자 만족도를 측정하였다. 그 결과는 [그림 4-2]와 같다. [그림 4-2]에서 실선은 연구자 A의 결과를 나타내며, 점선은 연구자 B의 결과를 나타낸다.

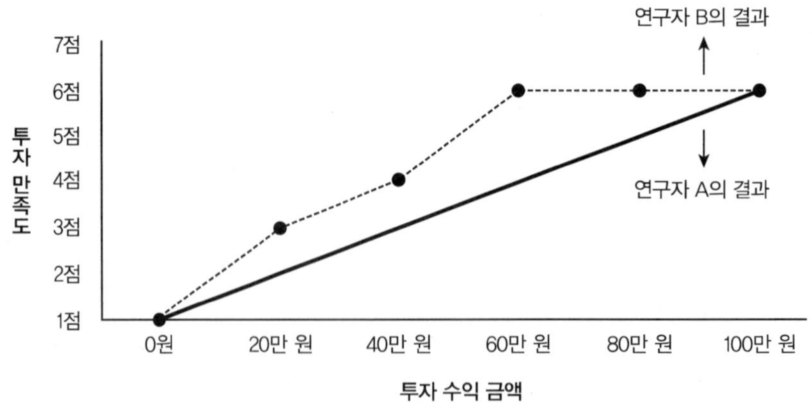

[그림 4-2] 독립변인의 2개 수준과 독립변인의 6개 수준 간 결과 비교

연구자 A(독립변인의 2개 수준 조작)의 결과([그림 4-2] 속 실선)를 보면, 투자 수익 금액이 증가하면 투자 만족도가 증가하는 것을 알 수 있다. 그러나 연구자 B(독립변인의 6개 수준 조작)의 결과([그림 4-2] 속 점선)를 보면, 투자 수익 금액이 60만 원까지 증가하면 투자 만족도가 증가하지만, 투자 수익 금액이 60만 원일 때부터 투자 만족도가 증가하지 않는 것을 알 수 있다. 즉, 독립변인의 2개 수준만을 다룬 실험설계는 독립변인의 6개 수준을 다룬 실험설계만큼 정확한 정보를 제공하지 못한다.

② **독립변인과 종속변인 간의 비선형적 관계 파악의 어려움**

독립변인의 2개 수준만 다룬 실험설계는 독립변인과 종속변인 간의 비선형적 관계에 관한 정보를 제공하지 못한다. 예를 들어, 2명의 연구자(연구자 A와 연구자 B)가 제품 디자인의 전형성(독립변인)이 제품 구입의향(종속변인)에 미치는 영향을 알고자 한다. 이에 연구자 A는 제품 디자인의 전형성을 낮음과 높음(독립변인의 2개 수준)으로 조작한 후 각각을 2개 집단의 연구대상에게 무작위로 제시하였다. 반면 연구자 B는 제품 디자인의 전형성을 낮음, 중간, 높음(독립변인의 3개 수준)으로 조작한 후 각각을 3개 집단의 연구대상에게 무작위로 제시하였다. 이후 2명의 연구자 모두는 각 집단의 제품 구입의향을 측정하였다. 그 결과는 [그림 4-3]과 같다. [그림 4-3]에서 실선은 연구자 A의 결과를 나타내며, 점선은 연구자 B의 결과를 나타낸다.

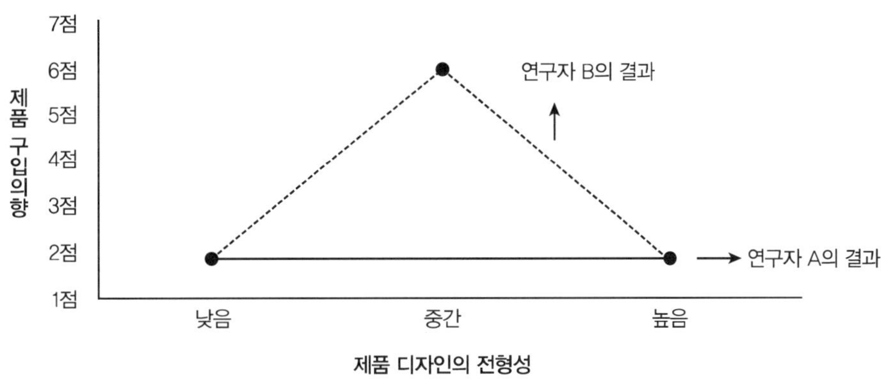

[그림 4-3] 독립변인의 2개 수준과 독립변인의 3개 수준 간 결과 비교

연구자 A(독립변인의 2개 수준 조작)의 결과([그림 4-3] 속 실선)를 보면, 제품 디자인의 전형성에 따라서 제품 구입의향이 변하지 않는 것을 알 수 있다. 그러나 연구자 B(독립변인의 3개 수준 조작)의 결과([그림 4-3] 속 점선)를 보면, 제품 디자인의 전형성이 중간 수준일 때 제품 구입의향이 가장 높고 제품 디자인의 전형성이 낮거나 높으면 제품 구입의향이 같은 수준으로 낮다는 것을 알 수 있다. 즉, 독립변인의 2개 수준만을 다룬 실험설계는 독립변인과 종속변인 간의 비선형적 관계(㉠ 역U자 형태)에 관한 정보를 제공하지 못한다.

(2) 1개의 독립변인만 다룬 실험설계의 문제점

① 실험 예

㉠ 실험 1

연구자 A는 타인의 마스크 착용 여부(독립변인)가 타인의 얼굴에 표현된 부정 정서 판단 확신도(종속변인)에 미치는 영향을 알고자 한다. 이에 연구자 A는 연구대상을 실험집단 1과 실험집단 2에 무작위로 배정했다. 이후 연구자 A는 실험집단 1에는 마스크를 착용하지 않은 부정 정서(분노, 혐오) 표현 얼굴 사진을 제시하고, 실험집단 2에는 마스크를 착용한 부정 정서(분노, 혐오) 표현 얼굴 사진을 제시했다. 마지막으로 연구자 A는 각 집단의 부정 정서 판단 확신도를 측정하였다. 그 결과는 [그림 4-4]의 그림 A와 같다. 즉, 연구대상의 부정 정서 판단 확신도는 마스크 미착용 조건에서 마스크 착용 조건보다 더 높다.

㉡ 실험 2

연구자 B는 타인의 얼굴에 표현된 부정 정서의 종류(독립변인)가 타인의 얼굴에 표현된 부정 정서 판단 확신도(종속변인)에 미치는 영향을 알고자 한다. 이에 연구자 B는 연구대상을 실험집단 1과 실험집단 2에 무작위로 배정했다. 이후 연구자 B는 실험집단 1에는 분노 표현 얼굴 사진을 제시하고, 실험집단 2에는 혐오 표현 얼굴 사진을 제시했다. 마지막으로 연구자 B는 각 집단의 부정 정서 판단 확신도를 측정하였다. 그 결과는 [그림 4-4]의 그림 B와 같다. 즉, 연구대상의 부정 정서 판단 확신도는 분노 표현 조건에서 혐오 표현 조건보다 더 높다.

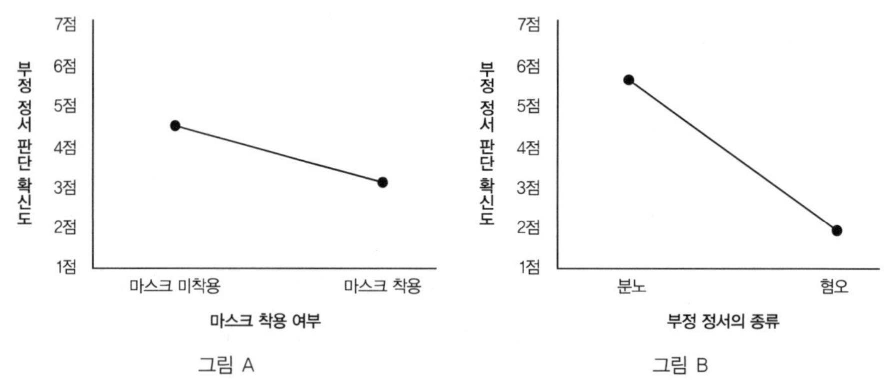

[그림 4-4] 1개의 독립변인만 다룬 실험설계 결과

㉢ 실험 3

연구자 C는 타인의 마스크 착용 여부(독립변인 1)와 타인의 얼굴에 표현된 부정 정서의 종류(독립변인 2)가 타인의 얼굴에 표현된 부정 정서 판단 확신도(종속변인)에 미치는 영향을 알고자 한다. 이에 연구자 C는 연구대상을 4개의 실험집단에 무작위로 배정했다. 이후 연구자 C는 [표 4-6]과 같이 2개의 독립변인을 조작한 얼굴 사진을 연구대상에게 제시했다.

[표 4-6] 2개의 독립변인을 다룬 실험설계

실험집단	제시한 얼굴 사진의 종류	
	마스크 착용 여부(독립변인 1)	부정 정서의 종류(독립변인 2)
실험집단 1	마스크 미착용	분노 표현
실험집단 2	마스크 미착용	혐오 표현
실험집단 3	마스크 착용	분노 표현
실험집단 4	마스크 착용	혐오 표현

그 결과는 [그림 4-5]와 같다. 이때 점선은 분노 표현 얼굴 사진이 제시된 조건을, 실선은 혐오 표현 얼굴 사진이 제시된 조건을 나타낸다. 이 결과를 보면, 혐오 표현 얼굴 사진이 제시된 경우, 마스크 미착용 조건과 마스크 착용 조건 간 연구대상의 부정 정서 판단 확신도의 차이가 없다. 그러나 분노 표현 얼굴 사진이 제시된 경우, 연구대상의 부정 정서 판단 확신도는 마스크 미착용 조건에서 마스크 착용 조건보다 더 높다.

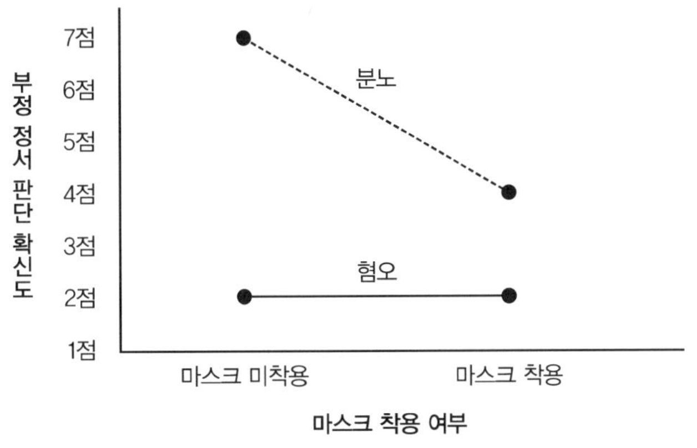

[그림 4-5] 2개의 독립변인을 다룬 실험설계 결과

② 3개의 실험 예의 결과 비교

㉠ 실험결과가 제공하는 정보의 양 비교

실험 1은 타인의 마스크 착용 여부(독립변인)가 부정 정서 판단 확신도(종속변인)에 영향을 미친다는 결과를 보여준다. 또한 실험 2는 타인의 얼굴에 표현된 부정 정서의 종류(독립변인)가 부정 정서 판단 확신도(종속변인)에 영향을 미친다는 결과를 보여준다. 그런데 실험 3에서 다룬 2개의 독립변인(타인의 마스크 착용 여부, 타인의 얼굴에 표현된 부정 정서의 종류)은 실험 1의 독립변인(타인의 마스크 착용 여부)과 실험 2의 독립변인(타인의 얼굴에 표현된 부정 정서의 종류) 모두를 포괄한다. 실험 3은 타인의 얼굴에 표현된 부정 정서의 종류에 따라서 타인의 마스크 착용 여부가 부정 정서 판단 확신도에 미치는 영향이 달라진다는 결과를 보여준다. 이처럼 특정 독립변인이 종속변인에 미치는 영향이 다른 독립변인의 수준에 따라서 달라지는 현상을 **상호작용**(interaction)이라고 한다. 결론적으로, 2개의 독립변인을 다룬 실험 3의 결과는 1개의 독립변인만 다룬 실험 1이나 실험 2의 결과보다 더 많은 정보를 제공한다.

㉡ 실험 간의 관계

실험 1과 실험 2의 결과는 연구자 C가 실험 3을 진행하는 데 있어서 근거가 된다. 즉, 1개의 독립변인을 다룬 여러 개의 실험결과는 2개 이상의 독립변인을 다룬 실험설계의 기초 토대가 된다.

2 2개 이상의 독립변인을 다룬 실험설계의 장점 중요 ★

(1) 연구 효율성

예를 들어, 연구자가 1개의 독립변인을 다룬 실험을 개별적으로 세 번 하는 것보다 3개의 독립변인을 다룬 실험을 한 번 하는 것이 비용, 노력 및 시간과 관련해서 더 효율적이다.

(2) 일반화 가능성

예를 들어, 서로 다른 독립변인을 1개씩 다룬 3개 실험의 결과에 대한 논리적 통합보다 3개의 독립변인을 다룬 1개 실험의 결과의 일반화 가능성이 더 높다.

(3) 생태학적 타당도

일상에서 발생하는 현상은 여러 독립변인이 복합적으로 작용해서 종속변인에 영향을 미친다. 따라서 1개의 독립변인을 다룬 실험보다 2개 이상의 독립변인을 다룬 실험의 생태학적 타당도가 더 높다.

(4) 가외변인의 통제

2개 이상의 독립변인을 다룬 실험에서 여러 독립변인은 서로 통제변인으로 기능한다. 따라서 2개 이상의 독립변인을 다룬 실험은 서로 다른 독립변인을 1개씩 다룬 실험보다 가외변인의 통제가 명확하다. 그 결과, 2개 이상의 독립변인을 다룬 실험의 내적 타당도가 증가한다.

(5) 상호작용 확인

예를 들어, 2개의 독립변인을 함께 다룬 실험에서 연구자는 1개의 독립변인이 유발한 효과가 다른 1개의 독립변인의 여러 수준에 걸쳐서 동일하거나(상호작용 없음) 다른지(상호작용 있음)를 확인할 수 있다.

더 알아두기

많은 연구자는 한 연구에서 2개 이상의 독립변인을 한 번에 다룬다. 그러나 연구자가 2개 이상의 종속변인을 한 번에 다루는 연구는 드물다. 그 이유는 다음과 같다.

- 연구자가 2개 이상의 종속변인 측정으로 얻은 결과를 해석하기 어렵다.
- 종종 연구자가 2개 이상의 종속변인이 서로 다른 개념을 측정하는 것인지 아니면 같은 개념을 측정하는 것인지를 결정하기 어렵다.
- 연구자는 2개 이상의 종속변인을 동시에 통계적으로 분석하기 어렵다.

3 복합설계와 요인설계(factorial design)의 관계

복합설계는 단순한 실험설계의 문제점을 해결하는 대안이다. 따라서 **복합설계**는 2개 이상의 독립변인의 여러 수준이 종속변인에 미치는 영향을 알아보는 실험설계이다. 이와 같은 실험설계를 **요인설계**라고 한다. 실험에서 다루는 독립변인이 2개이면 이원요인설계(2-way factorial design)이고, 실험에서 다루는 독립변인이 3개이면 삼원요인설계(3-way factorial design)이다.

더 알아두기

연구자가 연구대상에게 단일 독립변인의 여러 수준을 무작위로 제시하는 실험설계를 **단일요인설계**(single-factor randomized-group design)라고 한다.

제 2 절 요인설계의 이해

1 요인설계의 독립변인 수와 독립변인 수준 수 중요 ★★★

실험에서 2개의 독립변인을 다루고 각 독립변인이 2개의 수준으로 조작되는 경우, **2 × 2 요인설계**라고 부른다. 실험에서 3개의 독립변인을 다루고 각 독립변인이 2개의 수준으로 조작되는 경우, 2 × 2 × 2 요인설계라고 부른다. 실험에서 2개의 독립변인을 다루는데 1개의 독립변인은 2개의 수준으로, 다른 1개의 독립변인은 3개의 수준으로 조작된 경우, 2 × 3 요인설계라고 부른다. 이처럼 요인설계는 '□ × □ × … 요인설계'로 표현할 수 있다. 이때 □의 수는 독립변인의 수이며, □ 안의 수는 독립변인 수준의 수를 나타낸다. 연구자는 요인설계에서 독립변인의 수와 각 독립변인의 수준을 다양하게 조작할 수 있다. 그런데 독립변인의 수와 각 독립변인의 수준을 늘릴수록, 다음과 같은 문제가 발생한다.

(1) 독립변인의 수와 각 독립변인의 수준을 늘릴수록, 실험에 필요한 최소한의 연구대상 수가 증가한다.

(2) 독립변인의 수와 각 독립변인의 수준을 지나치게 많이 늘리는 경우, 다양한 실험조건 중 일부가 상식적으로 이해되지 않거나 자연적 상황에서 발생하지 않는 것이 될 우려가 있다. 예를 들어, 2명의 연구자(A, B)가 보험광고의 인포메이션 바(상담전화 번호, 브랜드 로고 등을 함께 묶어서 제시하는 공간) 위치(독립변인)가 보험광고 가입 의향(종속변인)에 미치는 영향을 알고자 한다. 이에 연구자 A가 인포메이션 바를 보험광고의 상단과 하단(독립변인의 2개 수준)에 위치하도록 조작하였다. 인포메이션 바가 보험광고의 상단 또는 하단에 등장하는 경우는 흔하다. 그런데 연구자 B는 인포메이션 바를 보험광고의 상단, 중앙, 하단(독립변인의 3개 수준)에 위치하도록 조작하였다. 그런데 인포메이션 바가 보험광고의 중앙에 등장하는 경우는 현실에서 보기 어렵다.

2 요인설계의 결과 해석 중요 ★★★

요인설계는 다음과 같은 두 종류의 정보를 결과로 제공한다.

(1) 주효과(main effect)

1개의 독립변인이 종속변인에 미치는 영향을 독립변인의 주효과라고 한다.

(2) 상호작용

특정 독립변인이 종속변인에 미치는 영향이 다른 독립변인의 수준에 따라서 달라지는 경우, 독립변인의 상호작용이 있다고 말한다.

예를 들어, 어떤 연구자가 타인의 마스크 착용 여부(독립변인 1)와 타인의 얼굴에 표현된 부정 정서의 종류(독립변인 2)가 타인의 얼굴에 표현된 부정 정서 판단 확신도(종속변인)에 미치는 영향을 알고자 한다. 이에 연구자는 실험설계로 2(타인의 마스크 착용 여부 : 마스크 미착용 vs 마스크 착용) × 2(타인의 얼굴에 표현된 부정 정서의 종류 : 분노 vs 혐오) 요인설계를 이용했다. 2 × 2 요인설계에 따라서, 연구자는 4개의 실험집단에 다음과 같은 4종류의 얼굴 사진을 제시했다. 연구자는 집단 1에는 마스크를 착용하지 않은 분노 표현 얼굴 사진을, 집단 2에는 마스크를 착용한 분노 표현 얼굴 사진을, 집단 3에는 마스크를 착용하지 않은 혐오 표현 얼굴 사진을, 집단 4에는 마스크를 착용한 혐오 표현 얼굴 사진을 제시했다. 이후 연구자는 각 집단의 부정 정서 판단 확신도를 7점 척도로 측정하였다. 연구자는 [그림 4-6]과 같은 결과를 얻었다. 즉, 각 집단에서 얻은 부정 정서 판단 확신도의 평균값은 7점(집단 1), 4점(집단 2), 2점(집단 3), 2점(집단 4)이었다.

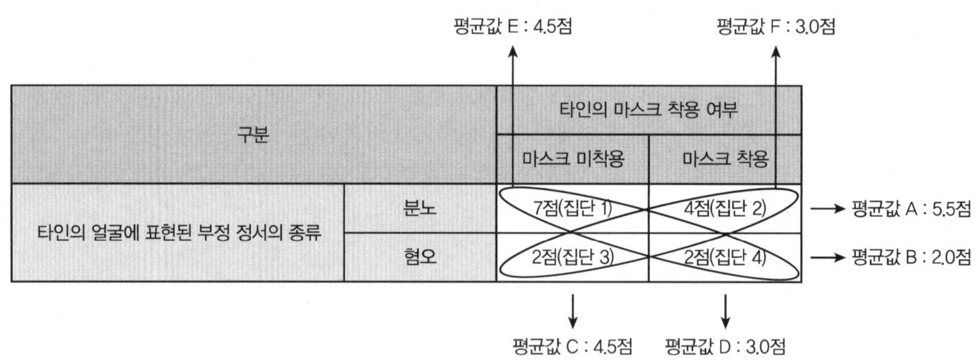

[그림 4-6] 주효과와 상호작용

[그림 4-6]에 제시된 2개 집단의 부정 정서 판단 확신도의 평균값을 보면, 연구대상의 부정 정서 판단 확신도는 마스크 미착용 조건(평균값 C : 4.5점)에서 마스크 착용 조건(평균값 D : 3.0점)보다 더 높다. 즉, 타인의 마스크 착용 여부(독립변인 1)가 부정 정서 판단 확신도에 영향을 미친다. 이 결과가 독립변인 1의 주효과(주효과 1)이다. 또한 연구대상의 부정 정서 판단 확신도는 분노 표현 조건(평균값 A : 5.5점)에서 혐오 표현 조건(평균값 B : 2.0점)보다 더 높다. 따라서 타인의 얼굴에 표현된 부정 정서의 종류(독립변인 2)가 부정 정서 판단 확신도에 영향을 미친다. 이 결과가 독립변인 2의 주효과(주효과

2)이다. 마지막으로 2개의 대각선 평균값(평균값 E : 4.5점 vs 평균값 F : 3.0점)이 서로 다르다. 이런 차이는 2개의 독립변인의 상호작용이 있다는 것을 의미한다. 즉, 혐오 표현 조건의 경우, 마스크 미착용 조건(2점)과 마스크 착용 조건(2점) 간 연구대상의 부정 정서 판단 확신도의 차이가 없다. 그러나 분노 표현 조건의 경우, 연구대상의 부정 정서 판단 확신도는 마스크 미착용 조건(7점)에서 마스크 착용 조건(4점)보다 더 높다.

상호작용이 있으면, 한 독립변인의 주효과가 다른 독립변인의 수준에 따라서 달라지기 때문에 연구자는 각 독립변인의 주효과를 별도 해석하지 않는다.

3 상호작용 양상의 종류

요인설계의 결과에서 나타날 수 있는 상호작용의 양상은 다양하다. 2 × 2 요인설계를 예로 들어 상호작용의 다양한 양상을 소개하면 다음과 같다.

(1) 상호작용이 없는 양상

① 1개의 주효과만 있는 양상([그림 4-7]의 그림 A 참조)

독립변인 1의 수준 간 종속변인 평균값이 다르다(수준 A = 2점, 수준 B = 6점). 구체적으로, 독립변인 1의 수준 B에서 수준 A보다 종속변인 평균값이 더 크다. 즉, 독립변인 1의 주효과가 있다. 반면 독립변인 2의 수준 간 종속변인 평균값이 같다(수준 A = 4점, 수준 B = 4점). 따라서 독립변인 2의 주효과는 없다. 또한 2개의 대각선 평균값(4점)이 같다. 이 경우, 상호작용이 발생하지 않았다.

② 2개의 주효과만 있는 양상([그림 4-7]의 그림 B 참조)

독립변인 1의 수준 간 종속변인 평균값이 다르다(수준 A = 3점, 수준 B = 5점). 구체적으로, 독립변인 1의 수준 B에서 수준 A보다 종속변인 평균값이 더 크다. 즉, 독립변인 1의 주효과가 있다. 그리고 독립변인 2의 수준 간 종속변인 평균값이 다르다(수준 A = 5점, 수준 B = 3점). 구체적으로, 독립변인 2의 수준 A에서 수준 B보다 종속변인 평균값이 더 크다. 따라서 독립변인 2의 주효과가 있다. 그런데 2개의 대각선 평균값(4점)이 같다. 이 경우, 상호작용이 발생하지 않았다.

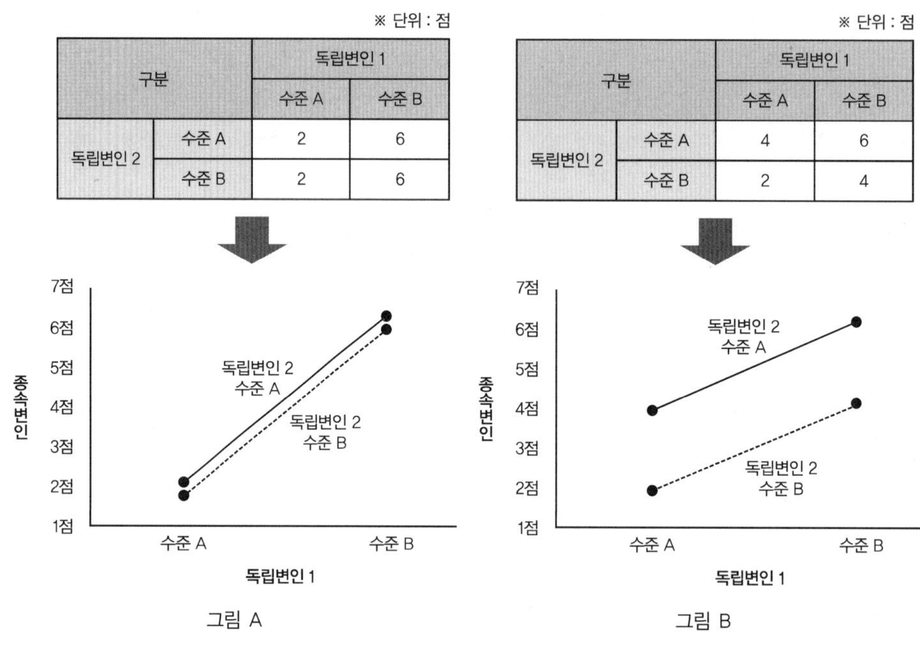

※ 단위 : 점

구분		독립변인 1	
		수준 A	수준 B
독립변인 2	수준 A	2	6
	수준 B	2	6

※ 단위 : 점

구분		독립변인 1	
		수준 A	수준 B
독립변인 2	수준 A	4	6
	수준 B	2	4

[그림 4-7] 상호작용이 없는 양상

(2) 상호작용이 있는 양상

[그림 4-8]의 그림 A와 그림 B의 경우, 특정 독립변인과 종속변인이 다른 독립변인의 한 수준에서 강하게 관련되지만, 다른 수준에서는 관련되지 않거나 약하게 관련된다. 그림 C의 경우, 상호작용이 X자 형태로 나타난다. 이를 교차 상호작용(crossover interaction)이라고 한다. **교차 상호작용**은 특정 독립변인이 종속변인에 대해 다른 독립변인의 수준에 따라서 반대적인 효과를 가진 것을 말한다.

① **2개의 주효과와 상호작용이 있는 양상([그림 4-8]의 그림 A 참조)**

독립변인 1의 수준 간 종속변인 평균값이 다르다(수준 A = 2점, 수준 B = 4점). 구체적으로, 독립변인 1의 수준 B에서 수준 A보다 종속변인 평균값이 더 크다. 즉, 독립변인 1의 주효과가 있다. 그리고 독립변인 2의 수준 간 종속변인 평균값이 다르다(수준 A = 4점, 수준 B = 2점). 구체적으로, 독립변인 2의 수준 A에서 수준 B보다 종속변인 평균값이 더 크다. 따라서 독립변인 2의 주효과가 있다. 또한 2개의 대각선 평균값(우상향 대각선 = 4점, 우하향 대각선 = 2점)이 다르다. 이 경우, 상호작용이 발생했다.

② **1개의 주효과와 상호작용이 있는 양상([그림 4-8]의 그림 B 참조)**

독립변인 1의 수준 간 종속변인 평균값이 다르다(수준 A = 3점, 수준 B = 5점). 구체적으로, 독립변인 1의 수준 B에서 수준 A보다 종속변인 평균값이 더 크다. 즉, 독립변인 1의 주효과가 있다. 그러나 독립변인 2의 수준 간 종속변인 평균값이 같다(수준 A = 4점, 수준 B = 4점). 따라서 독립변인 2의 주효과가 없다. 그리고 2개의 대각선 평균값(우상향 대각선 = 5점, 우하향 대각선 = 3점)이 다르다. 이 경우, 상호작용이 발생했다.

③ **상호작용만 있는 양상([그림 4-8]의 그림 C 참조)**

독립변인 1의 수준 간 종속변인 평균값이 같다(수준 A = 4점, 수준 B = 4점). 즉, 독립변인 1의 주효과가 없다. 그리고 독립변인 2의 수준 간 종속변인 평균값이 같다(수준 A = 4점, 수준 B = 4점). 따라서 독립변인 2의 주효과가 없다. 그런데 2개의 대각선 평균값(우상향 대각선 = 2점, 우하향 대각선 = 6점)이 다르다. 이 경우, 상호작용이 발생했다.

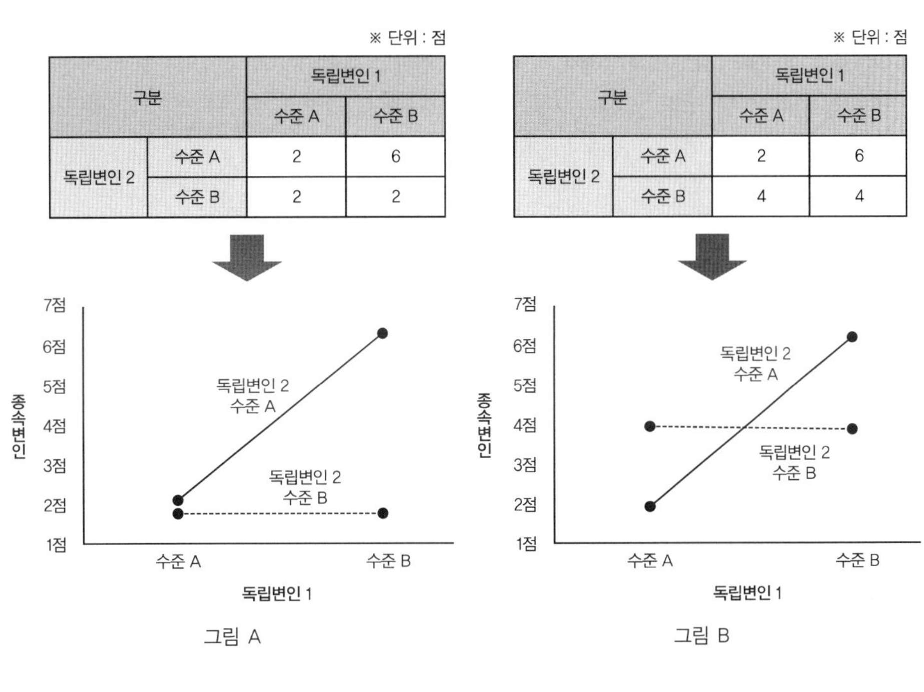

※ 단위 : 점

구분		독립변인 1	
		수준 A	수준 B
독립변인 2	수준 A	2	6
	수준 B	2	2

※ 단위 : 점

구분		독립변인 1	
		수준 A	수준 B
독립변인 2	수준 A	2	6
	수준 B	4	4

그림 A

그림 B

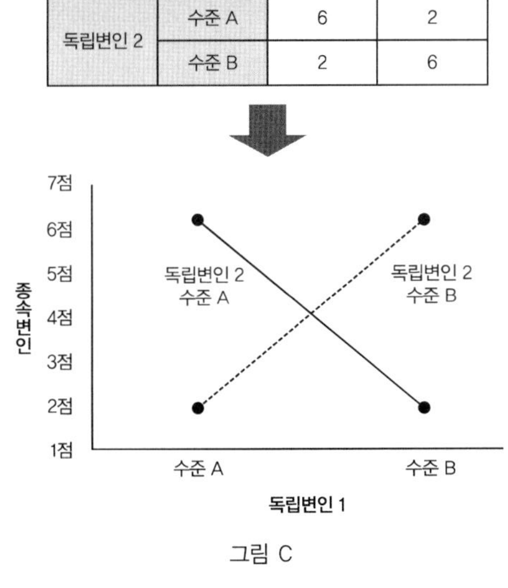

※ 단위 : 점

구분		독립변인 1	
		수준 A	수준 B
독립변인 2	수준 A	6	2
	수준 B	2	6

그림 C

[그림 4-8] 상호작용이 있는 양상

제 3 절 요인설계와 관련된 추가 사항

1 실험변인과 비실험변인의 요인설계 중요 ★

연구자가 자주 사용하는 요인설계 유형에는 조작된 독립변인(**실험변인**)과 조작되지 않은 독립변인(**비실험변인**)이 있다. 연구대상의 성별, 연령, 성격 특성 등이 비실험변인에 해당한다. 이를 **피험자변인**(subject variable, participant variable)이라고도 부른다. 이와 같은 요인설계의 사례는 다음과 같다.

(1) 어떤 연구자가 아동의 성별(비실험변인 또는 피험자변인)에 따라서 폭력적 TV 프로그램 시청 시간(실험변인)이 폭력적 행동 빈도(종속변인)에 미치는 영향의 차이를 알고자 한다. 이때 연구자는 폭력적 TV 프로그램 시청 시간을 조작할 수 있지만, 아동의 성별을 조작할 수 없다. 연구자는 실험설계로 2(성별 : 남성 vs 여성) × 2(폭력적 TV 프로그램 시청 시간 : 1시간 vs 10시간) 요인설계를 이용했다.

(2) 어떤 연구자가 남자 아동의 성격 특성인 내향성-외향성(비실험변인 또는 피험자변인)에 따라서 폭력적 TV 프로그램 시청 시간(실험변인)이 폭력적 행동 빈도(종속변인)에 미치는 영향의 차이를 알고자 한다. 이때 연구자는 폭력적 TV 프로그램 시청 시간을 조작할 수 있지만, 남자 아동의 성격 특성인 내향성-외향성을 조작할 수 없다. 연구자는 실험설계로 2(성격 특성 : 내향성 vs 외향성) × 2(폭력적 TV 프로그램 시청 시간 : 1시간 vs 10시간) 요인설계를 이용했다. 연구자는 실험에 참여한 남자 아동의 내향성-외향성을 Eysenck의 척도를 이용해서 측정한 후 평균값을 기준으로 남자 아동을 내향집단과 외향집단으로 구분할 수 있다.

2 상호작용과 조절변인 중요 ★★★

조절변인(moderating variable)은 독립변인이 종속변인에 미치는 영향의 여부나 정도 차이를 유발(조절)하는 변인이다. 요인설계에서 상호작용을 조절변인이 작동한 결과로 이해할 수 있다. 따라서 특정 독립변인이 종속변인에 미치는 영향이 조절변인의 수준에 따라서 달라지는 현상을 상호작용이라고 한다. 조절변인의 효과(조절효과) 발생 여부를 알아보는 것은 요인설계에서 상호작용이 발생하는지를 알아보는 것과 동일하다.

3 요인설계와 연구대상의 할당

요인설계의 실험조건에 연구대상을 할당하는 방법은 다양하다. 예를 들어, 어떤 연구자가 타인의 마스크 착용 여부(독립변인 1)와 타인의 얼굴에 표현된 부정 정서의 종류(독립변인 2)가 타인의 얼굴에 표현된 부정 정서 판단 확신도(종속변인)에 미치는 영향을 알고자 한다. 이에 연구자는 실험설계로 2(타인의 마스크 착

용 여부 : 마스크 미착용 vs 마스크 착용) × 2(타인의 얼굴에 표현된 부정 정서의 종류 : 분노 vs 혐오) 요인설계를 이용했다. 이와 같은 2 × 2 요인설계에는 다음과 같은 4개의 실험조건이 있다.

① 마스크를 착용하지 않은 분노 표현 얼굴 사진 제시 조건
② 마스크를 착용하지 않은 혐오 표현 얼굴 사진 제시 조건
③ 마스크를 착용한 분노 표현 얼굴 사진 제시 조건
④ 마스크를 착용한 혐오 표현 얼굴 사진 제시 조건

이 경우, 다음과 같은 방법으로 연구대상을 실험조건에 할당할 수 있다.

(1) 피험자 간 설계의 이용

연구자가 피험자 간 설계를 이용해서 서로 다른 연구대상을 4개의 실험조건에 할당한다([표 4-7] 참조). 만약 연구자가 각 실험조건에 10명의 연구대상을 할당하고자 한다면, 총 40명의 연구대상이 필요하다.

[표 4-7] 피험자 간 설계의 이용

구분		타인의 마스크 착용 여부	
		마스크 미착용	마스크 착용
타인의 얼굴에 표현된 부정 정서의 종류	분노	연구대상 A	연구대상 B
	혐오	연구대상 C	연구대상 D

주) 알파벳이 다르면, 연구대상은 서로 다름

(2) 피험자 내 설계의 이용

연구자가 피험자 내 설계를 이용해서 동일 연구대상이 4개의 실험조건 모두에 노출되게 한다([표 4-8] 참조). 만약 연구자가 각 실험조건에 10명의 연구대상을 할당하고자 한다면, 총 10명의 연구대상이 필요하다. 따라서 연구자가 피험자 간 설계를 이용할 때보다 피험자 내 설계를 이용하면, 전체 연구대상 수를 줄일 수 있다.

[표 4-8] 피험자 내 설계의 이용

구분		타인의 마스크 착용 여부	
		마스크 미착용	마스크 착용
타인의 얼굴에 표현된 부정 정서의 종류	분노	연구대상 A	연구대상 A
	혐오	연구대상 A	연구대상 A

주) 알파벳이 같으면, 연구대상은 같음

(3) 혼합설계(mixed design)의 이용 중요 ★

연구자는 연구대상을 2개의 집단으로 배정한다([표 4-9] 참조). 이후 연구자는 한 집단에 마스크를 착용하지 않은 분노 표현 얼굴 사진과 마스크를 착용하지 않은 혐오 표현 얼굴 사진을 무작위 순서로 제시한다. 또한 연구자는 다른 집단에 마스크를 착용한 분노 표현 얼굴 사진과 마스크를 착용한 혐오 표현 얼굴 사진을 무작위 순서로 제시한다. 만약 연구자가 각 실험조건에 10명의 연구대상을 할당하고자 한다면, 총 20명의 연구대상이 필요하다. 이와 같은 방식으로 연구대상을 실험조건에 할당하는 방법을 혼합설계라고 한다.

[표 4-9] 혼합설계의 이용

구분		타인의 마스크 착용 여부	
		마스크 미착용	마스크 착용
타인의 얼굴에 표현된 부정 정서의 종류	분노	연구대상 A	연구대상 B
	혐오	연구대상 A	연구대상 B

주) 알파벳이 다르면 연구대상은 서로 다르고, 알파벳이 같으면 연구대상이 같음

피험자 간 설계와 피험자 내 설계는 각각 장・단점을 가진다. 연구자는 각 설계의 단점(예 피험자 간 설계 : 많은 수의 연구대상 필요, 피험자 내 설계 : 이월효과)을 최소화하면서 두 설계의 장점을 얻고자 혼합설계를 사용한다. **혼합설계**란 1개 이상의 피험자 간 설계의 독립변인(예 타인의 마스크 착용 여부)과 1개 이상의 피험자 내 설계의 독립변인(예 타인의 얼굴에 표현된 부정 정서의 종류)을 가진 실험설계를 말한다.

제 3 장 소집단 실험법

제 1 절 소집단 실험법의 이해

1 소집단 설계(small-n design)의 정의 중요 ★★

다수의 연구대상이 아닌 소수의 연구대상이 참여하는 실험(**소집단 실험법**을 이용한 연구)에는 소집단 설계가 적용된다. **소집단 설계**란 적은 수의 연구대상에게 독립변인을 정교하게 조작해서 실험의 통제력을 높이는 실험설계를 말한다. 특히, 오직 한 명의 연구대상만 있는 소집단 설계를 **단일사례 실험설계**(single-case experimental design) 또는 **단일피험자 설계**(single-subject design)라고 한다.

2 소집단 설계의 활용 범위 중요 ★

소집단 설계는 다음과 같은 경우에 사용된다.

(1) 연구대상의 개인차가 실험결과에 큰 영향을 미치지 않는 경우

정신물리학(psychophysics)은 물리적 현상에 대한 연구대상의 심리적 반응을 연구하는 학문이다. 정신물리학에서 다루는 다양한 독립변인(예 빛의 밝기, 소리의 크기)이 종속변인에 미치는 영향에 연구대상의 개인차(예 성격 특성)가 혼입될 가능성이 낮다. 이와 같은 경우, 연구자는 소집단 설계를 활용할 수 있다.

(2) 실험상황의 엄격한 통제가 필요한 경우

연구자가 실험상황을 정교하게 통제하고, 동일 종속변인을 여러 번 반복해서 측정한 후 통계적 추론을 얻고자 하는 경우, 소집단 설계를 활용할 수 있다. 예를 들어, 이반 파블로프(Ivan Pavlov)가 소집단 설계를 적용한 소수의 동물 연구대상(개)이 참여하는 실험을 통해 조건화(conditioning)라는 학습 원리를 발견했다.

(3) 소수 연구대상의 행동 치료를 위한 기법을 임상적으로 적용하는 경우

임상적 치료 장면에서, 일반적으로 한 명의 치료자가 소수의 내담자를 치료한다. 이때 치료자가 치료 효과를 알고자 한다면, 치료 이후의 소수 내담자의 결과를 검토해야 한다. 동일한 논리를 적용해서, 연구자가 행동 치료를 위한 기법이 임상적으로 효과가 있는지를 확인하고자 할 때, 소집단 설계를 활용할 수 있다.

3 소집단 설계의 논리

소집단 설계에서 연구자가 독립변인의 조작(처치)이 소수의 연구대상에게 미치는 영향이 있는지를 결정하기 위해서, 독립변인의 조작이 없는 기저선(baseline) 조건과 독립변인의 조작이 있는 처치 조건을 설정한다. 이때 **기저선**이란 연구자가 독립변인의 조작 이전에 얻은 종속변인 측정치를 말한다. 연구자는 기저선 조건에서의 연구대상 반응(종속변인)을 여러 번 측정한 후 처치 조건에서의 연구대상 반응(종속변인)을 여러 번 측정한다. 이후 연구자는 두 조건 간 연구대상의 반응 평균값(종속변인의 측정치 평균값)을 비교해서 독립변인의 조작 효과를 확인한다. 이때 다음의 조건이 충족되어야 한다.

(1) 기저선 조건에서 여러 차례 측정한 종속변인의 측정치는 그 변화의 폭이 크지 않아야 하고(안정적이어야 하고), 이들 측정치가 측정 시점에 따라서 증가하거나 감소하는 추세를 보이지 않아야 한다.

(2) 연구자가 독립변인의 조작 이외의 다른 가외변인이 연구대상의 반응(종속변인 측정치)에 혼입되는 것을 정교하게 통제해야 한다.

제 2 절 소집단 설계의 종류

대표적인 소집단 설계의 종류는 다음과 같다.

1 AB 설계 중요 ★★

(1) AB 설계의 이해

AB 설계는 A 단계(phase)와 B 단계로 구성된다. A 단계는 기저선 조건이며, B 단계는 처치 조건이다. 즉, AB 설계에서 '기저선 조건 → 독립변인의 처치 조건'으로 실험이 진행된다.

(2) AB 설계의 예

예를 들어, 어떤 연구자가 칭찬(독립변인)이 아동의 과제 점수(종속변인)에 미치는 영향을 알고자 한다. 먼저 연구자는 기저선 조건의 기간(3일) 동안 아무런 칭찬을 하지 않고, 1명의 아동에게 과제(100점 만점)를 매일 내주고 그 과제를 채점했다. 이후 연구자는 처치 조건의 기간(3일) 동안 아동에게 아동의 직전 과제 점수에 대한 칭찬(처치)을 해주고, 과제를 매일 내주고 그 과제를 채점했다. 그 결과는 [그림 4-9]와 같다. 연구자는 기저선 조건의 과제 점수 평균값과 처치 조건의 과제 점수 평균값을 비교해서, 처치(독립변인의 조작)가 효과가 있는지를 알 수 있다.

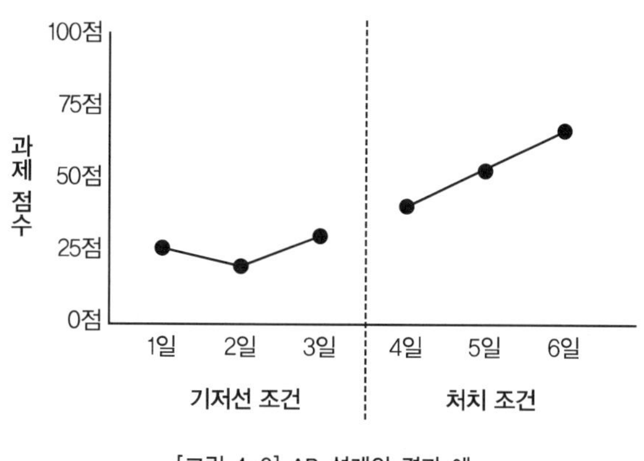

[그림 4-9] AB 설계의 결과 예

(3) AB 설계의 단점

앞서 소개한 AB 설계의 예에서, 처치 조건 동안 발생한 한 아동의 과제 점수 상승(종속변인의 변화)이 연구자의 칭찬(독립변인)이 아닌 다른 가외변인 때문에 발생할 가능성이 있다. 즉, AB 설계에서 연구자가 실험상황을 정교하게 통제하는 것이 어렵다.

2 ABA 설계 중요 ★★

(1) ABA 설계의 이해

AB 설계의 단점을 보완한 소집단 설계가 ABA 설계이다. **ABA 설계**에서 '기저선 조건 1(A 단계) → 독립변인의 처치 조건 1(B 단계) → 기저선 조건 2(A 단계)'로 실험이 진행된다. 이때 기저선 조건 2는 연구자가 처치 조건 1에서 실시한 처치를 철회(withdrawal)하는 조건이다. 즉, 연구자는 기저선 조건 2에서 독립변인의 조작을 하지 않는다. 따라서 연구자는 기저선 조건 1과 기저선 조건 2에서 동일한 독립변인의 조작을 하지 않는다.

(2) ABA 설계의 예

예를 들어, 어떤 연구자가 칭찬(독립변인)이 아동의 과제 점수(종속변인)에 미치는 영향을 알고자 한다. 먼저 연구자는 기저선 조건 1의 기간(3일) 동안 아무런 칭찬을 하지 않고, 1명의 아동에게 과제(100점 만점)를 매일 내주고 그 과제를 채점했다. 이후 연구자는 처치 조건 1의 기간(3일) 동안 아동에게 아동의 직전 과제 점수에 대한 칭찬을 해주고, 과제를 매일 내주고 그 과제를 채점했다. 마지막으로 연구자는 기저선 조건 2의 기간(3일) 동안 아동에게 아동의 직전 과제 점수에 대한 칭찬을 하지 않고, 과제를 매일 내주고 그 과제를 채점했다. 그 결과는 [그림 4-10]과 같다. 연구자는 기저선 조건 1과 기저선 조건 2의 과제 점수 평균값(종속변인 측정치 평균값)과 처치 조건 1의 과제 점수 평균값(종속변인 측정치 평균값)을 비교해서, 처치(독립변인의 조작)가 효과가 있는지를 알 수 있다.

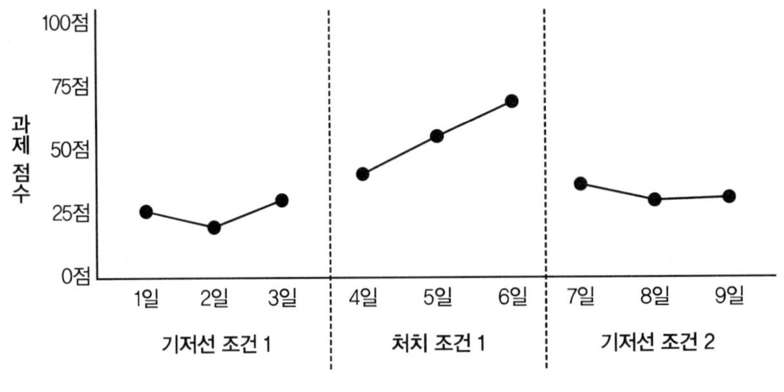

[그림 4-10] ABA 설계의 결과 예

(3) ABA 설계의 확장 – ABAB 설계

ABA 설계는 기저선 조건 2에서 처치 조건 1에서 실시한 처치를 철회하기 때문에 철회 설계(withdrawal design)라고도 한다. 이때 연구자가 처치 조건 1에서 실시한 처치를 철회하면, 기저선 조건 2에서 처치 조건 1의 연구대상 반응(종속변인 측정치)이 기저선 조건 1의 수준으로 다시 돌아가는 처치의 역전성을 확인할 수 있다. 이에 ABA 설계를 역전 설계(reversal design)라고도 한다. 만약 기저선 조건 2의 연구대상 반응이 기저선 조건 1의 수준으로 다시 돌아가면, 처치 조건 1의 연구대상 반응은 처치 때문에 발생한 것으로 가정할 수 있다. 그러나 만약 기저선 조건 2의 연구대상 반응이 기저선 조건 1의 수준으로 다시 돌아가지 않으면, 처치 조건 1의 연구대상 반응은 처치 이외의 다른 가외변인 때문에 발생한 것으로 본다.

ABA 설계에서 기저선 조건 2의 연구대상 반응이 기저선 조건 1의 수준으로 다시 돌아가는 이유가 처치의 철회 때문이 아니라 우연히 발생한 오차(error) 때문일 가능성이 있다. 이와 같은 가능성을 배제하기 위해서, 연구자는 ABAB 설계를 이용한다. **ABAB 설계**는 '기저선 조건 1(A 단계) → 독립변인의 처치 조건 1(B단계) → 기저선 조건 2(A 단계) → 독립변인의 처치 조건 2(B 단계)'로 실험이 진행된다. 이때 처치 조건 1과 처치 조건 2에서 연구대상은 동일한 독립변인의 조작에 노출된다. ABA 설계와 다른 점은 기저선 조건 2 이후 다시 연구대상이 독립변인을 조작하는 처치 조건 2에 노출된다는 점이다. 이때 연구자는 기저선 조건 1과 기저선 조건 2에서 동일한 독립변인의 조작을 하지 않는다. 또한 연구자는 처치 조건 1과 처치 조건 2에서 동일한 독립변인의 조작을 한다.

예를 들어, 앞서 소개한 칭찬(독립변인)이 아동의 과제 점수(종속변인)에 미치는 영향을 알아보는 연구에 ABAB 설계를 적용하면, 기저선 조건 2 이후 연구자는 처치 조건 2의 기간(3일) 동안 1명의 아동에게 아동의 직전 과제 점수에 대한 칭찬을 다시 해주고 과제를 매일 내주고 그 과제를 채점했다. 그 결과는 [그림 4-11]과 같다. 연구자는 기저선 조건 1과 기저선 조건 2의 과제 점수 평균값(종속변인의 측정치 평균값)과 처치 조건 1과 처치 조건 2의 과제 점수 평균값(종속변인의 측정치 평균값)을 비교해서, 처치(독립변인의 조작)가 효과가 있는지를 알 수 있다.

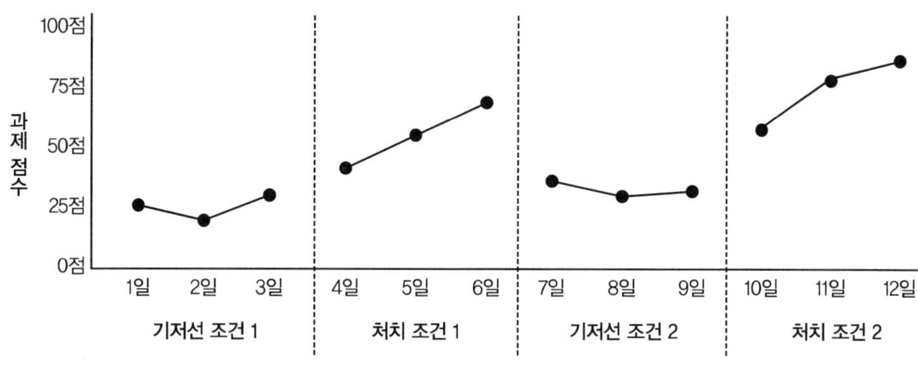

[그림 4-11] ABAB 설계의 결과 예

(4) ABAB 설계의 단점

① ABAB 설계에서 처치 조건 1, 기저선 조건 2 및 처치 조건 2 사이에 이월효과가 발생할 수 있다. 즉, 처치 조건 1의 연구대상 반응이 기저선 조건 2와 처치 조건 2의 연구대상 반응에 영향을 미칠 수 있다.

② 독립변인의 조작이 상대적으로 영구적인 변화를 일으키는 경우(예 심리치료 프로그램 실시, 일부 뇌 조직의 제거와 같은 외과적 시술), 연구자는 ABAB 설계를 이용할 수 없다.

③ 연구자는 ABAB 설계를 통해 2개 이상의 독립변인의 조작 효과(처치 효과)를 확인할 수 없다.

더 알아두기

처치 역전성을 확인하기 위한 기저선 조건이 2개 이상인 소집단 설계를 **역전 설계** 또는 **철회 설계**라고 한다. 따라서 ABA 설계, ABAB 설계, ABABAB 설계 등을 역전 설계 또는 철회 설계라고 부른다.

3 교대-처치 설계(alternating-treatment design, between-series design)

(1) 교대-처치 설계의 이해 중요 ★

독립변인의 조작이 상대적으로 영구적인 연구대상의 변화를 일으키는 경우나 2개 이상의 독립변인의 조작 효과를 확인하고자 하는 경우, 연구자는 ABAB 설계를 이용할 수 없다. 이 경우, 연구자는 교대-처치 설계를 이용할 수 있다. **교대-처치 설계**는 소수의 연구대상에게 2개 이상의 독립변인의 조작 조건(서로 다른 처치 조건)이 제시되는 실험설계이다. 이때 기저선 조건이 한 번도 없을 수도 있고 여러 번 있을 수도 있다. 또한 서로 다른 처치 조건은 연구대상에게 무작위로 또는 체계적으로(연구자가 미리 결정한 순서에 따라서) 제시된다.

(2) 교대-처치 설계의 예

다양한 교대-처치 설계 중 ABAC 설계를 예로 들면, **ABAC 설계**에서 '기저건 조건 1(A 단계) → 독립변인 1의 처치 조건(B 단계) → 기저선 조건 2(A 단계) → 독립변인 2의 처치 조건(C 단계)'으로 실험이 진행된다. 이때 기저선 조건 1과 기저선 조건 2에서 동일하게 독립변인 1의 조작과 독립변인 2의 조작이 없다. B 단계와 C 단계에서 연구대상에게 서로 다른 독립변인(독립변인 1과 독립변인 2)의 조작이 제시된다.

예를 들어, 어떤 연구자가 칭찬(독립변인 1)과 물질적 보상(독립변인 2)이 아동의 과제 점수(종속변인)에 미치는 영향을 알고자 한다. 먼저 연구자는 기저선 조건 1의 기간(3일) 동안 아무런 칭찬이나 물질적 보상(사탕)을 하지 않고, 1명의 아동에게 과제(100점 만점)를 매일 내주고 그 과제를 채점했다. 이후 연구자는 독립변인 1의 처치 조건 기간(3일) 동안 아동에게 아동의 직전 과제 점수에 대한 칭찬을 해주고, 과제를 매일 내주고 그 과제를 채점했다. 다음으로 연구자는 기저선 조건 2의 기간(3일) 동안 아동에게 아동의 직전 과제 점수에 대한 칭찬과 물질적 보상을 하지 않고, 과제를 매일 내주고 그 과제를 채점했다. 마지막으로 연구자는 독립변인 2의 처치 조건 기간(3일) 동안 아동의 직전 과제 점수에 대한 물질적 보상을 해주고, 과제를 매일 내주고 그 과제를 채점했다. 그 결과는 [그림 4-12]와 같다. 연구자는 기저선 조건 1과 기저선 조건 2의 과제 점수 평균값(종속변인의 측정치 평균값), 독립변인 1의 처치 조건의 과제 점수 평균값(종속변인의 측정치 평균값) 및 독립변인 2의 처치 조건의 과제 점수 평균값(종속변인의 측정치 평균값)을 비교해서, 2개의 독립변인의 조작 효과를 확인할 수 있다.

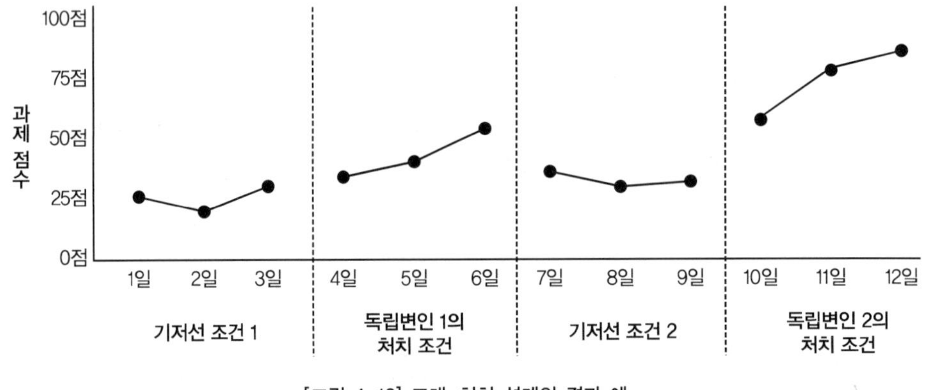

[그림 4-12] 교대-처치 설계의 결과 예

4 중다 기저선 설계(multiple-baseline design)

(1) 중다 기저선 설계의 이해 중요 ★

ABAB 설계에서 다음과 같은 문제가 발생할 수 있다.

① ABAB 설계에서 연구대상마다 처치 조건 1 이전에 연구자가 기저선 조건 1을 확실하게 확인할 수 있는 기간이 다를 수 있다. 따라서 어떤 연구대상은 기저선 조건 1의 기간이 길 수도 있고, 다른 연구대상은 기저선 조건 1의 기간이 짧을 수도 있다. 예를 들어, 연구대상 A는 3일 동안만 종속변인

을 측정해도 측정 시점에 따른 종속변인 측정치의 큰 폭의 변화가 없지만, 연구대상 B는 최소한 7일 동안 종속변인을 측정해야 측정 시점에 따른 종속변인 측정치의 큰 폭의 변화가 줄어든다.

② ABAB 설계에서 기저선 조건 2의 연구대상 반응이 즉각적으로 기저선 1의 수준으로 되돌아가지 않을 수 있다. 즉, 연구자가 독립변인의 조작을 하지 않은 결과가 기저선 조건 2에서 단기간에 발생하지 않을 수 있다.

③ ABAB 설계에서 처치조건 1의 연구대상 반응은 독립변인의 조작 이외에 연구대상 반응 특성에 영향을 받을 수 있다.

이상의 문제를 고려한 소집단 설계가 중다 기저선 설계이다. **중다 기저선 설계**에서 연구자는 여러 연구대상, 여러 행동 또는 여러 상황에 대한 서로 다른 기간의 기저선 조건을 둔 후 1개의 독립변인을 조작하는 조건을 제시한다.

중다 기저선 설계에서는 다음의 ABAB 설계의 단점을 보완해서 이월효과의 발생을 막고, 상대적으로 영구적인 연구대상의 변화를 일으키는 독립변인의 조작을 다룰 수 있다.

- ABAB 설계에서 처치 조건 1, 기저선 조건 2 및 처치 조건 2 사이에 이월효과가 발생할 수 있다.
- ABAB 설계에서 상대적으로 영구적인 연구대상의 변화를 일으키는 독립변인의 조작 효과를 연구할 수 없다.

(2) 중다 기저선 설계의 종류

① 피험자 간 중다 기저선 설계

㉠ 정의

연구자는 여러 연구대상에게 서로 다른 기간의 기저선 조건을 둔 후 동일한 처치 조건을 제시한다. 즉, 연구자는 소수의 연구대상별로 서로 다른 기간의 기저선 조건을 제시한 후 서로 다른 시점에서 1개의 독립변인의 조작을 제시한다. 이후 연구자는 연구대상으로부터 동일한 1개의 종속변인 측정치를 얻는다.

㉡ 예

어떤 연구자가 칭찬(독립변인)이 아동의 과제 점수(종속변인)에 미치는 영향을 알고자 한다. 이에 연구자는 3명의 아동을 모집했다. 이후 연구자는 각 아동별로 2일, 4일, 6일의 기저선 조건의 기간을 다르게 설정했다. 이 기저선 조건의 기간 중 연구자는 아동에게 아무런 칭찬을 하지 않고, 아동에게 과제를 매일 내주고 그 과제를 채점했다. 연구자는 기저선 조건의 기간이 끝난 다음 날(3일차, 5일차, 7일차)부터 8일차까지 아동에게 아동의 직전 과제 점수에 대한 칭찬을 해주고, 과제를 매일 내주고 그 과제를 채점했다(처치 조건). 이와 같은 **피험자 간 중다 기저선 설계**를 도식적으로 제시하면 [표 4-10]과 같다.

[표 4-10] 피험자 간 중다 기저선 설계의 예

아동 \ 일차	1일	2일	3일	4일	5일	6일	7일	8일
아동 1	기저선 조건		처치 조건					
아동 2	기저선 조건				처치 조건			
아동 3	기저선 조건						처치 조건	

② **반응 간 중다 기저선 설계**

㉠ 정의

연구자는 소수 연구대상의 여러 반응에 대해서 서로 다른 기간의 기저선 조건을 둔 후 연구대상에게 동일한 처치 조건을 제시한다. 즉, 연구자는 소수 연구대상의 여러 반응에 대한 서로 다른 기간의 기저선 조건을 제시한 후 서로 다른 시점에서 1개의 독립변인의 조작을 제시한다. 이때 반응은 종속변인 측정치를 말하며, 여러 반응이란 여러 종류의 종속변인 측정치를 의미한다. 따라서 연구자는 연구대상으로부터 서로 다른 종속변인 측정치를 얻는다.

㉡ 예

어떤 연구자가 본인이 개발한 아동 대상의 글쓰기 역량 강화 프로그램(독립변인)이 글쓰기 역량(종속변인)에 미치는 영향을 알고자 한다. 이때 연구자는 글쓰기 역량을 문장의 완성도, 사용 단어의 개수, 중문 사용 정도로 측정하고자 한다. 연구자는 3개의 아동 집단을 구성한 후 각 아동집단별로 2일, 4일, 6일의 기저선 조건의 기간을 다르게 설정했다. 이 기저선 조건의 기간 중 연구자는 모든 아동 집단에게 글쓰기 과제를 매일 내주고 그 과제를 채점했다. 연구자는 기저선 조건의 기간이 끝난 다음 날(3일차, 5일차, 7일차)부터 8일차까지 모든 집단에게 매일 글쓰기 역량 강화 프로그램을 실시한 후 글쓰기 과제를 내주고 그 과제를 채점했다(처치 조건). 이와 같은 반응 간 중다 기저선 설계를 도식적으로 제시하면 [표 4-11]과 같다.

[표 4-11] 반응 간 중다 기저선 설계의 예

종속변인 측정치 \ 일차	1일	2일	3일	4일	5일	6일	7일	8일
문장의 완성도 (아동 집단 1)	기저선 조건		처치 조건					
사용 단어 개수 (아동 집단 2)	기저선 조건				처치 조건			
중문 사용 정도 (아동 집단 3)	기저선 조건						처치 조건	

③ **상황 간 중다 기저선 설계**

㉠ 정의

연구자는 소수 연구대상의 여러 상황에 대해서 서로 다른 기간의 기저선 조건을 둔 후 연구대상에게 동일한 처치 조건을 제시한다. 즉, 연구자는 소수 연구대상의 여러 상황에 대한 서로 다른 기간의 기저선 조건을 제시한 후 서로 다른 시점에서 1개의 독립변인의 조작을 제시한다. 이후 연구자는 연구대상으로부터 동일한 1개의 종속변인 측정치를 얻는다.

㉡ 예

어떤 연구자가 본인이 개발한 성인용 불안 완화 프로그램(독립변인)이 불안 행동(종속변인)에 미치는 영향을 알고자 한다. 이때 연구자는 불안 행동이 나타나는 상황을 집, 직장, 친구 만남으로 정했다. 연구자는 집, 직장, 친구 만남이라는 상황별로 2일, 4일, 6일의 기저선 조건의 기간을 다르게 설정했다. 이 기저선 조건의 기간 중 연구자는 가족, 직장 동료, 친구의 도움을 받아서, 연구대상의 불안 행동 빈도를 측정했다. 연구자는 기저선 조건의 기간이 끝난 다음 날(3일차, 5일차, 7일차)부터 8일차까지 매일 연구대상에게 성인용 불안 완화 프로그램을 실시하고, 연구대상의 불안 행동 빈도 측정치를 얻었다. 이와 같은 **상황 간 중다 기저선 설계**를 도식적으로 제시하면 [표 4-12]와 같다.

[표 4-12] 상황 간 중다 기저선 설계의 예

상황 \ 일차	1일	2일	3일	4일	5일	6일	7일	8일
집	기저선 조건		처치 조건					
직장	기저선 조건				처치 조건			
친구 만남	기저선 조건						처치 조건	

더 알아두기

ABAB 설계는 피험자 내 설계와 유사하고, 피험자 간 중다 기저선 설계는 피험자 간 설계와 유사하다.

5 변동-준거 설계(changing-criterion design)

(1) 변동-준거 설계의 이해 중요 ★

변동-준거 설계에서 연구자는 기저선 조건 이후 소수의 연구대상에게 다수의 동일한 처치 조건을 연속적으로 제시하며, 각 처치 조건마다 다른 준거(독립변인의 다른 수준)를 설정한다. 만약 준거가 변경됨에 따라서 연구대상의 반응(종속변인)이 체계적으로 변한다면, 그 준거가 연구대상의 반응을 변화시킨 것으로 이해할 수 있다.

(2) 변동-준거 설계의 예

어떤 연구자가 금전적 보상(독립변인)이 연구대상의 운동 시간(종속변인)에 미치는 영향을 알고자 한다. 이에 연구자는 기저선 조건(3일)에서 1명의 연구대상의 하루 운동 시간을 측정했다. 이후 연구자는 연구대상과 협의해서 연구대상이 하루 10분 동안 운동을 하면, 2만 원을 연구대상에게 주기로 약속했다. 이때 하루 10분 운동은 연구대상이 2만 원을 받는 준거이다. 이와 같은 약속 하에 연구자는 3일 간 연구대상의 운동 시간을 측정했다. 3일 후 연구자는 연구대상과 다시 협의해서 연구대상이 하루 20분 동안 운동을 하면, 2만 원을 연구대상에게 주기로 약속했다. 즉, 연구대상이 2만 원을 받는 준거가 변경되었다. 이와 같은 약속 하에 연구자는 3일 간 연구대상의 운동 시간을 측정했다. 그 결과는 [그림 4-13]과 같다. 처치 조건 1(준거 1)보다 처치 조건 2(준거 2)에서 운동 시간이 증가하면, 금전적 보상(준거)은 운동 시간의 변화에 영향을 미친 것으로 이해할 수 있다.

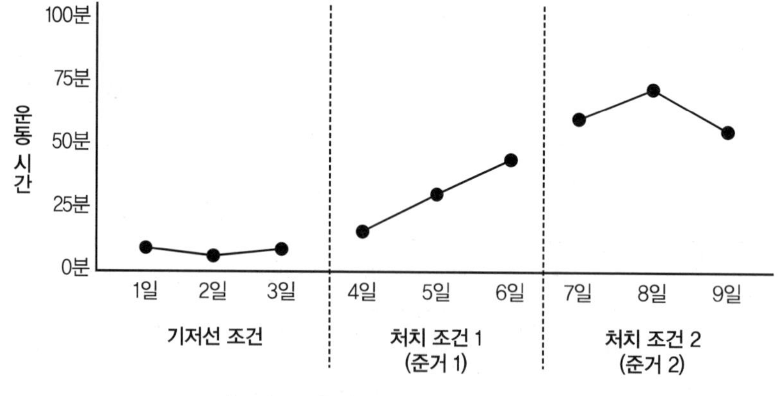

[그림 4-13] 변동-준거 설계의 결과 예

제 4 장 유사 실험법

제 1 절 유사 실험법의 이해

1 진실험설계(true experimental design)

진실험설계는 연구자가 연구대상을 실험집단(통제집단 포함)에 무작위로 할당하고, 독립변인을 직접 조작하는 실험설계를 말한다. 대표적인 진실험설계에는 무선화 사후 통제집단 설계(randomized posttest-only control-group design), 사전사후 통제집단 설계(pretest-posttest control-group design), 솔로몬 4집단 설계 등이 있다. 무선화 사후 통제집단 설계와 사전사후 통제집단 설계에 대한 설명은 다음과 같다.

(1) 무선화 사후 통제집단 설계 중요 ★★★

① 무선화 사후 통제집단 설계의 이해

무선화 사후 통제집단 설계에서 연구자는 연구대상을 실험집단과 통제집단에 무작위로 할당한다. 이후 연구자는 실험집단에게 독립변인의 조작(처치)을 제시한 후 사후검사(종속변인 측정)를 실시한다. 반면 연구자는 통제집단에게는 독립변인의 조작을 제시하지 않은 후 사후검사를 실시한다. 특히 내적 타당도를 위협하는 사전검사의 상호작용이 예상되는 경우, 연구자는 무선화 사후 통제집단 설계를 이용한다. 무선화 사후 통제집단 설계를 도식적으로 제시하면 [그림 4-14]와 같다. 연구자는 실험집단과 통제집단 간 사후검사에서 얻은 종속변인 측정치 차이('$O_1 - O_2$')를 확인해서 독립변인의 조작이 종속변인에 미치는 영향을 검증한다.

	사전검사	처치	사후검사
실험집단		×	O_1
통제집단			O_2

주) O = 종속변인 측정, × = 독립변인 조작

[그림 4-14] 무선화 사후 통제집단 설계

② 무선화 사후 통제집단 설계의 장·단점

㉠ 장점

내적 타당도를 위협하는 역사, 성숙, 검사 실시 등의 문제가 발생하지 않는다. 특히, 사전검사의 상호작용 문제가 발생하지 않는다.

㉡ 단점

연구대상의 수가 적은 경우, 결과의 신뢰도가 낮을 수 있다.

(2) 사전사후 통제집단 설계 중요 ★★★

① 사전사후 통제집단 설계의 이해

사전사후 통제집단 설계에서 연구자는 연구대상을 실험집단과 통제집단에 무작위로 할당한 후 먼저 사전검사(종속변인 측정)를 실시한다. 사전검사에서 얻은 실험집단과 통제집단 간 종속변인 측정치의 차이가 없으면, 연구자는 실험집단에게 독립변인의 조작(처치)을 제시한 후 사후검사(종속변인 측정)를 실시한다. 반면 연구자는 통제집단에게는 독립변인의 조작을 제시하지 않은 후 사후검사를 실시한다. 사전사후 통제집단 설계를 도식적으로 제시하면 [그림 4-15]와 같다. 연구자는 실험집단('O_2 − O_1')과 통제집단('O_4 − O_3')별 사전검사와 사후검사 간 종속변인 측정치 차이를 확인해서 독립변인의 조작이 종속변인에 미치는 영향을 검증한다.

	사전검사	처치	사후검사
실험집단	O_1	×	O_2
통제집단	O_3		O_4

주) O = 종속변인 측정, × = 독립변인 조작

[그림 4-15] 사전사후 통제집단 설계

② 사전사후 통제집단 설계의 장・단점

㉠ 장점

내적 타당도를 위협하는 역사, 성숙, 검사 실시(사전검사와 사후검사의 내용이 동일한 경우, 사전검사의 연구대상 반응이 사후검사의 연구대상 반응에 영향을 미침), 통계적 회귀 등의 문제가 크게 발생하지 않는다.

㉡ 단점

외적 타당도를 위협하는 연구대상 선정오류와 독립변인 조작 간의 상호작용, 사전검사의 상호작용(사전검사 실시가 독립변인의 조작에 대한 연구대상의 반응에 영향을 미침), 실험절차의 반응적 효과 등의 문제가 발생할 수 있다.

2 유사실험설계(quasi-experimental design)의 특징 중요 ★★

연구자가 진실험설계를 이용하지 못하는 경우, 유사실험설계를 이용한다. 유사실험설계를 준실험설계라고도 한다. 유사실험설계는 진실험설계와 다른 다음의 특징을 가진다.

(1) 연구자가 독립변인을 직접 조작하지 않고 선택해야 하는 경우가 있다. 연령, 지능 등과 같은 피험자변인 또는 비실험변인은 자연 발생적이며, 연구자가 피험자변인을 직접 조작할 수 없고 선택만 한다. 이처럼 연구자가 피험자변인을 독립변인으로 다루는 실험을 할 때 유사실험설계를 이용한다.

더 알아두기 중요 ★

• 피험자변인의 정의
피험자변인은 연구자가 측정 가능한 연구대상의 특성을 말한다. 성별, 연령, 지능, 체중, 불안, 알코올 중독, 뇌 손상 등이 피험자변인이다.

• 피험자변인의 특징
연구자는 피험자변인을 직접 조작할 수 없고, 피험자변인을 측정하거나 특정 피험자변인을 가진 연구대상을 선택한다. 피험자변인이 포함된 유사실험설계에서 연구자는 다른 가외변인을 일정하게 유지하면서 피험자변인을 조작할 수 없다. 따라서 여러 가외변인이 피험자변인과 함께 변하며, 가외변인의 변화가 실험결과에 영향을 미칠 수 있다. 이 경우, 연구자는 피험자변인과 종속변인 간의 인과성보다 피험자변인과 종속변인 간의 상관관계를 주장하는 것이 적절하다. 이 논리 하에 피험자변인인 연령을 주요 독립변인으로 다루는 발달연구는 본질적으로 상관관계연구이다.

• 피험자변인의 사용 예
어떤 연구자가 청소년의 연령(피험자변인)이 학습 몰입도(종속변인)에 미치는 영향을 알고자 한다. 이에 연구자는 서로 다른 세 연령(14세, 16세, 18세)에 해당하는 청소년의 학습 몰입도를 측정했다. 그 결과, 청소년의 연령이 증가할수록 학습 몰입도가 증가했다. 그런데 청소년의 연령 증가는 학습 동기(가외변인) 증가와 관련될 수 있다. 따라서 연구자는 청소년의 연령 증가가 학습 몰입도 증가의 원인이라고 단정하지 못한다. 이 경우, 연구자는 청소년의 연령은 학습 몰입도와 상관관계를 가진다는 결론을 내릴 수 있다.

(2) 연구자가 연구대상을 실험조건에 무작위로 배정할 수 없는 경우, 유사실험설계를 이용한다.

(3) 연구자가 비윤리적인 이유로 독립변인을 직접 조작하지 못하거나 연구대상의 무선배정을 못하는 경우, 유사실험설계를 이용한다. 예를 들어, 윤리적 이유로 연구자는 연구대상의 학교 폭력 경험을 조작하지 못하고, 연구대상을 학교 폭력 경험 집단과 비경험 집단에 무작위로 할당하지 못한다.

(4) 통제집단을 포함하거나 동일 종속변인을 최소 2회 이상 또는 2개 이상의 종속변인을 측정하는 실험설계는 유사실험설계에 해당한다.

3 진실험설계와 유사실험설계의 구분 방법 중요 ★★★

진실험설계와 유사실험설계를 구분하는 기준은 연구대상의 무선배정 여부이다. 즉, 연구자가 연구대상을 실험집단(통제집단 포함) 또는 실험조건에 무작위로 배정하는 실험설계는 진실험설계이다. 반면 연구자가 연구대상의 무선배정을 실시하지 않거나 못하는 실험설계는 유사실험설계이다. 일반적으로 진실험설계에서 연구자는 독립변인을 직접 조작하고, 통제집단(비교집단) 또는 통제조건(비교조건)을 이용한다. 이때 독립변인의 수가 2개 이상이라면, 1개의 독립변인으로 피험자변인이 포함되기도 한다.

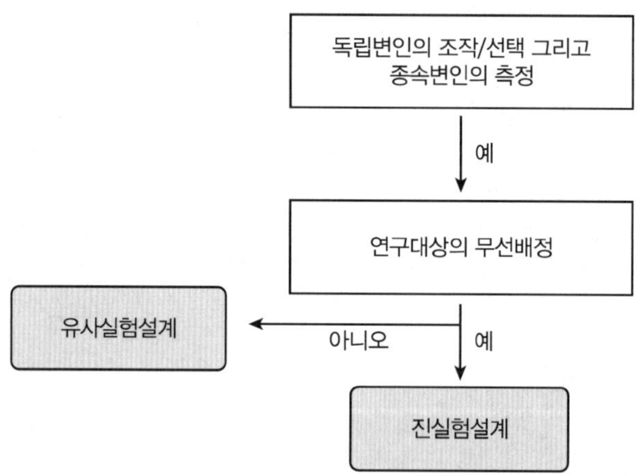

[그림 4-16] 진실험설계와 유사실험설계의 구분 방법

제 2 절 유사 실험법의 종류

심리학에서 이용하는 대표적인 유사실험설계를 소개하면 다음과 같다.

1 단일집단 사후 설계(one-group posttest-only design)

(1) 단일집단 사후 설계의 이해 중요 ★★

단일집단 사후 설계는 연구자가 독립변인을 조작하거나 기존의 독립변인을 선택한 후 연구대상에게 사후검사를 실시하는 유사실험설계이다. 이때 실험집단이 1개이기 때문에 연구자가 무선배정을 실시할 수 없다. 또한 사후검사는 여러 종류의 종속변인 측정치를 이용해서 실시되기도 한다. 단일집단 사후 설계는 **일회-시행 사례 연구**(one-shot case study)라고도 부른다. 단일집단 사후 설계를 도식적으로 제시하면 [그림 4-17]과 같다.

	사전검사	처치	사후검사
실험집단		×	O_1

주) O = 종속변인 측정, × = 독립변인 조작/선택

[그림 4-17] 단일집단 사후 설계

단일집단 사후 설계는 다음과 같은 특징을 가진다.

① 연구자는 특정 독립변인의 조작이 가능한 연구대상이나 이미 특정 독립변인의 처치가 끝난 연구대상만 모집해서 단일집단 사후 설계를 적용한다.

② 단일집단 사후 설계에서 연구자가 가외변인을 통제하는 것이 어렵다.

③ 단일집단 사후 설계에는 통제집단이 포함되지 않고, 사전검사도 실시하지 않기 때문에 연구자가 독립변인의 조작이나 선택이 종속변인에 미치는 영향 여부를 명확하게 확인할 수 없다.

(2) 단일집단 사후 설계의 예

① 독립변인을 조작하는 경우

어떤 연구자가 중학생의 일기 작성(독립변인)이 학교 생활 만족도(종속변인)에 미치는 영향을 알고자 한다. 이에 연구자는 A 중학교의 1개 학급을 편의적으로 선정하고, 이 학급의 중학생들에게 1년 동안 매일 일기를 작성하도록 했다. 1년 뒤 연구자는 이들 중학생의 학교 생활 만족도를 교사와의 관계 만족도, 학급 친구와의 관계 만족도, 학업 성취도로 다양하게 측정했다.

② 독립변인 처치가 끝난 연구대상을 선택하는 경우

어떤 연구자가 장기적 알코올 남용(독립변인)이 기억 손상(종속변인)에 미치는 영향을 알고자 한다. 이에 연구자는 장기간 동안 알코올을 남용한 소수의 연구대상을 찾은 후 이들의 기억력을 초・중・고 동창생 이름 회상과 생애주기 중 주요 사건(예 결혼) 회상으로 측정했다.

2 단일집단 사전사후 설계(one-group pretest-posttest design)

(1) 단일집단 사전사후 설계의 이해 중요 ★★

단일집단 사전사후 설계는 연구자가 연구대상에게 사전검사(종속변인 측정)를 실시한 후 독립변인의 조작을 제시하고 사후검사(종속변인 측정)를 실시하는 유사 실험법을 말한다. 단일집단 사전사후 설계를 도식적으로 제시하면 [그림 4-18]과 같다. 연구자는 사전검사와 사후검사 간 종속변인 측정치 차이('$O_2 - O_1$')를 확인해서 독립변인의 조작이 종속변인에 미치는 영향을 검증한다.

	사전검사	처치	사후검사
실험집단	O_1	×	O_2

주) O = 종속변인 측정, × = 독립변인 조작/선택

[그림 4-18] 단일집단 사전사후 설계

단일집단 사전사후 설계는 다음과 같은 특징을 가진다.

① 연구자가 사전검사와 사후검사 간 종속변인 측정치 차이만을 보고, 독립변인의 조작이 종속변인에 영향을 미쳤다고 결론을 내리는 것이 어렵다.

② 사전검사와 사후검사 간 종속변인 측정치 차이는 독립변인의 조작이 아닌 역사, 성숙, 검사 실시, 도구 사용(실험 중 사용된 도구가 달라져서 종속변인 측정치가 변함), 통계적 회귀 등과 같은 내적 타당도의 위협요인 때문에 발생할 수 있다.

(2) 단일집단 사전사후 설계의 예

어떤 연구자가 금연 프로그램(독립변인)이 성인의 흡연량(종속변인)에 미치는 영향을 알고자 한다. 이에 연구자는 편의적으로 성인 흡연자를 모집한 후 1일 흡연량(하루에 피는 담배 개피 수)을 측정했다(사전검사). 이후 연구자는 연구대상에게 금연 프로그램을 실시했다(처치). 금연 프로그램 실시를 마친 후 연구자는 연구대상의 1일 흡연량을 다시 측정했다(사후검사).

3 비동등 통제집단 설계(nonequivalent control-group design)

(1) 비동등 통제집단 설계의 이해 중요 ★★

비동등 통제집단 설계란 통제집단을 가지지만, 실험집단과 통제집단의 연구대상이 동일한 특성을 가지지 않고 이들을 대상으로 사후검사만 실시하는 유사실험설계를 말한다. 즉, 비동등 통제집단 설계에서 실험집단과 통제집단의 특성은 동일하지 않다.

보통 비동등 통제집단 설계에서 연구자는 이미 존재하는 자연적 집단에서 실험집단과 통제집단의 연구대상을 선택하기 때문에 선택편향(selection bias)이 발생한다. 비동등 통제집단 설계를 도식적으로 제시하면 [그림 4-19]와 같다. 연구자는 실험집단과 통제집단 간 사후검사에서 얻은 종속변인 측정치 차이('O_1 − O_2')를 확인해서 독립변인의 조작이나 선택이 종속변인에 미치는 영향을 알아본다.

	사전검사	처치	사후검사
실험집단		×	O_1
통제집단			O_2

주) 실험집단 ≠ 통제집단, O = 종속변인 측정, × = 독립변인 조작/선택

[그림 4-19] 비동등 통제집단 설계

비동등 통제집단 설계는 진실험설계 중 무선화 사후 통제집단 설계와 유사하다. 그러나 연구자가 무선배정을 하지 않았기 때문에, 비동등 통제집단 설계에서 실험집단의 특성과 통제집단의 특성은 다르다. 따라서 선택편향으로 인해서, 연구자는 실험집단과 통제집단 간 사후검사 차이로 독립변인의 조작이나 선택이 종속변인에 미치는 영향을 명확하게 확인할 수 없다.

(2) 비동등 통제집단 설계의 예

어떤 연구자가 금연 프로그램(독립변인)이 성인의 흡연량(종속변인)에 미치는 영향을 알고자 한다. 이에 연구자는 특정 제약회사의 직원들 중 영업부서의 흡연 직원들을 실험집단에 할당하고, 총무부서의 흡연 직원들을 통제집단에 할당했다. 연구자는 실험집단에게 금연 프로그램을 실시하고(처치), 통제집단에는 금연 프로그램을 실시하지 않았다. 이후 연구자는 실험집단과 통제집단의 1일 흡연량(하루에 피는 담배 개피 수)을 측정했다. 그런데 이 실험에서 영업부서의 직원들(통제집단)이 대인관계 스트레스를 많이 받아서 평소 흡연량이 총무부서의 직원들(실험집단)보다 더 많고, 니코틴 의존도도 더 강할 수 있다. 이와 같은 실험집단과 통제집단의 특성 차이가 금연 프로그램이 성인의 흡연량 감소에 미치는 영향에 혼입된다.

4 비동등 통제집단 사전사후 설계(nonequivalent control-group pretest-posttest design)

(1) 비동등 통제집단 사전사후 설계의 이해 중요 ★★

비동등 통제집단 사전사후 설계란 서로 동등하지 않은 실험집단과 통제집단을 대상으로 사전검사와 사후검사를 실시하는 유사실험설계를 말한다. 비동등 통제집단 사전사후 설계를 도식적으로 제시하면 [그림 4-20]과 같다. 연구자는 실험집단('O_2 - O_1')과 통제집단('O_4 - O_3')별 사전검사와 사후검사 간 종속변인 측정치 차이를 확인해서 독립변인의 조작이나 선택이 종속변인에 미치는 영향을 알아본다.

	사전검사	처치	사후검사
실험집단	O_1	×	O_2
통제집단	O_3		O_4

주) 실험집단 ≠ 통제집단, O = 종속변인 측정, × = 독립변인 조작/선택

[그림 4-20] 비동등 통제집단 사전사후 설계

비동등 통제집단 사전사후 설계는 사전사후 통제집단 설계와 유사하다. 그러나 연구자가 무선배정을 하지 않았기 때문에, 비동등 통제집단 사전사후 설계에서 실험집단의 특성과 통제집단의 특성은 다르다. 따라서 선택편향이 독립변인의 조작이나 선택이 종속변인에 미치는 영향에 혼입될 수 있다.

(2) 비동등 통제집단 사전사후 설계의 예

어떤 연구자가 금연 프로그램(독립변인)이 성인의 흡연량(종속변인)에 미치는 영향을 알고자 한다. 이에 연구자는 특정 제약회사의 직원들 중 영업부서의 흡연 직원들을 실험집단에 할당하고, 총무부서의 흡연 직원들을 통제집단에 할당했다. 먼저 연구자는 실험집단과 통제집단의 1일 흡연량(하루에 피는 담배 개피 수)을 측정했다. 이후 연구자는 실험집단에게 금연 프로그램을 실시하고(처치), 통제집단에는 금연 프로그램을 실시하지 않는다. 마지막으로 연구자는 실험집단과 통제집단의 1일 흡연량을 다시 측정했다.

더 알아두기

비동등 통제집단 설계와 비동등 통제집단 사전사후 설계의 문제점은 실험집단과 통제집단 간 연구대상 특성이 다를 수 있다는 것이다. 연구자가 대응 짝 설계를 이용하면, 두 유사실험설계에서 동등한 실험집단과 통제집단을 구성할 수 있다.

더 알아두기

무선배정이 없고, 실험집단과 동일한 특성을 가진 통제집단이 없는 유사실험설계를 사전 실험설계(pre-experimental design)라고 부른다. 사전 실험설계에는 단일집단 사후 설계, 단일집단 사전사후 설계 등이 있다.

5 틈입 시계열 설계(interrupted time series design)

(1) 틈입 시계열 설계의 이해

틈입 시계열 설계에서 연구자는 처치(틈입) 전후 여러 번의 사전검사와 사후검사를 실시한다. 틈입 시계열 설계를 도식적으로 제시하면 [그림 4-21]과 같다. 연구자는 여러 사전검사의 평균값(O_1, O_2, O_3, O_4의 평균값)과 여러 사후검사의 평균값(O_5, O_6, O_7, O_8의 평균값)을 비교해서 독립변인의 조작이나 선택이 종속변인에 미치는 영향을 알아본다.

	사전검사	처치	사후검사
실험집단	O_1, O_2, O_3, O_4	×	O_5, O_6, O_7, O_8

주) O = 종속변인 측정, × = 독립변인 조작/선택

[그림 4-21] 틈입 시계열 설계

틈입 시계열 설계는 다음과 같은 특징을 가진다.

① 여러 번의 사전검사와 사후검사는 연구자가 내적 타당도의 위협요인(예 역사, 성숙)을 통제하는 데 도움이 된다.

② 연구자는 틈입 시계열 설계를 통해 처치의 효과가 일시적인 것인지 아니면 장기적인 것인지를 여러 번의 사후검사 점수 추세를 통해 확인할 수 있다.

③ 연구자가 장기간 동안 여러 차례 측정한 사전검사 점수와 사후검사 점수를 확보해야 틈입 시계열 설계를 이용할 수 있다.

④ 내적 타당도를 위협하는 연구대상 소멸의 문제가 발생할 수 있다.

⑤ 외적 타당도를 위협하는 사전검사의 상호작용(사전검사 실시가 독립변인의 조작에 대한 연구대상의 반응에 영향을 미침)의 문제가 발생할 수 있다.

(2) 틈입 시계열 설계의 예

어떤 연구자가 2018년 12월에 시행된 음주운전단속 강화법(독립변인)이 음주운전 사고 건수(종속변인)에 미치는 영향을 알고자 한다. 이에 연구자는 사전검사에 해당하는 2016년 12월~2018년 11월(24개월) 기간 중 월별로 발생한 음주운전 사고 건수를 취합했다. 또한 연구자는 사후검사에 해당하는 2019년 1월~2020년 12월(24개월) 기간 중 월별로 발생한 음주운전 사고 건수를 취합했다. 이후 연구자는 음주운전단속 강화법이 시행된 2018년 12월(처치 시점 또는 틈입 시점) 전후의 월별 음주운전 사고 건수의 평균값을 비교했다.

6 통제집단 시계열 설계(control-group time series design)

(1) 통제집단 시계열 설계의 이해

통제집단 시계열 설계는 틈입 시계열 설계에 통제집단을 추가한 유사실험설계를 말한다. 통제집단 시계열 설계를 도식적으로 제시하면 [그림 4-22]와 같다. 연구자는 실험집단에서의 사전검사와 사후검사의 차이('O_5, O_6, O_7, O_8의 평균값 − O_1, O_2, O_3, O_4의 평균값')와 통제집단에서의 사전검사와 사후검사의 차이('O_9, O_{10}, O_{11}, O_{12}의 평균값 − O_{13}, O_{14}, O_{15}, O_{16}의 평균값')를 비교해서 독립변인의 조작이나 선택이 종속변인에 미치는 영향을 알아본다.

	사전검사	처치	사후검사
실험집단	O_1, O_2, O_3, O_4	×	O_5, O_6, O_7, O_8
통제집단	O_9, O_{10}, O_{11}, O_{12}		O_{13}, O_{14}, O_{15}, O_{16}

주) 실험집단 ≠ 통제집단, O = 종속변인 측정, × = 독립변인 조작/선택

[그림 4-22] 통제집단 시계열 설계

(2) 통제집단 시계열 설계의 예

어떤 연구자가 코로나19 재난지원금(독립변인)이 카드 사용액(종속변인)에 미치는 영향을 알고자 한다. 이에 연구자는 2019년 1월 중 코로나19 재난지원금을 도민에게 지급한 A 도의 도민을 실험집단으로, 해당 기간 중 코로나19 재난지원금을 도민에게 지급하지 않은 B 도의 도민을 통제집단으로 선정했다. 이후 연구자는 2019년 1월 이전의 12개월 동안의 A 도민과 B 도민의 카드 사용액을 취합하고(사전검사), 2019년 1월 이후의 12개월 동안의 A 도민과 B 도민의 카드 사용액을 취합했다(사후검사). 이처럼 연구자가 특정 지역 또는 특정 지역의 거주민을 실험집단과 통제집단으로 선정하는 것을 초점 지역 통제(focal local control)라고 한다. 연구자는 2019년 1월 전・후의 A 도민의 카드 사용액 차이와 B 도민의 카드 사용액 차이를 비교했다.

제 4 편 실제예상문제

checkpoint 해설 & 정답

제 1 장 실험설계

01 다음 중 실험설계에 대한 설명으로 틀린 것은?

① 실험설계의 가장 중요한 목적은 내적 타당도(internal validity)를 높이는 것이다.
② 일반적으로 실험설계의 목적은 모집단의 특성을 정확하게 기술하는 것이 아니라 이론을 기반으로 설정한 변인 간의 관련성을 검증하는 것이다.
③ 연구자는 항상 확률 표집을 이용해서 연구대상을 모집하는 실험설계를 해야 한다.
④ 연구자는 실험설계에서 연구주제와 관련된 개념(concept, construct)을 연구대상에게 제시하는 지시문, 사건(예 실험용 상황) 및 자극(예 실험용 광고)으로 구체화한다.

01 대다수의 실험연구가 설명적 연구(explanatory research)이기 때문에 연구자가 실험설계에 비확률 표집을 사용해도 실험설계의 외적 타당도(external validity)에 치명적인 문제가 없다.

02 다음 중 독립변인의 조작에 대한 설명으로 틀린 것은?

① 연구자가 실험 중 사건 조작(event manipulation)을 할 때 조력자(confederate, accomplice)의 도움을 받는 경우도 있다.
② 단순 조작(straightforward manipulation)은 연구자가 글이나 말로 하는 실험 지시나 시각적 자극 제시를 통해 독립변인을 조작하는 활동이다.
③ 연구자는 사건 조작을 통해 실험에 참가한 연구대상의 특정 심리 상태를 인위적으로 만들어서 독립변인을 조작한다.
④ 연구자는 사건 조작을 통해 실험에 실생활에서 일어나는 상황을 모사(simulation)해서 독립변인을 절대 조작할 수 없다.

02 실험연구에서 사용되는 사건 조작의 목적은 독립변인의 조작을 통해 연구대상의 특정 심리 상태를 만들거나, 실생활에서 일어나는 상황을 모사하는 것이다. 따라서 연구자는 사건 조작을 통해 실험에 실생활에서 일어나는 상황을 모사해서 독립변인을 조작할 수 있다.

정답 01 ③ 02 ④

해설 & 정답 checkpoint

03 다음 중 조작점검(manipulation check)에 대한 설명으로 틀린 것은?

① 연구자는 본 실험의 맨 처음에 조작점검을 실시하는 것이 가장 바람직하다.
② 조작점검이란 독립변인의 조작이 연구자가 기대한 연구대상의 반응을 실제로 유발했는지 알아보는 활동이다.
③ 연구자는 예비연구(pilot study)에서 조작점검을 실시할 수 있다.
④ 조작점검은 독립변인 조작의 구성 타당도(construct validity)를 확인하는 방법이다.

03 연구자가 본 실험의 초기에 조작점검을 실시하는 경우, 그 결과가 종속변인의 측정에 영향을 미칠 가능성이 있다. 따라서 연구자는 예비연구에서 또는 본 실험이 끝날 때쯤 조작점검을 실시하는 것이 바람직하다.

04 다음 설명에 해당하는 실험설계의 내적 타당도(internal validity)를 위협하는 요인은 무엇인가?

> 실험설계에서 독립변인의 조작 전·후에 측정하는 검사가 동일하면, 독립변인의 조작 전 실시한 검사(사전검사)가 독립변인의 조작 후 실시한 검사(사후검사)에 영향을 미칠 수 있다.

① 역사(history)
② 검사 실시(testing)
③ 성숙(maturation)
④ 통계적 회귀(statistical regression)

04 ① 역사는 실험 진행 기간 중 실험결과에 영향을 미치는 연구대상이 경험한 특정 사건이나 환경을 말한다.
③ 성숙은 시간의 경과에 따라서 발생하는 연구대상의 변화(예 성장, 노화, 피로, 지루함)를 말한다.
④ 통계적 회귀는 사전검사 때 극단적으로 높거나 극단적으로 낮은 점수가 사후검사 때 중간 수준의 점수(예 평균값)에 가까워지는 현상을 말한다.

정답 03 ① 04 ②

checkpoint 해설 & 정답

05 연구자가 이중부지(double blind-fold) 통제를 이용하면, 실험설계의 외적 타당도의 위협요인인 실험자 효과의 발생을 어느 정도 막을 수 있다.

06 연구대상이 본인이 실험에 참여했다는 사실을 강하게 인식함으로써 본인의 반응을 바꾸는 현상은 호손 효과(Hawthorne effect)이다. 호손 효과는 외적 타당도를 위협하는 실험절차의 반응적 효과에 해당한다.

정답 05 ③ 06 ④

05 다음 중 실험설계의 내적 타당도(internal validity)의 위협요인에 대한 설명으로 틀린 것은?

① 연구자가 적절한 통제집단을 실험설계에 포함시키면, 연구대상의 역사(history) 때문에 실험설계의 내적 타당도가 낮아지는 것을 어느 정도 막을 수 있다.
② 연구자가 연구대상을 무작위로 실험집단과 통제집단에 배정하거나 균형화를 실시하면, 선택편향(selection bias) 때문에 실험설계의 내적 타당도가 낮아지는 것을 어느 정도 막을 수 있다.
③ 연구자가 이중부지(double blind-fold) 통제를 이용하면, 연구대상의 성숙(maturation) 때문에 실험설계의 내적 타당도가 낮아지는 것을 어느 정도 막을 수 있다.
④ 연구자가 실험을 진행하는 연구보조원을 훈련시키면, 연구자의 도구 사용(instrumentation) 때문에 실험설계의 내적 타당도가 낮아지는 것을 어느 정도 막을 수 있다.

06 다음 설명에 해당하는 실험설계의 외적 타당도(external validity)를 위협하는 요인은 무엇인가?

> 연구대상이 본인이 실험에 참여했다는 사실을 강하게 인식함으로써 본인의 반응을 바꾼다.

① 사전검사의 상호작용
② 실험자 효과
③ 다중 조작의 간섭(interference) 효과
④ 실험절차의 반응적 효과(reactive effect)

해설 & 정답 checkpoint

07 다음 중 실험설계에서 실시하는 사전검사(pretest)에 대한 설명으로 틀린 것은?

① 연구자는 실험집단과 통제집단 간 사전검사 결과를 비교해서 두 집단에 포함된 연구대상의 특성이 동일한지를 확인할 수 있다.
② 연구자가 사전검사를 실시하면, 연구대상의 실험참여 중도 탈락률을 낮출 수 있다.
③ 연구자가 사전검사를 실시하면, 각 연구대상의 사전검사와 사후검사 간 변화 정도를 확인할 수 있다.
④ 연구대상이 사전검사에 참여하면서 연구 목적과 내용을 파악해서 독립변인 조작에 대한 왜곡된 반응을 보일 수 있다.

07 연구대상의 실험참여 중도 탈락률은 사전검사 실시 여부와 관련성이 없다.

08 다음 중 피험자 간 설계(between-subjects design)와 피험자 내 설계(within-subjects design)에 대한 설명으로 틀린 것은?

① 피험자 간 설계에서 각 연구대상은 독립변인의 다른 수준에 노출된다.
② 피험자 간 설계에서 여러 실험집단에 속한 연구대상의 특성 간 차이가 없도록 하기 위해서, 연구자는 균형화(balancing)를 이용할 수 있다.
③ 피험자 내 설계에서 모든 연구대상은 독립변인의 단일 수준에 노출된다.
④ 연구자가 피험자 내 설계를 이용하면, 피험자 간 설계보다 적은 수의 연구대상으로 실험이 가능하다.

08 피험자 내 설계에서 모든 연구대상은 독립변인의 모든 수준에 노출된다.

09 다음 중 피험자 내 설계(within-subjects design)에서 발생하는 이월효과(carryover effect)를 막는 방법이 아닌 것은?

① 무선제시
② 무선배정(random assignment)
③ 상쇄균형화(counterbalancing)
④ 라틴방형 설계(Latin square design)

09 무선배정은 피험자 간 설계(between-subjects design)에서 여러 실험집단(통제집단 포함)에 속한 연구대상의 특성 차이가 없도록, 연구자가 여러 실험집단에 연구대상을 무작위로 할당하는 방법이다.

정답 07 ② 08 ③ 09 ②

checkpoint 해설 & 정답

10 대응 짝 설계에서 연구자는 종속변인이나 종속변인과 관련된 다른 변인을 이용해서 2명의 연구대상을 한 쌍으로 구성한다.

10 다음 중 대응 짝 설계(matched pairs design)에 대한 설명으로 틀린 것은?

① 대응 짝 설계는 유사한 특성을 가진 2명의 연구대상을 한 쌍으로 구성한 후 각 쌍 중 한 명씩을 2개의 실험집단(예 실험집단 1 vs 실험집단 2)에 무작위로 배정하는 실험설계이다.
② 연구대상의 수가 적더라도, 대응 짝 설계에서는 2개의 실험집단에 속한 연구대상의 특성이 동질적이다.
③ 연구자가 대응 짝 설계를 이용하면 개별 연구대상의 개인차가 상쇄되어서 독립변인의 유의미한(significant) 효과를 민감하게 탐지할 수 있다.
④ 대응 짝 설계에서 연구자는 독립변인이나 독립변인과 관련된 다른 변인을 이용해서 2명의 연구대상을 한 쌍으로 구성한다.

주관식 문제

01 실험에서 종속변인을 측정하는 다양한 방법을 2가지 이상 적으시오.

01 정답
① 자기보고(self-report)를 이용함
② 행동측정치(behavioral measure)를 이용함
③ 생리측정치(physiological measure)를 이용함

02 조작점검(manipulation check)의 정의를 적으시오.

02 정답
조작점검이란 독립변인의 조작이 연구자가 기대한 연구대상의 반응을 실제로 유발했는지 알아보는 활동이다.

정답 10 ④

03 실험설계의 내적 타당도(internal validity)를 위협하는 요인을 3가지 이상 적으시오.

04 실험설계의 외적 타당도(external validity)를 위협하는 요인을 3가지 이상 적으시오.

05 피험자 내 설계(within-subjects design)에서 사용되는 무선제시와 상쇄균형화(counterbalancing)의 차이점을 적으시오.

해설 & 정답 checkpoint

03 정답
① 역사(history)
② 성숙(maturation)
③ 검사 실시(testing)
④ 도구 사용(instrumentation)
⑤ 통계적 회귀 (statistical regression)
⑥ 연구대상 소멸 (mortality, attrition)
⑦ 선택편향(selection bias)

04 정답
① 연구대상 선정오류와 독립변인 조작 간의 상호작용
② 사전검사의 상호작용
③ 실험절차의 반응적 효과 (reactive effect)
④ 다중 조작의 간섭(interference) 효과
⑤ 실험자 효과

05 정답
무선제시는 연구자가 각 연구대상에게 개별 실험조건을 무작위 순서로 제시하는 방법이다. 반면 상쇄균형화는 연구자가 연구대상에게 여러 실험조건의 가능한 모든 제시 순서 조합 중 무작위로 선정된 한 순서 조합으로 여러 실험조건을 제시하는 방법이다.

checkpoint 해설 & 정답

제 2 장 복합설계

01 다음 중 요인설계(factorial design)와 그 결과에 대한 설명으로 틀린 것은?

① 요인설계에서 연구자가 독립변인의 수와 각 독립변인의 수준을 늘릴수록, 실험에 필요한 최소한의 연구대상 수가 증가한다.
② 요인설계에서 연구자가 독립변인의 수와 각 독립변인의 수준을 지나치게 많이 늘리는 경우, 다양한 실험조건 중 일부가 상식적으로 이해되지 않거나 자연적 상황에서 발생하지 않는 것이 될 우려가 있다.
③ 요인설계는 내적 타당도(internal validity)는 높지만, 생태학적 타당도(ecological validity)가 매우 낮다.
④ 상호작용이 있으면, 연구자는 각각의 주효과를 별도 해석하지 않는다.

01 요인설계에서 여러 독립변인은 서로 통제변인으로 기능한다. 따라서 요인설계의 내적 타당도는 높다. 또한 일상에서 발생하는 현상은 여러 독립변인이 복합적으로 작용해서 종속변인에 영향을 미친다. 따라서 여러 개의 독립변인과 각 독립변인의 여러 수준을 가진 요인설계의 생태학적 타당도가 높다.

02 다음 중 요인설계(factorial design)와 그 결과에 대한 설명으로 틀린 것은?

① 1개의 독립변인의 수준이 3개인 경우, 2 × 2 × 2 요인설계를 적용할 수 있다.
② 2 × 2 요인설계에서 연구자는 2개의 독립변인의 주효과(main effect)와 1개의 상호작용(interaction)을 확인할 수 있다.
③ 1개의 독립변인이 종속변인에 미치는 영향을 독립변인의 주효과라고 한다.
④ 특정 독립변인이 종속변인에 미치는 영향이 다른 독립변인의 수준에 따라서 달라지는 경우, 독립변인의 상호작용이 있다고 말한다.

02 1개의 독립변인의 수준이 3개인 경우, 단일요인설계(single-factor randomized-group design)를 적용할 수 있다. 2 × 2 × 2 요인설계는 3개의 독립변인 각각이 2개의 수준을 가진 실험설계를 의미한다.

정답 01 ③ 02 ①

해설 & 정답 checkpoint

03 다음 중 설명이 틀린 것은?

① 요인설계(factorial design)에서 연구자는 피험자 내 설계(within-subjects design)를 이용해서 연구대상을 실험조건이나 실험집단에 할당할 수 있다.
② 2 × 2 요인설계에서 연구자가 2개 독립변인의 상호작용을 확인하는 것은 매개변인(mediating variable)의 효과를 확인하는 것과 같다.
③ 요인설계에서 연구자가 피험자 간 설계(between-subjects design)를 이용해서 연구대상을 실험조건이나 실험집단에 할당할 수 있다.
④ 혼합설계(mixed design)란 1개 이상의 피험자 간 설계의 독립변인과 1개 이상의 피험자 내 설계의 독립변인을 가진 실험설계를 말한다.

03 2 × 2 요인설계에서 특정 독립변인이 종속변인에 미치는 영향이 다른 독립변인의 수준에 따라서 달라지는 경우, 2개 독립변인의 상호작용이 있다고 말한다. 한편 조절변인은 독립변인이 종속변인에 미치는 영향의 여부나 정도 차이를 유발(조절)하는 변인이다. 2 × 2 요인설계에서 2개 독립변인의 상호작용이 있다는 것은 2개 독립변인 중 특정 독립변인이 조절변인의 역할을 한다는 의미이다. 따라서 2 × 2 요인설계에서 연구자가 2개 독립변인의 상호작용을 확인하는 것은 조절변인(moderating variable)의 효과를 확인하는 것과 같다.

주관식 문제

01 1개의 독립변인을 다른 설계와 비교했을 때 요인설계(factorial design)의 장점을 3가지 이상 적으시오.

01 정답
① 요인설계는 연구의 비용, 시간 및 노력 효율성이 좋다.
② 요인설계의 외적 타당도(external validity)가 높다.
③ 요인설계의 생태학적 타당도(ecological validity)가 높다.
④ 요인설계의 내적 타당도(internal validity)가 높다.
⑤ 요인설계는 2개 이상의 독립변인 간 상호작용에 관한 정보를 제공한다.

정답 03 ②

checkpoint 해설 & 정답

02 정답
연구대상의 성별, 연령, 성격 특성 (내향성-외향성) 등

02 요인설계(factorial design)에서 연구자가 조작할 수 없는 독립변인인 비실험변인 또는 피험자변인(subject variable, participant variable)의 예를 적으시오.

해설 & 정답 checkpoint

제 3 장 소집단 실험법

01 다음 중 소집단 설계(small-n design)에 대한 설명으로 <u>틀린</u> 것은?

① 소집단 설계에서 다수의 연구대상이 아닌 소수의 연구대상이 실험에 참여한다.
② 소집단 설계에서 기저선(baseline) 조건에서 여러 차례 측정한 종속변인의 측정치는 그 변화의 폭이 크지 않아야 한다.
③ 소집단 설계에서 연구자가 독립변인의 조작 이외의 다른 가외변인(extraneous variable)이 연구대상의 반응에 혼입되는 것을 정교하게 통제해야 한다.
④ 연구자가 소집단 설계를 이용하면, 2개 이상의 독립변인의 조작이 종속변인에 미치는 영향을 확인할 수 없다.

01 소집단 설계 중 교대-처치 설계(alternating-treatment design, between-series design)는 연구대상에게 2개 이상의 독립변인의 조작 조건(서로 다른 처치 조건)이 제시되는 실험설계이다. 따라서 연구자는 교대-처치 설계를 이용해서 2개 이상의 독립변인의 조작이 종속변인에 미치는 영향을 확인할 수 있다.

02 다음 중 AB 설계에 대한 설명으로 <u>틀린</u> 것은?

① AB 설계에서 '기저선 조건 → 독립변인의 처치 조건'으로 실험이 진행된다.
② AB 설계에서 연구자가 실험상황을 정교하게 통제하는 것이 어렵다.
③ AB 설계에서 연구자가 2개 이상의 독립변인의 조작이 종속변인에 미치는 영향을 확인할 수 있다.
④ AB 설계에서 연구자는 독립변인의 조작이 없는 기저선(baseline) 조건과 독립변인의 조작이 있는 처치 조건을 설정한다.

02 AB 설계에서 '기저선 조건(A 단계) → 독립변인의 처치 조건(B 단계)'으로 실험이 진행된다. 따라서 AB 설계의 독립변인 처치 조건에서 연구자가 2개 이상의 독립변인의 조작이 종속변인에 미치는 영향을 확인할 수 없고, 1개의 독립변인의 조작이 종속변인에 미치는 영향만을 확인할 수 있다.

정답 01 ④ 02 ③

checkpoint 해설 & 정답

03 ABAB 설계는 동일한 연구대상에게 제시되는 '기저선 조건 1(A 단계) → 독립변인의 처치 조건 1(B단계) → 기저선 조건 2(A 단계) → 독립변인의 처치 조건 2(B 단계)'로 실험이 진행된다. 따라서 ABAB 설계는 피험자 내 설계(within-subjects design)에 해당한다.

03 다음 중 ABAB 설계에 대한 설명으로 틀린 것은?

① ABAB 설계에서 처치 조건 1(첫 번째 B 단계), 기저선 조건 2(두 번째 A 단계) 및 처치 조건 2(두 번째 B 단계) 사이에 이월효과(carryover effect)가 발생할 수 있다.

② ABAB 설계는 피험자 간 설계(between-subjects design)에 해당한다.

③ 독립변인의 조작이 상대적으로 영구적인 변화를 일으키는 경우, 연구자는 ABAB 설계를 이용할 수 없다.

④ 연구자는 ABAB 설계를 통해 2개 이상의 독립변인의 조작 효과를 확인할 수 없다.

04 기본적으로 중다 기저선 설계는 1개의 기저선 조건과 1개의 처치 조건으로 구성된다. 따라서 중다 기저선 설계에서 처치에 따른 기저선 조건과 처치 조건 간의 이월효과가 발생하지 않는다.

04 다음 중 중다 기저선 설계(multiple-baseline design)에 대한 설명으로 틀린 것은?

① 피험자 간 중다 기저선 설계에서 연구자는 여러 연구대상에게 서로 다른 기간의 기저선 조건을 둔 후 동일한 처치 조건을 제시한다.

② 중다 기저선 설계에서 연구자는 상대적으로 연구대상의 영구적인 변화를 일으키는 독립변인의 조작을 다룰 수 있다.

③ 중다 기저선 설계는 피험자 간 설계(between-subjects design)와 유사하다.

④ 중다 기저선 설계에서 처치에 따른 기저선 조건과 처치 조건 간의 이월효과가 발생한다.

정답 03 ② 04 ④

해설 & 정답 checkpoint

05 다음 중 변동-준거 설계(changing-criterion design)에 대한 설명으로 틀린 것은?

① 변동-준거 설계에서 연구자는 기저선 조건 이후 연구대상에게 다수의 동일한 처치 조건을 연속적으로 제시하며, 각 처치 조건마다 다른 준거(독립변인)를 설정한다.
② 변동-준거 설계에서 준거(독립변인)가 변경됨에 따라서 연구대상의 반응(종속변인)이 체계적으로 변한다면, 그 준거가 연구대상의 반응을 변화시킨 것으로 이해할 수 있다.
③ 변동-준거 설계에서 연구자는 1개 독립변인의 서로 다른 2개 이상의 수준을 조작한다.
④ 변동-준거 설계에서 연구자는 여러 연구대상, 여러 행동 또는 여러 상황에 대한 서로 다른 기간의 기저선 조건을 둔 후 1개의 독립변인을 조작한다.

05 연구자가 여러 연구대상, 여러 행동 또는 여러 상황에 대한 서로 다른 기간의 기저선 조건을 둔 후 1개의 독립변인을 조작하는 실험설계는 중다 기저선 설계(multiple-baseline design)이다. 변동-준거 설계에서 연구자는 특정 기간의 단일 기저선 조건 이후 연구대상에게 다수의 동일한 처치 조건을 연속적으로 제시하며, 각 처치 조건마다 다른 준거(독립변인)를 설정한다.

주관식 문제

01 연구자가 소집단 설계(small-n design)를 사용하는 경우를 2가지 이상 적으시오.

01 정답
① 연구대상의 개인차(예 성격 특성)가 실험결과에 큰 영향을 미치지 않는 경우
② 실험상황의 엄격한 통제가 필요한 경우
③ 소수 연구대상의 행동 치료를 위한 기법의 효과를 확인하는 경우

정답 05 ④

제 4 장 유사 실험법

01 다음 중 진실험설계(true experimental design)와 유사실험설계(quasi-experimental design)에 대한 설명으로 틀린 것은?

① 연구자가 1개 이상의 독립변인을 직접 조작하고 연구대상을 실험집단과 통제집단에 무작위로 할당하는 실험설계는 진실험설계이다.
② 연구자가 연구대상의 무선배정을 실시하지 않고 모든 독립변인을 피험자변인으로 설정한 실험설계는 유사실험설계이다.
③ 연구자는 통제집단을 유사실험설계에서 활용할 수 없다.
④ 연구자는 유사실험설계를 이용할 때 동일 종속변인을 2회 이상 측정할 수 있다.

checkpoint 해설 & 정답

01 유사실험설계 중 비동등 통제집단 설계(nonequivalent control-group design), 비동등 통제집단 사전사후 설계(nonequivalent control-group pretest-posttest design), 통제집단 시계열 설계(control-group time series design) 등에서 연구자는 통제집단을 활용한다.

02 다음 중 단일집단 사후 설계(one-group posttest-only design)와 단일집단 사전사후 설계(one-group pretest-posttest design)에 대한 설명으로 틀린 것은?

① 단일집단 사후 설계에서 연구자는 통제집단의 반응(종속변인)을 측정한다.
② 단일집단 사후 설계에서 연구자가 가외변인(extraneous variable)을 통제하는 것이 어렵다.
③ 단일집단 사전사후 설계에서 연구대상의 역사(history), 성숙(mature) 등과 같은 내적 타당도의 위협요인이 결과에 영향을 미칠 수 있다.
④ 단일집단 사전사후 설계에서 연구자가 연구대상의 무선배정(random assignment)을 실시할 수 없다.

02 단일집단 사후 설계에는 통제집단이 포함되지 않는다. 따라서 단일집단 사후 설계에서 연구자가 통제집단의 반응을 측정하는 것은 불가능하다. 또한 단일집단 사후 설계에는 통제집단이 포함되지 않고 연구대상의 무선배정이 실시되지 않았기 때문에 연구자가 가외변인을 통제하는 것이 어렵다.

정답 01 ③ 02 ①

해설 & 정답 checkpoint

03 다음 중 비동등 통제집단 설계(nonequivalent control-group design)에 대한 설명으로 틀린 것은?

① 비동등 통제집단 설계에서 실험집단의 특성과 통제집단의 특성은 서로 다르다.
② 연구자가 비동등 통제집단 설계를 이용하는 경우, 선택편향(selection bias)이 발생한다.
③ 비동등 통제집단 설계에서 연구자는 사전검사를 실시한다.
④ 비동등 통제집단 설계는 연구대상의 무선배정(random assignment)이 없다는 점을 제외하면 진실험설계 중 무선화 사후 통제집단 설계와 유사하다.

03 비동등 통제집단 설계란 통제집단을 가지지만, 실험집단과 통제집단의 연구대상이 동일한 특성을 가지지 않고 이들을 대상으로 사후검사만 실시하는 유사실험설계를 말한다. 따라서 비동등 통제집단 설계에는 사전검사가 포함되지 않는다.

04 다음 중 설명이 틀린 것은?

① 비동등 통제집단 사전사후 설계(nonequivalent control-group pretest-posttest design)는 연구대상의 무선배정(random assignment)이 없다는 점을 제외하면 진실험설계 중 사전사후 통제집단 설계와 유사하다.
② 틈입 시계열 설계(interrupted time series design)에서 내적 타당도를 위협하는 연구대상 소멸의 문제가 발생할 수 있다.
③ 틈입 시계열 설계에서 연구자는 처치(틈입) 전 사전검사를 실시하지 않는다.
④ 연구자가 장기간 동안 여러 차례 측정한 사전검사 점수와 사후검사 점수를 확보해야 틈입 시계열 설계를 이용할 수 있다.

04 틈입 시계열 설계에서 연구자는 처치(틈입) 전후 여러 번의 사전검사와 사후검사를 실시한다. 따라서 틈입 시계열 설계에서 연구자는 처치(틈입) 전 사전검사와 처치 후 사후검사 모두를 실시한다.

정답 03 ③ 04 ③

주관식 문제

01 연구자가 유사실험설계(quasi-experimental design)를 이용하는 경우를 2가지 이상 적으시오.

checkpoint 해설 & 정답

01 정답
① 연구자가 독립변인을 직접 조작하지 않고 선택해야 하는 경우
② 연구자가 연구대상을 여러 실험조건(통제조건 포함)에 무작위로 배정할 수 없는 경우
③ 연구자가 비윤리적인 이유로 독립변인을 직접 조작하지 못하거나 연구대상의 무선배정을 못하는 경우

연구결과 분석 및 해석

제1장 심리학적 분석 방법
제2장 모수 및 비모수연구의 분석 방법
제3장 관계 및 차이연구의 분석 방법
제4장 연구결과의 해석과 제시
실제예상문제

단원 개요

본 편은 다음과 같은 내용으로 구성된다. 제1장에서 양적 연구의 자료 분석 종류인 기술통계 그리고 추론통계와 관련된 주요 용어를 소개하고, 질적 연구의 자료 분석 방법의 특징과 종류를 설명한다. 제2장에서 모수검증과 비모수검증 간 차이점과 두 검증에 사용되는 통계적 분석 방법의 종류를 소개한다. 제3장에서 변인 간 상관관계 또는 인과관계를 확인하는 관계연구의 여러 검증 방법 종류와 한 변인의 서로 다른 수준에 따라 다른 변인의 차이를 비교하는 차이연구의 여러 검증 방법 종류를 설명한다. 제4장에서 연구결과를 해석하고 제시할 때의 주의할 사항들을 소개한다.

출제 경향 및 수험 대책

- 기술통계와 추론통계의 목적을 이해한다.
- 기술통계와 관련된 핵심 용어(예 집중경향치, 분산성)의 정의와 특징을 이해한다.
- 추론통계와 관련된 핵심 용어(예 표준오차)의 정의와 특징을 이해한다.
- 가설검증절차와 이와 관련된 용어(예 1종 오류)의 정의를 숙지한다.
- 질적 연구의 자료 분석 방법이 가진 특징을 이해한다.
- 모수검증과 비모수검증의 차이점을 이해한다.
- 모수검증과 비모수검증에 사용되는 통계 분석 방법의 종류와 특징을 이해한다.
- 관계연구에서 사용되는 여러 검증 방법의 특징과 검증 논리를 이해한다.
- 차이연구에서 사용되는 여러 검증 방법의 특징과 검증 논리를 이해한다.
- 연구결과를 해석할 때 주의할 사항이 무엇인지 이해한다.
- 연구결과를 제시할 때 주의할 사항이 무엇인지 이해한다.

제 1 장 심리학적 분석 방법

제 1 절 양적 연구의 자료 분석

연구자는 양적 연구의 자료를 대상으로 통계 분석을 실시한다. 통계는 자료 분석의 목적에 따라서 기술통계(descriptive statistics)와 추론통계(inferential statistics)로 구분된다.

1 기술통계 중요 ★★★

(1) 기술통계의 목적

기술통계의 목적은 양적 연구(예 실험연구, 설문조사연구)를 통해 표본에서 얻은 많은 양의 자료를 조직화하고 요약해서 해당 자료의 전반적인 특징을 이해하기 쉽게 만드는 것이다. 연구자는 기술통계를 통해 자료의 분포 형태를 파악한다.

(2) 기술통계의 방법

예를 들어, 어떤 연구자가 남자 고등학생 10명과 여자 고등학생 10명을 대상으로 1~10점 범위의 언어능력검사를 실시해서, [표 5-1]과 같은 결과를 얻었다.

[표 5-1] 자료 수집 결과

※ 단위 : 점

남학생(10명)	여학생(10명)
2, 2, 3, 4, 5, 5, 6, 6, 7, 10	1, 3, 4, 4, 5, 5, 6, 7, 8, 8

이 사례를 이용해서 기술통계에 사용되는 방법을 설명하면 다음과 같다.

① **자료 분포와 관련된 표와 그래프를 작성하기**

㉠ 표 작성

빈도(frequency)는 도수라고도 부르며, 각 점수나 점수 급간에 해당하는 연구대상 수를 말한다. [표 5-1]의 빈도는 [표 5-2]와 같은 단순빈도분포표와 [표 5-3]과 같은 묶음빈도분포표로 제시될 수 있다. **단순빈도분포표**는 각 점수별로 빈도를 제시한 표이며, **묶음빈도분포표**는 일정 점수 범위를 점수 급간으로 나눈 후 각 급간별로 빈도를 제시한 표이다.

연구자는 빈도를 누적빈도(cumulative frequency)와 상대빈도(relative frequency)로 기술할 수 있다. **누적빈도**는 낮은 점수나 점수 급간부터 높은 점수나 점수 급간까지 각 점수나 점수 급간의 빈도를 더해서 얻은 빈도이다. 또한 **상대빈도**는 전체 연구대상 수를 1.00(100%)으로 보고, 각 점수나 점수 급간에 해당하는 연구대상 수의 상대적 비율을 나타낸 수치이다.

[표 5-2] 단순빈도분포표

점수	빈도	누적빈도(누적퍼센트)	상대빈도
1	1	1(5%)	.05
2	2	3(15%)	.10
3	2	5(25%)	.10
4	3	8(40%)	.15
5	4	12(60%)	.20
6	3	15(75%)	.15
7	2	17(85%)	.10
8	2	19(95%)	.10
10	1	20(100%)	.05
합계	20		1.00

[표 5-3] 묶음빈도분포표

점수 급간	빈도	누적빈도(누적퍼센트)	상대빈도
1~5점	12	12(60%)	.60
6~10점	8	20(100%)	.40
합계	20		1.00

연구자는 [표 5-1]의 자료를 연구대상의 성별을 구분해서, [표 5-4]와 같은 **교차분할표**(contingency table)로 제시할 수 있다.

[표 5-4] 교차분할표

구분	1점	2점	3점	4점	5점	6점	7점	8점	10점	합계
남학생	0	2	1	1	2	2	1	0	1	10
여학생	1	0	1	2	2	1	1	2	0	10
합계	1	2	2	3	4	3	2	2	1	

ⓛ 그래프 작성

연구자가 수집한 [표 5-1]의 자료는 막대 그래프(bar graph), 히스토그램(histogram), 선 그래프(line graph), 원 그래프(pie chart) 등을 이용해서 시각적으로 [그림 5-1]과 같이 제시될 수 있다.

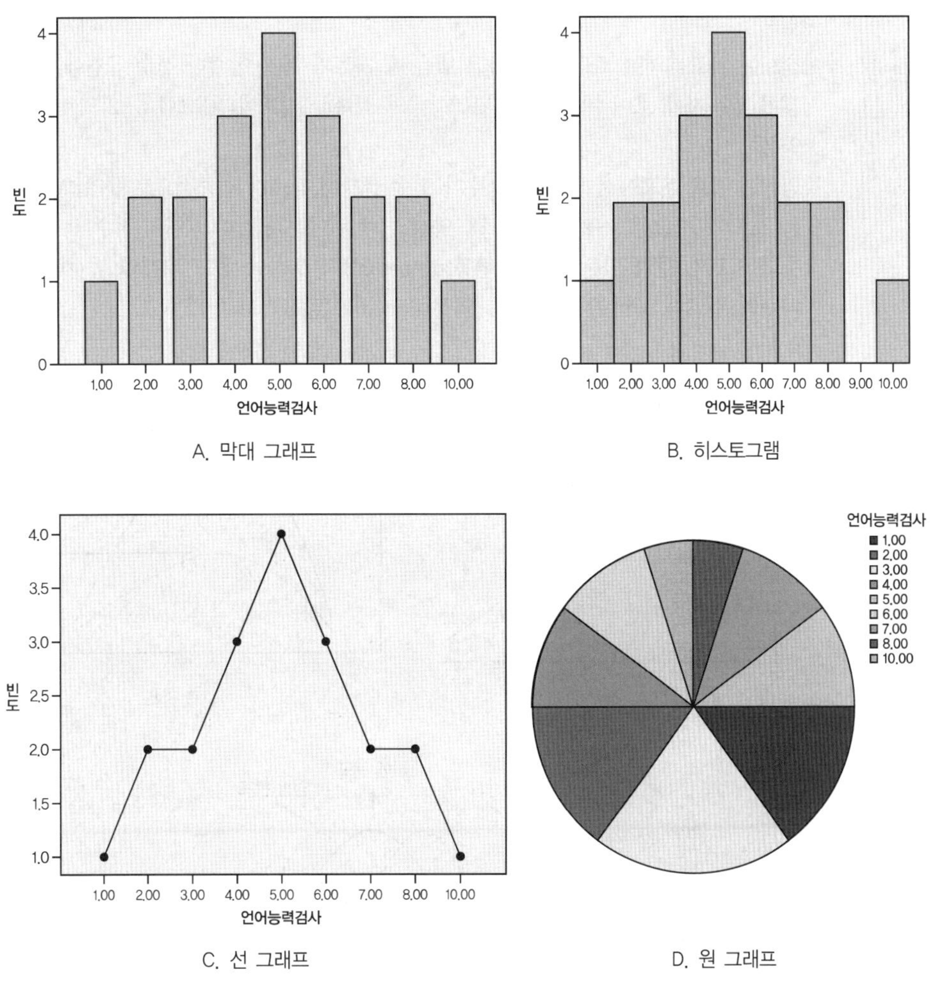

[그림 5-1] 그래프의 종류

[그림 5-1]을 보면, 막대 그래프(A 참조)와 히스토그램(B 참조)은 형태가 유사하다. 그러나 **히스토그램**의 X축에는 모든 가능한 측정 점수(1~10점)가 표시되지만, **막대 그래프**의 X축에는 연구자가 실제 얻은 측정 점수만 표시된다. 예를 들어, [표 5-1]에서 연구자가 얻은 자료에는 9점이 없다. 따라서 막대 그래프의 X축에는 9점이 표시되지 않지만, 히스토그램의 X축에는 9점이 표시된다.

ⓒ 분포의 형태

연구자는 편포도(skewness), 첨도(kurtosis), 양상(modality)을 이용해서 자료 분포의 형태를 파악한다.

ⓐ 편포도

편포도는 연구자가 자료를 히스토그램으로 표시했을 때 자료가 X축의 중앙을 기준으로 대칭적으로 분포되지 않고 히스토그램의 좌측(정적 편포, positive skewed)이나 우측(부적 편포, negative skewed)으로 편중되는 분포를 보이는 정도이다([그림 5-2]의 A 참조).

ⓑ 첨도

첨도는 자료를 히스토그램으로 표시했을 때 자료가 특정 점수나 점수 급간에 응집되어 분포되어 있는지를 보여주는 자료 분포 형태의 뾰족한 정도이다([그림 5-2]의 B 참조).

ⓒ 양상

양상은 자료 분포에서 몇 개의 점수나 점수 급간에 자료가 집중적으로 몰려 있는지를 나타내는 정도이다([그림 5-2]의 C 참조). 양상의 예는 다음과 같다. 1개의 점수나 점수 급간에 다수의 자료가 몰려 있는 분포를 단봉(unimodal) 분포라고 하고, 2개의 점수나 점수 급간에 다수의 자료가 몰려 있는 분포를 양봉(bimodal) 분포라고 한다.

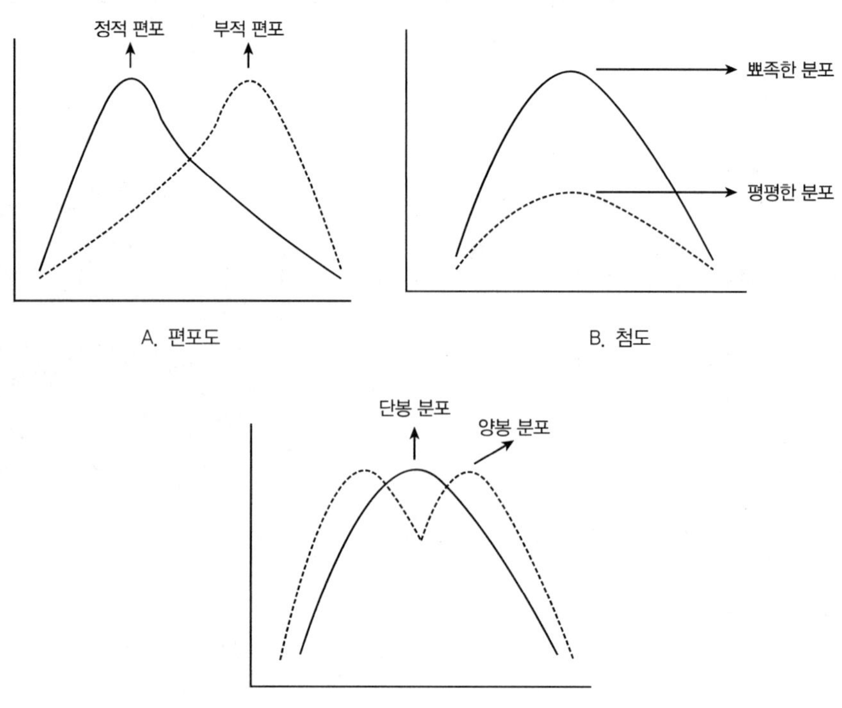

[그림 5-2] 편포도, 첨도, 양상

더 알아두기

연구자는 히스토그램을 이용해서 편포도와 첨도를 시각적으로 확인할 수 있다. 또한 연구자는 SPSS 등의 통계 프로그램을 이용해서 편포도와 첨도를 수치로 산출할 수 있다. 편포도가 2 미만이면 자료의 분포가 지나치게 X축의 좌우로 편중되지 않은 것으로 해석하며, 첨도가 7 미만이면 자료가 지나치게 평평하거나 뾰족하지 않게 분포된 것으로 해석한다.

② **집중경향치(measures of central tendency)와 분산성(variability)을 산출하기**

자료의 분포를 단일 수치로 요약하기 위해서, 연구자는 집중경향치와 분산성을 산출한다.

㉠ 집중경향치

집중경향치는 자료가 어떤 점수를 중심으로 분포되었는지 알려주는 수치이다. 집중경향치에는 최빈값(mode), 중앙값(median), 평균값(mean)이 있다.

ⓐ 최빈값

최빈값은 자료에서 가장 많이 관찰되는 점수를 말한다. [표 5-1]에서 최빈치는 5점이다([그림 5-1]의 A 참조). 최빈값은 가장 많은 수의 연구대상을 대표하는 수치이다. 그러나 최빈값이 전체 점수를 대표하지 못할 수 있다. 또한 한 자료에서 2개 이상의 최빈값이 관찰될 수 있다.

ⓑ 중앙값

중앙값은 자료의 점수를 오름차순으로 배열할 때 전체의 50%가 그 점수 이하에 있는 수치를 말한다. 중앙값은 극단적인 점수에 영향을 크게 받지 않는다. 중앙값을 산출하기 위해서, 중앙값의 위치를 알아야 한다. 중앙값의 위치는 다음의 공식으로 산출한다.

$$\text{중앙값의 위치} = \frac{N + 1}{2}$$

여기서 N은 연구대상의 수 또는 관찰 점수의 수를 나타낸다. [표 5-1]에서 중앙값의 위치는 '(20 + 1) ÷ 2'인 10.5번째이다. [표 5-2]의 누적빈도를 보면, 4점을 받은 연구대상은 전체 20명 중 8번째 위치에, 5점을 받은 연구대상은 전체 20명 중 12번째 위치에 해당한다. 따라서 10.5번째 위치에 해당하는 연구대상이 받을 수 있는 점수는 5점이기 때문에, 중앙값은 5점이다. [표 5-1]의 자료에서 중앙값을 산출하는 구체적인 방법은 다음과 같다. 먼저 [표 5-1]의 모든 점수를 가장 작은 점수부터 가장 큰 점수로 다음과 같이 나열한다.

1(1번째 점수), 2, 2, 3, 3, 4, 4, 4, 5, 5(10번째 점수),
5(11번째 점수), 5, 6, 6, 6, 7, 7, 8, 8, 10(20번째 점수)

이후 중앙값의 위치를 앞서 소개한 공식을 이용해서 산출한다. 그 결과, [표 5-1]의 오름차순 자료에서 중앙값의 위치는 10.5번째이다. 마지막으로 10.5번째 점수가 무엇인지를 찾는다. 이때 10번째 점수는 5점이고, 11번째 점수도 5점이다. 10.5번째 점수는 10번째 점수(5점)와 11번째 점수(5점)의 평균값('(5점 + 5점) ÷ 2')인 5점이다. 따라서 중앙값은 5점이다.

ⓒ 평균값

평균값은 모든 점수의 합을 연구대상의 수로 나눈 수치이다. 평균값은 극단적인 점수에 영향을 많이 받는다. 그럼에도 불구하고 표본의 평균값은 표본의 최빈값이나 중앙값보다 모집단의 집중경향치의 더 안정적인 추정치를 제공한다. 평균값은 다음의 공식으로 산출한다.

$$\overline{X} = \frac{\Sigma X}{N}$$

여기서 $\overline{X}$(엑스 바라고 읽음)는 평균값을, X는 개별 점수를, N은 연구대상의 수 또는 관찰 점수의 수를 나타낸다. [표 5-1]에서, 모든 점수의 합은 101이며, 연구대상의 수는 20이다. 따라서 평균값은 '101 ÷ 20'인 5.05점이다.

㉡ 분산성

분산성은 개별 점수가 흩어진 정도를 말한다. 분산성을 나타내는 지표로 범위(range), 분산(variance) 및 표준편차(standard deviation)가 있다.

ⓐ 범위

범위는 가장 높은 점수와 가장 낮은 점수 간의 차이이다. [표 5-1]에 제시된 자료의 범위는 최고 점수인 10점에서 최저 점수인 1을 뺀 값인 9점이다.

ⓑ 사분점간 범위

자료에서 지나치게 극단적인 점수를 **이상치**(outlier)라고 한다. 범위는 이상치의 영향을 크게 받는다. 이처럼 범위가 이상치의 영향을 크게 받는 문제점을 해결하는 방법은 연구자가 사분점간 범위를 이용하는 것이다. 사분점간 범위는 전체 자료의 분포 중 상위 25%(극단적으로 높은 점수)와 하위 25%(극단적으로 낮은 점수)를 제외하고 남은 자료의 범위를 말한다. [표 5-1] 자료의 사분점간 범위는 다음과 같이 산출한다. 먼저 [표 5-1]의 모든 점수를 가장 작은 점수부터 가장 큰 점수로 다음과 같이 나열한다.

> 1, 2, 2, 3, 3(5번째 점수), 4(6번째 점수), 4, 4, 5, 5,
> 5, 5, 6, 6, 6(15번째 점수), 7(16번째 점수), 7, 8, 8, 10

이후 '(N + 1) × 1/4'의 공식을 이용해서, 20개 점수의 1/4 지점(하위 25% 지점)을 찾는다. 이때 N은 연구대상의 수 또는 관찰 점수의 수를 나타낸다. 그 결과, 20개 점수의 1/4 지점(하위 25% 지점)은 5.25번째('(20 + 1) × 1/4')이다. [표 5-1]의 오름차순 자료에서 5번째 점수는 3점이고, 6번째 점수는 4점이다. 이 두 점수의 차이값은 1점('4점 - 3점')이고, 이 차이값의 .25번째 점수는 .25점('1 × .25')이다. 따라서 5.25번째 점수는 3.25점('3점 + .25점')이다. 또한 '(N + 1) × 3/4'의 공식을 이용해서, 20개 점수의 3/4 지점(하위 75% 지점 또는 상위 25% 지점)을 찾는다. 그 결과, 20개 점수의 3/4 지점(하위 75% 지점 또는 상위 25% 지점)은 15.75번째('(20 + 1) × 3/4')이다. [표 5-1]의 오름차순 자료에서 15번째 점수는 6점이고, 16번째 점수는 7점이다. 이 두 점수의 차이값('7점 - 6점')은 1점이고, 이 차이값의 .75번째 점수는 .75점('1 × .75')이다. 따라서 15.75번째 점수는 6.75점('6점 + .75점')이다. 결론적으로 하위 25%에 해당하는 자료의 가장 높은 점수는 3.25점이고, 하위 75%에 해당하는 자료의 가장 높은 점수(상위 25%의 가장 낮은 점수)는 6.75점이다. 이 두 점수의 차이값('6.75점 - 3.25점')인 3.50이 사분점간 범위이다.

ⓒ 분산과 표준편차

분산은 다음과 같은 공식으로 산출한다.

$$s^2 = \frac{\Sigma(X - \overline{X})^2}{N - 1}$$

여기서 s^2은 분산을, X는 개별 점수를, $\overline{X}$는 평균값을, N은 연구대상의 수를 나타낸다. 분산의 제곱근이 **표준편차**(s)이다.

[표 5-1]에서 남학생 자료만을 뽑아서 [표 5-5]의 1~2열을 작성했다. [표 5-5]에서 X는 언어능력검사(X)의 개별 점수를, $\overline{X}$는 언어능력검사(X)의 평균값을 나타낸다.

[표 5-5] 표준편차 산출 과정

연번	X(단위 : 점)	$X-\overline{X}$	$(X-\overline{X})^2$
1	3	−2	4
2	6	1	1
3	4	−1	1
4	5	0	0
5	5	0	0
6	7	2	4
7	6	1	1
8	2	−3	9
9	10	5	25
10	2	−3	9
	$\Sigma X = 50$, $\overline{X} = 5$	$\Sigma(X-\overline{X}) = 0$	$\Sigma(X-\overline{X})^2 = 54$

[표 5-5]를 참고해서, 10명의 남자 고등학생의 언어능력검사 점수의 분산과 표준편차를 산출하는 방법은 다음과 같다.

- 1단계 : 모든 연구대상의 언어능력검사 점수의 평균값($\overline{X}$)을 산출한다. 그 결과는 5이다.
- 2단계 : 각 연구대상별로 언어능력검사 점수(X)에서 언어능력검사 점수의 평균값($\overline{X}$)을 뺀다. 이와 같은 방식으로 산출한 값($X-\overline{X}$)을 **편차**(deviation)라고 한다.
- 3단계 : 각 연구대상별로 편차($X-\overline{X}$)를 제곱한다.
- 4단계 : 각 연구대상별로 얻은 모든 편차의 제곱[$(X-\overline{X})^2$]을 더한다. 이 과정을 통해 얻은 값을 **자승화**(sum of squares, SS)라고 한다.
- 5단계 : 자승화[$\Sigma(X-\overline{X})^2$]를 'N－1'로 나눈다. 이때 'N－1'을 **자유도**라고 한다.

이상의 과정을 거친 후 얻은 6이 분산이다. 또한 6의 제곱근인 2.45가 표준편차이다.

㉢ 집중경향치, 분산성 및 척도 종류의 관계

척도 종류에 따라서, 연구자가 산출 가능한 집중경향치의 종류가 다르며, 분산의 산출 가능 여부도 달라진다. 이 관계를 요약하면, [표 5-6]과 같다.

[표 5-6] 집중경향치, 분산성 및 척도 종류의 관계

척도 종류	최빈값	중앙값	평균값	분산/표준편차
명명척도	산출 가능	산출 불가능	산출 불가능	산출 불가능
서열척도	산출 가능	산출 가능	산출 불가능	산출 불가능
등간척도	산출 가능	산출 가능	산출 가능	산출 가능
비율척도	산출 가능	산출 가능	산출 가능	산출 가능

(3) 정규분포(normal distribution)와 표준점수(standard score)

① 정규분포

㉠ 정규분포의 정의

정규분포는 자료가 X축의 중앙을 기준으로 종 모양으로 좌우대칭인 형태의 분포를 말한다.

㉡ 정규분포의 면적과 확률

[표 5-1]의 자료를 원 그래프로 표현하면, [그림 5-3]의 A와 같다. 원 그래프의 면적은 전체 연구대상 중 개별 점수를 받은 연구대상의 수가 차지하는 비율이다. 따라서 특정 점수를 받은 연구대상의 수가 많아지면, 해당 점수를 받은 연구대상의 수가 전체 연구대상 수에서 차지하는 비율이 높아진다. 그 결과, 해당 점수를 받은 연구대상의 수는 원 그래프에서 넓은 면적을 차지한다. 원 그래프에서 가장 넓은 면적을 차지하는 5점을 받은 연구대상(4명)의 비율은 20%이다([표 5-2]의 상대 빈도 참조). 이를 근거로 어떤 연구자가 다른 표본을 대상으로 언어능력검사를 실시할 때 5점을 받은 연구대상의 수는 해당 표본의 20%일 확률로 예상된다. 즉, 분포에서의 면적과 확률은 서로 밀접한 관련성을 가진다. 그런데 [그림 5-3]의 원 그래프(A)를 히스토그램(B)으로 바꾸고, 연구대상 수를 선으로 연결하면 히스토그램의 선 아래의 면적은 원 그래프의 면적과 동일하게 연구대상 수의 비율이다. 연구대상 수를 늘리면, 히스토그램의 형태가 정규분포에 가깝게 된다([그림 5-3]의 C 참조). 따라서 정규분포의 면적을 통해 특정 사건(예 연구대상이 언어능력검사에서 5점 받기)의 발생 확률을 추정할 수 있다.

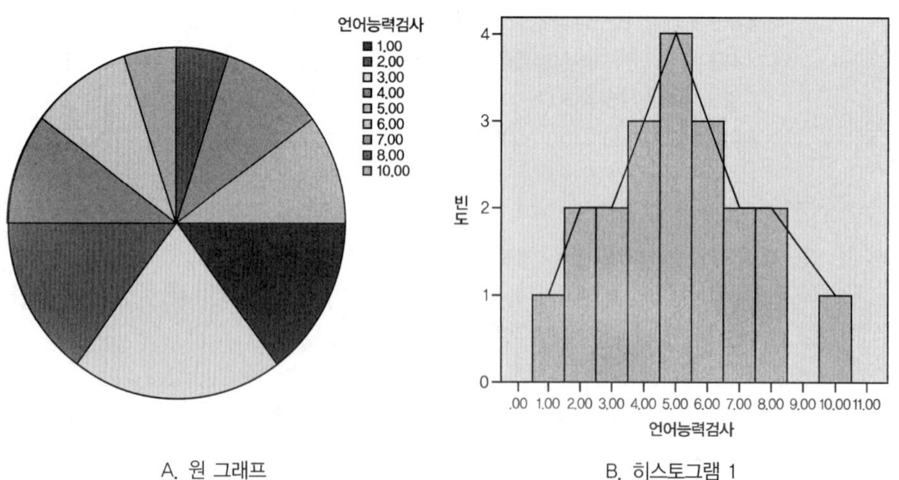

A. 원 그래프　　B. 히스토그램 1

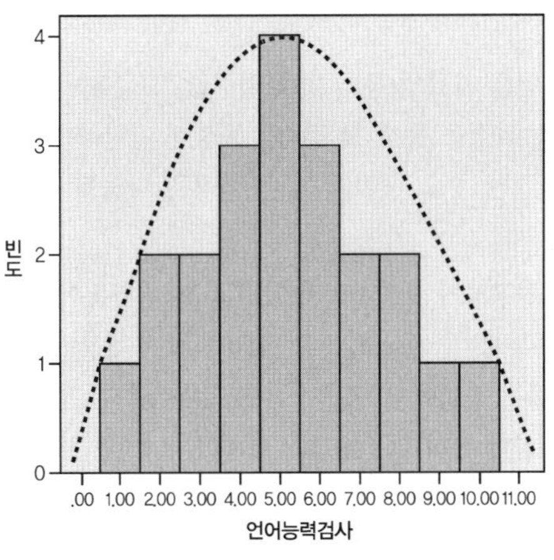

C. 히스토그램 2

[그림 5-3] 분포와 확률 간의 관련성

㉢ 표준정규분포(standard normal distribution)의 정의

표준정규분포는 평균값은 0이며, 표준편차가 1인 이론적인 정규분포를 말한다.

② **표준점수**

표준점수는 연구대상의 개별 점수가 평균값으로부터 얼마나 떨어졌는지의 정도를 말한다. **표준점수**는 서로 다른 표본에서 얻은 평균값과 표준편차가 다를 때 서로 다른 표본에서 얻은 점수를 비교하기 위해서, 점수의 단위를 통일한 수치이다. 대표적인 표준점수는 Z점수이다. **Z점수**는 다음과 같은 공식으로 산출된다.

$$Z = \frac{X - \overline{X}}{s}$$

여기서 X는 개별 점수를, $\overline{X}$는 평균값을, s는 표준편차를 나타낸다. [표 5-5]의 2번 남자 고등학생의 언어능력검사 점수(6점)의 Z점수는 .41('(6 − 5) ÷ 2.45')이다.

2 추론통계 중요 ★★★

(1) 추론통계의 목적

추론통계의 목적은 특정 표본(sample)의 자료를 분석해서 해당 자료의 특성을 파악하고, 해당 자료에 대한 통계적 가설검증(hypothesis testing)을 통해 해당 표본이 추출된 모집단(population)의 특성을 추정하거나 예측하는 것이다. 즉, 추론통계의 목적은 표본 자료를 기반으로 표본의 특성을 모집단의 특성으로 일반화(generalization)하는 것이다.

(2) 추론통계의 논리

추론통계는 표본에서 얻은 자료의 통계치(예 평균값, 표준편차)를 바탕으로 표집오차(sampling error)를 고려해서, 가설검증 과정을 통해 모집단의 특성에 관한 확률적 추론 및 예측을 하는 통계적 절차이다. 확률적 추론과 관련된 주요 용어에 대한 설명은 다음과 같다.

① 표집오차

표집(sampling)은 연구자가 모집단에서 표본을 뽑는 활동이다. 연구자는 표집을 할 때 모집단에 속한 모든 연구대상을 뽑는 것이 아니고, 그중 일부의 연구대상만 뽑는다. 이처럼 연구자가 모집단에서 제한된 수의 표본을 뽑는 과정에서 오차가 우연히 발생할 수 있다. 이를 **표집오차**라고 한다. 표집오차가 발생하기 때문에 표본에 속한 연구대상의 특성이 모집단의 특성과 동일하지 않을 가능성이 있다. 연구자가 표집오차를 알아야 표본의 특성을 모집단의 특성으로 일반화할 수 있는지를 판단할 수 있다. [그림 5-4]에서, 모집단의 모든 연구대상은 총 16명이다. 이들이 응답한 자기효능감 점수는 '1, 2, 2, 3, 3, 3, 4, 4, 4, 4, 5, 5, 5, 6, 6, 7'(평균값 = 4.00)이다. 연구자는 이들 점수를 가로축은 점수로, 세로축은 연구대상 수로 표현할 수 있다. 그 결과, 연구대상 수는 가로축의 평균값(4.00)을 기준으로 좌우대칭의 종 형태로 분포된다(정규분포). 그런데 서로 다른 2명의 연구자(A, B)가 모집단에서 3명의 연구대상만 뽑아서 자기효능감을 측정했다. 그 결과, 연구자 A는 '1, 2, 2'의 점수(표본 1, 평균값 = 1.67)를, 연구자 B는 '6, 6, 7'의 점수(표본 2, 평균값 = 6.33)를 얻었다. 모집단의 분포인 정규분포 형태와 달리, 표본 1의 분포는 정적 편포 형태 그리고 표본 2의 분포는 부적 편포 형태이다. 또한 2명의 연구자가 얻은 평균값은 모집단의 평균값과 다르다. 이처럼 2명의 연구자가 동일한 모집단에서 3명의 연구대상(표본)을 뽑아서 얻은 평균값이 서로 다르고, 이들의 평균값이 모집단의 평균값과 다른 이유는 표집오차가 발생했기 때문이다. 이때 연구자 A나 연구자 B는 본인이 뽑은 특정 표본의 표집오차를 알아야 해당 표본이 모집단과 얼마나 다른지를 알 수 있다.

② 표집분포

[그림 5-4]에서, 이론적으로 어떤 연구자가 모집단에서 3명의 연구대상(표본)을 무작위로 무수히 반복해서 뽑은 후 각 표본의 평균값을 얻을 수 있다. 연구자가 이들 평균값을 가로축은 평균값으로, 세로축은 각 평균값이 관찰된 횟수로 표현할 수 있다. 그 결과, 연구대상 수는 가로축의 모집단 평균값(4.00)을 기준으로 좌우대칭의 종 형태로 분포된다. 이와 같은 평균값의 분포를 평균값의 **표집분포**(sampling distribution)라고 한다. 평균값 이외에 분산 등의 표집분포도 존재한다.

③ 표준오차

평균값의 표집분포의 표준편차를 평균값의 **표준오차**라고 한다. [그림 5-4]에서, 연구자는 평균값의 표준오차를 이용해서, 특정 표본의 평균값이 모집단의 평균값의 오차 내에 있을 가능성이 어느 정도인지(표집오차)를 파악할 수 있다. 즉, 평균값의 표준오차는 특정 표본 평균값이 평균값의 표집분포에서 극단적으로 왼쪽이나 오른쪽에 위치했는지(해당 표본 평균값을 모집단에서 얻을 확률이 낮음) 또는 중앙(해당 표본 평균값을 모집단에서 얻을 확률이 높음)에 가까운지를 알려준다. 평균값의 표준오차는 다음과 같은 공식으로 추정한다.

$$s_{\overline{X}} = \frac{s}{\sqrt{N}}$$

여기서 $s_{\overline{X}}$는 추정된 평균값의 표준오차를, s는 표본의 표준편차를, N은 표본에 속한 연구대상의 수를 나타낸다.

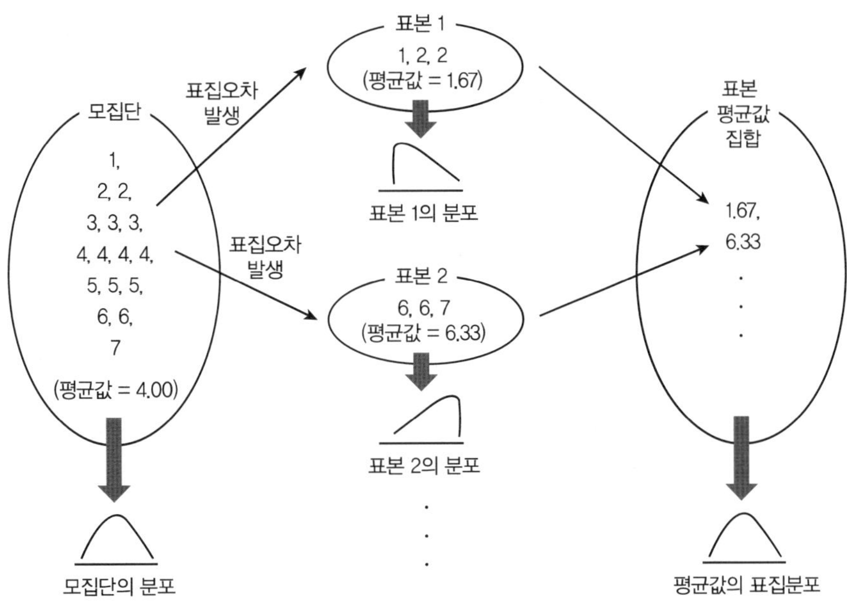

[그림 5-4] 분포의 종류

④ **가설검증**

모수치(parameter)는 모집단의 특성을 나타내는 수치이며, **통계치**(statistic)는 표본의 특성을 나타내는 수치이다. 대표적인 모수치는 모집단의 평균값(μ, 뮤라고 읽음), 표준편차(σ, 시그마라고 읽음)이다. 대표적인 통계치는 표본의 평균값($\overline{X}$), 표준편차(s)이다. **검정통계치**(testing statistic)는 가설검증을 위한 통계적 검증의 수학적 결과를 말한다. 대표적인 검정통계치는 t값, F값이다.

가설검증은 통계치와 검정통계치를 이용해서 모수치에 관한 연구가설(research hypothesis)이 맞는지 결정하는 통계적 추론 과정이다.

㉠ 기각영역(rejection region), 임계값(critical value) 및 유의도 수준(level of significance)

추론통계에서 연구자는 모수치로 기술된 영가설(null hypothesis)의 기각 여부 결정을 통해 연구가설이 맞는지를 결정한다. 즉, 영가설이 기각되면 연구가설이 지지(수용)되고, 영가설이 지지(수용)되면 연구가설은 기각된다. [그림 5-5]에서 A는 연구가설이 방향가설 또는 일방가설인 경우(**일방 검증**)의 검정통계치의 표집분포이고, B는 연구가설이 무방가설 또는 양방가설인 경우(**양방 검증**)의 검정통계치의 표집분포이다.

더 알아두기

가설검증의 기본 논리는 연구자가 표본에서 얻은 검정통계치를 이용해서, 모집단에서 연구가설이 아닌 영가설이 기각되는지 또는 지지(수용)되는지를 결정하는 것이다.

ⓐ 기각영역과 수용영역(acceptance region)

기각영역은 영가설과 관련된 검정통계치의 표집분포(예 t분포, F분포)에서 연구자가 영가설을 기각하는 검정통계치의 범위이다. 일방 검증에서는 기각영역이 1개([그림 5-5]의 A 참조, 검정통계치의 표집분포의 한쪽 끝의 영역)이며, 양방 검증에서는 기각영역이 2개([그림 5-5]의 B 참조, 검정통계치의 표집분포의 양쪽 끝의 영역)이다. 특정 검정통계치(예 t값, F값)가 기각영역에 위치하면, 영가설은 기각된다. **수용영역**은 영가설과 관련된 검정통계치의 표집분포에서 연구자가 영가설을 수용(지지)하는 검정통계치의 범위이다.

ⓑ 임계값

임계값은 영가설과 관련된 검정통계치의 표집분포에서 영가설 기각을 결정하는 경계 지점의 검정통계치이다. 일방 검증에서는 임계값은 1개이며([그림 5-5]의 A 참조), 양방 검증에서는 임계값은 2개이다([그림 5-5]의 B 참조). [그림 5-5]의 A에서 연구자가 표본에서 얻은 특정 검정통계치가 임계값보다 크면, 해당 검정통계치를 모집단에서 우연히 얻을 확률이 매우 낮다는 의미이다. 이 경우, 영가설은 기각된다. 반면 연구자가 표본에서 얻은 특정 검정통계치가 임계값보다 작으면, 해당 검정통계치를 모집단에서 우연히 얻을 확률은 높다는 의미이다. 이 경우, 영가설은 지지된다.

ⓒ 유의도 수준

유의도 수준은 연구자가 가설검증에서 영가설이 참임에도 불구하고 영가설을 기각할 확률을 말한다. 유의도 수준을 α(알파라고 읽음)라고 한다. 일반적으로 연구자는 유의도 수준을 .01(영가설이 참인데 영가설을 기각할 확률 = 1%)과 .05(영가설이 참인데 영가설을 기각할 확률 = 5%)로 정한다. [그림 5-5]의 A와 B에서 회색으로 표시된 면적(확률)이 유의도 수준이다. 일방 검증에서는 유의도 수준이 1개(예 .05)이지만, 양방 검증에서는 2개의 유의도 수준(예 '.025 + .025')을 합쳐서 1개의 유의도 수준(예 .05)으로 본다.

ⓓ 유의미성 검증(significance testing)

유의미성 검증은 연구자가 영가설의 기각 여부를 결정하는 절차를 말한다.

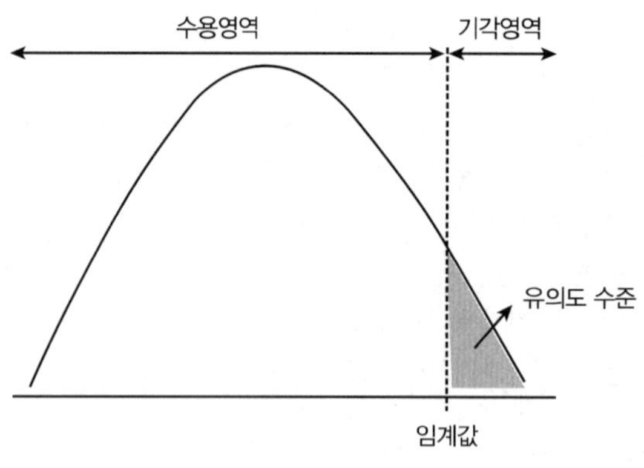

A. 일방 검증

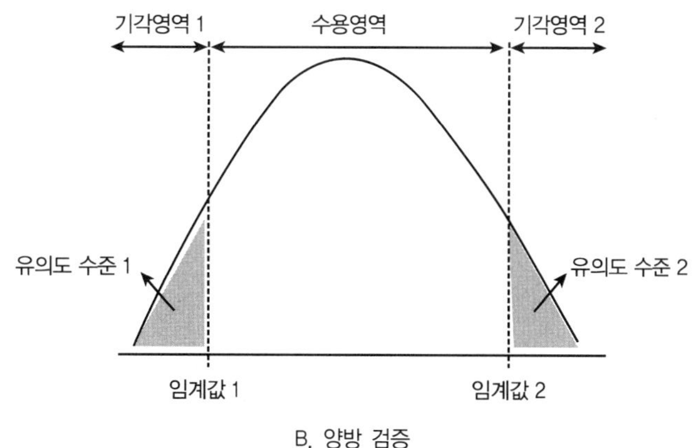

[그림 5-5] 기각영역, 수용영역, 임계값 및 유의도 수준의 관계

더 알아두기

p값(p value)은 모집단에서 영가설이 참이라는 가정 하에 특정 검정통계치를 표본에서 얻을 확률을 말한다. p값이 작을수록, 모집단에서 영가설이 참일 때 특정 검정통계치를 표본에서 얻을 확률이 낮다. 따라서 p값이 작을수록, 영가설이 기각될 가능성이 크다. p값을 유의 확률이라고도 한다.

ⓛ 가설검증의 절차

가설검증의 절차는 유의미성 검증절차이다. 예를 들어, 어떤 연구자가 소음 정도가 집중력에 미치는 영향을 알고자 한다. 이에 연구자는 실험집단 1(연구대상 수 = 10명)에는 40dB의 소음(조용한 주택의 거실 소음 수준)을, 실험집단 2(연구대상 수 = 10명)에는 80dB의 소음(철로변 또는 지하철 소음 수준)을 제시한 후 연구대상의 집중력을 측정하고자 한다. 이 예를 이용해서 가설검증의 절차를 설명하면, 다음과 같다.

ⓐ 1단계

연구자는 모수치를 이용해서 영가설을 설정한다. 예에서, 연구자는 실험집단 1을 뽑은 모집단의 집중력 평균값과 실험집단 2를 뽑은 모집단의 집중력 평균값이 같다는 영가설을 설정한다(H_0 : $\mu_1 = \mu_2$).

ⓑ 2단계

연구자는 통계치를 수집한다. 예에서, 연구자는 실험집단 1과 실험집단 2에서 집중력의 평균값, 표준편차 등을 얻는다.

ⓒ 3단계

연구자는 영가설과 관련된 t분포, F분포 등과 표집분포의 종류를 결정한다. 예에서, 연구자는 두 집단 간 집중력 평균값 차이가 있는지를 검증하기 때문에 t분포를 표집분포로 결정한다.

더 알아두기

표집분포는 특정 모집단에서 반복적으로 표본을 뽑아서 나온 통계치나 검정통계치의 분포이다. 가설검증에 자주 사용되는 검정통계치의 표집분포는 t분포와 F분포가 있다.

- **t분포**는 모집단 평균값에 관한 가설을 검증할 때 사용하는 이론적이며 확률적인 분포이다. t분포는 t검증에서 사용된다.
- **F분포**는 모집단 분산에 대한 가설을 검증할 때 사용하는 이론적이며 확률적인 분포이다. F분포는 분산분석과 다중 회귀분석에서 사용된다.

ⓓ 4단계

연구자는 통계치를 이용해서 t값, F값 등과 같은 검정통계치를 산출한다. 예에서, 연구자는 두 집단의 집중력 평균값과 관련된 t값을 산출한다. 연구자가 산출한 t값은 2.23이다.

ⓔ 5단계

연구자는 유의도 수준, 자유도 및 검증 방향을 고려해서 t분포 표, F분포 표 등에서 임계값을 확인한다. 임계값이 제시된 t분포 표, F분포 표 등은 통계서적의 부록이나 인터넷 검색을 이용해서 쉽게 구할 수 있다. 예에서, 연구자는 유의도 수준을 .05로 설정하고, 자유도를 '$n_1 + n_2 - 2$'의 공식을 통해 산출한다. 이때 n_1은 실험집단 1의 연구대상 수를, n_2는 실험집단 2의 연구대상 수를 나타낸다. 연구자는 양방 검증을 결정한다. 그 결과, 연구자는 t분포 표에서 2.101의 임계값을 확인한다.

ⓕ 6단계

연구자는 4단계에서 산출한 검정통계치(예 t값, F값)와 5단계에서 확인한 임계값을 비교해서, 4단계에서 산출한 검정통계치를 모집단에서 얻을 확률이 우연 수준(유의도 수준) 미만인지를 결정한다. 예에서, 연구자는 4단계에 산출한 t값인 2.23이 5단계에서 확인한 임계값인 2.101보다 크다는 것을 보고, 모집단에서 2.23의 t값을 얻을 확률이 극히 적기 때문에 우연이 아니라고 결정한다. 즉, 연구자는 모집단에서 실험집단 1의 집중력 평균값과 실험집단 2의 집중력 평균값 간의 차이(t값)를 얻을 확률이 매우 낮기 때문에 두 집단의 집중력 평균값 차이가 우연히 발생한 것이 아니라고 결정한다.

ⓖ 7단계

연구자는 영가설의 기각 여부를 결정해서 연구가설을 수용하거나 기각한다. 예에서, 연구자는 실험집단 1을 뽑은 모집단의 집중력 평균값과 실험집단 2를 뽑은 모집단의 집중력 평균값이 같다는 영가설($\mu_1 = \mu_2$)을 기각한다. 따라서 연구자는 실험집단 1을 뽑은 모집단의 집중력 평균값과 실험집단 2를 뽑은 모집단의 집중력 평균값은 다르다는 연구가설을 수용한다.

㉢ 1종 오류(type I error)와 2종 오류(type II error)

추론통계에서 연구자가 틀린 통계적 결정을 내릴 오류 가능성이 있다. 이와 같은 오류는 1종 오류와 2종 오류로 구분된다.

ⓐ 1종 오류

1종 오류는 연구자가 모집단에서 영가설이 참인데 영가설을 기각하는 오류를 말한다. 연구자가 1종 오류를 범할 확률은 유의도 수준(α) 또는 검정통계치의 표집분포에서 기각영역의 면적만큼이다.

ⓑ 2종 오류

2종 오류는 연구자가 모집단에서 영가설이 거짓인데 영가설을 기각하지 못하는 오류를 말한다. 2종 오류를 범할 확률을 β(베타라고 읽음)로 표기한다.

ⓒ 정확한 결정 1

연구자가 모집단에서 거짓인 영가설을 기각하는 것은 정확한 결정이다. 이 결정은 검증력(power) 또는 통계적 검증력(statistical power)과 관련된다. **검증력**은 모집단에서 틀린 영가설을 정확하게 기각하는 확률이다. 연구자가 모집단에서 영가설이 거짓인데 영가설을 기각하지 못하는 확률이 β이기 때문에, 연구자가 정확한 결정을 내릴 확률(검증력)은 '1 − β'이다.

ⓓ 정확한 결정 2

연구자가 모집단에서 참인 영가설을 기각하지 않는 것은 정확한 결정이다. 이와 같은 결정을 내릴 확률은 '1 − α'이다. 왜냐하면 연구자가 모집단에서 영가설이 참인데 영가설을 기각하는 결정을 내릴 확률이 α이기 때문이다.

이상의 내용을 종합하면, [표 5-7]과 같다.

[표 5-7] 영가설 기각과 관련된 의사결정의 결과

연구자의 결정	모집단에서의 실제	
	영가설이 참임	영가설이 거짓임
영가설을 기각함	1종 오류 (발생 확률 = α)	정확한 결정 1 : 검증력 (발생 확률 = 1 − β)
영가설을 기각하지 못함	정확한 결정 2 (발생 확률 = 1 − α)	2종 오류 (발생 확률 = β)

제 2 절 질적 연구의 자료 분석

1 질적 연구의 자료 분석의 특징 중요 ★

(1) 자료 분석에 기반을 둔 연구문제의 설정과 재설정의 순환

질적 연구에서 일반적으로 연구자는 구체적인 연구문제를 설정하지 않는다. 연구자는 심층면접, 참여관찰 등을 통해 수집한 질적 자료를 분석하는 과정에서 연구문제를 정교화한다.

(2) 자료 수집과 분석의 순환

질적 연구에서 자료의 수집과 분석은 순환적이다. 이때 순환적이라는 말은 연구자가 자료를 수집하고 자료를 분석한 후 그 결과를 고려해서 다시 추가 자료를 수집하고 추가 자료를 분석하는 과정을 계속 반복한다는 의미이다.

2 질적 연구의 자료 분석 방법

심리학 연구에서 많이 사용하는 질적 자료에 대한 분석 방법은 내러티브 분석(narrative analysis), 해석현상학적 분석(interpretative phenomenological analysis), 근거이론(grounded theory)이다. 각 분석 방법에 대한 설명은 다음과 같다.

(1) 내러티브 분석

① 분석 목적

내러티브 분석의 목적은 연구자가 소수의 연구대상이 사회적 환경, 물리적 환경 및 본인의 생각과 지속적으로 상호작용한 결과인 경험의 내용과 의미를 시간의 흐름 순서나 주요 사건의 전개 순서로 이해하는 것이다.

② 분석 절차

㉠ 1단계

연구자는 연구대상과 관련된 심층면접, 참여관찰, 성찰일지, 자서전적 글쓰기 등을 통해 취합한 자료를 글로 옮기거나 정리해서 전사본(transcript)을 작성한다.

㉡ 2단계

연구자는 전사본을 여러 번 읽어서 전사본의 내용에 익숙해진다.

㉢ 3단계

연구자는 전사본에서 연구대상의 개인적 내러티브를 구성하는 중요 요소인 내러티브 어조(narrative tone), 형상화(imagery), 주제(theme)를 파악한다.

ⓐ 연구자는 연구대상이 본인의 과거 경험에 대해 말한 내용과 말하는 방식을 통해 **내러티브 어조**(예 비관적 어조 vs 낙관적 어조)를 확인한다.

ⓑ 연구자는 연구대상이 사용하는 언어와 연구대상이 겪은 주요 사건을 통해 연구대상이 본인을 어떤 이미지, 상징 또는 은유로 이해하는지(**형상화**) 확인한다.

ⓒ 연구자는 연구대상에게 중요한 사건 기저의 중심(dominant) **주제**를 확인한다.

㉣ 4단계

연구자는 내러티브 어조, 형상화, 주제를 함께 엮어서 하나의 일관성이 있는 이야기(story)를 구성한다.

(2) 해석현상학적 분석

① 분석 목적

해석현상학적 분석의 목적은 개별 연구대상이 몸소 체험한 경험(lived experience)의 자세한 내용과 의미를 찾는 것이다.

② 분석 절차

㉠ 1단계

연구자는 개별 연구대상과의 심층면접을 통해 취합한 언어 자료를 글로 옮겨서 전사본을 작성한다.

ⓛ 2단계

연구자는 전사본을 여러 번 그리고 자세히 읽는다. 이 과정을 통해 연구자는 전사본 내용에 대한 전반적인 느낌을 얻고, 전체적인 주제가 무엇인지를 파악한다.

ⓒ 3단계

연구자가 전사본을 다시 여러 번 그리고 자세히 읽으면서 중요 내용에 주석을 단다. 이 과정을 통해 연구자는 **세부 주제**(sub-theme)를 찾고 각 세부 주제에 제목을 붙인다.

ⓔ 4단계

연구자가 유사한 의미를 가지거나 상호 관련된 세부 주제들을 연결해서 **주제 군집**(thematic cluster)을 확인한다. 이 과정을 통해 연구자는 **상위 주제**(superordinate theme)를 찾고 각 상위 주제에 제목을 붙인다.

ⓜ 5단계

연구자가 주제 요약표를 작성한다. 주제 요약표는 상위 주제, 상위 주제와 관련된 세부 주제 및 세부 주제의 도출 근거가 되는 연구대상의 실제 응답 내용으로 구성된다.

연구대상이 2명 이상인 경우, 연구자는 각 연구대상별로 위의 단계를 반복해서 실시한 후 모든 연구대상의 통합 주제 요약표를 작성한다.

(3) 근거이론

① 분석 목적

근거이론의 목적은 연구자가 구체적이며 경험적인 현상에 근거를 둔(grounded) 이론을 구축하는 것이다. 이 목적과 관련해서 근거이론은 다음과 같은 특징을 가진다.

ⓖ 이론 구축 과정에서 주로 사용되었던 연역적 방법(이론 설정 → 관찰 자료로 이론 검증)은 이론이 이미 개입된 상태에서 연구자가 관찰 자료를 수집한다는 한계점을 가진다. 이에 대한 해결 방법으로 귀납적 방법(관찰 자료 취합 → 이론 설정)을 이용한 근거이론이 등장했다.

ⓛ 구체적이며 경험적인 현상에 기반을 두지 않은 보편적 이론은 현상과 유리되고 실용적 문제 해결에 도움이 되지 않는다. 이에 대한 해결 방법으로 근거이론이 등장했다.

② 분석 절차

ⓖ 1단계

연구자가 심층면접, 참여관찰 등을 통해 취합한 자료를 글로 옮겨서 전사본을 작성한다.

ⓛ 2단계

연구자는 전사본의 내용에 대한 개방 코딩(open coding)을 통해 초기 범주(category)를 도출한다. **개방 코딩**이란 연구자가 전사본에서 의미가 있는 글 단위(㉠ 단어, 구문, 문장)를 확인하고, 이 글 단위에 제목을 붙이는 분석 활동이다. 이때 의미가 있는 글 단위의 제목이 **범주**이다. 연구자는 새로운 범주를 도출할 수 없을 때까지 전사본을 대상으로 개방 코딩을 실시한다. 경우에 따라서, 연구자는 범주의 객관성과 엄밀성을 높이고자 패러다임 모형(paradigm model, [그림 5-6] 참조)의 각 유형에 해당하는 범주를 찾는다.

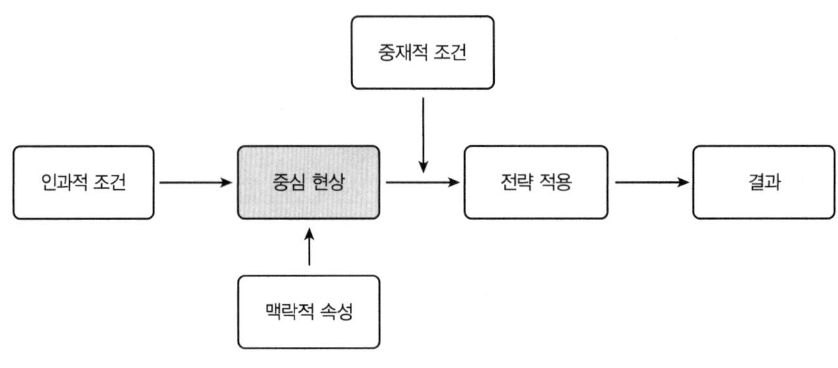

[그림 5-6] 패러다임 모형

패러다임 모형에서 중심 현상은 원인(인과적 조건)과 맥락(맥락적 속성)에 의해서 발생한다. 중심 현상은 문제 해결을 위한 전략의 적용(전략 적용)에 따라서 다른 결과(결과)가 발생한다. 또한 전략 적용의 성공 여부는 특정 조건(중재적 조건)에 따라서 달라진다.

ⓒ 3단계

연구자가 2단계에서 취합한 각 범주의 특징과 차원을 기반으로 각 범주를 정의한다.

ⓓ 4단계

연구자는 3단계에서 정의된 여러 범주 간 관련성(linkage), 관계, 중복 여부 및 양상(pattern)을 검토하는 **축 코딩**(axial coding)을 실시한다. 이 과정을 통해 연구자는 범주 간의 구조적 관계를 파악한다.

ⓔ 5단계

연구자는 4단계의 축 코딩 결과를 재정리하고 요약하기 위해서 여러 범주와 관련된 소수의 핵심 범주(core category)를 도출한다. 이 과정을 **선택 코딩**(selective coding)이라고 하며, 선택 코딩으로 도출된 핵심 범주는 현상 설명에 기여도가 큰 중요한 범주이다. 선택 코딩 과정에서 연구자는 핵심 범주와 기존 이론의 주요 개념 간 비교를 실시한다.

ⓕ 6단계

연구자는 핵심 범주를 근거로 새로운 이론(emergent theory)을 개발한다. 이때 연구자는 새로운 이론에서 벗어나는 사례(deviant)가 없는지 전사본에서 확인한다.

ⓖ 7단계

연구자는 새로운 이론의 부족한 부분을 보완하기 위한 추가 자료 수집과 분석을 실시한다.

③ 개방 코딩, 선택 코딩 및 축 코딩의 적용 순서

근거이론의 분석 절차에서, 연구자는 개방 코딩 후 축 코딩을 먼저 실시하고 그 결과를 요약하는 선택 코딩을 하거나(4단계 → 5단계), 선택 코딩을 먼저 실시하고 그 결과를 구조화하는 축 코딩을 할 수 있다(5단계 → 4단계).

제 2 장 모수 및 비모수연구의 분석 방법

제 1 절 모수연구의 분석 방법

1 모수검증(parametric test) 방법의 정의 중요 ★★★

모수연구에서 연구자는 모수검증 방법을 이용해서 가설검증을 실시한다. **모수검증**이란 모집단의 모수치에 대한 몇 가지 가정들을 근거로 한 통계적 검증방법을 말한다.

2 모수검증 방법의 전제 중요 ★★

(1) 표본을 추출한 모집단의 분포가 정규분포이다.

(2) 변인들은 등간척도 또는 비율척도로 측정되고, 그 값을 대상으로 통계분석을 실시한다.

(3) 표본에 속한 연구대상의 수가 많다(예 최소 30명 초과).

3 모수검증 방법의 종류

모수검증 방법은 그 목적에 따라서 관계연구의 분석 방법과 차이연구의 분석 방법으로 구분된다. 관계연구의 분석 방법은 연구자가 변인 간의 관련성을 검증할 때 사용된다. 차이연구의 분석 방법은 연구자가 2개 이상의 집단 간 차이를 검증할 때 사용된다. 관계연구의 분석 방법 종류와 차이연구의 분석 방법 종류는 다음과 같다.

(1) 관계연구의 분석 방법

관계연구에서 사용되는 모수검증 방법에는 피어슨 상관(Pearson correlation)분석, 단순 회귀분석(simple regression analysis), 중다 회귀분석(multiple regression analysis) 등이 있다.

(2) 차이연구의 분석 방법

차이연구에서 사용되는 모수검증 방법에는 독립표본 t검증(independent-samples t test), 대응표본 t검증(paired-sample t test, matched-pairs t test), 일원분산분석(one-way ANOVA, one-factor ANOVA), 이원분산분석(two-way ANOVA, two-factor ANOVA), 반복측정 분산분석(repeated-measures ANOVA) 등이 있다.

ANOVA는 analysis of variance(분산분석)의 줄임말이다.

4 모수검증 방법의 가정 중요 ★★

특정 모수검증 방법은 다음의 가정 중 1개 이상의 가정을 충족해야 사용이 가능하다.

(1) 정규성(normality) 가정

정규성 가정이란 자료에서 수치들의 분포가 정규분포 형태를 가지는 것을 말한다. 정규성 가정을 충족하기 위해서, 자료 수치들의 분포는 지나치게 정적으로 또는 부적으로 편포되거나 자료 수치들의 분포의 첨도가 지나치게 낮지 않아야 한다.

(2) 등분산성(homoscedasticity) 가정

등분산성 가정이란 2개 이상 집단에서 얻은 자료의 분산이 서로 동질적인 것을 말한다. 등분산성 가정이 위배되면 1종 오류가 증가하고 검증력이 감소한다. 예를 들어, 연구자가 독립표본 t검증을 할 때 리벤 검증(Levene test)을 통해서 등분산성 가정을 검증할 수 있다.

(3) 독립성(independence) 가정

자료에서 각 연구대상의 수치나 각 집단의 수치는 서로 영향을 주지 않고, 서로 독립적이어야 한다. 이와 같은 가정이 **독립성 가정**이다. 특히, 대응표본 t검증과 반복측정 분산분석에서 독립성 가정이 위배되지 않아야 한다. 예를 들어, 연구자가 단순 회귀분석이나 중다 회귀분석을 할 때 더빈-왓슨 검증(Dubin-Watson test)을 통해서 독립성 가정을 검증할 수 있다.

(4) 선형성(linearity) 가정

선형성 가정이란 변인들 간 직선적 관련성을 가지는 것을 말한다. 피어슨 상관분석, 단순 회귀분석 및 다중 회귀분석은 선형성 가정을 전제로 실시된다. 선형성 가정은 연구자가 산포도를 이용해서 확인하거나, 잔차분석(residual analysis)을 실시해서 확인할 수 있다.

더 알아두기

잔차는 회귀분석에서 관찰된 값(자료의 점수)과 회귀식으로 예측한 값 간의 차이값이다. 잔차가 크면, 관찰된 값이 선형적으로 분포되지 않을 가능성이 크기 때문에 선형성 가정이 위배될 수 있다. 잔차분석은 잔차의 정도를 진단하는 통계적 분석 방법이다.

(5) 구형성(sphericity) 가정

구형성 가정은 반복측정 분산분석에서 개별 연구대상의 점수 간 분산이 동일하거나, 모든 측정 시점에서 얻은 점수 간 상관이 동일한 것을 말한다. 구형성 가정이 위배되면 2종 오류가 증가한다. 연구자가 모클리 검증(Mauchly test)을 이용해서 구형성 가정을 검증할 수 있다.

(6) 다중공선성(multicollinearity) 가정

다중공선성 가정은 2개 이상의 변인이 사용되는 분석에서 변인 간 직선적 관련성이 높은 것을 말한다. 특히, 중다 회귀분석에서 연구자는 다중공선성 가정을 검증할 필요가 있다. 중다 회귀분석에서 다중공선성이 발생하면(다중공선성 가정이 위배되지 않으면), 연구자가 여러 독립변인 중 어떤 독립변인이 종속변인에 영향을 미쳤는지 확인하기가 어렵다. 중다 회귀분석에서 연구자는 공차(tolerance)와 분산팽창요소(variance inflation factor, VIF)를 산출해서 다중공선성 가정 위배 여부를 판단할 수 있다.

제 2 절 비모수연구의 분석 방법

1 비모수검증(non-parametric test) 방법의 정의 중요 ★

비모수연구에서 연구자는 비모수검증 방법을 이용해서 가설검증을 실시한다. **비모수검증**이란 모집단의 모수치에 대한 가정을 하지 않고 실시하는 통계적 검증방법을 말한다. 비모수검증은 분포무관검증(distribution-free test)이라고도 한다. **분포무관검증**에서 연구자는 표본을 뽑은 모집단의 분포 형태에 관한 최소한의 가정을 하지만, 그 가정이 엄격하지 않다.

2 비모수검증 방법의 전제 중요 ★★

(1) 표본을 추출한 모집단의 분포가 정규분포가 아니다.

(2) 변인들은 명명척도 또는 서열척도로 측정되고, 그 값을 대상으로 통계분석을 실시한다. 경우에 따라서 연구자가 등간척도 또는 비율척도로 측정된 값을 서열척도로 변환해서 비모수검증 방법을 사용하기도 한다.

(3) 표본에 속한 연구대상의 수가 적다(예 10명 미만).

3 비모수검증 방법의 종류

대표적인 비모수검증 방법 중 관계연구의 분석 방법 종류와 차이연구의 분석 방법 종류는 다음과 같다.

(1) 관계연구의 분석 방법

관계연구에 사용되는 비모수검증 방법에는 χ^2 검증, 스피어만 상관(Spearman correlation)분석 등이 있다.

(2) 차이연구의 분석 방법

차이연구에 사용되는 비모수검증 방법에는 만-휘트니 검증(Mann-Whitney test), 윌콕슨 검증(Wilcoxon test), 크루스칼-월리스 검증(Kruskal-Wallis test), 프리드만 검증(Friedman test) 등이 있다.

제 3 장 관계 및 차이연구의 분석 방법

제 1 절 관계연구의 분석 방법

관계연구의 목적은 연구자가 변인 간 상관관계 또는 변인 간 인과관계를 알아보는 것이다.

1 피어슨 상관분석(Pearson correlation analysis) 중요 ★★★

(1) 분석 목적

연구자가 2개의 변인 간 상관관계의 강도와 방향을 알고자 할 때 **피어슨 상관분석**을 실시한다. 피어슨 상관분석은 모수검증 방법이다.

(2) 적용 조건

① **변인의 수**

2개의 변인

② **변인의 측정 방법**

2개의 변인은 등간척도 또는 비율척도로 측정된다.

(3) 검증절차

① 피어슨 상관분석에서 **피어슨 상관계수**(Pearson r) 또는 **피어슨 적률 상관계수**(Pearson product moment correlation coefficient)를 산출하는 방법은 본 도서의 제3편 제2장([표 3-6]과 관련된 설명 참조)에 소개했기 때문에 여기서 추가로 설명하지 않는다.

② 본 도서의 제3편 제2장에 소개한 예([표 3-6] 참조)를 보면, 어떤 연구자가 10명의 연구대상으로 구성된 표본에서 자기존중감과 삶의 만족도 간 .68이라는 피어슨 상관계수를 얻었다. 연구자가 표본에서 얻은 피어슨 상관계수인 .68이 0(상관없음)에서 충분히 멀기 때문에 모집단의 진짜 상관이 0이 될 가능성이 낮은지를 검증하고자 한다. 그 과정은 다음과 같다.

㉠ 1단계

연구자는 피어슨 상관계수와 관련된 영가설을 다음과 같이 설정한다.

H_0 : 모집단의 자기존중감과 삶의 만족도 간 상관계수 = 0

ⓛ 2단계

연구자는 검정통계치인 t값을 다음의 공식을 이용해서 산출한다. 그 결과, 2.60이라는 t값을 얻었다.

$$t = \frac{r \times \sqrt{N-2}}{\sqrt{1-r^2}}$$

여기서 r은 피어슨 상관계수를, N은 연구대상의 수를 나타낸다. 참고로 'N - 2'는 자유도이다.

ⓒ 3단계

연구자는 유의도 수준을 .05로 그리고 양방 검증을 결정한다. 연구자는 유의도 수준, 양방 검증 및 자유도를 고려해서, t분포에서 임계값이 2.306임을 확인한다.

ⓡ 4단계

연구자는 2단계에서 산출한 t값(2.60)과 3단계에서 확인한 임계값(2.306)을 비교해서 영가설 기각 여부를 결정한다. 이때 2.60이 2.306보다 크기 때문에 영가설은 기각된다. 따라서 연구자는 표본에서 얻은 피어슨 상관계수인 .68이 0(상관관계가 없음)에서 충분히 멀어서, 모집단의 진짜 상관이 0이 될 가능성이 낮다는 결론을 내린다.

2 단순 회귀분석(simple regression analysis) 중요 ★★★

(1) 분석 목적

연구자가 1개의 독립변인(예측변인)이 1개의 종속변인(준거변인)에 미치는 영향(인과관계)을 알고자 할 때 단순 회귀분석을 실시한다. 단순 회귀분석은 모수검증 방법이다.

(2) 적용 조건

① 변인의 수

1개의 독립변인과 1개의 종속변인

② 변인의 측정 방법

1개의 독립변인과 1개의 종속변인은 등간척도 또는 비율척도로 측정된다.

(3) 검증절차

단순 회귀분석에서 연구자는 먼저 회귀식을 검증하고, 이후 회귀계수를 검증한다.

① 회귀식의 검증

본 도서의 제3편 제2장([표 3-7]과 관련된 설명 참조)에서 연구자는 'Y = .95 + .64X'라는 회귀식을 얻었다. 이때 X(독립변인)는 자기존중감이고, Y(종속변인)는 삶의 만족도이다. 이 회귀식을 산포도에 선으로 표시하면, [그림 5-7]과 같다.

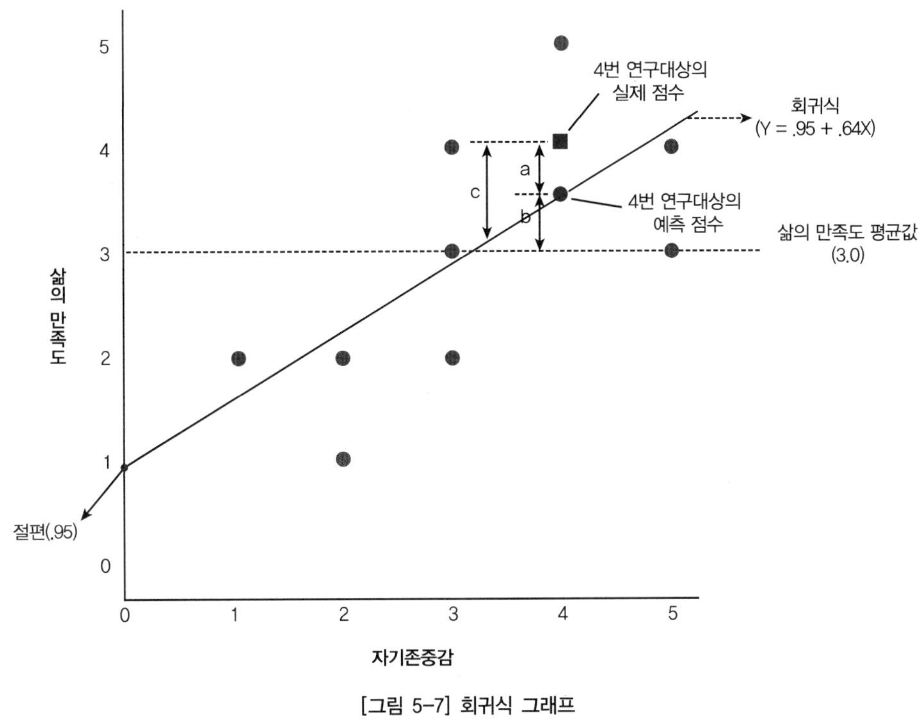

[그림 5-7] 회귀식 그래프

[그림 5-7]을 보면, 실선으로 표시된 회귀선은 산포도에 표시된 모든 회색 점(연구대상의 응답 점수)을 정확히 지나지 않는다. 이와 같은 부정확함이 발생한 이유는 다음과 같다.

예를 들어, [그림 5-7]에서 4번 연구대상은 자기존중감 측정에서 4점을 받고, 삶의 만족도 측정에서 4점을 받았다. 그런데 회귀식('Y = .95 + .64X')의 X항에 자기존중감 점수인 4점을 넣어서 계산하면, 삶의 만족도 점수는 3.51점(남색 사각형)으로 예측된다. 4번 연구대상의 예측된 삶의 만족도 점수(3.51점)는 4번 연구대상이 실제로 얻은 삶의 만족도 점수(4점)와 다르다(a 참조). 또한 4번 연구대상이 실제로 얻은 삶의 만족도 점수(4점)는 표본에서 얻은 삶의 만족도 평균값(3점)과 다르다(b 참조). 4번 연구대상이 실제로 얻은 삶의 만족도 점수와 삶의 만족도 평균값의 차이는 편차(c 참조)이다. 이 편차는 예측하지 못한 편차와 예측한 편차로 세분화된다.

㉠ 예측하지 못한 편차([그림 5-7]의 a)는 회귀식으로 예측한 점수와 실제 점수 간의 차이이다. 예측하지 못한 편차를 **잔차**(residual)라고 한다. 잔차는 일종의 표집오차에 해당한다.

㉡ 예측한 편차([그림 5-7]의 b)는 회귀식으로 예측한 점수와 평균값 간의 차이이다. 예측한 편차를 **회귀 편차**라고 한다. 회귀 편차는 회귀식으로 예측 가능하다.

회귀식을 산출할 때 잔차와 회귀 편차를 줄이는 방법은 각 편차의 제곱값의 합(자승화)을 구하는 것이다. 자승화 과정을 통해 잔차와 회귀 편차를 최소화시킬수록, 회귀식이 모든 연구대상의 개별 점수를 정확하게 지난다. 회귀식이 모든 연구대상의 개별 점수(자료)에 부합하는지를 결정하기 위해서, 연구자는 잔차 자승화($SS_{residual}$)와 회귀 자승화($SS_{regression}$)를 비교하는 F값을 산출한다. 개념적으로 F값은 회귀식으로 예측하지 못한 편차(표집오차) 대비 회귀식으로 예측 가능한 편차의 비율이다. F값은 다음의 공식으로 산출한다.

$$F = \frac{\frac{SS_{regression}}{k - 1}}{\frac{SS_{residual}}{N - k}}$$

여기서 $SS_{regression}$(회귀 자승화)은 예측한 개별 편차('예측한 Y값 − Y의 평균값')의 제곱값의 합을, 'k − 1'은 회귀 자유도를, $SS_{residual}$(잔차 자승화)은 예측하지 못한 편차('실제 Y값 − 예측한 Y값')의 제곱값의 합을, 'N − k'는 잔차 자유도를 나타낸다. k는 총 변인의 수이며, N은 연구대상의 수이다. 단순 회귀분석의 회귀식 검증에서 영가설은 'R^2 = 0'이다. 이때 R^2은 독립변인의 변화에 따른 종속변인의 변화에 대한 설명량이며, **결정 계수**(determination coefficient)라고 부른다. 따라서 영가설은 독립변인의 변화가 종속변인의 변화를 전혀 설명하지 못한다는 것이다. 더 구체적으로, 영가설은 표본에서 얻은 회귀식이 모집단에서 독립변인의 변화가 종속변인의 변화를 전혀 예측하지 못한다는 것이다. 단순 회귀분석에서 R^2은 피어슨 상관계수(r)의 제곱값 또는 표준화된 회귀계수(β)의 제곱값이다. 영가설의 기각 여부를 결정하기 위해서, 연구자는 자유도와 유의도 수준을 고려해서 F분포에서 임계값을 찾는다. 이후 산출한 F값이 임계값보다 크면(vs 작으면), 영가설이 기각된다(vs 수용된다).

더 알아두기

단순 회귀분석에서 연구자가 F값을 산출해서 회귀식을 검증하는 구체적인 방법은 다음과 같다. 연구자는 먼저 [표 5-8]을 작성한다. [표 5-8]에서 X는 자기존중감 점수(독립변인 점수)를, Y는 삶의 만족도 점수(종속변인 점수)를, $\overline{X}_Y$는 삶의 만족도 평균값을, $\hat{Y}$(와이 햇이라고 읽음)은 예측된 삶의 만족도 점수를 나타낸다.

[표 5-8] F값 산출 과정

연번	X (단위 : 점)	Y (단위 : 점)	$\hat{Y}$	$\hat{Y}-\overline{X}_Y$	$Y-\hat{Y}$	$(\hat{Y}-\overline{X}_Y)^2$	$(Y-\hat{Y})^2$
1	4	5	3.51	.51	1.49	.26	2.22
2	5	3	4.15	1.15	−1.15	1.33	1.32
3	3	4	2.87	−.13	1.13	.02	1.28
4	4	4	3.51	.51	.49	.26	.24
5	5	4	4.15	1.15	−.15	1.33	.02
6	3	2	2.87	−.13	−.87	.02	.76
7	2	1	2.23	−.77	−1.23	.59	1.51
8	1	2	1.59	−1.41	.41	1.99	.17
9	2	2	2.23	−.77	−.23	.59	.05
10	3	3	2.87	−.13	.13	.02	.02
	ΣX = 32, $\overline{X}_X$ = 3.2	ΣY = 30, $\overline{X}_Y$ = 3.0				$\Sigma(\hat{Y}-\overline{X}_Y)^2$ = 6.41	$\Sigma(Y-\hat{Y})^2$ = 7.59

[표 5-8]에서 회귀 자승화($SS_{regression}$)는 $\Sigma(\hat{Y}-\overline{X}_Y)^2$의 결과인 6.41이고, 잔차 자승화($SS_{residual}$)는 $\Sigma(Y-\hat{Y})^2$의 결과인 7.59이다. 단순 회귀식에는 1개의 독립변인과 1개의 종속변인을 포함하기 때문에 총 변인의 수인 k는 2이다. 따라서 회귀 자승화의 자유도는 1('2 - 1')이다. 연구대상의 수가 10명이기 때문에 N은 10이다. 따라서 잔차 자승화의 자유도는 8('10 - 2')이다. 이 수치들을 다음의 F값의 산출 공식에 넣으면, 6.76이라는 F값을 얻는다.

$$F = \frac{\frac{SS_{regression}}{k-1}}{\frac{SS_{residual}}{N-k}} = \frac{\frac{6.41}{1}}{\frac{7.59}{8}} = 6.76$$

F분포에서 유의도 수준이 .05일 때 회귀 자승화의 자유도인 1과 잔차 자승화의 자유도인 8에 해당되는 임계값은 5.32이다. 산출한 F값(6.76)이 임계값(5.32)보다 크기 때문에 영가설은 기각된다. 따라서 연구자는 표본에서 얻은 회귀식이 모집단에서 독립변인의 변화가 종속변인의 변화를 예측한다는 결론을 내린다.

② **회귀계수의 검증**

본 도서의 제3편 제2장([표 3-7]과 관련된 설명 참조)에서 연구자가 .64라는 회귀계수를 얻었다. 연구자가 표본에서 얻은 회귀계수인 .64가 0(인과관계가 없음)과 충분히 멀어서, 모집단의 회귀계수가 0이 될 가능성이 낮은지를 검증하고자 한다. 그 과정은 다음과 같다.

㉠ 1단계

연구자는 회귀계수와 관련된 영가설을 다음과 같이 설정한다.

H_0 : 모집단의 자기존중감과 삶의 만족도 간 회귀계수 = 0

㉡ 2단계

연구자는 검정통계치인 t값을 산출한다.

ⓐ 가장 쉽게 t값을 얻기 위해서, 연구자는 피어슨 상관계수를 산출한다. 이때 피어슨 상관계수는 .68이다. 피어슨 상관계수와 연구대상의 수를 다음의 공식에 적용하면, 2.60이라는 t값을 얻었다.

$$t = \frac{r \times \sqrt{N-2}}{\sqrt{1-r^2}}$$

여기서 r은 피어슨 상관계수를, N은 연구대상의 수를 나타낸다. 참고로 'N - 2'는 자유도이다.

ⓑ 다음과 같은 절차로 t값을 산출할 수 있다. 먼저 다음의 공식을 이용해서 회귀계수의 표준오차(SE_b)를 산출한다. 그 결과, SE_b는 .25이다.

$$SE_b = \frac{\sqrt{\frac{\Sigma(Y-\hat{Y})^2}{N-2}}}{\sqrt{\Sigma(X-\overline{X}_X)^2}}$$

여기서 Y는 종속변인 점수를, $\hat{Y}$는 회귀식으로 예측된 종속변인 점수를, N은 연구대상의 수를, X는 독립변인 점수를, $\overline{X}_X$는 독립변인 평균값을 나타낸다.

SE_b를 산출한 후 다음의 공식을 이용해서 t값을 산출한다. 그 결과, t값은 2.60이다.

$$t = \frac{b}{SE_b}$$

여기서 b는 회귀계수(.64)를 나타낸다. 개념적으로 t값은 표준오차(표집오차) 대비 회귀계수의 비율이다.

㉢ 3단계

연구자는 유의도 수준을 .05로 그리고 양방 검증을 결정한다. 연구자는 유의도 수준, 양방 검증 및 자유도('N - 2')를 고려해서, t분포에서 임계값이 2.306임을 확인한다.

㉣ 4단계

연구자는 2단계에서 산출한 t값(2.60)과 3단계에서 확인한 임계값(2.306)을 비교해서 영가설 기각 여부를 결정한다. 이때 2.60은 2.306보다 크기 때문에 영가설은 기각된다. 따라서 연구자는 표본에서 얻은 회귀계수(b)인 .64가 0에서 충분히 멀어서, 모집단의 회귀계수가 0이 될 가능성이 낮다는 결론을 내린다.

3 중다 회귀분석(multiple regression analysis) 중요 ★

(1) 분석 목적

연구자가 2개 이상의 독립변인이 1개의 종속변인에 미치는 상대적 영향력을 알고자 할 때 **중다 회귀분석**을 실시한다. 중다 회귀분석은 모수검증 방법이다.

(2) 적용 조건

① **변인의 수**

2개 이상의 독립변인과 1개의 종속변인

② **변인의 측정 방법**

2개 이상의 독립변인과 1개의 종속변인은 등간척도 또는 비율척도로 측정된다.

(3) 검증절차

예를 들어, 어떤 연구자가 자기존중감(독립변인 1, X)과 자기효능감(독립변인 2, Y)이 삶의 만족도(종속변인, Z)에 미치는 영향을 알고자 한다. 이에 연구자는 10명의 성인 남녀를 대상으로 5점 척도(1~5점)로 자기존중감(X), 자기효능감(Y) 및 삶의 만족도(Z)를 측정하였다. 그 결과, [표 5-9]와 같은 자료를 얻었다.

[표 5-9] 자료 수집 결과

※ 단위 : 점

연번	1	2	3	4	5	6	7	8	9	10
자기존중감(X)	4	5	3	4	5	3	2	1	2	3
자기효능감(Y)	3	4	2	3	2	1	3	2	3	4
삶의 만족도(Z)	5	3	4	4	4	2	1	2	2	3

① 회귀식의 산출

이 경우, 회귀식은 다음과 같다.

$$Z = a + b_X X + b_Y Y$$

여기서 a는 절편을, b_X는 자기존중감(X)과 삶의 만족도(Z) 간의 기울기를, b_Y는 자기효능감(Y)과 삶의 만족도(Z) 간의 기울기를 나타낸다.

연구자는 2개의 기울기와 절편을 다음과 같은 절차로 산출한다.

㉠ 1단계

연구자는 자기존중감(X)과 삶의 만족도(Z)의 상관계수(r_{XZ}), 자기효능감(Y)과 삶의 만족도(Z)의 상관계수(r_{YZ}), 자기존중감(X)과 자기효능감(Y)의 상관계수(r_{XY})를 산출한다. 그 결과, r_{XZ}는 .68이고, r_{YZ}는 .09이며, r_{XY}는 .23이다.

㉡ 2단계

연구자는 다음의 공식을 이용해서 자기존중감(X)과 삶의 만족도(Z) 간의 표준화된 회귀계수(β_X)와 자기효능감(Y)과 삶의 만족도(Z) 간의 표준화된 회귀계수(β_Y)를 산출한다. 그 결과, β_X는 .69이고, β_Y는 -.07이다.

$$\beta_X = \frac{r_{XZ} - r_{YZ} r_{XY}}{1 - r^2_{XY}}$$

$$\beta_Y = \frac{r_{YZ} - r_{XZ} r_{XY}}{1 - r^2_{XY}}$$

더 알아두기

단순 회귀분석에서 독립변인과 종속변인 간의 표준화된 회귀계수(β)는 두 변인 간의 피어슨 상관계수(r)와 동일하다. 그러나 중다 회귀분석에서 각 독립변인과 종속변인 간의 β값은 각 독립변인과 종속변인 간의 r값과 다르다. 그 이유는 중다 회귀분석에서 β값은 여러 독립변인이 함께 종속변인에 미치는 영향력을 고려해서 산출하기 때문이다.
예를 들어, [표 5-9]의 자료에서 β_X는 .69인데, r_{XZ}는 .68이고, β_Y는 −.07인데 r_{YZ}는 .09이다. 독립변인인 X와 종속변인인 Z 간의 표준화된 회귀계수인 β_X는 다른 독립변인인 Y가 종속변인인 Z에 미치는 영향을 배제한 상태에서 X가 Z에 미치는 독립적인 영향력을 보여준다. 반면 독립변인인 X와 종속변인인 Z 간의 피어슨 상관계수인 r_{XZ}는 다른 독립변인인 Y와 종속변인인 Z 간의 관련성이 X와 Z 간의 관련성에 혼입된 상태에서 X와 Z 간의 관련성을 보여준다.

㉢ 3단계

연구자는 자기존중감(X)의 표준편차(s_X), 자기효능감(Y)의 표준편차(s_Y), 삶의 만족도(Z)의 표준편차(s_Z)를 구한다. 그 결과, s_X는 1.32이고, s_Y는 .95이며, s_Z는 1.25이다.

㉣ 4단계

연구자는 다음의 공식을 이용해서 자기존중감(X)과 삶의 만족도(Z) 간의 기울기(b_X)와 자기효능감(Y)과 삶의 만족도(Z) 간의 기울기(b_Y)를 산출한다. 그 결과, b_X는 .65이고, b_Y는 −.09이다.

$$b_X = \left(\frac{s_Z}{s_X}\right) \times \beta_X$$

$$b_Y = \left(\frac{s_Z}{s_Y}\right) \times \beta_Y$$

㉤ 5단계

연구자는 다음의 공식을 이용해서 절편(a)을 산출한다. 그 결과, a는 1.16이다.

$$a = \overline{X}_Z - (b_X \times \overline{X}_X) - (b_Y \times \overline{X}_Y)$$

여기서 $\overline{X}_Z$는 삶의 만족도(Z)의 평균값(3.00)을, $\overline{X}_X$는 자기존중감(X)의 평균값(3.20)을, $\overline{X}_Y$는 자기효능감(Y)의 평균값(2.70)을 나타낸다.

이상의 과정을 모두 거친 후 산출된 중다 회귀식은 다음과 같다.

$$Z = 1.16 + (.65 \times X) + (-.09 \times Y)$$

② 회귀식의 검증

연구자가 2개의 독립변인의 변화가 1개의 종속변인의 변화를 어느 정도로 예측하는지를 검증하기 위해서, 다음의 절차를 실시한다.

㉠ 1단계

연구자는 중다 회귀식과 관련된 영가설을 다음과 같이 설정한다.

$$H_0 : R^2 = 0$$

이때 R^2은 다음의 공식으로 산출한다. 그 결과, R^2은 .46이다.

$$R^2 = (\beta_X \times r_{XZ}) + (\beta_Y \times r_{YZ})$$

㉡ 2단계

영가설의 기각 여부를 결정하기 위해서, 연구자는 다음의 공식을 이용해서 F값을 산출한다. 그 결과, F값은 3.01이다.

$$F = \frac{\frac{SS_{regression}}{k - 1}}{\frac{SS_{residual}}{N - k}}$$

여기서 $SS_{regression}$은 회귀 자승화를, 'k − 1'은 회귀 자유도를, $SS_{residual}$은 잔차 자승화를, 'N − k'는 잔차 자유도를 나타낸다. k는 총 변인의 수이며, N은 연구대상의 수이다.

㉢ 3단계

연구자는 회귀 자유도(F값 산출 공식의 분자, '3 − 1 = 2'), 잔차 자유도(F값 산출 공식의 분모, '10 − 3 = 7') 및 유의도 수준(.05)을 고려해서 F분포에서 임계값을 찾는다. 그 결과, 임계값은 4.74이다.

㉣ 4단계

연구자는 2단계에서 산출한 F값인 3.01이 3단계에서 확인한 임계값인 4.74보다 작기 때문에 영가설을 수용한다. 따라서 연구자는 표본에서 얻은 회귀식이 모집단에서 독립변인의 변화가 종속변인의 변화를 전혀 예측하지 못한다는 결론을 내린다.

③ 개별 회귀계수의 검증

㉠ 1단계

자기존중감(X)과 삶의 만족도(Z) 간 그리고 자기효능감(Y)과 삶의 만족도(Z) 간 회귀계수에 대한 2개의 영가설을 다음과 같이 설정한다.

- H_{0-1} : 모집단의 자기존중감과 삶의 만족도 간 회귀계수 = 0
- H_{0-2} : 모집단의 자기효능감과 삶의 만족도 간 회귀계수 = 0

㉡ 2단계

다음의 공식을 이용해서, 각 회귀계수와 관련된 t값을 산출한다.

ⓐ 자기존중감(X)과 삶의 만족도(Z) 간의 회귀계수와 관련된 t값 산출

$$SE_{b_X} = \frac{\sqrt{\frac{\Sigma(Z-\hat{Z})^2}{N-k}}}{\sqrt{\Sigma(X-\overline{X}_X)^2}}$$

$$t_X = \frac{b_X}{SE_{b_X}}$$

여기서 SE_{b_X} 는 자기존중감(X)과 삶의 만족도(Z) 간의 회귀계수의 표준오차를, Z는 삶의 만족도(Z) 점수를, $\hat{Z}$는 회귀식으로 예측된 삶의 만족도 점수를, N은 연구대상의 수를, k는 총 변인의 수를, X는 자기존중감(X) 점수를, $\overline{X}_X$는 자기존중감(X) 평균값을, b_X는 자기존중감(X)과 삶의 만족도(Z) 간의 회귀계수를 나타낸다. 그 결과, t_X값은 2.43이다.

ⓑ 자기효능감(Y)과 삶의 만족도(Z) 간의 회귀계수와 관련된 t값 산출

$$SE_{b_Y} = \frac{\sqrt{\frac{\Sigma(Z-\hat{Z})^2}{N-k}}}{\sqrt{\Sigma(Y-\overline{X}_Y)^2}}$$

$$t_Y = \frac{b_Y}{SE_{b_Y}}$$

여기서 SE_{b_Y} 는 자기효능감(Y)과 삶의 만족도(Z) 간의 회귀계수의 표준오차를, Z는 삶의 만족도(Z) 점수를, $\hat{Z}$는 회귀식으로 예측된 삶의 만족도 점수를, N은 연구대상의 수를, k는 총 변인의 수를, Y는 자기효능감(Y) 점수를, $\overline{X}_Y$는 자기효능감(Y) 평균값을, b_Y는 자기효능감(Y)과 삶의 만족도(Z) 간의 회귀계수를 나타낸다. 그 결과, t_Y값은 −.23이다.

㉢ 3단계

연구자는 자유도('N − k'), 검증 방향(양방 검증) 및 유의도 수준(.05)을 고려해서 t분포에서 임계값을 찾는다. 그 결과, 임계값은 2.365이다.

㉣ 4단계

연구자는 산출한 t_X값과 t_Y값 각각이 임계값보다 큰 경우(vs 작은 경우), 각 영가설을 기각한다(vs 수용한다).

ⓐ 2단계에서 산출한 t_X값인 2.43은 3단계에서 확인한 임계값인 2.365보다 크기 때문에 첫 번째 영가설(H_{0-1})은 기각된다. 따라서 연구자는 표본에서 얻은 회귀계수(b_X)인 2.43이 0에서 충분히 멀어서, 모집단의 회귀계수가 0이 될 가능성이 낮다는 결론을 내린다.

ⓑ 2단계에서 산출한 t_Y값(−.23)의 절댓값인 .23은 3단계에서 확인한 임계값인 2.365보다 작기 때문에 두 번째 영가설(H_{0-2})은 수용된다. 따라서 연구자는 표본에서 얻은 회귀계수(b_Y)인 −.23이 0에서 충분히 멀지 않아서, 모집단의 회귀계수가 0이 될 가능성이 높다는 결론을 내린다.

더 알아두기

일반적으로 중다 회귀분석에서 회귀식에 대한 검증 결과로 영가설이 수용되면, 개별 회귀계수에 대한 검증은 의미가 있는 결과를 제공하지 못하기 때문에 실시하지 않는다.

더 알아두기

연구자는 명명척도로 측정한 독립변인을 **가변인**(dummy variable)으로 바꾸어서, 단순 회귀분석이나 중다 회귀분석을 실시할 수 있다. 명명척도로 측정한 독립변인을 가변인으로 바꾸는 방법은 다음과 같다.

- 1단계 : 연구자는 명명척도의 '범주 수 − 1'개의 열(column)을 만든다. 각 열은 명명척도의 범주를 구분하는 가변인에 해당한다.
- 2단계 : 1단계에서 만든 각 가변인이 서로 구분이 되도록 연구자는 각 가변인 열에 1개의 1과 여러 개의 0을 할당한다.
- 3단계 : 자료에서 연구대상이 답한 명명척도의 범주를 2단계에서 할당한 가변인들의 0과 1로 바꾼다. 회귀분석에서 이 가변인들이 독립변인으로 이용된다.

예를 들어, 어떤 연구자가 연구대상의 종교(명명척도)를 기독교, 천주교, 불교 및 기타의 범주로 측정하였다. 이 경우, 연구자는 3개의 열('4 − 1')을 만든다. 각 열은 가변인 1, 가변인 2, 가변인 3에 해당한다. 연구자는 기독교 범주와 다른 종교 범주를 구분하는 가변인 1 열에는 1, 0, 0, 0을 할당한다. 또한 연구자는 천주교 범주와 다른 종교 범주를 구분하는 가변인 2 열에는 0, 1, 0, 0을 할당하고, 불교 범주와 다른 종교 범주를 구분하는 가변인 3 열에는 0, 0, 1, 0을 할당한다. 그 결과는 [표 5-10]과 같다.

[표 5-10] 가변인 변환

범주	가변인 1	가변인 2	가변인 3
기독교	1	0	0
천주교	0	1	0
불교	0	0	1
기타	0	0	0

[표 5-10]을 이용해서 연구대상의 자료를 가변인으로 변환한 예는 [표 5-11]과 같다.

[표 5-11] 가변인 변환 후 자료 정리 결과

연번	연구대상이 응답한 범주	가변인 1	가변인 2	가변인 3
1	기독교	1	0	0
2	기타	0	0	0
3	기독교	1	0	0
4	불교	0	0	1
5	천주교	0	1	0
⋮	⋮	⋮	⋮	⋮

4 χ^2 검증 중요 ★★

(1) 분석 목적

연구자가 특정 변인의 결과가 다른 변인의 결과에 의존하고 있는지를 알고자 할 때, **χ^2 검증**을 실시한다. χ^2 검증은 비모수검증 방법이다.

(2) 적용 조건

① **변인의 수**

2개의 변인

② **변인의 측정 방법**

2개의 변인은 명명척도로 측정된다.

(3) 검증절차

χ^2 값의 검증절차는 본 도서의 제3편 제2장에 소개했기 때문에 여기서 추가로 설명하지 않는다.

5 스피어만 상관분석(Spearman correlation analysis)

(1) 분석 목적

연구자가 서열척도로 측정한 2개의 변인 간 상관관계를 알고자 할 때 **스피어만 상관분석**을 실시한다. 스피어만 상관분석은 비모수검증 방법으로, 모수검증 방법인 피어슨 상관분석에 대응되는 자료 분석 방법이다. 스피어만 상관분석을 스피어만 등위 상관(Spearman's rank correlation)분석이라고도 한다.

(2) 적용 조건

① **변인의 수**

2개의 변인

② **변인의 측정 방법**

2개의 변인은 서열척도로 측정된다.

(3) 검증논리와 검증절차

예를 들어, 어떤 연구자가 학급 석차(X_1)와 학교생활 만족도 순위(X_2) 간의 관련성을 알고자 한다. 이에 연구자는 10명의 고등학생을 대상으로 [표 5-12]의 1~3열의 결과를 얻었다.

[표 5-12] 스피어만 상관 산출 과정

연번	X_1(단위 : 석차)	X_2(단위 : 순위)	$X_1 - X_2$	$(X_1 - X_2)^2$
1	4	1	3	9
2	2	6	−4	16
3	8	2	6	36
4	1	7	−6	36
5	9	8	1	1
6	5	3	2	4
7	3	5	−2	4
8	6	4	2	4
9	10	9	1	1
10	7	10	−3	9
				$\Sigma(X_1 - X_2)^2 = 120$

① **검증논리**

스피어만 상관분석에서, 연구자는 각 연구대상에게 얻은 첫 번째 순위 점수(X_1, 학급 석차)와 두 번째 순위 점수(X_2) 간의 차이가 얼마나 큰지를 확인해서, 각 연구대상에게 얻은 2개의 순위 점수 간 상관관계를 알아본다.

② **검증절차**

㉠ 1단계

연구자는 스피어만 상관계수와 관련된 영가설을 다음과 같이 설정한다.

> H_0 : 모집단에서 학급 석차와 학교생활 만족도 순위 간 상관계수 = 0

㉡ 2단계

연구자는 학습 석차(X_1)와 학교생활 만족도 순위(X_2) 간의 편차($X_1 - X_2$)를 구한다.

㉢ 3단계

연구자는 학급 석차(X_1)와 학교생활 만족도 순위(X_2) 간의 편차를 제곱한 값을 모두 더한다('$\Sigma(X_1 - X_2)^2$'). 즉, 학급 석차(X_1)와 학교생활 만족도 순위(X_2)의 자승화를 구한다.

㉣ 4단계

연구자는 다음의 공식을 이용해서 스피어만 상관계수(r_s)를 산출한다. 그 결과, 스피어만 상관계수는 .27이다.

$$r_s = 1 - \frac{6\Sigma(X_1 - X_2)^2}{N(N^2 - 1)}$$

여기서 N은 연구대상의 수를 나타낸다.

㉤ 5단계

연구자는 연구대상 수, 유의도 수준 및 검증 방향을 고려해서, 스피어만 상관표(Google에서 'spearman correlation table'로 검색하면 찾을 수 있음)에서 임계값을 찾는다. 스피어만 상관표에서 10명의 연구대상, .05 유의도 수준 및 양방 검증에 해당하는 임계값은 .648이다.

㉥ 6단계

4단계에서 얻은 스피어만 상관계수(.27)와 5단계에서 얻은 임계값(.648)을 비교해서 영가설 기각 여부를 결정한다. 이때 .27이 .648보다 작기 때문에 영가설은 수용된다. 따라서 연구자는 고등학생의 학습 석차와 학교생활 만족도 순위 간 관련성이 없다는 결론을 내린다.

제 2 절 차이연구의 분석 방법

차이연구의 목적은 연구자가 한 변인의 서로 다른 수준에 따라서 다른 변인의 변화에 차이가 있는지를 알아보는 것이다.

1 독립표본 t검증(independent-samples t test) 중요 ★★★

(1) 분석 목적

연구자가 2개의 독립된 표본에서 얻은 자료의 평균값을 비교할 때, **독립표본 t검증**을 실시한다. 독립표본 t검증은 모수검증 방법이다.

(2) 적용 조건

① 변인의 수

1개의 독립변인의 2개 수준(예 표본 1 vs 표본 2)과 1개의 종속변인

② 변인의 측정 방법

1개의 독립변인의 2개 수준은 명명척도로 배정되고, 1개의 종속변인은 등간척도나 비율척도로 측정된다.

(3) 검증절차

예를 들어, 어떤 연구자가 고등학생의 성별(명명척도로 배정된 일종의 독립변인이며, 남녀라는 2개 수준임)에 따라서 언어능력(종속변인)의 차이가 있는지를 알고자 한다. 이에 연구자는 남자 고등학생 10명(X_1)과 여자 고등학생 10명(X_2)을 대상으로 1~10점 범위의 언어능력검사를 실시해서, [표 5-13]과 같은 결과를 얻었다. 이때 남자 고등학생 표본과 여자 고등학생 표본은 서로 독립된 표본이다.

[표 5-13] 자료 수집 결과

※ 단위 : 점

연번	1	2	3	4	5	6	7	8	9	10
남자 고등학생(X_1)	3	6	4	5	5	7	6	2	10	2
여자 고등학생(X_2)	4	5	6	3	5	8	4	7	8	1

① 1단계

연구자는 영가설을 설정한다. 이때 영가설은 '남자 고등학생 모집단의 언어능력검사 평균값과 여자 고등학생 모집단의 언어능력검사 평균값은 같다.'이다.

H_0 : 남자 고등학생 모집단의 언어능력검사 평균값
= 여자 고등학생 모집단의 언어능력검사 평균값

② 2단계

연구자는 남자 고등학생의 언어능력검사 평균값($\overline{X}_1$ = 5.00)과 분산(s_1^2 = 6.00) 그리고 여자 고등학생의 언어능력검사 평균값($\overline{X}_2$ = 5.10)과 분산(s_2^2 = 4.99)을 산출한다.

③ 3단계

연구자는 다음의 공식을 이용해서 t값을 산출한다. 그 결과, t값은 -.10이다.

$$t = \frac{\overline{X}_1 - \overline{X}_2}{\sqrt{\frac{s_1^2}{n_1} + \frac{s_2^2}{n_2}}}$$

여기서 n_1은 남자 고등학생 표본에 속한 연구대상의 수(10명)를, n_2는 여자 고등학생 표본에 속한 연구대상의 수(10명)를 나타낸다. 개념적으로, t값을 산출하는 공식에서 분자는 남녀 고등학생 표본의 언어능력검사 평균값의 차이값이며, 분모는 남녀 고등학생 표본의 언어능력검사의 분산성(variability)에 해당한다. 따라서 두 독립표본의 자료 분산성 대비 두 독립표본의 자료 평균값 차이의 비율이 t값이다.

④ **4단계**

연구자는 t분포에서 자유도, 유의도 수준 및 검증 방향에 해당하는 임계값을 찾는다. 이때 자유도는 '$n_1 - 1 + n_2 - 1$'로 산출해서 18이다. t분포에서 18 자유도, .05 유의도 수준 및 양방 검증에 해당하는 임계값은 2.101이다.

⑤ **5단계**

연구자는 3단계에서 얻은 t값(-.10)의 절댓값(.10)과 4단계에서 얻은 임계값(2.101)을 비교해서 영가설 기각 여부를 결정한다. 이때 .10이 2.101보다 작기 때문에 영가설은 수용된다. 따라서 연구자는 고등학생의 성별에 따라서 언어능력검사 점수의 차이가 없다는 결론을 내린다.

2 대응표본 t검증(paired-sample t test, matched-pairs t test) 중요 ★★

(1) 분석 목적

연구자가 1개의 표본에서 2번 측정해서 얻은 자료의 평균값을 비교하거나, 서로 관련된 2개의 대응표본(matched samples, 예 부모-자녀, 남편-아내)에서 얻은 자료의 평균값을 비교할 때 **대응표본 t검증**을 실시한다. 대응표본 t검증은 모수검증 방법이다.

(2) 적용 조건

① **변인의 수**

1개 독립변인의 2개 수준(측정 1 vs 측정 2 또는 대응표본 1 vs 대응표본 2)과 1개의 종속변인

② **변인의 측정 방법**

1개 독립변인의 2개 수준은 명명척도로 배정되고, 1개의 종속변인은 등간척도나 비율척도로 측정된다.

(3) 검증절차

예를 들어, 어떤 연구자가 자부심 소구 헌혈광고와 공감 소구 헌혈광고(독립변인이며, 헌혈광고가 두 종류이기 때문에 2개 수준임) 간 헌혈의향(종속변인) 제고에 미치는 영향의 차이를 알고자 한다. 이에 연구자는 10명의 연구대상에게 먼저 자부심 소구 헌혈광고를 보여주고 연구대상의 헌혈의향을 측정하고(측정 1), 이후 공감 소구 헌혈광고를 보여주고 연구대상의 헌혈의향을 측정했다(측정 2). 그 결과, [표 5-14]의 자료를 얻었다.

[표 5-14] 자료 수집 결과

※ 단위 : 점

연번	1	2	3	4	5	6	7	8	9	10
자부심 소구 헌혈광고 노출 조건의 헌혈의향 (측정 1)	3	6	4	5	5	7	6	2	10	2
공감 소구 헌혈광고 노출 조건의 헌혈의향 (측정 2)	4	5	6	3	5	8	4	7	8	1
측정 1과 측정 2 간 헌혈의향 차이값(D)	−1	1	−2	2	0	−1	2	−5	2	1

① **1단계**

연구자는 영가설을 설정한다. 이때 영가설은 '모집단에서 자부심 소구 헌혈광고 노출 조건의 헌혈의향 평균값(측정 1의 평균값)과 공감 소구 헌혈광고 노출 조건의 헌혈의향 평균값(측정 2의 평균값) 간의 차이가 없다.'이다.

H_0 : 모집단의 측정 1의 헌혈의향 평균값과
모집단의 측정 2의 헌혈의향 평균값 간의 차이 = 0

② **2단계**

연구자는 측정 1에서 얻은 표본의 헌혈의향 점수와 측정 2에서 얻은 표본의 헌혈의향 점수 간의 차이값(D)을 산출한다([표 5-14] 참조). 이후 연구자는 D의 평균값(−.10, $\overline{D}$)과 표준편차(2.23)를 산출한다.

③ **3단계**

연구자는 다음의 공식을 이용해서 $s_{\overline{D}}$값을 산출한다. 그 결과, $s_{\overline{D}}$값은 .71이다.

$$s_{\overline{D}} = \frac{s_D}{\sqrt{N}}$$

여기서 s_D는 측정 1의 점수와 측정 2의 점수 간 차이값의 표준편차를, N은 연구대상의 수를 나타낸다.

이후 연구자는 다음의 공식을 이용해서 t값을 산출한다. 그 결과, t값은 −.14이다.

$$t = \frac{\overline{D}}{s_{\overline{D}}}$$

여기서 $\overline{D}$는 측정 1의 점수와 측정 2의 점수 간 차이값의 평균값을, $s_{\overline{D}}$는 이 평균값의 표준편차를 나타낸다. t값을 산출하는 공식에서 분자는 측정 1의 점수와 측정 2의 점수 간 차이값의 평균값이며, 분모는 이 평균값의 표준편차이다. 개념적으로, 두 점수 간 차이값의 평균값의 분산성 대비 두 점수 간 차이값의 평균값의 비율이 t값이다.

④ **4단계**

연구자는 t분포에서 자유도, 유의도 수준 및 검증 방향에 해당하는 임계값을 찾는다. 이때 자유도는 'N - 1'로 산출해서 9이다. t분포에서 9 자유도, .05 유의도 수준 및 양방 검증에 해당하는 임계값은 2.262이다.

⑤ **5단계**

연구자는 3단계에서 얻은 t값(-.14)의 절댓값(.14)과 4단계에서 얻은 임계값(2.262)을 비교해서 영가설 기각 여부를 결정한다. 이때 .14가 2.262보다 작기 때문에 영가설은 수용된다. 따라서 연구자는 자부심 소구 헌혈광고와 공감 소구 헌혈광고 간 헌혈의향 제고에 미치는 차이는 없다는 결론을 내린다.

3 일원분산분석(one-way ANOVA, one-factor ANOVA) 중요 ★★★

(1) 분석 목적

연구자는 피험자 간 설계(between-subjects design)로 얻은 자료를 대상으로 일원분산분석을 실시한다. 구체적으로, 연구자가 1개의 독립변인의 2개 이상의 수준에 해당하는 서로 다른 2개 이상의 표본(집단)에서 얻은 종속변인의 평균값을 비교할 때, **일원분산분석**을 실시한다. 일원분산분석은 모수검증 방법이다.

(2) 적용 조건

① **변인의 수**

1개 독립변인의 2개 이상의 수준과 1개의 종속변인

② **변인의 측정 방법**

1개 독립변인의 2개 이상의 수준은 명명척도로 배정되고, 1개의 종속변인은 등간척도나 비율척도로 측정된다.

(3) 검증논리와 검증절차

예를 들어, 어떤 연구자가 광고모델의 시선 방향(독립변인)의 종류 간 광고모델 매력도(종속변인)의 차이가 있는지를 알고자 한다. 이에 연구자는 3개의 집단 각각에 정면을 응시하는 광고모델 광고(집단 1, X_1), 좌측을 응시하는 광고모델 광고(집단 2, X_2), 우측을 응시하는 광고모델 광고(집단 3, X_3) 각각을 보여주고 3개 집단의 광고모델 매력도를 측정하였다. 그 결과, [표 5-15]의 1~4열의 자료를 얻었다.

[표 5-15] 자승화 산출 과정

연번	X_1 (단위 : 점)	X_2 (단위 : 점)	X_3 (단위 : 점)	$X_1 - \overline{X}_{전체}$	$X_2 - \overline{X}_{전체}$	$X_3 - \overline{X}_{전체}$	$(X_1 - \overline{X}_{전체})^2$	$(X_2 - \overline{X}_{전체})^2$	$(X_3 - \overline{X}_{전체})^2$
1	6	2	3	2.63	−1.37	−.37	6.92	1.88	.14
2	5	3	2	1.63	−.37	−1.37	2.66	.14	1.88
3	4	1	2	.63	−2.37	−1.37	.40	5.62	1.88
4	3	4	2	−.37	.63	−1.37	.14	.40	1.88
5	5	3	1	1.63	−.37	−2.37	2.66	.14	5.62
6	6	5	2	2.63	1.63	−1.37	6.92	2.66	1.88
7	7	4	3	3.63	.63	−.37	13.18	.40	.14
8	3	2	5	−.37	−1.37	1.63	.14	1.88	2.66
9	4	2	3	.63	−1.37	−.37	.40	1.88	.14
10	6	1	2	2.63	−2.37	−1.37	6.92	5.62	1.88
	ΣX_1 = 49, $\overline{X}_1$ = 4.90	ΣX_2 = 27, $\overline{X}_2$ = 2.70	ΣX_3 = 25, $\overline{X}_3$ = 2.50				$\Sigma(X_1 - \overline{X}_{전체})^2$ = 40.31	$\Sigma(X_2 - \overline{X}_{전체})^2$ = 20.59	$\Sigma(X_3 - \overline{X}_{전체})^2$ = 18.07

① 검증논리

3개 집단의 광고모델 매력도(X_1, X_2, X_3)를 산포도로 그리면, [그림 5-8]과 같다.

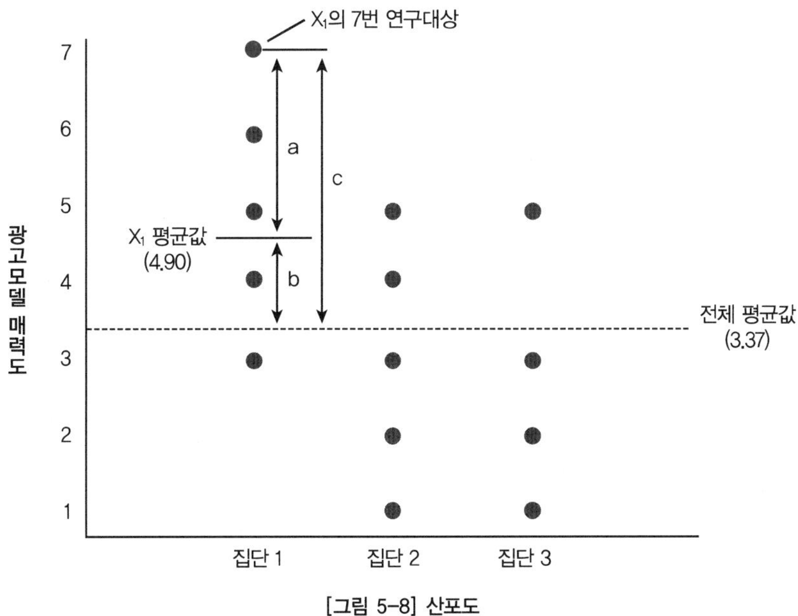

[그림 5-8] 산포도

[그림 5-8]에서 집단 1의 7번 연구대상이 평가한 광고모델 매력도는 7점이다(남색 점). 이 7점과 전체 평균값(3개 집단의 광고모델 매력도 모두를 평균한 값)인 3.37 간의 차이(3.63)는 전체 분산성이다. **전체 분산성**은 다음과 같이 세분화된다. 전체 분산성은 [그림 5-8]의 c이다.

㉠ 집단 간 분산성

집단 간 분산성은 집단 1의 평균값(4.90)과 전체 평균값(3.37) 간의 차이(1.53)를 말한다. 집단 간 분산성은 [그림 5-8]의 b이다.

㉡ 집단 내 분산성

집단 내 분산성은 7점과 집단 1의 평균값(4.90) 간의 차이(2.10)를 말한다. 집단 내 분산성은 오차에 해당한다. 집단 내 분산성은 [그림 5-8]의 a이다.

이처럼 연구자는 3개 집단에 속한 모든 연구대상의 집단 간 분산성과 집단 내 분산성을 구할 수 있다. 이후 연구자는 모든 연구대상의 집단 간 분산성을 합산하고, 모든 연구대상의 집단 내 분산성을 합한다. 모든 연구대상의 집단 간 분산성이 모든 연구대상의 집단 내 분산성(오차)보다 충분히 크면, 3개 집단의 평균값이 차이가 있다고 볼 수 있다.

② **검증절차**

㉠ 1단계

연구자는 영가설을 설정한다. 이때 영가설은 '집단 1의 모집단 평균값, 집단 2의 모집단 평균값 및 집단 3의 모집단 평균값의 차이는 없다.'이다.

H_0 : 집단 1의 모집단 평균값 = 집단 2의 모집단 평균값 = 집단 3의 모집단 평균값

㉡ 2단계

연구자는 각 집단의 평균값($\overline{X}_1$ = 4.90, $\overline{X}_2$ = 2.70, $\overline{X}_3$ = 2.50)과 모든 집단의 평균값($\overline{X}_{전체}$ = 3.37)을 산출한다.

㉢ 3단계

연구자는 모든 연구대상의 '$X-\overline{X}_{전체}$'를 산출한 후 이 값을 제곱해서 합산한다. 그 결과는 78.97이다. 이 값은 [그림 5-8]의 전체 분산성에 해당하는 전체 자승화($SS_{전체}$)이다. $SS_{전체}$의 산출 공식은 다음과 같다.

$$SS_{전체} = \Sigma(X-\overline{X}_{전체})^2$$

㉣ 4단계

연구자는 각 집단의 평균값($\overline{X}_1$, $\overline{X}_2$, $\overline{X}_3$)에서 전체 평균값($\overline{X}_{전체}$)을 뺀 후 제곱한다. 이후 연구자는 이 값들을 모두 합산한 후 n(한 집단의 연구대상 수인 10)을 곱한다. 그 결과는 35.47이다. 이 값이 [그림 5-8]의 집단 간 분산성에 해당하는 집단 간 자승화($SS_{집단\ 간}$)이다. $SS_{집단\ 간}$의 산출 공식은 다음과 같다.

$$SS_{집단\ 간} = n \times \sum(\overline{X} - \overline{X}_{전체})^2$$

ⓜ 5단계

연구자는 전체 자승화에서 집단 간 자승화를 뺀 값('$SS_{전체}$ − $SS_{집단\ 간}$')을 산출한다. 그 결과는 43.50이다. 이 값이 [그림 5-8]의 집단 내 분산성에 해당하는 집단 내 자승화($SS_{집단\ 내}$)이다.

ⓑ 6단계

연구자는 다음의 공식들을 이용해서 F값을 산출한다. 그 결과, F값은 11.01이다.

$$F = \frac{\frac{SS_{집단\ 간}}{k-1}}{\frac{SS_{집단\ 내}}{N-k}}$$

여기서 k는 집단의 수를, N은 전체 연구대상의 수를 나타낸다. 'k − 1'은 $SS_{집단\ 간}$의 자유도이며, 'N − k'는 $SS_{집단\ 내}$의 자유도이다.

ⓢ 7단계

연구자는 F분포에서 $SS_{집단\ 간}$의 자유도, $SS_{집단\ 내}$의 자유도 및 유의도 수준에 해당하는 임계값을 찾는다. 이때 $SS_{집단\ 간}$의 자유도(분자)는 2이며, $SS_{집단\ 내}$의 자유도(분모)는 27이다. F분포에서 2(분자)와 27(분모) 자유도 및 .05 유의도 수준에 해당하는 임계값은 약 3.355이다.

ⓞ 8단계

연구자는 6단계에서 얻은 F값(11.01)과 7단계에서 얻은 임계값(3.355)을 비교해서 영가설 기각 여부를 결정한다. 이때 11.01이 3.355보다 크기 때문에 영가설은 기각된다. 따라서 연구자는 광고모델의 시선 방향의 종류 간 광고모델 매력도가 차이가 있다는 결론을 내린다.

더 알아두기 중요 ★

독립변인의 수준이 3개(A, B, C)인 경우, 연구자는 일원분산분석을 한 번만 실시한다. 그런데 연구자가 일원분산분석을 실시하지 않고, 한 연구에서 독립변인 수준의 A-B쌍, A-C쌍, B-C쌍 각각에 대해서 독립표본 t검증을 3번 실시하면, 1종 오류가 증가한다.

연구자가 1종 오류의 발생 확률을 .05(5%)로 예상한다면, 1종 오류가 발생하지 않을 확률은 .95(95%)이다. 즉, '1종 오류가 발생할 확률 = 1 − 1종 오류가 발생하지 않을 확률'이다. 연구자가 독립변인 수준인 A, B, C를 대상으로 일원분산분석을 한 번만 실시하는 경우, 1종 오류가 발생하지 않을 확률은 .95이고 1종 오류가 발생할 확률은 .05이다. 그러나 연구자가 독립변인 수준의 A-B쌍, A-C쌍, B-C쌍 각각에 대해서 독립표본 t검증을 3번 실시하면, 1종 오류가 발생하지 않을 확률은 .86('.95 × .95 × .95')으로 감소한다. 따라서 1종 오류가 발생할 확률은 .14('1 − .86')로 증가한다. 이와 같은 이유로 연구자는 한 연구에서 여러 번의 독립표본 t검증을 실시하지 않고, 일원분산분석을 한 번만 실시한다.

4 이원분산분석(two-way ANOVA, two-factor ANOVA) 중요 ★★★

(1) 분석 목적

연구자는 요인설계로 얻은 자료를 대상으로 이원분산분석을 실시한다. 구체적으로, 연구자가 2개 이상의 독립변인 각각의 2개 이상의 수준에 해당하는 서로 다른 4개 이상의 표본에서 얻은 종속변인의 평균값을 비교할 때 **이원분산분석**을 실시한다. 이원분산분석은 모수검증 방법이다.

(2) 적용 조건

① **변인의 수**

2개 이상의 독립변인 각각의 2개 이상의 수준과 1개의 종속변인

② **변인의 측정 방법**

2개 이상의 독립변인 각각의 2개 이상의 수준은 명명척도로 배정되고, 1개의 종속변인은 등간척도나 비율척도로 측정된다.

(3) 검증논리와 검증절차

예를 들어, 어떤 연구자가 헌혈광고의 소구 유형(자부심 소구 vs 공감 소구, 독립변인 1)과 연구대상의 성별(남성 vs 여성, 독립변인 2, 이하 '성별'로 줄여서 부름)이 헌혈의향(종속변인) 제고에 미치는 영향의 차이를 알고자 한다. 이에 연구자는 2(헌혈광고의 소구 유형 : 자부심 소구 vs 공감 소구) × 2(성별 : 남성 vs 여성) 집단을 구성한 후 각 집단에 5명의 연구대상을 배정하였다. 이후 연구자는 각 집단별로 각 집단에 해당하는 헌혈광고를 보여준 후 연구대상의 헌혈의향을 측정하였다. 그 결과, [표 5-16]의 자료를 얻었다.

[표 5-16] 자료 수집 결과

※ 단위 : 점

구분		헌혈광고의 소구 유형		평균값
		자부심	공감	
성별	남성	집단 1 : 3, 6, 4, 5, 5 ($\overline{X}_{집단1}$ = 4.60)	집단 2 : 4, 5, 6, 3, 5 ($\overline{X}_{집단2}$ = 4.60)	$\overline{X}_{남성}$ = 4.60
	여성	집단 3 : 7, 6, 2, 10, 2 ($\overline{X}_{집단3}$ = 5.40)	집단 4 : 8, 4, 7, 8, 1 ($\overline{X}_{집단4}$ = 5.60)	$\overline{X}_{여성}$ = 5.50
평균값		$\overline{X}_{자부심}$ = 5.00	$\overline{X}_{공감}$ = 5.10	$\overline{X}_{전체}$ = 5.05

① **검증논리**

2 × 2 요인설계는 2개의 주효과(헌혈광고의 소구 유형, 성별)와 1개의 상호작용(헌혈광고의 소구 유형 × 성별)에 관한 정보를 제공한다. 이때 연구대상의 종속변인(헌혈의향)의 전체 분산성은 다음과 같이 세분화된다.

전체 분산성 = 주효과 1(헌혈광고의 소구 유형)의 분산성 + 주효과 2(성별)의 분산성 + 상호작용 (헌혈광고의 소구 유형 × 성별)의 분산성 + 오차 분산성

2 × 2 요인설계에서 연구자는 다음과 같은 3개의 영가설을 설정하고 각 영가설의 기각 여부를 결정한다.

㉠ 주효과 1(main effect 1) : 헌혈광고의 소구 유형의 주효과

$H_{0-주효과\ 1}$: 자부심 소구 헌혈광고에 대한 모집단의 헌혈의향 평균값
= 공감 소구 헌혈광고에 대한 모집단의 헌혈의향 평균값

이 영가설의 기각 여부는 연구자가 자부심 소구 헌혈광고 집단의 헌혈의향 평균값($\overline{X}_{자부심}$)과 공감 소구 헌혈광고 집단의 헌혈의향 평균값($\overline{X}_{공감}$)이 4개 집단의 전체 평균값($\overline{X}_{전체}$)과 얼마나 큰 차이가 있는지를 확인해서 결정한다. 이 차이는 헌혈광고 소구 유형 분산성에 해당한다. 헌혈광고 소구 유형 분산성은 [그림 5-9]의 A에서 'a + b'이다. 이와 같은 헌혈광고 소구 유형 분산성이 오차 분산성에 비해서 매우 작으면, 영가설은 수용된다. 이 경우, 연구자는 자부심 소구 헌혈광고에 대한 모집단의 헌혈의향 평균값과 공감 소구 헌혈광고에 대한 모집단의 헌혈의향 평균값은 차이가 없다는 결론을 내린다.

㉡ 주효과 2(main effect 2) : 성별의 주효과

$H_{0-주효과\ 2}$: 남성 모집단의 헌혈의향 평균값 = 여성 모집단의 헌혈의향 평균값

이 영가설의 기각 여부는 연구자가 남성 집단의 헌혈의향 평균값($\overline{X}_{남성}$)과 여성 집단의 헌혈의향 평균값($\overline{X}_{여성}$)이 4개 집단의 전체 평균값($\overline{X}_{전체}$)과 얼마나 큰 차이가 있는지를 확인해서 결정한다. 이 차이는 성별 분산성에 해당한다. 성별 분산성은 [그림 5-9]의 B에서 'c + d'이다. 이와 같은 성별 분산성이 오차 분산성에 비해서 매우 작으면, 영가설은 수용된다. 이 경우, 연구자는 남성 모집단의 헌혈의향 평균값과 여성 모집단의 헌혈의향 평균값은 차이가 없다는 결론을 내린다.

㉢ 상호작용(interaction) : 헌혈광고의 소구 유형과 성별의 상호작용

$H_{0-상호작용}$: 모집단에서 집단 1과 집단 4의 헌혈의향 평균값
= 모집단에서 집단 2와 집단 3의 헌혈의향 평균값

이 영가설의 기각 여부는 연구자가 각 집단의 헌혈의향 평균값에서 주효과 1과 주효과 2의 영향을 제거한 후 얻은 최종 평균값이 4개 집단의 전체 평균값($\overline{X}_{전체}$)과 얼마나 큰 차이가 있는지를 확인해서 결정한다. 이 차이는 상호작용 분산성에 해당한다. 상호작용 분산성은 [그림 5-9]의 C에서 'e + f + g + h'이다. 상호작용 분산성이 오차 분산성에 비해서 매우 작으면, 영가설은 수용된다. 이 경우, 연구자는 헌혈광고의 소구 유형과 성별의 상호작용은 없다는 결론을 내린다. 이때 각 집단의 평균값에서 주효과 1과 주효과 2의 영향을 제거하기 위해서, 연구자는 각 집단별

로 '원 평균값 − 주효과 1의 영향 값 − 주효과 2의 영향 값'의 공식을 이용해서 각 집단별 상호작용의 평균값($\overline{X}_{상호작용}$)을 산출한다. 그 과정은 [표 5-17]과 같다.

[표 5-17] 각 집단의 원 평균값에서 주효과의 영향 제거

※ 단위 : 점

구분	집단 1	집단 2	집단 3	집단 4
원 평균값	4.60	4.60	5.40	5.60
주효과 1의 영향 값	−.05 ($\overline{X}_{자부심} - \overline{X}_{전체}$)	.05 ($\overline{X}_{공감} - \overline{X}_{전체}$)	−.05 ($\overline{X}_{자부심} - \overline{X}_{전체}$)	.05 ($\overline{X}_{공감} - \overline{X}_{전체}$)
주효과 2의 영향 값	−.45 ($\overline{X}_{남성} - \overline{X}_{전체}$)	−.45 ($\overline{X}_{남성} - \overline{X}_{전체}$)	.45 ($\overline{X}_{여성} - \overline{X}_{전체}$)	.45 ($\overline{X}_{여성} - \overline{X}_{전체}$)
상호작용 평균값 ($\overline{X}_{상호작용}$)	5.10	5.00	5.00	5.10

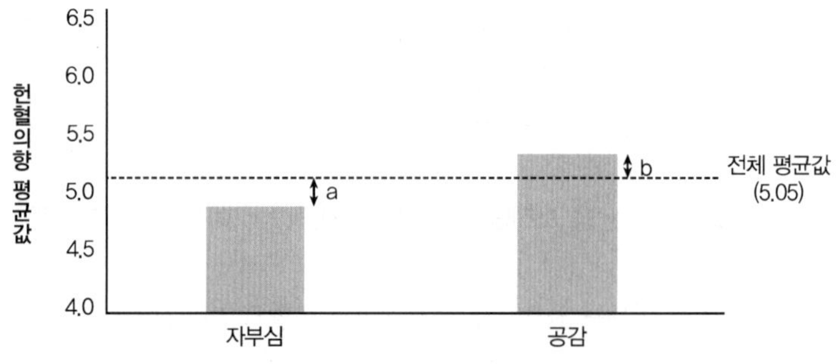

A. 헌혈 광고 소구 유형의 주효과

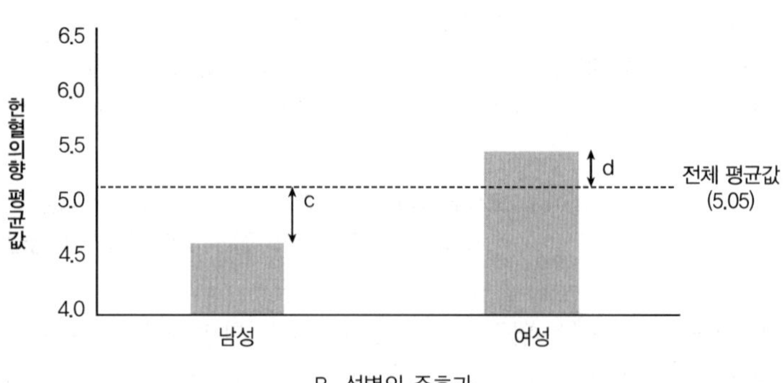

B. 성별의 주효과

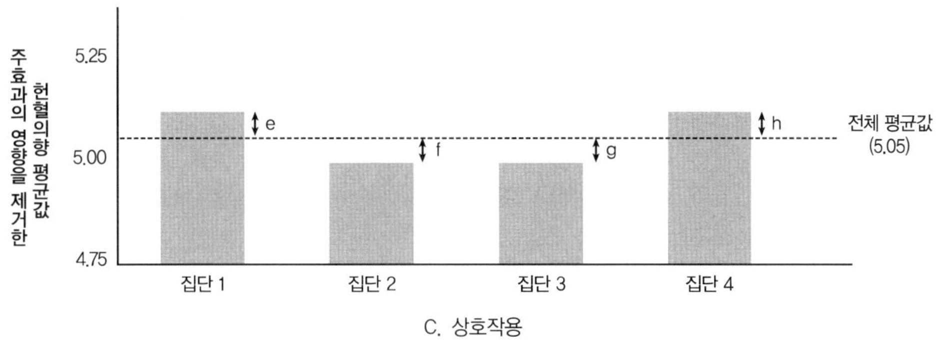

C. 상호작용

[그림 5-9] 주효과와 상호작용과 관련된 분산성

② 검증절차

㉠ 1단계

연구자는 다음과 같은 3개의 영가설을 설정한다.

- $H_{0-주효과\ 1}$: 자부심 소구 헌혈광고에 대한 모집단의 헌혈의향 평균값
  = 공감 소구 헌혈광고에 대한 모집단의 헌혈의향 평균값
- $H_{0-주효과\ 2}$: 남성 모집단의 헌혈의향 평균값
  = 여성 모집단의 헌혈의향 평균값
- $H_{0-상호작용}$: 모집단에서 집단 1의 조건과 집단 4의 조건의 헌혈의향 평균값
  = 모집단에서 집단 2의 조건과 집단 3의 조건의 헌혈의향 평균값

㉡ 2단계

연구자는 다음의 공식을 이용해서 헌혈광고 소구 유형 분산성에 해당하는 헌혈광고 소구 유형 자승화($SS_{소구}$)를 산출한다. 그 결과는 .05이다.

$$SS_{소구} = [n_1 \times (\overline{X}_{자부심} - \overline{X}_{전체})^2] + [n_2 \times (\overline{X}_{공감} - \overline{X}_{전체})^2]$$

여기서 n_1은 자부심 소구 헌혈광고 집단의 연구대상 수를, $\overline{X}_{자부심}$은 자부심 소구 헌혈광고 집단의 헌혈의향 평균값을, $\overline{X}_{전체}$는 전체 집단의 헌혈의향 평균값을, n_2는 공감 소구 헌혈광고 집단의 연구대상 수를, $\overline{X}_{공감}$은 공감 소구 헌혈광고 집단의 헌혈의향 평균값을 나타낸다.

㉢ 3단계

연구자는 다음의 공식을 이용해서 성별 분산성에 해당하는 성별 자승화($SS_{성별}$)를 산출한다. 그 결과는 4.05이다.

$$SS_{성별} = [n_1 \times (\overline{X}_{남성} - \overline{X}_{전체})^2] + [n_2 \times (\overline{X}_{여성} - \overline{X}_{전체})^2]$$

여기서 n_1은 남성 집단의 연구대상 수를, $\overline{X}_{남성}$은 남성 집단의 헌혈의향 평균값을, $\overline{X}_{전체}$는 전체 집단의 헌혈의향 평균값을, n_2는 여성 집단의 연구대상 수를, $\overline{X}_{여성}$은 여성 집단의 헌혈의향 평균값을 나타낸다.

㉣ 4단계

연구자는 다음의 공식을 이용해서 상호작용 분산성에 해당하는 상호작용 자승화($SS_{상호작용}$)를 산출한다. 그 결과는 .05이다.

$$SS_{상호작용} = n_3 \times \sum(\overline{X}_{상호작용} - \overline{X}_{전체})^2$$

여기서 n_3은 한 집단에 포함된 연구대상 수를, $\overline{X}_{상호작용}$은 [표 5-17]에서 얻은 각 집단별 상호작용 평균값을, $\overline{X}_{전체}$는 전체 집단의 헌혈의향 평균값을 나타낸다.

㉤ 5단계

연구자는 다음의 공식을 이용해서 오차 자승화($SS_{오차}$)를 산출한다. 오차 자승화는 일원분산분석의 집단 내 분산성에 해당한다. 그 결과는 94.80이다.

$$SS_{오차} = \sum(X_{집단1} - \overline{X}_{집단1})^2 + \sum(X_{집단2} - \overline{X}_{집단2})^2 + \sum(X_{집단3} - \overline{X}_{집단3})^2 + \sum(X_{집단4} - \overline{X}_{집단4})^2$$

여기서 $X_{집단1}$, $X_{집단2}$, $X_{집단3}$, $X_{집단4}$는 각 집단에 속한 각 연구대상의 헌혈의향 점수를, $\overline{X}_{집단1}$, $\overline{X}_{집단2}$, $\overline{X}_{집단3}$, $\overline{X}_{집단4}$는 각 집단의 헌혈의향 평균값을 나타낸다.

㉥ 6단계

연구자는 다음의 공식들을 이용해서 헌혈광고 소구 유형의 주효과, 성별의 주효과, 상호작용의 F값을 산출한다. 그 결과, $F_{소구}$값은 .01, $F_{성별}$값은 .68, $F_{상호작용}$값은 .01이다. 모든 F값을 산출하는 공식에서 주효과나 상호작용의 분산성이 오차의 분산성보다 커야만 F값이 커진다.

$$F_{소구} = \frac{\frac{SS_{소구}}{c - 1}}{\frac{SS_{오차}}{N - (c \times r)}}$$

$$F_{성별} = \frac{\frac{SS_{성별}}{r - 1}}{\frac{SS_{오차}}{N - (c \times r)}}$$

$$F_{상호작용} = \frac{\frac{SS_{상호작용}}{(c-1) \times (r-1)}}{\frac{SS_{오차}}{N-(c \times r)}}$$

여기서 c는 헌혈광고 소구 유형의 수를, r은 성별의 수를, N은 전체 연구대상의 수를 나타낸다. '$c-1$'은 $SS_{소구}$의 자유도이며, '$r-1$'은 $SS_{성별}$의 자유도이고, '$(c-1) \times (r-1)$'은 $SS_{상호작용}$의 자유도이며, '$N-(c \times r)$'은 $SS_{오차}$의 자유도이다.

ⓢ 7단계

연구자는 F분포에서 $SS_{소구}$의 자유도, $SS_{성별}$의 자유도, $SS_{상호작용}$의 자유도, $SS_{오차}$의 자유도 및 유의도 수준에 해당하는 임계값을 찾는다. 이때 $SS_{소구}$, $SS_{성별}$ 및 $SS_{상호작용}$의 자유도(분자)는 모두 1이며, $SS_{오차}$의 자유도(분모)는 16이다. F분포에서 1(분자)과 16(분모) 자유도 및 .05 유의도 수준에 해당하는 임계값은 모두 4.49이다.

ⓞ 8단계

연구자는 6단계에서 얻은 F값들(.01, .68, .01)과 7단계에서 얻은 임계값(4.49)을 비교해서 영가설 기각 여부를 결정한다. 이때 모든 F값들은 4.49보다 작기 때문에 3개의 영가설($H_{0-주효과\ 1}$, $H_{0-주효과\ 2}$, $H_{0-상호작용}$)은 모두 수용된다. 따라서 연구자는 헌혈광고의 소구 유형, 성별 및 헌혈광고의 소구 유형과 성별의 상호작용이 헌혈의향 제고에 미치는 영향이 없다는 결론을 내린다.

5 반복측정 분산분석(repeated-measures ANOVA) 중요 ★

(1) 분석 목적

연구자는 피험자 내 설계(within-subjects design)로 얻은 자료를 대상으로 반복측정 분산분석을 실시한다. 구체적으로, 연구자가 1개의 독립변인의 2개 이상의 수준에 반복해서 노출된 1개의 표본에서 얻은 종속변인의 평균값을 비교할 때 **반복측정 분산분석**을 실시한다. 반복측정 분산분석은 모수검증 방법이다.

(2) 적용 조건

① **변인의 수**

1개 독립변인의 2개 이상 수준(예 측정 1 vs 측정 2 vs 측정 3)과 1개의 종속변인

② **변인의 측정 방법**

1개 독립변인의 2개 이상의 수준은 명명척도로 배정되고, 1개의 종속변인은 등간척도나 비율척도로 측정된다.

(3) 검증논리와 검증절차

예를 들어, 어떤 연구자가 광고모델의 시선 방향(독립변인)의 종류 간 광고모델 매력도(종속변인)의 차이가 있는지를 알고자 한다. 이에 연구자는 1개 집단의 모든 연구대상에게 정면을 응시하는 광고모델 광고(측정 1, X_1), 좌측을 응시하는 광고모델 광고(측정 2, X_2), 우측을 응시하는 광고모델 광고(측정 3, X_3) 각각을 보여준 후 광고모델 매력도를 측정하였다. 그 결과, [표 5-18]의 1~4열의 자료를 얻었다.

[표 5-18] 자승화 산출 과정

연번	X_1 (단위 : 점)	X_2 (단위 : 점)	X_3 (단위 : 점)	$X_1 - \overline{X}_{전체}$	$X_2 - \overline{X}_{전체}$	$X_3 - \overline{X}_{전체}$	$\overline{X}_{연구대상}$	$\overline{X}_{연구대상} - \overline{X}_{전체}$
1	6	2	3	2.63	−1.37	−.37	3.67	.30
2	5	3	2	1.63	−.37	−1.37	3.33	−.04
3	4	1	2	.63	−2.37	−1.37	2.33	−1.04
4	3	4	2	−.37	.63	−1.37	3.00	−.37
5	5	3	1	1.63	−.37	−2.37	3.00	−.37
6	6	5	2	2.63	1.63	−1.37	4.33	.96
7	7	4	3	3.63	.63	−.37	4.67	1.30
8	3	2	5	−.37	−1.37	1.63	3.33	−.04
9	4	2	3	.63	−1.37	−.37	3.00	−.37
10	6	1	2	2.63	−2.37	−1.37	3.00	−.37
	$\Sigma X_1 = 49$, $\overline{X}_1 = 4.90$	$\Sigma X_2 = 27$, $\overline{X}_2 = 2.70$	$\Sigma X_3 = 25$, $\overline{X}_3 = 2.50$					

① **검증논리**

전체 분산성은 일원분산분석의 집단 간 분산성에 해당하는 측정 간 분산성과 집단 내 분산성으로 세분화된다. 반복측정 분산분석에서 1개의 표본(집단)에서 광고모델 매력도 점수를 얻었기 때문에, 집단 내 분산성은 연구대상 분산성(개별 연구대상의 특성 차이와 관련된 분산성)과 오차 분산성(측정 오차와 관련된 분산성)으로 나누어진다. 이들 분산성의 관계를 도식적으로 표현하면 [그림 5-10]과 같다.

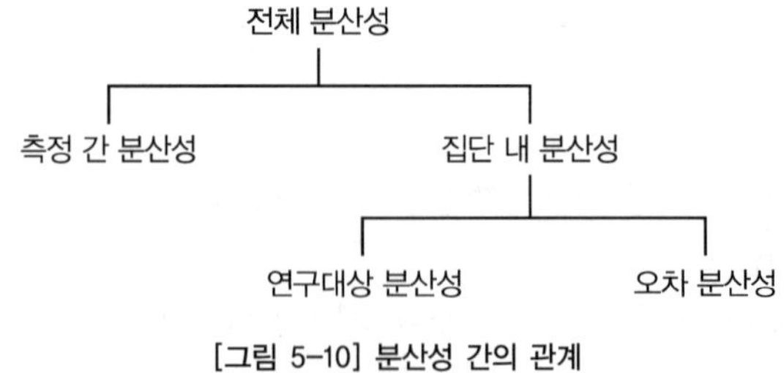

[그림 5-10] 분산성 간의 관계

측정 간 분산성이 오차 분산성보다 충분히 크면, 세 종류의 시선 방향(정면, 좌측, 우측)을 가진 광고모델의 광고에 대해서 3번에 걸쳐서 측정한 광고모델 매력도 점수 간 차이가 있다고 볼 수 있다.

② 검증절차

㉠ 1단계

연구자는 영가설을 설정한다. 이때 영가설은 '측정 1에서 얻은 모집단의 광고모델 매력도 평균값, 측정 2에서 얻은 모집단의 광고모델 매력도 평균값, 측정 3에서 얻은 모집단의 광고모델 매력도 평균값 간의 차이는 없다.'이다.

> H_0 : 측정 1에서 얻은 모집단의 광고모델 매력도 평균값
> = 측정 2에서 얻은 모집단의 광고모델 매력도 평균값
> = 측정 3에서 얻은 모집단의 광고모델 매력도 평균값

㉡ 2단계

연구자는 각 측정의 광고모델 매력도 평균값($\overline{X}_1$ = 4.90, $\overline{X}_2$ = 2.70, $\overline{X}_3$ = 2.50)과 전체 연구대상의 광고모델 매력도 평균값($\overline{X}_{전체}$ = 3.37)을 산출한다.

㉢ 3단계

연구자는 다음 공식을 이용해서 전체 분산성에 해당하는 전체 자승화($SS_{전체}$)를 산출한다. 그 결과는 78.97이다.

$$SS_{전체} = \Sigma(X - \overline{X}_{전체})^2$$

여기서 X는 각 연구대상의 광고모델 매력도 점수를, $\overline{X}_{전체}$는 전체 연구대상의 광고모델 매력도 평균값을 나타낸다.

㉣ 4단계

연구자는 다음의 공식을 이용해서 측정 간 분산성에 해당하는 측정 간 자승화($SS_{측정\ 간}$)를 산출한다. 그 결과는 35.47이다.

$$SS_{측정\ 간} = N \times [\Sigma(\overline{X}_1 - \overline{X}_{전체})^2 + \Sigma(\overline{X}_2 - \overline{X}_{전체})^2 + \Sigma(\overline{X}_3 - \overline{X}_{전체})^2]$$

여기서 N은 전체 연구대상의 수를, $\overline{X}_1$, $\overline{X}_2$, $\overline{X}_3$은 각 측정에서 얻은 광고모델 매력도 평균값을, $\overline{X}_{전체}$는 전체 연구대상의 광고모델 매력도 평균값을 나타낸다.

㉤ 5단계

연구자는 다음의 공식을 이용해서 연구대상 분산성에 해당하는 연구대상 자승화($SS_{연구대상}$)를 산출한다. 그 결과는 12.97이다.

$$SS_{연구대상} = w \times \Sigma(\overline{X}_{연구대상} - \overline{X}_{전체})^2$$

여기서 w는 측정 횟수를, $\overline{X}_{연구대상}$은 각 연구대상별로 3번 측정에서 얻은 광고모델 매력도 점수의 평균값을, $\overline{X}_{전체}$는 전체 연구대상의 광고모델 매력도 평균값을 나타낸다.

ⓑ 6단계

연구자는 다음의 공식을 이용해서 오차 분산성에 해당하는 오차 자승화($SS_{오차}$)를 산출한다. 그 결과는 30.53이다.

$$SS_{오차} = SS_{전체} - SS_{측정\ 간} - SS_{연구대상}$$

ⓢ 7단계

연구자는 다음의 공식을 이용해서 F값을 산출한다. 그 결과는 10.45이다.

$$F = \frac{\dfrac{SS_{측정\ 간}}{w - 1}}{\dfrac{SS_{오차}}{(w - 1) \times (N - 1)}}$$

여기서 w는 측정 횟수를, N은 전체 연구대상의 수를 나타낸다. 'w − 1'은 $SS_{측정\ 간}$의 자유도이고, '(w − 1) × (N − 1)'은 $SS_{오차}$의 자유도이다.

ⓞ 8단계

연구자는 F분포에서 $SS_{측정\ 간}$의 자유도, $SS_{오차}$의 자유도 및 유의도 수준에 해당하는 임계값을 찾는다. 이때 $SS_{측정\ 간}$의 자유도(분자)는 2이며, $SS_{오차}$의 자유도(분모)는 18이다. F분포에서 2(분자)와 18(분모) 자유도 및 .05 유의도 수준에 해당하는 임계값은 3.55이다.

ⓩ 9단계

연구자는 7단계에서 얻은 F값(10.45)과 8단계에서 얻은 임계값(3.55)을 비교해서 영가설 기각 여부를 결정한다. 이때 10.45가 3.55보다 크기 때문에 영가설은 기각된다. 따라서 연구자는 광고모델의 시선 방향의 종류 간 광고모델 매력도의 차이가 있다는 결론을 내린다.

더 알아두기 중요 ★

일원분산분석, 이원분산분석 및 반복측정 분산분석에서 독립변인의 수준이 3개 이상인 경우, F값을 이용한 검증은 3개 이상의 독립변인 수준 간 종속변인의 평균값이 같은지 또는 다른지를 알려준다. 그런데 F검증은 어떤 독립변인 수준과 어떤 독립변인 수준 간 종속변인의 평균값이 다른지를 알려주지 않는다. 따라서 F검증 이후 연구자는 독립변인 수준을 2개씩 뽑아서, 각 쌍별로 2개의 독립변인 수준 간 종속변인의 평균값 차이를 확인해야 한다. 예를 들어, 반복측정 분산분석에서 독립변인 수준이 A, B, C(3개 수준)라면, F검증 이후 연구자는 A-B쌍, A-C쌍, B-C쌍별로 종속변인의 평균값을 비교한다. 이를 **사후 검증**(post-hoc test)이라고 한다.

6 만-휘트니 검증(Mann-Whitney test)

(1) 분석 목적

연구자가 2개의 독립된 표본에서 얻은 자료의 집중경향치를 비교할 때 **만-휘트니 검증**을 실시한다. 만-휘트니 검증은 비모수검증 방법으로, 모수검증 방법인 독립표본 t검증에 대응되는 자료 분석 방법이다.

(2) 적용 조건

① **변인의 수**

1개 독립변인의 2개 수준(표본 1 vs 표본 2)과 1개의 종속변인

② **변인의 측정 방법**

1개 독립변인의 2개 수준은 명명척도로 배정되고, 1개의 종속변인은 서열척도로 측정된다.

(3) 검증논리와 검증절차

예를 들어, 어떤 연구자가 10명의 남자 고등학생의 학교생활 만족도 순위와 10명의 여자 고등학생의 학교생활 만족도 순위 간 차이가 있는지를 알고자 한다. 이에 연구자는 [표 5-19]의 결과를 얻었다.

[표 5-19] 자료 수집 결과

※ 단위 : 순위

연번	1	2	3	4	5	6	7	8	9	10	순위 합계
남학생	4	2	8	1	9	5	3	6	10	7	$\Sigma R_1 = 55$
여학생	11	14	18	12	15	13	20	17	19	16	$\Sigma R_2 = 155$

① **검증논리**

동일한 모집단에서 남자 고등학생의 학교생활 만족도 순위와 여자 고등학생의 학교생활 만족도 순위를 무작위로 뽑는다면, 남자 고등학생 집단과 여자 고등학생 집단에 높고 낮은 학교생활 만족도 순위가 고르게 분포한다. 이 경우, 남자 고등학생 집단의 학교생활 만족도 순위의 합과 여자 고등학생 집단의 학교생활 만족도 순위의 합이 같다. 따라서 영가설은 다음과 같다.

> H_0 : 남자 고등학생 모집단의 학교생활 만족도 순위의 합
> = 여자 고등학생 모집단의 학교생활 만족도 순위의 합

그런데 남녀 고등학생 집단 중 한 집단에 높은 또는 낮은 학교생활 만족도 순위만 분포한다면, 남녀 고등학생 집단 간 학교생활 만족도 순위의 합은 다르다. 이 경우, 영가설은 기각된다.

② **검증절차**

㉠ 1단계

연구자는 다음과 같은 영가설을 설정한다.

> H_0 : 남자 고등학생 모집단의 학교생활 만족도 순위의 합
> = 여자 고등학생 모집단의 학교생활 만족도 순위의 합

㉡ 2단계

연구자는 다음의 공식을 이용해서 남자 고등학생 집단의 $U_{남자}$값과 여자 고등학생 집단의 $U_{여자}$값을 산출한다. 그 결과, $U_{남자}$값은 100이고, $U_{여자}$값은 0이다.

$$U_{남자} = n_1 n_2 + \frac{n_1(n_1 + 1)}{2} - \Sigma R_1$$

$$U_{여자} = n_1 n_2 + \frac{n_2(n_2 + 1)}{2} - \Sigma R_2$$

여기서 n_1은 남자 고등학생의 수를, n_2는 여자 고등학생의 수를, ΣR_1은 남자 고등학생의 학교생활 만족도 순위의 합을, ΣR_2는 여자 고등학생의 학교생활 만족도 순위의 합을 나타낸다.

㉢ 3단계

$U_{남자}$값(100)과 $U_{여자}$값(0) 중 수치가 작은 것이 최종 U값이다. 따라서 연구자는 0을 최종 U값으로 정한다.

㉣ 4단계

연구자는 만-휘트니 표(인터넷에서 'Mann-Whitney table'로 검색하면 찾을 수 있음)에서 n_1, n_2, 유의도 수준 및 검증 방향에 해당하는 임계값을 찾는다. 만-휘트니 표에서 10(n_1), 10(n_2), .05 유의도 수준 및 양방 검증에 해당하는 임계값은 23이다.

㉤ 5단계

연구자는 3단계에서 얻은 최종 U값(0)과 4단계에서 얻은 임계값(23)을 비교해서 영가설 기각 여부를 결정한다. 이때 0이 23보다 작기 때문에 영가설은 기각된다(※ 주의 : 독립표본 t검증과 달리 최종 U값이 임계값보다 작아야 영가설이 기각된다). 따라서 연구자는 남자 고등학생의 학교생활 만족도 순위와 여자 고등학생의 학교생활 만족도 순위 간 차이가 있다는 결론을 내린다.

7 윌콕슨 검증(Wilcoxon test)

(1) 분석 목적

연구자가 서로 관련된 2개의 대응표본에서 얻은 자료의 집중경향치를 비교할 때 **윌콕슨 검증**을 실시한다. 윌콕슨 검증은 비모수검증 방법으로, 모수검증 방법인 대응표본 t검증에 대응되는 자료 분석 방법이다. 윌콕슨 검증은 윌콕슨 대응쌍 음양순위 검증(Wilcoxon's matched-pairs signed-ranks test)이라고 부르기도 한다.

(2) 적용 조건

① **변인의 수**

1개 독립변인의 2개 수준(대응표본 1 vs 대응표본 2)과 1개의 종속변인

② **변인의 측정 방법**

1개 독립변인의 2개 수준은 명명척도로 배정되고, 1개의 종속변인은 서열척도로 측정된다.

(3) 검증절차

예를 들어, 어떤 연구자가 쌍둥이의 성별 간 삶의 만족도 순위의 차이가 있는지를 알고자 한다. 이에 연구자는 10쌍의 남녀 쌍둥이를 대상으로 삶의 만족도를 측정해서, [표 5-20]의 1~3열의 자료를 얻었다. 이때 X_1은 남성 쌍둥이의 삶의 만족도 점수를, X_2는 여성 쌍둥이의 삶의 만족도 점수를 나타낸다.

[표 5-20] 윌콕슨 검증을 위한 자료 정리 절차

연번	X_1 (단위 : 점)	X_2 (단위 : 점)	$X_1 - X_2$(A)	$(X_1 - X_2)$의 절댓값(B)	$(X_1 - X_2)$의 절댓값의 오름차순 정렬(C)	$(X_1 - X_2)$의 절댓값에 순위 배정(D)	최종 순위(E)	$(X_1 - X_2)$의 절댓값에 순위 부여(F)
1	10	9	1	1	1, 1, 1, 1	1, 2, 3, 4	2.5	2.5
2	9	10	−1	1	3, 3, 3, 3	5, 6, 7, 8	6.5	2.5
3	3	2	1	1	6	9	9	2.5
4	1	2	−1	1	9	10	10	2.5
5	7	4	3	3				6.5
6	4	7	−3	3				6.5
7	5	2	3	3				6.5
8	1	4	−3	3				6.5
9	10	4	6	6				9
10	1	10	−9	9				10

① **1단계**

연구자는 다음과 같은 영가설을 설정한다.

> H_0 : 남성 쌍둥이 모집단의 삶의 만족도 순위 = 여성 쌍둥이 모집단의 삶의 만족도 순위

② **2단계**

연구자는 남성 쌍둥이의 삶의 만족도 점수(X_1)에서 여성 쌍둥이의 삶의 만족도 점수(X_2)를 뺀 값을 구한다('$X_1 - X_2$', [표 5-20]의 A 참조). 이후 연구자는 이 값의 절댓값을 산출한다([표 5-20]의 B 참조).

③ **3단계**

연구자는 2단계에서 얻은 '$X_1 - X_2$' 값의 절댓값을 절댓값의 중복 여부를 고려해서 오름차순으로 정렬한다([표 5-20]의 C 참조). 이후 연구자는 '$X_1 - X_2$' 값의 절댓값에 순위를 배정한다([표 5-20]의 D 참조). 최종적으로 연구자는 '$X_1 - X_2$' 값의 절댓값이 동순위인 경우(예 1, 1, 1, 1), 연구자는 해당 순위의 평균값(예 2.5)을 순위로 배정한다([표 5-20]의 E와 F 참조).

④ **4단계**

연구자는 'X_1 - X_2'의 값([표 5-20]의 A 참조) 중 양수인 것만 뽑아서 해당 순위를 합산한다(2.5 + 2.5 + 6.5 + 6.5 + 9). 그 결과로 나온 값은 양의 순위 합(27)이다. 또한 연구자는 'X_1 - X_2'의 값([표 5-20]의 A 참조) 중 음수인 것만 뽑아서 해당 순위를 합산한다(2.5 + 2.5 + 6.5 + 6.5 + 10). 그 결과로 나온 값은 음의 순위 합(28)이다.

⑤ **5단계**

연구자는 양의 순위 합(27)과 음의 순위 합(28) 중 수치가 작은 것을 선택한다. 따라서 27이 최종적으로 선택된 순위 합이 된다.

⑥ **6단계**

연구자는 윌콕슨 표(인터넷에서 'Wilcoxon table'로 검색하면 찾을 수 있음)에서 연구대상의 수, 유의도 수준 및 검증 방향에 해당하는 임계값을 찾는다. 윌콕슨 표에서 10명의 연구대상, .05 유의도 수준 및 양방 검증에 해당하는 임계값은 8이다.

⑦ **7단계**

연구자는 5단계에서 얻은 최종 순위 합(27)과 6단계에서 얻은 임계값(8)을 비교해서 영가설 기각 여부를 결정한다. 이때 27이 8보다 크기 때문에 영가설은 수용된다(※ 주의 : 대응표본 t검증과 달리 최종 순위 합이 임계값보다 작아야 영가설이 기각된다). 따라서 연구자는 남성 쌍둥이의 삶의 만족도 순위와 여성 쌍둥이의 삶의 만족도 순위 간 차이가 없다는 결론을 내린다.

8 크루스칼-윌리스 검증(Kruskal-Wallis test)

(1) 분석 목적

연구자는 피험자 간 설계로 얻은 자료를 대상으로 크루스칼-윌리스 검증을 실시한다. 구체적으로, 연구자가 1개의 독립변인의 2개 이상의 수준에 해당하는 서로 다른 2개 이상의 표본에서 얻은 종속변인의 집중경향치를 비교할 때 **크루스칼-윌리스 검증**을 실시한다. 크루스칼-윌리스 검증은 비모수검증 방법으로, 모수검증 방법인 일원분산분석에 대응되는 자료 분석 방법이다. 크루스칼-윌리스 검증은 크루스칼-윌리스 일원분산분석(Kruskal-Wallis one-way analysis of variance)이라고도 부른다.

(2) 적용 조건

① **변인의 수**

1개 독립변인의 2개 이상의 수준과 1개의 종속변인

② **변인의 측정 방법**

1개 독립변인의 2개 이상의 수준은 명명척도로 배정되고, 1개의 종속변인은 서열척도로 측정된다.

(3) 검증절차

예를 들어, 어떤 연구자가 수업 방법의 종류(독립변인, 3개 수준 : 강의식, 토론식, 강의와 토론의 병행식) 간 중학생(모집단)의 학업 성취도 순위(종속변인) 차이가 있는지를 알고자 한다. 이에 연구자는 수업 방법의 종류별로 5명의 중학생을 할당하고, 세 종류의 수업 방법으로 수업을 진행한 후 15명의 중학생의 학업 성취도를 측정해서 이를 순위로 바꾸었다. 그 결과는 [표 5-21]과 같다.

[표 5-21] 자료 수집 결과

※ 단위 : 순위

연번	X_1(강의식)	X_2(토론식)	X_3(병행식)
1	1	7	9
2	4	2	13
3	3	10	8
4	6	11	12
5	5	15	14
	$R_1 = \Sigma X_1 = 19$, $R_1^2 = 361$	$R_2 = \Sigma X_2 = 45$, $R_2^2 = 2025$	$R_3 = \Sigma X_3 = 56$, $R_3^2 = 3136$

① 1단계

연구자는 다음과 같은 영가설을 설정한다.

> H_0 : 모집단에서의 강의식 수업의 학업 성취도 순위의 합
> = 모집단에서의 토론식 수업의 학업 성취도 순위의 합
> = 모집단에서의 병행식 수업의 학업 성취도 순위의 합

② 2단계

연구자는 강의식 수업의 학업 성취도 순위(X_1)를 합산해서 R_1을, 토론식 수업의 학업 성취도 순위(X_2)를 합산해서 R_2를, 병행식 수업의 학업 성취도 순위(X_3)를 합산해서 R_3을 산출한다.

③ 3단계

연구자는 R_1을 제곱해서 R_1^2(361)을, R_2를 제곱해서 R_2^2(2025)을, R_3을 제곱해서 R_3^2(3136)을 구한다.

④ 4단계

연구자는 다음의 공식을 이용해서 H값을 산출한다. 그 결과, H값은 7.22이다.

$$H = [\frac{12}{N(N+1)} \times (\frac{R_1^2}{n_1} + \frac{R_2^2}{n_2} + \frac{R_3^2}{n_3})] - 3(N+1)$$

여기서 N은 전체 연구대상의 수(15명)를, n_1은 강의식 수업의 연구대상 수(5명)를, n_2는 토론식 수업의 연구대상 수(5명)를, n_3은 병행식 수업의 연구대상 수(5명)를 나타낸다.

⑤ **5단계**

연구자는 크루스칼-월리스 검증의 임계값을 χ^2 표에서 찾는다. 이때 자유도는 '총 독립변인의 개수 - 1'(3 - 1 = 2)이다. χ^2 표에서 2 자유도, .05 유의도 수준 및 양방 검증에 해당하는 임계값은 5.99이다.

⑥ **6단계**

연구자는 4단계에서 산출한 H값(7.22)과 5단계에서 확인한 임계값(5.99)을 비교해서 영가설 기각 여부를 결정한다. 이때 7.22가 5.99보다 크기 때문에 영가설은 기각된다. 따라서 연구자는 3종류의 수업 방식(강의식, 토론식, 병행식) 간 중학생의 학업 성취도 순위 차이가 있다는 결론을 내린다.

9 프리드만 검증(Friedman test)

(1) 분석 목적

연구자는 피험자 내 설계로 얻은 자료를 대상으로 프리드만 검증을 실시한다. 구체적으로, 연구자가 1개의 독립변인의 2개 이상의 수준에 반복해서 노출된 1개의 표본에서 얻은 종속변인의 집중경향치를 비교할 때 **프리드만 검증**을 실시한다. 프리드만 검증은 비모수검증 방법으로, 모수검증 방법인 반복측정 분산분석에 대응되는 자료 분석 방법이다. 프리드만 검증은 프리드만 k 대응표본 순위 검증(Friedman's rank test for k correlated samples)이라고도 부른다.

(2) 적용 조건

① **변인의 수**

1개 독립변인의 2개 이상 수준(예 측정 1 vs 측정 2 vs 측정 3)과 1개의 종속변인

② **변인의 측정 방법**

1개 독립변인의 2개 이상의 수준은 명명척도로 배정되고, 1개의 종속변인은 서열척도로 측정된다.

(3) 검증절차

예를 들어, 어떤 연구자가 수업 방법의 종류(독립변인, 3개 수준 : 강의식, 토론식, 강의와 토론의 병행식) 간 중학생(모집단)의 수업 만족도 순위(종속변인) 차이가 있는지를 알고자 한다. 이에 연구자는 5명의 중학생이 강의식 수업(X_1), 토론식 수업(X_2), 병행식 수업(X_3) 각각에 모두 참여한 후 각 수업 방식의 종류에 대한 수업 만족도를 측정하였다. 이때 평가한 점수가 높을수록 수업 만족도가 높다. 이후 연구자는 각 중학생별로 세 종류의 수업 방식에 대한 수업 만족도를 1순위, 2순위, 3순위로 변환하였다. 그 결과는 [표 5-22]와 같다.

[표 5-22] 자료 수집 결과

연번	원점수(단위 : 점)			원점수를 평가 순위로 변환(단위 : 순위)		
	X_1	X_2	X_3	X_1'	X_2'	X_3'
1	7	6	5	1	2	3
2	4	2	6	2	3	1
3	5	3	1	1	2	3
4	1	2	7	3	2	1
5	3	1	4	2	3	1
				$R_1 = \Sigma X_1' = 9$, $R_1^2 = 81$	$R_2 = \Sigma X_2' = 12$, $R_2^2 = 144$	$R_3 = \Sigma X_3' = 9$, $R_3^2 = 81$

① **1단계**

연구자는 다음과 같은 영가설을 설정한다.

H_0 : 모집단에서의 강의식 수업의 수업 만족도 순위의 합
= 모집단에서의 토론식 수업의 수업 만족도 순위의 합
= 모집단에서의 병행식 수업의 수업 만족도 순위의 합

② **2단계**

연구자는 강의식 수업의 수업 만족도 순위(X_1')를 합산해서 R_1을, 토론식 수업의 수업 만족도 순위(X_2')를 합산해서 R_2를, 병행식 수업의 수업 만족도 순위(X_3')를 합산해서 R_3을 산출한다.

③ **3단계**

연구자는 R_1을 제곱해서 R_1^2(81)을, R_2를 제곱해서 R_2^2(144)을, R_3을 제곱해서 R_3^2(81)을 구한다.

④ **4단계**

연구자는 다음의 공식을 이용해서 값을 산출한다. 그 결과, χ_F^2값은 1.20이다.

$$\chi_F^2 = [\frac{12}{N \times k \times (k+1)} \times (R_1^2 + R_2^2 + R_3^2)] - [3 \times N \times (k+1)]$$

여기서 N은 연구대상의 수(5명)를, k는 독립변인의 수준 수(3개의 수업 방식 종류)를 나타낸다.

⑤ **5단계**

연구자는 프리드만 검증의 임계값을 χ^2 표에서 찾는다. 이때 자유도는 'k − 1'(2)이다. χ^2 표에서 2 자유도, .05 유의도 수준 및 양방 검증에 해당하는 임계값은 5.99이다.

⑥ **6단계**

연구자는 4단계에서 산출한 χ_F^2값(1.20)과 5단계에서 얻은 임계값(5.99)을 비교해서 영가설 기각 여부를 결정한다. 이때 1.20이 5.99보다 작기 때문에 영가설은 수용된다. 따라서 연구자는 3종류의 수업 방식(강의식, 토론식, 병행식) 간 중학생의 수업 만족도 순위 차이가 없다는 결론을 내린다.

제 3 절 분석 방법의 비교 및 요약 중요 ★★★

본 도서에서 소개한 관계연구의 분석 방법 종류와 차이연구의 분석 방법 종류를 구분한 후 모수검증 방법에 대응이 되는 비모수검증 방법을 표로 정리하면 다음과 같다.

[표 5-23] 분석 방법의 비교 및 요약

연구 목적 \ 검증 방법	모수검증 방법	비모수검증 방법
관계연구	피어슨 상관분석	스피어만 상관분석
	-	χ^2 검증
	단순 회귀분석	-
	중다 회귀분석	-
차이연구	독립표본 t검증	만-휘트니 검증
	대응표본 t검증	윌콕슨 검증
	일원분산분석	크루스칼-월리스 검증
	이원분산분석	-
	반복측정 분산분석	프리드만 검증

제 4 장 연구결과의 해석과 제시

제 1 절 양적 연구와 질적 연구의 평가

양적 연구의 질을 평가하는 주요 기준은 내적 타당도(internal validity), 외적 타당도(external validity), 신뢰도(reliability), 객관성(objectivity)이다. 이때 **객관성**이란 가설이나 연구문제 설정, 변인 선택, 측정, 통제 및 관찰(자료 수집)이 연구자의 주관적 느낌, 신념, 경험 등에 의해서 영향을 받지 않는 것을 말한다. 내적 타당도, 외적 타당도 및 신뢰도는 본 도서의 제2편 제4장에 소개했기 때문에 여기서 추가로 설명하지 않는다.

양적 연구의 질에 대한 각 평가 기준에 대응해서, 질적 연구의 질을 평가하는 주요 기준은 신빙성(credibility), 전이 가능성(transferability), 신뢰 가능성(dependability), 확인 가능성(confirmability)이다([표 5-24] 참조).

[표 5-24] 양적 연구와 질적 연구의 평가 기준

양적 연구의 평가 기준	질적 연구의 평가 기준
내적 타당도	신빙성
외적 타당도	전이 가능성
신뢰도	신뢰 가능성
객관성	확인 가능성

1 신빙성

신빙성이란 연구대상 관점에서 질적 연구의 결과를 얼마나 믿을 수 있는지의 정도를 말한다. 질적 연구의 목적은 연구대상 관점에서 연구주제와 관련된 현상을 기술하거나 이해하는 것이다. 이때 연구대상은 질적 연구결과의 신빙성을 판단할 수 있다. 따라서 연구자는 연구대상에게 본인이 정리한 질적 연구결과를 제시하고, 이에 대한 신빙성 판단을 요청한다.

2 전이 가능성

전이 가능성은 특정 질적 연구의 결과가 다른 맥락이나 상황에 일반화될 수 있는 정도를 말한다. 다른 연구자의 특정 질적 연구 결과의 전이 가능성 판단을 위해서, 연구자는 본인의 질적 연구결과를 보고할 때 연구맥락과 상황 또는 연구의 가정(assumption)을 세밀하게 기술할 필요가 있다.

3 신뢰 가능성

신뢰 가능성은 연구자가 본인이 실시한 질적 연구의 맥락과 상황 중 일관되지 않고 변화가 많은(ever-changing) 내용의 이유를 설명할 수 있는지의 여부와 관련된다. 다른 연구자의 신뢰 가능성 판단을 위해서, 연구자가 결과를 보고할 때 질적 연구의 맥락과 상황 중 변화가 많은 내용이 무엇인지를 기술하고, 그 변화가 연구결과에 어떤 영향을 미쳤는지를 설명해야 한다.

4 확인 가능성

확인 가능성은 다른 연구자에 의해서 특정 질적 연구의 결과가 확정될 수 있는 정도를 말한다. 다른 연구자가 특정 질적 연구결과의 관찰에 반대가 되는 사례를 찾거나, 해당 질적 연구의 자료 수집과 분석 절차를 점검하는 감사(audit)를 실시해서 확인 가능성을 판단할 수 있다.

제 2 절 연구결과의 일반화 문제

1 표집과 관련된 일반화 문제 중요 ★

연구자가 특정 모집단에 속한 연구대상을 표집해서 연구를 진행하는 경우가 있다. 이 경우, 연구결과의 일반화가 제한될 수 있다. 연구결과의 일반화에 제약요인으로 작용하는 특정 모집단의 종류와 특징은 다음과 같다.

(1) 대학생

많은 심리학 연구에서 연구자가 대학생 모집단에서 연구대상을 표집한다. 대학생 모집단의 특징은 다음과 같다.

① 연구자 중 대학교 교수가 많다. 따라서 이들 연구자는 대학생 모집단의 연구대상을 상대적으로 쉽게 표집할 수 있다.
② 대학생 모집단에 속한 연구대상은 나이가 비교적 어리며, 후기 청소년의 특성을 가진다. 따라서 이들은 자기정체성이 발달 중이고, 사회적 또는 정치적 성향이 변하는 중이며, 또래의 인정을 중시한다.
③ 대학생 모집단에 속한 연구대상은 상대적으로 높은 인지능력을 가진 지적인 사람이다.
④ 대학생 모집단에 속한 연구대상의 특성은 다른 연령대의 성인 집단의 특성보다 더 동질적이다.

(2) 자발적인 참여 연구대상

일반적으로 특정 연구 참가에 자원한 연구대상은 그렇지 않은 사람들보다 인정 욕구가 강하고, 사회성이 높을 가능성이 있다.

(3) 온라인으로 진행되는 연구에 참여를 자원한 연구대상

국내·외 인터넷 사용률은 지속적으로 높아지는 추세이다. 그럼에도 불구하고 전체 인터넷 사용자 중 일부만이 온라인으로 진행되는 연구 공지를 볼 수 있고, 이들 중 일부만이 온라인으로 진행되는 연구에 자발적으로 참여한다.

(4) 연구대상의 성별

특정 연구에서 연구자가 남성 또는 여성만 연구대상으로 표집하는 경우가 있다. 이때 남성과 여성 간 특성 차이가 연구결과에 혼입될 가능성이 있다.

(5) 지역과 문화

연구자가 특정 지역의 연구대상이나 특정 문화권(예 집단주의 문화권 vs 개인주의 문화권)의 연구대상만 표집하는 경우, 연구결과를 다른 지역의 연구대상이나 다른 문화권의 연구대상에게 일반화하기가 어려울 수 있다.

2 연구조건과 관련된 일반화 문제

(1) 사전검사와 일반화

특정 연구에서 사전검사를 받은 연구대상의 결과를 다른 연구에서 사전검사를 받지 않은 연구대상의 결과로 일반화하는 것이 어려울 수 있다.

(2) 실험연구와 일반화

실험연구는 통제가 잘 된 실험실 상황에서 진행된다. 따라서 실험연구는 내적 타당도가 높다. 그러나 실험실 상황의 인위성이 실험연구에서 얻은 결과를 일상생활 상황에서 얻은 결과로 일반화할 때는 많은 주의가 요구된다.

제 3 절 연구결과의 해석

1 특정 연구결과의 해석

(1) 척도 희석화(scale attenuation)의 문제 중요 ★

① 척도 희석화의 정의

척도 희석화란 연구대상의 실제 행동, 의견, 신념 등을 반영하는 척도의 보기 항목 수(예 5점 척도 vs 7점 척도)가 매우 적은 측정 상황을 말한다. 연구대상에게 얻은 종속변인 점수가 높은 범위에 몰려 있는 경우를 천장효과(ceiling effect)라고 하면, 낮은 범위에 몰려 있는 경우를 바닥효과(floor effect)라고 한다. 척도 희석화에서 천장효과와 바닥효과가 발생할 가능성이 크다.

② 척도 희석화의 예

예를 들어, 어떤 연구자가 불안 감소 프로그램(독립변인)이 청소년의 불안(종속변인)에 미치는 영향을 알고자 한다. 이에 연구자는 먼저 연구대상을 실험집단과 통제집단에 할당했다. 이후 연구자는 불안 감소 프로그램을 실시하기 전 실험집단과 통제집단의 불안을 5점 척도(5점 만점)로 측정했다(사전검사). 그리고 연구자는 실험집단에 불안 감소 프로그램을 실시하고, 통제집단에 불안 감소 프로그램을 실시하지 않았다. 마지막으로 연구자는 실험집단과 통제집단의 불안을 5점 척도로 다시 측정했다(사후검사). 그 결과는 [그림 5-11]의 그림 A와 같다.

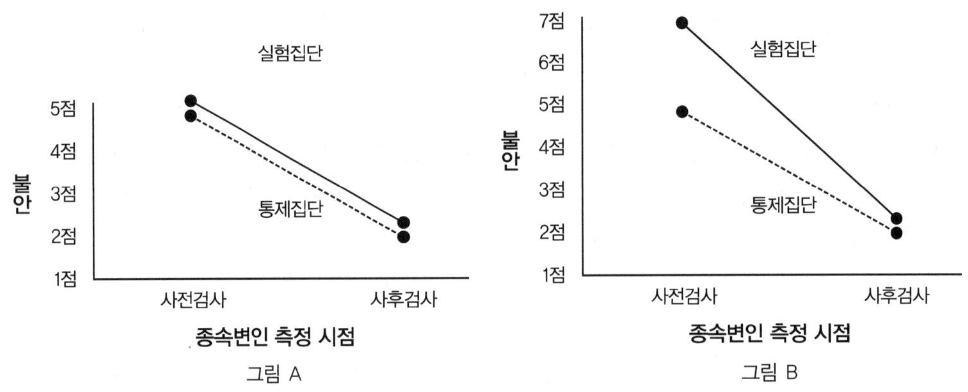

[그림 5-11] 척도 희석화의 예

[그림 5-11]의 그림 A를 보면, 사전검사와 사후검사 모두에서 실험집단과 통제집단 간 불안의 차이가 없다. 연구자는 이 결과를 불안 감소 프로그램 실시가 실험집단의 불안을 낮추지 못했다고 해석한다. 그런데 [그림 5-11]의 그림 B와 같이, 연구자가 7점 척도(7점 만점)로 불안을 측정하면, 사전검사에서 실험집단의 불안(7점)이 통제집단의 불안(5점)보다 높다. 따라서 연구자가 5점 척도로 불안을 측정하는 경우, 천장효과가 발생한 것이다. 천장효과를 제거한 그림 B를 보면, 실험집단의 사전검사와 사후검사 간 불안 차이(7점 - 2점 = 5점)가 통제집단의 사전검사와 사후검사 간 불안 차이(5점 - 2점 = 3점)보다 크다. 즉, 연구자는 이 결과를 불안 감소 프로그램 실시가 실험집단의 불안을 낮추었다고 해석할 수 있다.

또 다른 예로, 어떤 연구자가 기억력 증진 프로그램(독립변인)이 고령자의 단어 기억(종속변인)에 미치는 영향을 알고자 한다. 이에 연구자는 먼저 연구대상을 실험집단과 통제집단에 할당했다. 이후 연구자는 100개의 단어 목록을 실험집단과 통제집단에 제시한 후 기억한 단어 수를 측정했다(사전검사). 그런데 사전검사에서 제시된 100개 단어가 고령자가 기억하기에는 그 수가 많고 외우기가 어려운 외래어이기 때문에, 모든 연구대상은 1개의 단어밖에 기억하지 못했다. 그 결과, 실험집단과 통제집단이 기억한 단어 수 간 차이가 없었다. 이 경우, 단어 기억 과제가 너무 어렵기 때문에 바닥효과가 발생한 것이다. 이처럼 특정 과제가 너무 어렵기 때문에 과제와 관련된 연구대상의 측정 점수(예 기억한 단어 수)가 낮은 범위에 몰리는 상황도 척도 희석화이다.

③ **척도 희석화의 대응 방법**

척도 희석화로 인해서 천장효과나 바닥효과가 발생하면, 연구자는 실험집단과 통제집단 간 또는 여러 실험조건 간 실제로 존재하는 종속변인의 점수 차이를 발견하지 못한다. 따라서 연구자는 다음과 같은 방법으로 척도 희석화에 대응해야 한다.

㉠ 연구자는 예비연구(pilot study)를 통해서 척도의 보기 항목 수(예 5점 척도 vs 7점 척도)가 적절한지 또는 종속변인 측정과 관련된 과제가 지나치게 쉽거나 어렵지 않은지를 점검한다.

㉡ 연구자는 연구결과를 검토할 때 척도의 보기 항목 수(예 5점 척도 vs 7점 척도)가 적절한지와 종속변인 측정과 관련된 과제 난이도가 적절한지를 점검한다.

(2) 통계적 회귀(statistical regression)의 문제 중요 ★★

① **통계적 회귀의 정의**

통계적 회귀는 종속변인의 극단적인 측정치(매우 높은 점수나 매우 낮은 점수)가 평균값으로 되돌아가는 현상이다. 종속변인의 측정치는 독립변인에 의해서 변해야 한다. 그런데 독립변인이 아닌 통계적 회귀 때문에 종속변인의 측정치가 변하기 때문에, 통계적 회귀는 일종의 측정 오차이며 혼입효과에 해당한다.

② **통계적 회귀의 예**

어떤 연구자가 불안 감소 프로그램(독립변인)이 청소년의 불안(종속변인)에 미치는 영향을 알고자 한다. 이에 연구자는 먼저 연구대상의 불안을 측정해서(집단 배정 검사) 높은 불안 점수를 받은 연구대상을 고불안 집단으로, 낮은 불안 점수를 받은 연구대상을 저불안 집단으로 할당했다. 이후 연구자는 두 집단에 불안 감소 프로그램을 실시한 후 두 집단의 불안을 다시 측정했다(사후검사). 그 결과는 [그림 5-12]와 같다.

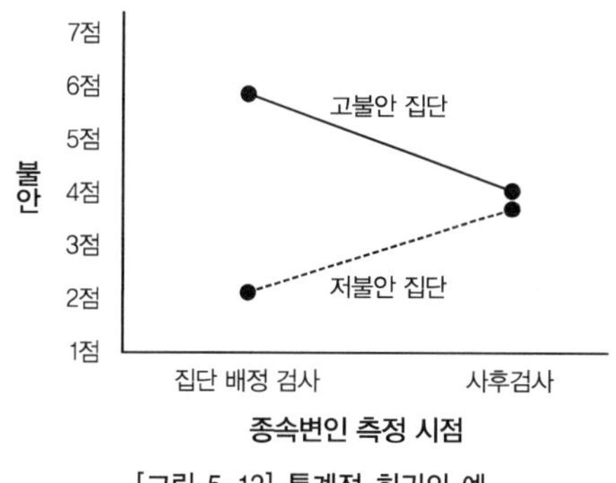

[그림 5-12] 통계적 회귀의 예

[그림 5-12]에서 고불안 집단의 사후검사 점수는 집단 배정 검사 점수보다 낮아지고(6점 → 4점), 저불안 집단의 사후검사 점수는 집단 배정 검사 점수보다 높아진다(2점 → 4점). 이와 같은 현상이 발생한 이유는 통계적 회귀 때문이다. 그러나 연구자는 이 결과를 저불안 집단에 불안 감소 프로그램을 실시하면 불안이 오히려 증가한다고 잘못된 해석을 할 수 있다.

③ **통계적 회귀의 대응 방법**

㉠ 연구자가 신뢰할 수 없는 측정 도구(척도)를 이용하는 경우에 통계적 회귀가 발생할 가능성이 커진다. 따라서 연구자는 신뢰할 수 있는 측정 도구를 사용한다.

㉡ 연구자가 실험집단과 통제집단을 구성할 때 무선배정을 사용한다. 연구자는 무선배정을 통해 혼입효과 중 하나인 통계적 회귀의 발생을 예방할 수 있다.

2 여러 연구결과의 양상(pattern) 해석

좋은 연구결과는 여러 상황에 걸쳐서 일관성을 가져야 한다. 이를 확인하기 위해서, 연구자는 본인이 얻은 연구결과와 다른 연구의 결과를 비교해서 이들 연구결과의 양상이 유사한지를 점검한다. 그 결과에 따라서, 연구자는 본인의 연구결과를 다른 연구의 결과로 일반화할 수 있는지 판단한다.

(1) 측정 신뢰도와 실험적 신뢰도(experimental reliability)

연구자가 본인의 연구결과와 다른 연구의 결과 간 양상이 유사한지를 판단할 때, 측정 신뢰도와 실험적 신뢰도를 고려한다.

① 측정 신뢰도는 변인을 측정하는 도구가 여러 연구 시점과 여러 연구 조건에서 일관되고 안정적이며 정확하게 변인이 반영하는 개념을 잴 가능성을 말한다. 측정 신뢰도가 높은 연구결과는 다른 연구의 결과로 일반화될 가능성이 높다.

② **실험적 신뢰도**는 특정 실험에서 얻은 결과와 유사한 결과를 다른 실험에서도 얻을 수 있는 정도이다. 연구자는 실험적 신뢰도를 반복검증(replication)을 통해 확인할 수 있다. **반복검증**이란 연구자가 한 실험에서 얻은 결과의 신뢰성을 확인하기 위해서 동일한 또는 유사한 실험을 여러 차례 반복해서 실시하는 것을 말한다.

더 알아두기

한 연구결과와 다른 연구의 결과 간 양상을 비교하기 위해서, 연구자는 연구결과에서 얻은 효과크기의 신뢰구간을 확인할 수 있다. 예를 들어, 어떤 연구자가 본인의 연구에서 .30의 효과크기(effect size)를 얻었다. 그런데 이 효과크기의 신뢰구간(confidence interval)은 .01~.63이었다. 이 경우, 다른 연구에서 얻을 것이라고 기대하는 효과크기는 .01~.63으로 그 범위가 매우 크다. 따라서 연구자는 이 연구에서 얻은 결과를 다른 연구의 결과로 일반화하기 어렵다.

(2) 반복검증 중요 ★★

반복검증은 다음과 같은 종류로 세분화된다.

① **직접적 반복검증(direct replication) 또는 정확한 반복검증(exact replication)**

직접적 반복검증은 특정 연구에서 사용한 도구, 절차 등을 다른 연구에서 가능한 한 동일하게 사용해서 동일한 결과를 얻는지 확인하는 방법이다. 이때 연구자는 다른 연구에서 연구대상의 모집단을 변경할 수 있다(예 남성 연구대상 모집단 → 여성 연구대상 모집단).

② **체계적 반복검증(systematic replication)**

체계적 반복검증은 연구자가 연구주제와 무관한 것으로 예상되는 연구 조건이나 상황을 변경해서 특정 연구를 진행한 후 그 결과가 이전 연구의 결과와 같은지를 확인하는 방법이다. 예를 들어, 연구자가 이전 연구의 지시문, 과제의 종류 등을 바꾸어서 특정 연구를 진행한다.

③ **개념적 반복검증(conceptual replication)**

개념적 반복검증은 연구자가 이전 연구에서 사용한 특정 개념에 대한 조작적 정의(operational definition)를 변경해서 특정 연구를 진행하는 방법이다. 개념적 반복검증에서 연구자는 이전 연구와 다른 방식으로 독립변인의 개념을 조작적으로 정의하고, 종속변인을 다른 도구(척도)를 이용해서 측정한다. 이때 독립변인이나 종속변인과 관련된 개념의 조작적 정의를 변경하는 것을 **수렴 조작**(converging operation)이라고 한다.

연구결과의 일반화의 핵심 전제는 연구자가 다루는 개념 간의 관계가 개념의 서로 다른 조작적 정의나 서로 다른 측정 방법에도 불구하고 유지되어야 한다는 것이다. 따라서 개념적 반복검증이 유사한 결과를 제공하면, 학계에서 개념 간의 관계에 대한 일반화에 대해 확신하게 된다.

제 4 절 연구결과의 제시

일반적으로 연구결과는 학술지 논문이나 연구 보고서 형식으로 제시된다. 학술지 논문과 연구 보고서의 구성과 주의 사항은 다음과 같다.

1 학술지 논문과 연구 보고서의 구성 중요 ★

학술지 논문과 연구 보고서는 다음과 같은 부분(section)으로 구성된다.

(1) 제목(title)

연구자는 제목에 연구 변인(예 독립변인, 종속변인, 매개변인, 조절변인), 연구 변인의 관련성 및 연구대상을 명기한다. 제목이 긴 경우, 연구자는 콜론(:)이나 대시(–)를 이용해서 부제를 달 수 있다.

(2) 연구자 정보

연구자는 연구자 정보에 연구자의 성명, 소속 및 직위 또는 직책(예 석사과정생, 조교수) 등을 명기한다.

(3) 연구자 주

재정적 지원을 받은 연구의 경우, 연구자는 특정 조직이나 기관(예 한국연구재단)에서 재정적 지원을 받았음을 연구자 주에 명기한다. 그리고 이전에 학술대회에서 발표한 연구나 학위논문을 개정, 축약 및 확장한 연구인 경우, 연구자는 이를 연구자 주에 명기한다. 또한 연구자가 연구의 계획과 진행에 도움을 준 연구보조원, 동료 연구자 등에 대한 감사 표현을 연구자 주에 기술할 수 있다. 이와 같은 연구자 주를 다는 활동을 사사(acknowledgement) 표기라고 한다.

(4) 요약(abstract)

연구자는 요약에 연구 목적, 연구대상, 연구방법(표본 크기, 도구, 자료 수집 절차, 연구 설계), 연구결과 및 연구결과의 이론적 또는 실무적 의의(implication) 등을 기술한다. 이때 연구자는 다음과 같은 사항을 고려해야 한다.

① 요약에는 연구결과에서 얻은 구체적인 수치를 보고하지 않는다.

② 요약에는 외국어로 된 이론, 개념 등의 약자를 사용하지 않고, 완전한 명칭으로 표기한다.

③ 요약에서 특정 이론이나 개념을 소개하는 경우, 연구자는 이론이나 개념의 명칭, 관련 학자 성명 및 연구 연도를 기술한다.

④ 요약 하단에 3~5개의 주제어(key word)를 제시한다.

(5) 서론(introduction)

연구자는 서론에 연구 목적, 연구의 이론적 또는 실무적 중요성, 연구 필요성 및 연구주제 등을 기술한다.

(6) 이론적 배경(theoretical background) 또는 문헌고찰(literature review)

연구자는 이론적 배경에 선행연구나 이론 개관을 통해 가설이나 연구문제 설정의 논리적 근거를 제시한다. 이론적 배경에서 연구자는 본인의 연구와 선행연구나 이론 간의 관련성, 본인의 연구와 선행연구나 이론 간의 차별성, 본인의 가설이나 연구문제와 연구 설계 간의 관련성 등을 기술한다. 이때 연구자는 다음과 같은 사항을 고려해야 한다.

① 연구자는 선행연구나 이론을 이론적 배경에 기술할 때, 반드시 해당 연구나 이론을 정확하게 인용한다.

② 이론적 배경에서 연구자는 본인이 직접 검토한 선행연구나 이론을 인용한다. 만약 선행연구에서 인용한 연구나 이론을 이론적 배경에 기술하는 경우, 연구자는 해당 연구나 이론을 재인용했다는 점을 명확하게 밝힌다.

③ 변인 간 관련성을 직접적으로 다룬 선행연구가 없는 경우, 연구자는 유사한 개념 간 관련성을 다룬 선행연구를 근거로 변인 간 관련성을 이론적으로 제안한다.

④ 연구자가 선행연구나 이론을 인용할 때, 특정 선행연구나 이론에 기술된 문장을 그대로 인용하지 말고 연구자 본인의 이해를 바탕으로 문장을 다시 구성해서 기술한다.

(7) 연구방법(methods)

연구자는 연구방법에 연구 설계, 연구대상의 특성(예 연령, 성별), 표집 절차와 방법(예 온라인 조사회사의 패널 대상 표집), 표본 크기와 표본 크기 결정 방법(예 검증력 분석 실시), 도구(예 척도, 실험용 자극), 자료 수집 방법(예 온라인 설문조사), 연구 절차(연구 진행 순서)를 기술한다. 이때 연구자는 다음과 같은 사항을 고려해야 한다.

① 연구자는 연구방법에서 특정 모집단을 연구대상으로 선정한 이유를 기술한다. 참여관찰과 같은 질적 연구의 경우, 연구자는 특정 장소를 연구한 이유를 기술한다.

② 사전검사에 참여한 연구대상 중 사후검사에 참여하지 않은 수가 많은 경우, 연구자는 연구방법에 그 이유를 기술한다. 또한 연구자는 사전검사와 사후검사 모두에 참여한 연구대상의 특성과 사전검사만 참여한 연구대상의 특성 간 차이가 없다는 증거를 제시한다.

③ 자료 수집에 포함되었지만 자료 분석에서 제외된 연구대상(예 부실 응답자)이 있다면, 연구자는 연구방법에 그 이유를 기술한다.

④ 연구방법에서 연구자는 연구에서 사용한 모든 도구(예 척도)의 출처를 밝힌다.

⑤ 경우에 따라서, 연구자는 연구방법에 척도의 예시 문항을 제시할 필요가 있다.

⑥ 연구자가 특정 척도를 사용한 경우, 연구자는 연구방법에 특정 척도의 측정 신뢰도와 측정 타당도를 보고한다.

(8) 연구결과(results)

연구자는 연구결과에 자료 분석 방법(예 t검증)과 그 결과를 기술한다. 연구자가 연구결과를 표, 그래프 및 그림을 이용해서 제시할 수 있다. 이때 연구자는 다음과 같은 사항을 고려해야 한다.

① 양적 연구의 경우, 연구자가 연구결과를 기술할 때 필요한 통계치(예 평균값, F값)를 보고한다. 질적 연구의 경우, 연구자가 연구결과에 연구대상의 응답 내용, 연구대상 관찰 내용 등을 보고한다.

② 양적 연구의 경우, 연구자가 연구결과에 연구자 본인의 해석을 기술하지 않는다. 반면 질적 연구의 경우, 연구자는 연구결과에 연구자의 해석, 선행연구나 이론과의 관련성 등을 기술한다.

③ 연구자가 양적 연구 중 추론통계를 실시한 경우, 효과크기(effect size)를 보고하기도 한다. **효과크기**란 두 변인 간의 관련성의 크기를 나타내는 수치이다. 예를 들어, Cohen's d값, r값 등이 효과크기에 해당한다.

④ 연구자는 통계치를 이용해서 모수치를 추정하는 경우가 있다. 이때 연구자는 점 추정값(point estimate)이나 구간 추정값(interval estimate)을 산출한다. **점 추정값**은 연구자가 모수치로 추정한 특정한 1개의 값이며, **구간 추정값**은 연구자가 모수치로 추정한 여러 개의 값이 포함된 범위이다. 연구자가 구간 추정값을 산출할 때, 신뢰구간(confidence interval, CI)을 고려한다. **신뢰구간**이란 연구자가 특정 값의 범위가 진짜 모수치를 포함할 확률(예 95%, 99%)을 정한 후 이 확률로 산출된 모수치의 추정된 값들로 구성된 범위를 말한다. 일반적으로 95% 신뢰구간과 99% 신뢰구간이 사용된다. 필요한 경우, 연구자는 연구결과를 기술할 때 신뢰구간을 보고한다.

(9) 논의(discussion)

연구자는 논의에서 연구결과의 요약(가설의 지지 여부 또는 연구문제의 결과 확인), 일반화 가능성, 선행연구 결과와의 유사점과 차이점, 결과 해석(양적 연구인 경우에만), 연구결과의 이론적 또는 실무적 의의, 연구의 한계점 및 향후 유관 연구에 대한 제언 등을 기술한다. 이때 연구자는 다음과 같은 사항을 고려해야 한다.

① 가설이 지지되지 않은 경우, 연구자는 그 이유를 명확하게 설명한다.

② 양적 연구에서 연구자는 본인의 주관적 견해가 아닌 논리적 또는 경험적(empirical) 근거를 기반으로 결과를 해석한다.

(10) 참고문헌(references)

연구자는 참고문헌에 연구에 인용된 모든 자료(예 논문, 연구 보고서, 신문기사)의 목록을 제시한다. 이때 연구자는 다음과 같은 사항을 고려해야 한다.

① 학술지 논문의 경우, 각 학술지마다 참고문헌을 정리하는 규정(예 한국심리학회의 출판 지침, 미국심리학회의 publication manual)이 정해져 있다. 연구자는 이 규정에 따라서 참고문헌을 작성한다. 연구 보고서의 경우, 연구자는 일정한 규정을 정한 후 이 규정에 따라서 참고문헌을 작성한다.

② 연구자는 본문(요약~논의)에 인용된 자료 중 참고문헌에 빠진 것이 없는지 그리고 참고문헌에 있는 자료 중 본문에 인용되지 않은 것이 있는지를 점검한다.

(11) 부록(appendix)

필요한 경우, 연구자는 부록을 작성한다. 연구자는 부록에 실험용 자극, 척도를 구성하는 개별 문항, 추가 통계분석 결과 표 등을 제시한다.

2 학술지 논문과 연구 보고서 작성 시 고려사항

연구자가 학술지 논문과 연구 보고서를 작성할 때 다음의 사항을 고려해야 한다.

(1) 명확한 글의 작성

글을 명확하게 작성하기 위해서, 연구자는 맥락에 가장 잘 맞는 의미를 전달하는 단어와 문구를 신중하게 선택한다. 또한 연구자는 학술지 논문이나 연구 보고서에서 용어를 일관되게 사용해야 한다. 예를 들어, self esteem이라는 영어 단어는 자아존중감, 자기존중감 및 자존감으로 번역된다. 연구자는 이들 번역 중 하나를 선택해서 일관되게 사용해야 독자들의 혼동을 막을 수 있다.

(2) 시제 사용

① 과거 시제 사용

연구자는 이론적 배경에서 선행연구의 결과를 기술할 때 그리고 연구방법을 기술할 때 과거형을 사용한다.

② 현재 시제 사용

연구자는 논의를 기술할 때 주로 현재형을 사용한다.

(3) 표, 그래프 및 그림 작성

① 연구자는 표, 그래프 및 그림을 추가 설명이 없이 그 자체로 이해가 가능하게 작성한다.

② 연구자는 다른 자료의 표, 그래프 및 그림을 그대로 인용하는 경우, 그 출처를 표, 그래프 및 그림 하단에 반드시 표기한다.

(4) 반복 수정

연구자는 학술지 논문과 연구 보고서를 여러 차례 검토하고 수정하는 과정을 거친다. 따라서 연구자는 이에 필요한 충분한 시간을 확보해야 한다.

제 5 편 실제예상문제

checkpoint 해설 & 정답

제 1 장 심리학적 분석 방법

01 다음 중 기술통계(descriptive statistics)에 대한 설명으로 <u>틀린</u> 것은?

① 기술통계에서 연구자는 양적 자료를 표나 그래프로 작성한다.
② 기술통계에서 연구자는 편포도(skewness)로 양적 자료의 분포 형태를 파악할 수 있다.
③ 기술통계에서 다수의 자료가 2개의 점수나 점수 급간에 몰려 있는 분포를 양봉(bimodal) 분포라고 한다.
④ 기술통계에서 자료에서 가장 많이 관찰되는 점수를 중앙값(median)이라고 한다.

01 기술통계에서 자료에서 가장 많이 관찰되는 점수를 최빈값(mode)이라고 한다. 중앙값은 자료의 점수를 오름차순으로 배열할 때 전체의 50%가 그 점수 이하에 있는 수치를 말한다.

02 다음 중 표본(sample)의 자료 분포 형태에 대한 설명으로 <u>틀린</u> 것은?

① 표본의 자료 분포가 높은 점수에 몰리는 형태를 정적 편포라고 한다.
② 표본의 자료 분포가 낮은 점수에 몰리는 형태를 정적 편포라고 한다.
③ 표본의 자료 분포가 특정 점수에 응집되어 있는 정도를 보여주는 지표 중 하나가 첨도(kurtosis)이다.
④ 표본의 자료 분포가 1개의 특정 점수에 응집되어 있는 형태를 단봉(unimodal) 분포라고 한다.

02 표본의 자료 분포가 높은 점수에 몰리는 형태를 부적 편포라고 한다.

정답 01 ④ 02 ①

해설 & 정답 checkpoint

03 어떤 연구자가 6명의 연구대상의 자기효능감을 측정해서, 다음의 점수를 얻었다. 이 점수의 분포에 관한 설명으로 <u>틀린</u> 것은?

> 1점, 2점, 3점, 3점, 4점, 5점

① 이 분포의 평균값(mean)은 3이다.
② 이 분포의 최빈값(mode)은 3이다.
③ 이 분포의 중앙값(median)은 3.5이다.
④ 이 분포의 범위는 4이다.

03 이 분포의 중앙값의 위치는 3.5번째이고, 점수의 오름차순 배열에서 3.5번째 위치에 해당하는 연구대상이 받을 수 있는 점수는 3이다. 따라서 이 분포의 중앙값은 3이다.
① 이 분포의 평균값은 다음과 같이 계산된다.

$$\frac{1+2+3+3+4+5}{6} = \frac{18}{6} = 3$$

② 이 분포에서 3점이 2번, 나머지 점수는 1번씩 관찰되었기 때문에 최빈값은 3이다.
④ 이 분포의 범위는 최고 점수인 5점에서 최저 점수인 1점을 뺀 4이다.

04 다음 표는 척도 종류별 집중경향치와 분산성 지표 간의 관계를 나타낸다. 다음 표의 (㉠), (㉡), (㉢) 안에 들어갈 말로 옳은 것은?

척도 종류	최빈값	중앙값	평균값	분산/표준편차
명명척도	산출 가능	(㉠)	산출 불가능	산출 불가능
서열척도	산출 가능	산출 가능	산출 불가능	산출 불가능
등간척도	산출 가능	산출 가능	(㉡)	산출 가능
비율척도	산출 가능	산출 가능	산출 가능	(㉢)

	㉠	㉡	㉢
①	산출 불가능	산출 불가능	산출 가능
②	산출 불가능	산출 가능	산출 가능
③	산출 가능	산출 불가능	산출 가능
④	산출 가능	산출 가능	산출 가능

04 연구자는 명명척도로 얻은 자료의 중앙값을 산출할 수 없고, 등간척도로 얻은 자료의 평균값을 산출할 수 있으며, 비율척도로 얻은 자료의 분산과 표준편차를 산출할 수 있다.

정답 03 ③ 04 ②

05 다음 중 모수치(parameter), 통계치(statistic), 검정통계치(testing statistic)에 대한 설명으로 틀린 것은?

① 모집단의 특성을 나타내는 수치를 모수치라고 한다.
② 표본의 특성을 나타내는 수치를 통계치라고 한다.
③ 가설검증을 위한 통계적 검증의 수학적 결과 값을 검정통계치라고 한다.
④ 모집단의 평균값과 모집단의 표준편차는 검정통계치이다.

06 다음 중 가설검증과 관련된 설명으로 틀린 것은?

① 기각영역(rejection region)은 영가설과 관련된 검정통계치의 표집분포(예 t분포, F분포)에서 연구자가 영가설을 기각하는 검정통계치의 범위이다.
② 임계값(critical value)은 영가설과 관련된 검정통계치의 표집분포에서 영가설 기각을 결정하는 경계 지점의 검정통계치이다.
③ 유의도 수준(level of significance)은 연구자가 가설검증에서 영가설이 거짓임에도 불구하고 영가설을 수용(지지)할 확률을 말한다.
④ 두 집단 간 평균값의 차이를 검증할 때, 연구자가 양방(two-tailed) 검증을 하면 기각영역은 2개이다.

07 다음 중 영가설 기각 여부 결정과 관련된 설명으로 틀린 것은?

① 1종 오류(type I error, α)는 연구자가 모집단(population)에서 영가설이 참인데 영가설을 기각하는 오류를 말한다.
② 2종 오류(type II error, β)는 연구자가 모집단에서 영가설이 거짓인데 영가설을 기각하지 못하는 오류를 말한다.
③ 검증력(power) 또는 통계적 검증력(statistical power)은 모집단에서 참인 영가설을 기각하지 않는 확률이다.
④ 검증력은 '1 - 2종 오류(β)'의 확률이다.

checkpoint 해설 & 정답

05 모집단의 평균값과 표준편차는 검정통계치가 아니라 모수치이다. 반면 표본의 평균값과 표준편차는 통계치이다. 검정통계치에는 t값, F값 등이 있다.

06 유의도 수준은 연구자가 가설검증에서 영가설이 참임에도 불구하고 영가설을 기각할 확률을 말한다.

07 모집단에서 참인 영가설을 기각하지 못하는 결정['1 - 1종 오류(α)']은 연구자의 옳은 결정이다. 그러나 검증력은 모집단에서 틀린 영가설을 정확하게 기각하는 확률이다.

정답 05 ④ 06 ③ 07 ③

해설 & 정답 checkpoint

✔ 주관식 문제

01 기술통계(descriptive statistics)의 목적이 무엇인지 적으시오.

01 정답
기술통계의 목적은 양적 연구(예 실험연구, 설문조사연구)를 통해 표본(sample)에서 얻은 많은 양의 자료를 조직화하고 요약해서 해당 자료의 전반적인 특징을 이해하기 쉽게 만드는 것이다.

02 추론통계(inferential statistics)의 목적이 무엇인지 적으시오.

02 정답
① 추론통계의 목적은 특정 표본(sample)의 자료를 분석해서 해당 자료의 특성을 파악하고, 해당 자료에 대한 통계적 가설검증(hypothesis testing)을 통해 해당 표본이 추출된 모집단(population)의 특성을 추정하거나 예측하는 것이다.
② 추론통계의 목적은 표본 자료를 기반으로 표본의 특성을 모집단의 특성으로 일반화(generalization)하는 것이다.

03 분산(variance)의 정의를 적으시오.

03 정답
분산은 개별 점수가 평균값으로부터 떨어진 정도를 말한다.

checkpoint 해설 & 정답

04 정답
① 자료 분석에 기반을 둔 연구문제의 설정과 재설정의 순환
② 자료 수집과 분석의 순환

04 질적 연구(qualitative research)의 자료 분석이 가진 2가지 특징을 적으시오.

해설 & 정답 checkpoint

제 2 장 모수 및 비모수연구의 분석 방법

01 다음 중 모수검증(parametric test) 방법의 가정에 대한 설명으로 <u>틀린</u> 것은?

① 구형성 가정(sphericity)은 반복측정 분산분석(repeated-measures ANOVA)에서 개별 연구대상의 점수 간 분산이 동일하거나, 모든 측정 시점에서 얻은 점수 간 상관이 동일한 것을 말한다.

② 선형성(linearity) 가정이란 변인들 간 직선적 관련성을 가지는 것을 말한다.

③ 등분산성(homoscedasticity) 가정이란 2개 이상 집단에서 얻은 자료의 분산이 서로 동질적인 것을 말한다.

④ 다중공선성(multicollinearity) 가정이란 2개 이상의 변인 간 직선적 관련성이 낮은 것을 말한다.

01 다중공선성 가정이란 2개 이상의 변인 간 직선적 관련성이 높은 것을 말한다. 중다 회귀분석(multiple regression analysis)에서 다중공선성이 발생하면(다중공선성 가정이 위배되지 않으면), 연구자가 여러 독립변인 중 어떤 독립변인이 종속변인에 영향을 미쳤는지 확인하기가 어렵다.

02 다음 중 통계분석 방법의 가정에 대한 설명으로 <u>틀린</u> 것은?

① 중다 회귀분석(multiple regression analysis)에서 2개 이상의 독립변인은 다중공선성(multicollinearity)이 낮아야 한다.

② χ^2 검증에서 정규성(normality) 가정이 충족되어야 한다.

③ 독립표본 t검증에서 등분산성(homoscedasticity) 가정이 충족되어야 한다.

④ 반복측정 분산분석(repeated-measures ANOVA)에서 독립성 가정이 충족되어야 한다.

02 χ^2 검증은 모수치에 관한 가정을 하지 않고 실시하는 비모수검증(non-parametric test) 방법이며, χ^2 분포는 비대칭 형태로 정규성을 가지지 않는다.

정답 01 ④ 02 ②

checkpoint 해설 & 정답

주관식 문제

01 모수검증(parametric test) 방법의 전제 3가지를 적으시오.

01 정답
① 표본을 추출한 모집단의 분포가 정규분포이다.
② 변인들은 등간척도 또는 비율척도로 측정되고, 그 값을 대상으로 통계분석을 실시한다.
③ 표본에 속한 연구대상의 수가 많다(예 최소 30명 초과).

02 비모수검증(non-parametric test)의 정의를 적으시오.

02 정답
비모수검증이란 모집단의 모수치 또는 분포에 대한 가정을 하지 않고 실시하는 통계적 검증방법을 말한다.

03 비모수검증(non-parametric test) 방법의 전제를 3가지 이상 적으시오.

03 정답
① 표본을 추출한 모집단의 분포가 정규분포가 아니다.
② 변인들은 명명척도 또는 서열척도로 측정되고, 그 값을 대상으로 통계분석을 실시한다.
③ 등간척도 또는 비율척도로 측정된 변인들을 서열척도로 변환한 후 그 값을 대상으로 통계분석을 실시한다.
④ 표본에 속한 연구대상의 수가 적다(예 10명 미만).

해설 & 정답 checkpoint

제 3 장 관계 및 차이연구의 분석 방법

01 다음 중 피어슨 상관(Pearson correlation) 분석에 대한 설명으로 틀린 것은?

① 피어슨 상관계수는 3개의 변인 간 관련성의 강도와 방향을 알려준다.
② 피어슨 상관분석에서 등간척도 또는 비율척도로 측정해서 얻은 자료가 사용된다.
③ 피어슨 상관분석은 모수검증(parametric test) 방법이다.
④ 피어슨 상관분석에서 영가설은 '모집단에서의 변인 간 상관계수 = 0'이다.

01 피어슨 상관계수는 2개의 변인 간 관련성의 강도와 방향을 알려준다. 변인이 3개 이상인 경우, 연구자는 2개의 변인 쌍을 뽑아서 각 쌍별로 피어슨 상관계수를 산출해야 한다.

02 다음 중 단순 회귀분석(simple regression analysis)에 대한 설명으로 틀린 것은?

① 단순 회귀분석의 목적은 1개의 독립변인이 1개의 종속변인에 미치는 영향을 검증하는 것이다.
② 단순 회귀분석에서 독립변인은 명명척도로 측정되며, 종속변인은 등간척도 또는 비율척도로 측정된다.
③ 단순 회귀분석은 모수검증(parametric test) 방법이다.
④ 단순 회귀분석의 표준화된 회귀계수(β)는 피어슨 상관계수(r)와 같다.

02 단순 회귀분석의 독립변인과 종속변인은 모두 등간척도 또는 비율척도로 측정된 자료이다.

정답 01 ① 02 ②

checkpoint 해설 & 정답

03 중다 회귀분석의 회귀식과 관련된 영가설이 기각되더라도, 여러 회귀계수 중 모든 또는 일부 회귀계수와 관련된 영가설은 수용될 수 있다. 또한 회귀식과 관련된 영가설이 수용되더라도, 여러 회귀계수 중 모든 또는 일부 회귀계수와 관련된 영가설은 기각될 수 있다. 즉, 회귀식과 관련된 영가설 기각 여부와 개별 회귀계수와 관련된 영가설 기각 여부는 다를 수 있다.

04 2개의 서로 다른 집단에서 서열척도로 측정한 순위 간 차이가 있는지를 알아보는 분석 방법은 만-휘트니 검증(Mann-Whitney test)이다.

정답 03 ④ 04 ④

03 다음 중 중다 회귀분석(multiple regression analysis)에 대한 설명으로 틀린 것은?

① 중다 회귀분석의 목적은 2개 이상의 독립변인이 1개의 종속변인에 미치는 상대적 영향력을 검증하는 것이다.
② 중다 회귀분석에서 독립변인과 종속변인은 등간척도 또는 비율척도로 측정된다.
③ 중다 회귀분석의 회귀식 검증에서 영가설은 표본에서 얻은 회귀식이 모집단에서 2개 이상의 독립변인의 변화가 종속변인의 변화를 전혀 예측하지 못한다는 것이다.
④ 중다 회귀분석의 회귀식과 관련된 영가설이 기각되면, 여러 회귀계수와 관련된 모든 영가설은 반드시 기각된다.

04 다음 중 스피어만 상관(Spearman correlation) 분석에 대한 설명으로 틀린 것은?

① 스피어만 상관분석의 목적은 2개의 변인 간 관련성을 알아보는 것이다.
② 스피어만 상관분석에 사용되는 자료는 서열척도로 측정된다.
③ 스피어만 상관분석은 비모수검증(non-parametric test) 방법이다.
④ 스피어만 상관분석의 목적은 2개의 서로 다른 집단에서 서열척도로 측정한 순위 간 차이가 있는지를 알아보는 것이다.

해설 & 정답 checkpoint

05 다음의 가상 연구에서 얻은 자료를 분석하는 방법으로 가장 적절한 것은?

어떤 연구자가 성인 남녀 간 자기존중감의 차이가 있는지를 알고자 한다. 이에 연구자는 성인 남녀 각각 100명을 대상으로 7점 척도로 자기존중감을 측정하였다.

① 대응표본 t검증(paired-sample t test, matched-pairs t test)
② 독립표본 t검증(independent-samples t test)
③ 만-휘트니 검증(Mann-Whitney test)
④ 윌콕슨 검증(Wilcoxon test)

05 가상 연구에서 다수의 연구대상(총 200명)으로부터 자료를 얻었고, 성인 남녀라는 독립된 2개의 집단에서 자료를 얻었으며, 변인(자기존중감)은 등간척도로 측정되었다. 따라서 연구자는 독립표본 t검증을 통해 성인 남녀 간 자기존중감의 차이를 알아본다.

① 대응표본 t검증은 2개의 서로 관련된 집단에서 얻은 자료 또는 1개 집단에서 2번 측정한 자료를 분석할 때 사용하는 방법이다. 이때 자료는 등간척도 또는 비율척도로 측정된다.
③ 만-휘트니 검증은 2개의 서로 다른 독립된 집단에서 서열척도로 측정한 자료를 분석할 때 사용하는 방법이다.
④ 윌콕슨 검증은 2개의 서로 관련된 집단에서 서열척도로 측정한 자료를 분석할 때 사용하는 방법이다.

06 다음의 가상 연구에서 얻은 자료를 분석하는 방법으로 가장 적절한 것은?

어떤 연구자가 10대, 20대, 30대 간 삶의 만족도 차이가 있는지를 알고자 한다. 이에 연구자는 각 연령대별로 100명씩 모집해서 7점 척도로 삶의 만족도를 측정하였다.

① 크루스칼-윌리스 검증(Kruskal-Wallis test)
② 반복측정 분산분석(repeated-measures ANOVA)
③ 이원분산분석(two-way ANOVA, two-factor ANOVA)
④ 일원분산분석(one-way ANOVA, one-factor ANOVA)

06 가상 연구에서 다수의 연구대상(총 300명)으로부터 자료를 얻었고, 3개의 연령대라는 독립된 3개의 집단에서 자료를 얻었으며, 변인(삶의 만족도)은 등간척도로 측정되었다. 따라서 연구자는 일원분산분석을 통해 연령대 간 삶의 만족도의 차이를 알아본다.

① 크루스칼-월리스 검증은 1개의 독립변인의 2개 이상의 수준에 해당하는 서로 다른 2개 이상의 집단에서 서열척도로 측정한 자료를 분석하는 방법이다.
② 반복측정 분산분석은 1개의 독립변인의 2개 이상의 수준에 반복해서 노출된 1개의 집단에서 등간척도 또는 비율척도로 얻은 자료를 분석하는 방법이다.
③ 이원분산분석은 2개 이상의 독립변인 각각의 2개 이상의 수준에 해당하는 서로 다른 4개 이상의 집단에서 등간척도 또는 비율척도로 얻은 자료를 분석하는 방법이다.

정답 05 ② 06 ④

checkpoint 해설 & 정답

주관식 문제

01 단순 회귀분석(simple regression analysis)과 중다 회귀분석(multiple regression analysis)의 같은 점과 다른 점을 적으시오.

01 정답
단순 회귀분석과 중다 회귀분석 모두 독립변인이 종속변인에 미치는 영향을 검증하는 분석방법이다. 또한 단순 회귀분석과 중다 회귀분석에 사용되는 독립변인과 종속변인 모두는 등간척도 또는 비율척도로 측정된다. 그런데 단순 회귀분석에서는 1개의 독립변인과 1개의 종속변인이 사용되지만, 중다 회귀분석에서는 2개 이상의 독립변인과 1개의 종속변인이 사용된다. 즉, 단순 회귀분석과 중다 회귀분석에서 사용되는 독립변인의 수가 다르다(1개의 독립변인 vs 2개 이상의 독립변인).

02 독립표본 t검증(independent-samples t test)과 대응표본 t검증(paired-sample t test, matched-pairs t test)의 차이점을 적으시오.

02 정답
연구자가 서로 다른 2개의 독립된 표본에서 얻은 자료의 평균값을 비교할 때, 독립표본 t검증을 실시한다. 반면 연구자가 1개의 표본에서 2번 측정해서 얻은 자료의 평균값을 비교하거나, 서로 관련된 2개의 대응표본(예 부모-자녀, 남편-아내)에서 얻은 2개 자료의 평균값을 비교할 때 대응표본 t검증을 실시한다.

해설 & 정답 checkpoint

제 4 장 연구결과의 해석과 제시

01 다음 중 질적 연구의 질(qualitative research)을 평가하는 기준에 관한 설명으로 틀린 것은?

① 연구자는 연구대상에게 본인이 정리한 질적 연구결과를 제시하고, 이에 대한 신빙성(credibility) 평가를 요청할 수 있다.
② 전이 가능성(transferability)은 특정 질적 연구의 결과가 다른 맥락이나 상황에 일반화될 수 있는 정도를 말한다.
③ 확인 가능성(confirmability)은 다른 연구자에 의해서 특정 질적 연구의 결과가 확정될 수 있는 정도를 말한다.
④ 연구자는 다른 연구자에게 본인이 수집한 자료와 분석 절차를 제시하고, 이에 대한 감사(audit)를 요청해서 신뢰 가능성(dependability)의 점검을 받는다.

01 연구자는 다른 연구자에게 본인이 수집한 자료와 분석 절차를 제시하고, 이에 대한 감사를 요청해서 확인 가능성의 점검을 받는다. 연구자는 결과를 보고할 때 질적 연구의 맥락과 상황 중 변화가 많은 내용이 무엇인지를 기술하고, 그 변화가 연구결과에 어떤 영향을 미쳤는지 설명하는 것을 통해 다른 연구자에게 신뢰 가능성 판단 자료를 제공한다.

02 다음 중 연구결과의 일반화(generalization)에 제한이 될 수 있는 표집 방법이 아닌 것은?

① 대학교 교수인 연구자가 표집하기가 쉽기 때문에 대학생을 표본으로 뽑는다.
② 연구자가 코로나19 대유행으로 인해 대면접촉이 어렵기 때문에 온라인 조사회사의 고령자 패널에서 표본으로 뽑는다.
③ 연구자가 성인의 삶의 만족도를 알아보기 위해서 남성과 여성 모두를 표본으로 뽑는다.
④ 연구자가 대통령 선거 후보자에 대한 선호도를 알아보기 위해서 수도권 거주자들을 표본으로 뽑는다.

02 ① 연구자가 다른 특별한 이유가 없이 표집 용이성 때문에 대학생을 표본으로 뽑는 것은 해당 연구결과를 다른 모집단에게 일반화할 때 제한 요인이 될 수 있다.
② 특정 특성(예 온라인 활동이 많음)을 가진 고령자가 온라인 조사회사 패널에 등록할 가능성이 높기 때문에 온라인 조사회사의 고령자 패널에서 표본을 뽑는 것은 해당 연구결과를 다른 고령자 집단으로 일반화할 때 제한 요인이 될 수 있다.
④ 특정 지역의 거주자들만을 표본으로 뽑는 것은 해당 결과를 다른 지역의 거주자 집단으로 일반화할 때 제한 요인이 될 수 있다.

정답 01 ④ 02 ③

checkpoint 해설 & 정답

03 무선배정은 실험연구에서 발생할 수 있는 통계적 회귀의 발생을 막는 방법이다. 실험연구에서 발생하는 척도 희석화의 문제를 막기 위해서, 연구자는 예비연구(pilot study)를 통해서 척도의 보기 항목 수(예 5점 척도 vs 7점 척도)가 적절한지 또는 종속변인 측정과 관련된 과제가 지나치게 쉽거나 어렵지 않은지를 점검한다.

04 수렴 조작이란 연구자가 이전 연구에서 사용한 독립변인이나 종속변인과 관련된 개념의 조작적 정의를 변경하는 것이다.

정답 03 ② 04 ④

03 다음 중 척도 희석화(scale attenuation)와 통계적 회귀(statistical regression)에 대한 설명으로 틀린 것은?

① 척도 희석화로 인해서 종속변인 측정의 천장효과(ceiling effect)가 발생할 가능성이 크다.
② 실험연구에서 발생하는 척도 희석화의 문제를 막기 위해서, 연구자는 무선배정(random assignment)을 사용할 수 있다.
③ 통계적 회귀가 발생하면, 연구자는 독립변인과 종속변인 간의 인과관계를 명확하게 확인하기 어렵다.
④ 실험연구에서 발생하는 통계적 회귀의 발생을 막기 위해서, 연구자는 신뢰할 수 있는 측정 도구(예 척도)를 사용해야 한다.

04 다음 중 반복검증(replication)에 대한 설명으로 틀린 것은?

① 직접적 반복검증(direct replication)은 연구자가 특정 연구에서 사용한 도구, 절차 등을 다른 연구에서 가능한 한 동일하게 사용해서 동일한 결과를 얻는지 확인하는 방법이다.
② 체계적 반복검증(systematic replication)은 연구자가 연구 주제와 무관한 것으로 예상되는 연구 조건이나 상황을 변경해서 특정 연구를 진행한 후 그 결과가 이전 연구의 결과와 같은지를 확인하는 방법이다.
③ 개념적 반복검증(conceptual replication)은 연구자가 이전 연구에서 사용한 특정 개념에 대한 조작적 정의(operational definition)를 변경해서 특정 연구를 진행하는 방법이다.
④ 수렴 조작(converging operation)이란 연구자가 이전 연구에서 사용한 독립변인이나 종속변인과 관련된 이론적 정의(theoretical definition)를 변경하는 것이다.

해설 & 정답 checkpoint

05 다음 내용이 기술되는 학술지 논문의 부분(section)은 무엇인가?

> 특정 연구와 선행연구나 이론 간의 관련성, 해당 연구와 선행연구나 이론 간의 차별성, 해당 연구의 가설이나 연구문제의 설정 근거

① 서론(introduction)
② 이론적 배경(theoretical background)
③ 연구방법(methods)
④ 연구결과(results)

05 ① 서론 부분에는 연구 목적, 연구의 이론적 또는 실무적 중요성, 연구 필요성 및 연구주제 등이 기술된다.
③ 연구방법 부분에는 연구 설계, 연구대상의 특성, 표집 절차와 방법, 표본 크기와 표본 크기 결정방법, 도구, 자료 수집 방법, 연구절차가 기술된다.
④ 연구결과 부분에는 자료 분석 방법과 그 결과가 기술된다.

주관식 문제

01 양적 연구(quantitative research)의 질을 평가하는 주요 기준을 3가지 이상 적으시오.

01 정답
① 내적 타당도(internal validity)
② 외적 타당도(external validity)
③ 신뢰도(reliability)
④ 객관성(objectivity)

02 질적 연구(qualitative research)의 질을 평가하는 주요 기준을 3가지 이상 적으시오.

02 정답
① 신빙성(credibility)
② 전이 가능성(transferability)
③ 신뢰 가능성(dependability)
④ 확인 가능성(confirmability)

정답 05 ②

03 척도 희석화(scale attenuation)의 정의를 적으시오.

checkpoint 해설 & 정답

03 정답
척도 희석화란 연구대상의 실제 행동, 의견, 신념 등을 반영하는 척도의 보기 항목 수(예 5점 척도 vs 7점 척도)가 매우 적은 측정 상황을 말한다.

04 실험적 신뢰도(experimental reliability)의 정의를 적으시오.

04 정답
실험적 신뢰도는 특정 실험에서 얻은 결과와 유사한 결과를 다른 실험에서도 얻을 수 있는 정도이다.

최종모의고사

최종모의고사 제1회
최종모의고사 제2회
정답 및 해설

I wish you the best of luck

독학사 심리학과 4단계

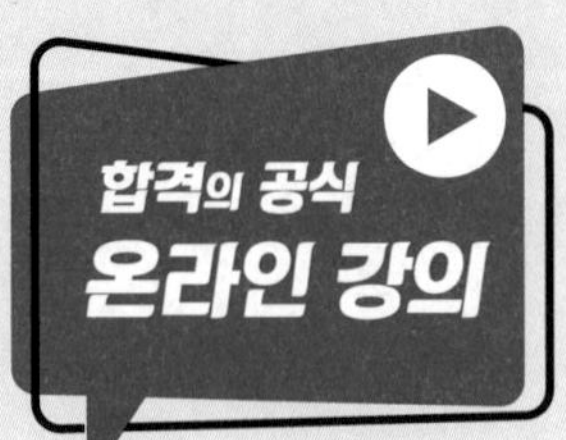

제 1 회

독학사 심리학과 4단계

최종모의고사 | 심리학연구방법론

제한시간 : 50분 | 시작 ___시 ___분 - 종료 ___시 ___분

정답 및 해설 394p

01 다음 중 조작적 정의(operational definition)에 대한 설명으로 틀린 것은?

① 조작적 정의는 연구자가 언어를 이용해서 개념(concept, construct)의 본래 의미를 명확하게 하는 활동이다.
② 개념에 대한 조작적 정의의 결과로 변인(variable)이 도출된다.
③ 조작적 정의는 연구자가 개념을 관찰 가능하도록 경험적 지표로 바꾸는 활동이다.
④ 연구자가 연구목적에 따라서 한 개념에 대한 이론적 정의(theoretical definition, conceptual definition)의 일부분만을 선별해서 해당 개념에 대한 조작적 정의를 내릴 수 있다.

02 특정한 심리적 장애를 가진 소수의 연구대상에게서 자료를 얻을 때 가장 적합한 연구방법은 무엇인가?

① 설문조사 연구(survey study)
② 패널 연구(panel study)
③ 동년배 집단 연구(cohort study)
④ 사례 연구(case study)

03 다음에 제시된 심리학적 연구방법의 절차 중 괄호에 해당하는 세부 단계들의 순서로 올바른 것은?

> 연구주제 선정 → 문헌고찰 → 가설 또는 연구문제 설정 → (㉠) → (㉡) → (㉢) → 본 연구 실시 → 결과분석 및 해석 → 결과보고

① ㉠ 연구설계 → ㉡ 예비연구 실시 → ㉢ 연구도구 선정 및 개발
② ㉠ 연구설계 → ㉡ 연구도구 선정 및 개발 → ㉢ 예비연구 실시
③ ㉠ 연구도구 선정 및 개발 → ㉡ 연구설계 → ㉢ 예비연구 실시
④ ㉠ 예비연구 실시 → ㉡ 연구설계 → ㉢ 연구도구 선정 및 개발

04 다음 중 연구대상의 연구참여와 관련된 권리에 대한 설명으로 틀린 것은?

① 연구대상이 연구에 자발적으로 참여하겠다고 동의하면, 연구자는 연구대상에게 연구내용(예 연구목적과 절차)을 알려준다.
② 연구대상은 자기 결정의 권리를 가지고 있기 때문에, 연구자는 연구대상에게 자발적 참여 동의를 받아야 한다.
③ 연구자는 연구대상의 사생활을 보호하고, 비밀을 보장해야 한다.
④ 연구자는 연구과정에서 발생할 수 있는 신체적 피해, 정신적 피해 등으로부터 연구대상을 보호해야 한다.

05 다음 중 양적 연구(quantitative research)와 질적 연구(qualitative research)에 대한 설명으로 옳은 것은?

① 질적 연구의 철학적 근거는 실증주의(positivism) 또는 논리 실증주의(post positivism)이다.
② 질적 연구에서 연구자는 연역법(이론 → 자료)을 기반으로 연구를 실시한다.
③ 양적 연구의 철학적 근거는 상대주의(relativism) 또는 구성주의(constructivism)이다.
④ 양적 연구에서 연구자는 연구대상과 독립된 존재이며, 연구자가 연구대상의 자료를 수집할 때 연구자 본인의 가치를 배제해야 한다.

06 다음의 가상 연구 결과에서 자기효능감은 어떤 종류의 변인에 해당하는가?

> 연구자가 대학생의 학업 스트레스가 클수록 자기효능감이 낮아지고, 자기효능감이 낮을수록 대학생활에 적응을 하지 못한다는 결과를 얻었다. 결론적으로 연구자는 '학업 스트레스 → 자기효능감 → 대학생활 적응'의 순차적 인과관계를 확인하였다.

① 매개변인(mediating variable)
② 조절변인(moderating variable)
③ 독립변인(independent variable)
④ 가외변인(extraneous variable)

07 다음 중 표준오차(standard error)에 대한 설명으로 틀린 것은?

① 표준오차는 표집 과정에서 체계적이거나 일정한 방식으로 발생하는 오류이다.
② 추정된 평균값의 표집오차를 평균값의 표준오차라고 한다.
③ 평균값의 표준오차는 평균값의 표집분포의 표준편차로 정의된다.
④ 평균값의 표준오차가 클수록, 표본에서 얻은 평균값이 모집단의 평균값과 크게 다르다.

08 **다음 중 확률 표집(probability sampling)에 요구되는 전제 조건이 아닌 것은?**

① 모집단에 속한 모든 연구대상은 표본으로 뽑힐 동일한 확률을 가져야 한다.
② 연구자는 연구주제와 관련된 서로 다른 견해를 제공하는 연구대상을 표본으로 뽑아야 한다.
③ 연구자의 의도가 아닌 우연에 의해서, 특정 연구대상이 표본으로 뽑혀야 한다.
④ 연구자는 모집단에 속한 모든 연구대상이 누구이며 어떤 사람인지(예 남성)를 확인할 수 있는 목록인 표집틀(sampling frame)을 확보해야 한다.

09 **다음 중 척도의 특징에 대한 설명으로 틀린 것은?**

① 서열척도(ordinal scale)에는 연구대상의 특성과 관련된 절대영점(true zero)이 없다.
② 등간척도(interval scale)에서 얻은 점수를 이용해서 평균값을 산출할 수 있다.
③ 명명척도(nominal scale)에서 얻은 점수는 사칙연산(더하기, 빼기, 곱하기, 나누기)이 가능하다.
④ 비율척도(ratio scale)에는 연구대상의 특성과 관련된 절대영점이 있다.

10 **다음 중 측정 신뢰도(measurement reliability)에 대한 설명으로 틀린 것은?**

① 측정 방법이 달라지면 척도의 측정 신뢰도가 낮아질 수 있다.
② 사회적 바람직성(social desirability)이 연구대상의 척도 응답에 영향을 미치면, 척도의 측정 신뢰도가 낮아질 수 있다.
③ 측정 시점 간 시간적 간격이 매우 크면, 척도의 측정 신뢰도가 낮아질 수 있다.
④ 연구자는 Cronbach's α(크론바흐 알파)를 산출해서 척도의 검사-재검사 신뢰도(test-retest reliability)를 확인할 수 있다.

11 **다음 중 심리학적 관찰연구의 단점에 대한 설명으로 틀린 것은?**

① 심리학적 관찰연구에서 연구자가 본인의 기대에 맞추어 관찰 내용과 해석을 왜곡하는 현상이 발생할 수 있다.
② 심리학적 관찰연구에서 연구자는 엄격하게 통제된 상황에서 특정 사건의 발생을 조작한 후 다른 사건과의 관련성을 즉각적으로 확인한다.
③ 심리학적 관찰연구에서 연구대상이 연구자에 의해서 본인이 관찰되고 있다는 사실을 인식하면, 본인이 관찰상황에서 어떻게 반응할지를 고려해서 자연스럽지 않은 의도적 반응을 보일 수 있다.
④ 심리학적 관찰연구의 절차를 완벽하게 표준화하는 것은 어렵다.

12 **다음 설명 중 옳은 것은?**

① 피어슨 상관계수(Pearson correlation coefficient)는 두 변인 간의 인과관계를 알려주는 지표이다.
② χ^2 검증을 이용해서 두 변인 간의 인과관계를 확인할 수 있다.
③ 명명척도로 얻은 자료에서 피어슨 상관계수를 산출할 수 있다.
④ 명명척도로 얻은 자료를 대상으로 χ^2 검증을 실시할 수 있다.

13 **다음 중 가외변인(extraneous variable) 또는 통제변인(control variable)에 대한 설명으로 틀린 것은?**

① 연구자는 실험 중 통제변인의 수준을 변하지 않게 일정하게 유지한다.
② 가외변인 또는 통제변인의 변동이 독립변인과 종속변인의 관계에 영향을 미치는 것을 혼입효과(confounding effect)라고 한다.
③ 가외변인을 통제하는 방법 중 하나가 상쇄균형화(counterbalancing)이다.
④ 연구자는 모든 종류의 가외변인을 파악하고 있다.

14 **다음 중 실험설계의 내적 타당도(internal validity)를 위협하는 요인이 아닌 것은?**

① 실험상황에서 연구대상이 평소와 다른 반응을 보임으로써 독립변인의 조작 효과가 왜곡되는 현상인 실험절차의 반응적 효과(reactive effect)
② 실험결과에 영향을 미치는 실험진행 기간 중 연구대상이 경험한 특정 사건이나 환경인 역사(history)
③ 시간의 경과에 따라서 발생하는 연구대상의 변화(예 성장, 노화, 피로, 지루함)인 성숙(maturation)
④ 사전검사 때 극단적으로 높거나 극단적으로 낮은 점수가 사후검사 때 중간 수준의 점수(예 평균값)에 가까워지는 현상인 통계적 회귀(statistical regression)

15 **다음 중 실험에서 무위 결과(null result)가 발생하는 이유에 해당하지 않는 것은?**

① 연구자가 동일한 종속변인을 두 번 측정한 경우
② 연구자가 독립변인을 타당하게 조작하거나 처치하는 데 실패한 경우
③ 연구자가 종속변인에 미치는 영향의 크기가 지나치게 작은 독립변인을 선정한 경우
④ 연구자가 종속변인에 영향을 미치지 않는 독립변인을 잘못 선정한 경우

16 **다음 중 2 × 2 요인설계(factorial design)에서 얻은 결과에 대한 설명으로 틀린 것은?**

① 2개의 독립변인의 주효과(main effect)가 발생하고, 2개의 독립변인의 상호작용(interaction)이 발생할 수 있다.
② 2개의 독립변인의 상호작용이 발생하면, 반드시 1개의 독립변인의 주효과는 발생하지 않는다.
③ 2개의 독립변인의 상호작용이 발생하면, 연구자는 각 주효과를 별도 해석하지 않는다.
④ 1개의 독립변인이 종속변인에 미치는 영향이 다른 1개의 독립변인의 수준에 따라서 달라지는 현상을 상호작용이라고 한다.

17 **다음 중 소집단 설계(small-n design)를 적용하는 것이 적절하지 않은 경우는?**

① 연구대상의 개인차(예 성격 특성)가 실험결과에 큰 영향을 미치는 경우
② 실험상황의 엄격한 통제가 필요한 경우
③ 동일 종속변인을 여러 번 반복해서 측정해서 통계적 추론을 얻고자 하는 경우
④ 소수 연구대상의 행동 치료를 위한 기법의 효과를 확인하는 경우

18 **다음 중 비동등 통제집단 설계(nonequivalent control-group design)에 대한 설명으로 틀린 것은?**

① 비동등 통제집단 설계에서 실험집단에 속한 연구대상의 특성은 통제집단에 속한 연구대상의 특성과 다르다.
② 비동등 통제집단 설계에서 사전검사를 실시한다.
③ 비동등 통제집단 설계에서 선택편향(selection bias)이 발생할 수 있다.
④ 비동등 통제집단 설계에서 연구대상의 역사(history)와 성숙(maturation)이 결과에 영향을 미치지 않는다.

19 **다음 중 기술통계(descriptive statistics)와 추론통계(inferential statistics)에 대한 설명으로 틀린 것은?**

① 기술통계의 목적은 연구자가 모집단(population)의 자료 분포 형태를 파악하는 것이다.
② 추론통계의 목적은 표본(sample)의 자료를 기반으로 표본의 특성을 모집단의 특성으로 일반화하는 것이다.
③ 연구자가 표본의 평균값을 산출하는 활동은 기술통계에 해당한다.
④ 추론통계는 연구자가 통계치(statistic)와 검정통계치(testing statistic)를 이용해서 모수치(parameter)에 관한 가설을 검증하는 절차이다.

20 **다음 중 비모수검증(non-parametric test) 방법이 아닌 것은?**

① 만-휘트니 검증(Mann-Whitney test)
② 크루스칼-월리스 검증(Kruskal-Wallis test)
③ 윌콕슨 검증(Wilcoxon test)
④ 피어슨 상관분석(Pearson correlation analysis)

21 **다음 중 대응표본 t검증(paired-sample t test, matched-pairs t test)에 대한 설명으로 틀린 것은?**

① 대응표본 t검증의 목적은 한 집단에서 등간척도 또는 비율척도로 2번 측정해서 얻은 자료의 평균값을 비교하는 것이다.
② 대응표본 t검증의 목적은 서로 관련된 2개의 집단에서 등간척도 또는 비율척도로 측정해서 얻은 자료의 평균값을 비교하는 것이다.
③ 대응표본 t검증은 비모수검증(non-parametric test) 방법이다.
④ 대응표본 t검증에서 t값은 두 자료 점수의 차이값의 평균값과 이 평균값의 표준편차의 비율로 산출된다.

22 **다음 중 양적 연구와 질적 연구의 질을 판단하는 기준에 대한 설명으로 틀린 것은?**

① 양적 연구의 질을 평가하는 기준인 내적 타당도(internal validity)에 대응이 되는 질적 연구의 질을 평가하는 기준은 신빙성(credibility)이다.
② 다른 연구자의 특정 질적 연구 결과의 전이 가능성(transferability) 판단을 돕기 위해서, 연구자는 본인의 질적 연구 결과를 보고할 때 연구 맥락과 상황 또는 연구의 가정(assumption)을 세밀하게 기술할 필요가 있다.
③ 확인 가능성(confirmability)은 다른 연구자에 의해서 특정 질적 연구의 결과가 확정될 수 있는 정도를 말한다.
④ 양적 연구의 질을 평가하는 기준인 신뢰도(reliability)에 대응이 되는 질적 연구의 질을 평가하는 기준은 신빙성(credibility)이다.

23 **다음 중 2 × 2 요인설계(factorial design)로 수집한 자료를 분석하는 가장 적합한 모수검증(parametric test) 방법은 무엇인가?**

① 일원분산분석(one-way ANOVA, one-factor ANOVA)
② 이원분산분석(two-way ANOVA, two-factor ANOVA)
③ 독립표본 t검증(independent-samples t test)
④ 반복측정 분산분석(repeated-measures ANOVA)

24 다음 중 무선화 사후 통제집단 설계(randomized posttest-only control group design)로 수집한 자료에서 실험집단과 통제집단 간 종속변인 측정값을 비교할 때 가장 적합한 모수검증(parametric test) 방법은 무엇인가?

① 대응표본 t검증(paired-sample t test, matched-pairs t test)
② 만-휘트니 검증(Mann-Whitney test)
③ 윌콕슨 검증(Wilcoxon test)
④ 독립표본 t검증(independent-samples t test)

주관식 문제

01 과학적 연구에서 다루는 이론(theory)의 정의를 적으시오.

02 영가설(null hypothesis)의 정의를 적으시오.

03 사후 설계(posttest-only design)와 사전 사후 설계(pretest-posttest design)의 차이점을 적으시오.

04 유사실험설계(quasi-experimental design)와 구분이 되는 진실험설계(true experimental design)의 주요 특징을 적으시오.

제 2 회

독학사 심리학과 4단계

최종모의고사 | 심리학연구방법론

제한시간 : 50분 | 시작 ___시 ___분 - 종료 ___시 ___분

정답 및 해설 399p

01 다음 중 변인(variable)에 대한 설명으로 틀린 것은?

① 독립변인은 어떤 현상의 원인이 되는 요인이다.
② 연구자는 연구변인(예 독립변인)을 변경(조작 또는 처치)하거나 측정한다.
③ 변인이란 변하거나 변할 수 있는 연구대상을 말한다.
④ 가외변인(extraneous variable)은 독립변인과 종속변인 간의 관계에 영향을 미칠 수 있다.

02 다음의 가상 연구 결과에서 정서조절 전략은 어떤 종류의 변인에 해당하는가?

> 어떤 연구의 결과에서, 적응적 정서조절 전략을 사용하는 대학생의 경우, 생활 스트레스가 자살 생각에 미치는 영향이 없었다. 반면 부적응적 정서조절 전략을 사용하는 대학생의 경우, 생활 스트레스를 많이 경험하면 자살 생각을 많이 하는 것으로 나타났다.

① 매개변인(mediating variable)
② 조절변인(moderating variable)
③ 종속변인(dependent variable)
④ 통제변인(control variable)

03 다음 중 이론의 특징이 아닌 것은?

① 이론은 과학적 연구를 통해 수립된다.
② 이론은 한 번 검증이 되면 이후 다시 검증할 필요가 없다.
③ 좋은 이론은 다양한 종류의 현상을 이해하는 데 적용이 가능하다.
④ 좋은 이론은 현상을 이해하기 위해서 가능한 한 가장 적은 수의 개념과 가정을 이용한다.

04 다음 중 좋은 연구주제의 특징에 대한 설명으로 틀린 것은?

① 연구주제의 범위와 연구주제의 기술(description)이 구체적이어야 한다.
② 연구주제는 이론적 의의(implication)와 실용적 의의를 제공해야 한다.
③ 연구주제는 연구를 통해 확인이 가능해야 한다.
④ 연구주제의 범위와 연구주제의 기술은 최대한 추상적이어야 한다.

05 다음 중 심리학 연구의 목적에 해당하지 <u>않는</u> 것은?

① 인간의 행동과 정신과정의 기술 (description)
② 인간의 행동과 정신과정의 설명 (explanation)
③ 인간의 행동과 정신과정의 조작 (manipulation)
④ 인간의 행동과 정신과정의 예측 (prediction)

06 다음 중 연구 윤리에서 통상적으로 규정하는 취약 계층이 <u>아닌</u> 사람은?

① 임산부
② 미성년자
③ 교도소 수감자
④ 대학 교수

07 다음 중 <u>틀린</u> 설명은?

① 선택편향(selection bias)은 모집단에 속한 특정 연구대상이 체계적이며 일정한 방식으로 표본에 뽑히지 않는 현상을 말한다.
② 반응편향(response bias)은 표본에 이미 포함된 연구대상이 체계적이며 일정한 방식으로 연구에 참여하지 않는 경우에 발생하는 현상이다.
③ 심리학 연구에서 일반화(generalization)는 표본과 표본을 추출한 모집단 간 관련 정도를 말한다.
④ 연구에 참여한 연구대상의 특성과 모집단의 특성이 크게 다르면, 반응편향이 발생한 것으로 볼 수 있다.

08 다음 중 확률 표집(probability sampling)이 <u>아닌</u> 것은?

① 목적적 표집(purposive sampling)
② 단순 무선 표집(simple random sampling)
③ 층화 무선 표집(stratified random sampling)
④ 군집 표집(cluster sampling)

09 다음 표는 척도 종류와 척도 속성 간의 관계를 나타낸다. 다음 표의 (㉠), (㉡), (㉢) 안에 들어갈 말로 옳은 것은?

구분	차이 측정	크기 측정	등간격 측정	절대영점 측정
명명 척도	가능	불가능	불가능	불가능
서열 척도	(㉠)	가능	(㉡)	불가능
등간 척도	가능	가능	가능	불가능
비율 척도	가능	가능	가능	(㉢)

	㉠	㉡	㉢
①	가능	가능	불가능
②	가능	불가능	가능
③	불가능	불가능	가능
④	불가능	가능	불가능

10 **다음 중 측정(measurement)에 대한 설명으로 틀린 것은?**

① 측정은 연구대상의 특성(개념)에 숫자나 명칭을 체계적인 방식으로 부여하는 활동이다.
② 측정은 조작적 정의(operational definition)가 아닌 이론적 정의(theoretical definition)에 기반을 둔다.
③ 연구자가 측정을 실시하기 전 측정 단위(예 시간 – 시, 분, 초)를 결정해야 한다.
④ 연구자가 측정을 실시하기 전 측정 수준(예 명명척도 vs 비율척도)을 결정해야 한다.

11 **다음 중 측정 타당도(measurement validity)가 아닌 것은?**

① 안면 타당도(face validity)
② 예측 타당도(predictive validity)
③ 수렴 타당도(convergent validity, congruent validity)
④ 동시 타당도(concurrent validity)

12 **다음 중 연구자가 설문조사연구의 예비연구(pilot study)에서 실시하지 않는 활동은?**

① 가설 검증
② 측정 신뢰도 점검
③ 측정 타당도 점검
④ 질문 문항의 양호성(예 질문 이해의 난이도) 점검

13 **다음 중 χ^2 검증 또는 교차분할표(contingency table)에 대한 설명으로 틀린 것은?**

① χ^2 검증을 위해 구성한 교차분할표에서 한 연구대상은 2개 이상의 칸(cell)에 속할 수 있다.
② 명명척도(nominal scale)로 측정한 자료를 대상으로 χ^2 검증을 실시한다.
③ 교차분할표는 2개 이상의 행(row)과 2개 이상의 열(column)로 구성된다.
④ χ^2 검증을 위해 구성한 교차분할표에서 기대빈도(expected frequency)는 영가설이 참일 때 얻을 것으로 기대한 빈도를 말한다.

14 **다음 중 실험에 대한 설명으로 틀린 것은?**

① 실험연구에서 연구자는 독립변인이 종속변인에 미치는 영향을 확인하기 위해서, 실험집단과 통제집단의 종속변인 변화를 비교한다.
② 실험집단은 독립변인에 노출된 연구대상의 집단을 말한다.
③ 통제집단은 실험에서 연구대상을 중립 사건에 노출시키는 기저선(baseline) 조건에 해당한다.
④ 통제집단은 가외변인(extraneous variable)을 통제한 연구대상의 집단이고, 실험집단은 가외변인을 통제하지 않은 연구대상의 집단이다.

15 **다음 중 실험설계에 대한 설명으로 틀린 것은?**

① 대응 짝 설계(matched pairs design)는 유사한 특성을 가진 2명의 연구대상을 한 쌍으로 구성한 후 각 쌍을 2개의 실험집단(예 실험집단 1 vs 실험집단 2)에 무작위로 배정하는 실험설계이다.
② 피험자 간 설계(between-subjects design)에서 각 연구대상은 독립변인의 다른 수준에 노출된다.
③ 피험자 내 설계(within-subjects design)에서 모든 연구대상은 독립변인의 모든 수준에 노출된다.
④ 솔로몬 4집단 설계(Solomon four-group design)는 사후 통제집단 설계(posttest-only control-group design)와 사전사후 통제집단 설계(pretest-posttest control-group design)를 조합한 실험설계이다.

16 **다음 중 2×2×2 요인설계(factorial design)에 대한 설명으로 틀린 것은?**

① 연구자는 3개 독립변인의 주효과(main effect)를 확인할 수 있다.
② 연구자는 4개의 상호작용(interaction)을 확인할 수 있다.
③ 연구자가 3개의 독립변인 각각을 2개 수준으로 조작하는 경우에 적용할 수 있는 실험설계이다.
④ 연구자가 1개의 독립변인을 3개 수준으로 조작하는 경우에 적용할 수 있는 실험설계이다.

17 **다음 중 소집단 설계(small-n design)의 종류가 아닌 것은?**

① 교대-처치 설계(alternating-treatment design, between-series design)
② 솔로몬 4집단 설계(Solomon four-group design)
③ 중다 기저선 설계(multiple-baseline design)
④ 변동-준거 설계(changing-criterion design)

18 **다음 중 다수의 연구대상을 이용한 유사실험설계(quasi-experimental design)에 대한 설명으로 틀린 것은?**

① 연구자가 연령, 성별, 지능 등과 같은 피험자변인(subject variable)만을 독립변인으로 다루어야 하고 연구대상의 무선배정이 어려운 경우, 유사실험설계를 이용한다.
② 연구자가 연구대상을 실험 조건에 무작위로 배정할 수 없는 경우, 유사실험설계를 이용한다.
③ 연구자가 모든 독립변인을 직접 조작할 수 있고 연구대상의 무선배정이 가능한 경우, 유사실험설계를 이용한다.
④ 연구자가 비윤리적인 이유로 독립변인을 직접 조작하지 못하고 연구대상의 무선배정을 못 하는 경우, 유사실험설계를 이용한다.

19 다음 중 유사실험설계(quasi-experimental design)가 아닌 것은?

① 단일집단 사후 설계 (one-group posttest-only design)
② 비동등 통제집단 설계 (nonequivalent control-group design)
③ 단일집단 사전사후 설계 (one-group pretest-posttest design)
④ 사전사후 통제집단 설계 (pretest-posttest control-group design)

20 다음 중 척도(scale)의 종류에 대한 설명으로 틀린 것은?

① 연구자는 명명척도(nominal scale)로 수집한 자료에서 최빈값(mode)을 산출할 수 있다.
② 연구자는 서열척도(ordinal scale)로 수집한 자료에서 중앙값(median)을 산출할 수 있다.
③ 연구자는 서열척도(ordinal scale)로 수집한 자료에서 평균값(mean)을 산출할 수 있다.
④ 연구자는 등간척도(interval scale)로 수집한 자료에서 표준편차(standard deviation)를 산출할 수 있다.

21 다음 중 비모수검증(non-parametric test) 방법의 전제에 대한 설명으로 틀린 것은?

① 표본을 추출한 모집단의 분포가 정규분포가 아니다.
② 변인들은 등간척도 또는 비율척도로 측정되고 그 값을 대상으로 통계분석을 실시한다.
③ 변인들은 명명척도 또는 서열척도로 측정되고 그 값을 대상으로 통계분석을 실시한다.
④ 표본에 속한 연구대상의 수가 적다(예 10명 미만).

22 다음 중 독립표본 t검증(independent-samples t test)에 대한 설명으로 틀린 것은?

① 독립표본 t검증의 목적은 2개의 서로 다른 집단에서 서열척도로 측정한 순위 간 차이가 있는지를 알아보는 것이다.
② 독립표본 t검증에서 사용되는 자료는 등간척도 또는 비율척도로 측정된다.
③ 독립표본 t검증은 모수검증 방법이다.
④ 독립표본 t검증에서 t값이 클수록 영가설이 기각될 확률이 높다.

23 **다음 중 연구자가 본인이 얻은 연구 결과를 해석할 때 매우 크게 주의할 사항이 아닌 것은?**

① 특정 지역의 거주민만을 표본으로 뽑았기 때문에 발생이 가능한 연구결과의 일반화(generalization)의 제한 문제
② 척도의 보기 항목 수(예 3점 척도)가 매우 적기 때문에 발생하는 종속변인 측정의 천장효과(ceiling effect)와 바닥효과(floor effect)의 발생 문제
③ 사전검사와 사후검사로 구성된 연구에서 사후검사에서 종속변인의 측정치가 평균값으로 되돌아가는 현상의 발생 문제
④ 효과크기(effect size)의 산출 여부

24 **사전사후 통제집단 설계(pretest-posttest control-group design)로 수집한 자료에서 실험집단의 사전검사 점수와 사후검사 점수 간 차이를 비교할 때 가장 적합한 모수검증(parametric test) 방법은 무엇인가?**

① 대응표본 t검증(paired-sample t test, matched-pairs t test)
② 이원분산분석(two-way ANOVA, two-factor ANOVA)
③ 윌콕슨 검증(Wilcoxon test)
④ 독립표본 t검증(independent-samples t test)

주관식 문제

01 **연구자가 저지르는 연구 부정행위 중 부당한 저자 표기가 무엇인지 적으시오.**

02 **가외변인(extraneous variable)을 통제(control)하는 대표적인 방법을 3가지 이상 적으시오.**

03 **연구자가 Z점수, T점수, 9분점수 등의 표준점수(standard score)를 산출하는 이유를 적으시오.**

04 **평균값의 표준오차(standard error)의 정의를 적으시오.**

최종 모의고사 정답 및 해설

제1회

01	02	03	04	05	06	07	08	09	10	11	12
①	④	②	①	④	①	①	②	③	④	②	④
13	14	15	16	17	18	19	20	21	22	23	24
④	①	①	②	①	②	①	④	③	④	②	④

주관식 정답	
01	① 이론은 현상이나 현상 간의 관계에 대한 기술이나 설명의 틀(기술문이나 설명문의 조합)을 말한다. ② 이론은 개념(concept, construct)이나 개념 간의 관계에 대한 기술문이나 설명문을 말한다.
02	영가설은 변인 간의 관련성(관계나 비교)이 존재하지 않는다고 기술한 진술문이다.
03	사후 설계는 독립변인의 처치 전에 사전검사(종속변인 측정)를 실시하지 않고, 독립변인의 처치 후에 사후검사(종속변인 측정)만 실시하는 실험설계이다. 반면 사전사후 설계는 독립변인 처치 전・후에 사전검사와 사후검사 모두를 실시하는 실험설계이다. 즉, 사후 설계에서는 사전검사를 실시하지 않고, 사전사후 설계에서는 사전검사를 실시한다.
04	① 무선배정(random assignment) : 연구자가 연구대상을 실험집단과 통제집단에 무작위로 할당하면, 진실험설계이다. ② 독립변인의 직접 조작 : 연구자가 1개 이상의 독립변인을 직접 조작하면, 진실험설계이다.

01 **정답** ①

연구자가 언어를 이용해서 개념의 본래 의미를 명확하게 하는 활동은 이론적 정의(theoretical definition, conceptual definition)이다. 개념에 대한 조작적 정의의 결과가 변인이며, 조작적 정의는 개념을 관찰 가능하도록 경험적 지표로 바꾸는 활동이다. 또한 한 개념에 대한 이론적 정의는 포괄적이기 때문에 연구자는 이론적 정의의 일부분만을 선별해서 해당 개념에 대한 조작적 정의를 내릴 수 있다.

02 **정답** ④

임상심리학자들이 특정한 심리적 장애를 가진 소수의 연구대상에게서 자료를 수집할 때 사례 연구를 많이 이용한다. 이에 사례 연구를 임상적 방법(clinical method)이라고도 부른다.

① 설문조사 연구는 연구자가 정해진 기간 동안 다수의 연구대상을 직접 만나서 또는 전화, 인터넷, 우편 등을 이용해서 특정 연구주제와 관련된 미리 정해진 다수의 질문들을 묻고, 그에 대한 연구대상의 답을 얻는 방법이다.

② 패널 연구는 연구자가 미리 선정한 다수의 연구대상(패널 구성원)으로부터 일정 기간 동안 일정한 시간적 간격을 두고 반복적으로 동일 자료를 얻어서 연구대상의 변화 양상을 확인하는 종적 연구의 한 종류이다.

③ 동년배 집단 연구는 일정 기간 동안 일정한 시간적 간격을 두고 다수의 특정 동년배 집단에 속한 매번 다른 구성원을 연구대상으로 새롭게 모집해서 반복적으로 동일 자료를 얻는 방법이다.

03 정답 ②

심리학적 연구방법의 절차는 '연구주제 선정 → 문헌고찰 → 가설 또는 연구문제 설정 → 연구설계 → 연구도구 선정 및 개발 → 예비연구 실시 → 본 연구 실시 → 결과분석 및 해석 → 결과보고'의 단계로 진행된다.

04 정답 ①

연구자는 먼저 연구대상에게 연구내용을 알려준 후 연구대상으로부터 자발적인 연구참여 동의를 받아야 한다. 이와 같은 자발적 연구참여 동의를 주지된 동의(informed consent)라고 한다.

05 정답 ④

① 질적 연구의 철학적 근거는 상대주의 또는 구성주의이다.
② 질적 연구에서 연구자는 귀납법(자료 → 이론)을 기반으로 연구를 실시한다.
③ 양적 연구의 철학적 근거는 실증주의 또는 논리 실증주의이다.

06 정답 ①

가상 연구 결과에서, 학업 스트레스는 독립변인이며, 자기효능감은 매개변인이고, 대학생활 적응은 종속변인이다. 이때 매개변인은 독립변인이 종속변인에 미치는 영향을 중간에서 변화시키는 변인이다.

② 조절변인은 독립변인이 종속변인에 미치는 영향의 여부나 정도 차이를 유발(조절)하는 변인이다.
③ 독립변인은 어떤 현상의 원인이 되는 연구대상의 속성이다. 가상 연구 결과에서 학업 스트레스가 독립변인이다.
④ 가외변인은 독립변인과 종속변인 간의 관계에 영향을 미칠 수 있는 변인이다. 가외변인은 연구자가 관심을 가진 연구주제와 관련된 연구변인이 아니다.

07 정답 ①

표집 과정에서 발생하는 우연적 오차가 표집오차(sampling error)이다. 표집오차를 추정한 수치가 표준오차이다.

08 정답 ②

연구자가 연구주제와 관련된 서로 다른 견해를 제공하는 연구대상을 표본으로 뽑는 것은 질적 연구에서 주로 사용되는 비확률 표집(목적적 표집)인 최대 다양성 표집에 해당한다.

① 확률 표집의 전제 조건 중 동등 가능성 원칙(equal likelihood principle)의 내용이다.
③ 확률 표집의 전제 조건 중 우연의 원칙(principle of chance)의 내용이다.
④ 확률 표집의 전제 조건 중 표집틀 확보 원칙의 내용이다.

09 정답 ③

명명척도의 예는 성별(남성 vs 여성), 종교(예 기독교, 천주교, 불교) 등이다. 이와 같은 명명척도에서 얻은 점수는 연구대상 특성의 질적 차이를 나타낸다. 따라서 명명척도에서 얻은 점수를 더하거나 빼거나 곱하거나 나눌 수 없다.

10 정답 ④

Cronbach's α(크론바흐 알파)는 척도의 내적 일치도(internal consistency)를 확인하는 지표이다. 검사-재검사 신뢰도는 연구자가 비교적 짧은 시간 간격을 두고 특정 변인에 대한 동일한 여러 문항들을 동일한 연구대상에게 두 번 반복해서 측정한 후 확인한 두 측정 결과 간의 관련 정도를 말한다.

11 정답 ②

실험연구와 달리, 심리학적 관찰연구에서 연구자는 특정 사건의 발생을 조작하지 않기 때문에 해당 사건과 다른 사건 간의 관련성을 즉각적으로 확인하기가 어렵다. 대신 연구자는 해당 사건과 다른 사건 간의 관련성이 발생할 때까지 기다리면서 계속 관찰해야 한다.

12 정답 ④

① 피어슨 상관계수(Pearson correlation coefficient)는 두 변인 간의 인과관계가 아닌 상관관계를 알려주는 지표이다.

② χ^2 검증을 이용해서 두 변인 간의 인과관계를 확인할 수 없고, 두 변인 간의 수반성(contingency)을 확인할 수 있다. 이때 수반성이란 두 변인 간의 조건적이고 확률적인 관련성을 말한다.

③ 명명척도로 얻은 자료에서 피어슨 상관계수를 산출할 수 없다. 등간척도나 비율척도로 측정한 자료에서 피어슨 상관계수를 산출할 수 있다.

13 정답 ④

연구자는 모든 종류의 가외변인을 파악할 수 없다. 연구자가 연구 결과에 영향을 미칠 것으로 파악해서 통제하려는 가외변인을 통제변인이라고 한다. 따라서 연구자는 모든 가외변인을 파악할 수 없지만 모든 통제변인을 파악하고 있다. 상쇄균형화는 연구자가 각 연구대상별로 서로 다른 독립변인 수준의 가능한 모든 제시 순서 중 한 순서를 무작위로 선정한 후 그 순서에 따라서 여러 독립변인 수준을 해당 연구대상에게 제시하는 방법이다.

14 정답 ①

내적 타당도는 특정 연구가 현상의 본질을 파악하는 데 있어서 얼마나 많은 결점을 가졌는지의 정도이다. 실험설계에서 연구자가 가외변인을 잘 통제(control)할수록 내적 타당도는 높아진다. 반면 외적 타당도(external validity)는 특정 연구에서 얻은 결과를 해당 연구 상황이나 해당 연구대상 이외의 다른 연구 상황이나 다른 연구대상에게서도 얻을 수 있는 정도이다. 따라서 실험절차의 반응적 효과는 실험설계의 외적 타당도를 위협하는 요인이다.

15 정답 ①

무위 결과는 연구자가 조작하거나 처치한 독립변인의 수준에 따라서 종속변인의 변화가 발생하지 않는 것을 말한다. 연구자가 동일한 종속변인을 두 번 측정했다고 무조건 무위 결과가 발생하는 것은 아니다.

16 정답 ②

2개의 독립변인의 상호작용이 발생할 때, 1개 이상의 독립변인의 주효과가 발생할 수 있다. 또는 2개의 독립변인의 상호작용이 발생할 때, 2개의 독립변인의 주효과가 모두 발생하지 않을 수 있다.

17 정답 ①

연구대상의 개인차(예 성격 특성)가 실험결과에 큰 영향을 미치는 경우, 연구자가 실험에 소집단 설계를 적용하는 것은 부적절하다.

18 정답 ②

비동등 통제집단 설계란 통제집단을 가지지만, 실험집단과 통제집단의 연구대상이 동일한 특성을 가지지 않고 이들을 대상으로 사후검사만 실시하는 유사실험설계를 말한다. 따라서 비동등 통제집단 설계에서 연구자는 사전검사를 실시하지 않고 사후검사만 실시한다. 반면 비동등 통제집단 사전사후 설계(nonequivalent control-group pretest-posttest design)에서는 사전검사와 사후검사 모두를 실시한다.

19 정답 ①

기술통계의 목적은 연구자가 모집단이 아닌 표본의 자료 분포 형태를 파악하는 것이다.

20 정답 ④

연구자가 2개의 변인 간 상관관계의 강도와 방향을 알고자 할 때 피어슨 상관분석을 실시한다. 피어슨 상관분석은 모수검증(parametric test) 방법이다. 연구자가 2개의 독립된 표본에서 얻은 자료의 집중경향치를 비교할 때 만-휘트니 검증을 실시한다. 연구자가 1개의 독립변인의 2개 이상의 수준에 해당하는 서로 다른 2개 이상의 표본에서 얻은 종속변인의 집중경향치를 비교할 때 크루스칼-월리스 검증을 실시한다. 연구자가 서로 관련된 2개의 대응표본에서 얻은 자료의 집중경향치를 비교할 때 윌콕슨 검증을 실시한다. 만-휘트니 검증, 크루스칼-월리스 검증, 윌콕슨 검증은 비모수검증 방법이다.

21 정답 ③

대응표본 t검증은 비모수검증(non-parametric test) 방법이 아닌 모수검증(parametric test) 방법이다. 모수검증 방법인 대응표본 t검증에 대응이 되는 비모수검증 방법은 윌콕슨 검증(Wilcoxon test)이다.

22 정답 ④

신빙성이란 연구대상 관점에서 특정 질적 연구의 결과를 얼마나 믿을 수 있는지의 정도를 말한다. 신빙성은 양적 연구의 질을 평가하는 기준인 내적 타당도(internal validity)에 대응이 되는 질적 연구의 질을 평가하는 기준이다.

23 정답 ②

2 × 2 요인설계는 연구대상에게 2개의 독립변인 각각의 2개 수준을 제시한 후 종속변인을 측정하는 실험설계이다. 이 경우, 연구자는 이원분산분석을 이용해서 독립변인 1의 주효과, 독립변인 2의 주효과 및 독립변인 1과 독립변인 2의 상호작용을 확인할 수 있다.

① 연구자가 1개의 독립변인의 2개 이상의 수준에 해당하는 서로 다른 2개 이상의 표본(집단)에서 얻은 종속변인의 평균값을 비교할 때, 일원분산분석을 실시한다.

③ 연구자가 2개의 독립된 표본(1개의 독립변인의 2개 수준에 해당함)에서 얻은 자료(종속변인)의 평균값을 비교할 때, 독립표본 t검증을 실시한다.

④ 연구자가 1개의 독립변인의 2개 이상의 수준에 반복해서 노출된 1개의 표본에서 얻은 종속변인의 평균값을 비교할 때 반복측정 분산분석을 실시한다.

24 정답 ④

무선화 사후 통제집단 설계에서 연구자는 연구대상을 실험집단과 통제집단에 무작위로 할당한다. 이후 연구자는 실험집단에게 독립변인의 조작(처치)을 제시한 후 사후검사(종속변인 측정)를 실시한다. 반면 연구자는 통제집단에게는 독립변인의 조작을 제시하지 않은 후 사후검사를 실시한다. 따라서 실험집단과 통제집단은 독립된 집단이기 때문에 연구자는 이들 집단 간 종속변인의 평균값을 비교하기 위해서 모수검증 방법 중 독립표본 t검증을 실시한다.

① 연구자가 1개의 표본에서 2번 측정해서 얻은 자료의 평균값을 비교하거나, 서로 관련된 2개의 대응표본(matched samples)에서 얻은 자료의 평균값을 비교할 때 모수검증 방법 중 대응표본 t검증을 실시한다.
② 연구자가 2개의 독립된 표본에서 얻은 자료의 집중경향치를 비교할 때 만-휘트니 검증을 실시한다. 만-휘트니 검증은 비모수검증(non-parametic test) 방법이다.
③ 연구자가 서로 관련된 2개의 대응표본에서 얻은 자료의 집중경향치를 비교할 때 윌콕슨 검증을 실시한다. 윌콕슨 검증은 비모수검증 방법이다.

주관식 해설

01 정답

① 이론은 현상이나 현상 간의 관계에 대한 기술이나 설명의 틀(기술문이나 설명문의 조합)을 말한다.
② 이론은 개념(concept, construct)이나 개념 간의 관계에 대한 기술문이나 설명문을 말한다.

02 정답

영가설은 변인 간의 관련성(관계나 비교)이 존재하지 않는다고 기술한 진술문이다.

03 정답

사후 설계는 독립변인의 처치 전에 사전검사(종속변인 측정)를 실시하지 않고, 독립변인의 처치 후에 사후검사(종속변인 측정)만 실시하는 실험설계이다. 반면 사전사후 설계는 독립변인 처치 전・후에 사전검사와 사후검사 모두를 실시하는 실험설계이다. 즉, 사후 설계에서는 사전검사를 실시하지 않고, 사전사후 설계에서는 사전검사를 실시한다.

04 정답

① **무선배정(random assignment)** : 연구자가 연구대상을 실험집단과 통제집단에 무작위로 할당하면, 진실험설계이다.
② **독립변인의 직접 조작** : 연구자가 1개 이상의 독립변인을 직접 조작하면, 진실험설계이다.

제2회

01	02	03	04	05	06	07	08	09	10	11	12
③	②	②	④	③	④	③	①	②	②	①	①
13	14	15	16	17	18	19	20	21	22	23	24
①	④	①	④	②	③	④	③	②	①	④	①

주관식 정답	
01	부당한 저자 표기는 연구 수행에 기여도가 없거나 미약한 연구자를 저작물(예논문, 연구 보고서, 서적)의 저자로 표기하거나, 연구 수행에 상당한 기여도가 있는 연구자를 저자로 표기하지 않는 행위를 말한다.
02	① 무선표집(random sampling) ② 무선배정(random assignment) ③ 조작적 통제(manipulated control) ④ 통계적 통제(statistical control)
03	연구자가 원점수를 표준점수로 변환하면, 검사를 실시한 모집단 내에서의 특정 연구대상의 상대적 위치를 파악하기가 쉽다.
04	평균값의 표준오차는 평균값의 표집분포(sampling distribution)의 표준편차(standard deviation)를 말한다.

01 정답 ③

변인은 변하거나 변할 수 있는 연구대상 자체가 아니라 연구대상이 가진 변하거나 변할 수 있는 한 특성(a characteristic)을 말한다. 예를 들어, 사람 A(연구대상)는 변인이 아니고, 사람 A의 신장, 몸무게, 성격 등(연구대상의 특정 특성)이 변인이다.

02 정답 ②

가상 연구 결과에서, 생활 스트레스는 독립변인이고, 적응적/부적응적 정서조절 전략은 조절변인이며, 자살 생각은 종속변인이다. 이때 조절변인은 독립변인이 종속변인에 미치는 영향의 여부나 정도 차이를 유발(조절)하는 변인이다.

① 매개변인은 독립변인이 종속변인에 미치는 영향을 중간에서 변화시키는 변인이다.

③ 종속변인은 독립변인에 의해서 발생하는 효과나 반응을 말한다.

④ 통제변인은 연구자가 독립변인과 종속변인의 관계에 혼입효과(confounding effect)를 일으킬 것으로 예상해서 그 영향을 억제하고자 미리 계획한 변인이다.

03 정답 ②

이론은 한 번 검증된 이후 후속 과학적 연구를 통해 지속적으로 확증되어야 한다. 만약 특정 이론이 후속 과학적 연구를 통해 지속적으로 틀린 것으로 확인되면, 해당 이론은 폐기된다.

④ 간명성의 법칙(law of parsimony)에 대한 내용이다.

04 정답 ④

연구자가 연구주제의 범위를 추상적으로 설정하고 연구주제를 추상적으로 기술하면, 연구 진행 중 연구주제를 가설이나 연구문제로 구체화하기가 어렵다. 또한 연구자가 연구 결과를 명확하게 해석하기도 어렵다.

05 정답 ③

심리학 연구의 목적은 인간의 행동과 정신과정의 기술, 설명, 예측 및 통제(control)이다. 조작이란 특정인의 이익을 위해서 타인을 착취하거나 타인에게 영향을 미칠 목적으로 계획된 행동을 말한다. 따라서 인간의 행동과 정신과정의 조작은 심리학 연구의 목적에 해당하지 않는다.

06 정답 ④

취약 계층이란 본인이 연구참여에 대한 완전한 사전 동의를 할 능력이 없거나, 연구참여로 인해서 예상하지 못한 부작용을 겪을 수 있는 사람들을 말한다.

07 정답 ③

표본과 표본을 추출한 모집단 간 관련 정도는 대표성(representativeness)이다. 따라서 특정 표본의 대표성이 높으면, 해당 표본의 특성은 모집단의 특성과 동일하다. 일반화는 연구자가 표본에서 얻은 결론을 모집단에서 얻은 결론으로 확장하는 과정이다. 또한 일반화는 연구자가 특정 모집단에서 뽑은 표본에서 얻은 결론을 동일 모집단에서 뽑은 다른 표본에서 얻은 결론으로 확장하는 과정이다.

08 정답 ①

확률 표집은 모집단에서 제한된 수의 연구대상을 무작위로 뽑아서 표본을 구성할 때 요구되는 3개의 전제조건(동등 가능성 원칙, 우연의 원칙, 표집틀 확보)을 모두 충족하는 표집을 말한다. 확률 표집에서 모집단에 속한 모든 연구대상이 표본으로 뽑힐 확률은 같다. 그런데 목적적 표집은 연구자가 특정 목적을 가지고 모집단에서 표본을 임의로 뽑는 방법이다. 따라서 목적적 표집은 비확률 표집(non-probability sampling)에 해당한다.

09 정답 ②

연구자는 서열척도를 이용하면 연구대상의 특성 차이를 측정할 수 있지만, 특성의 등간격을 측정할 수 없다. 비율척도에는 절대영점이 있기 때문에 연구자가 비율척도를 이용하면 절대영점을 측정할 수 있다.

10 정답 ②

이론적 정의는 개념에 해당하는 언어적 의미를 구체화한 것이다. 조작적 정의는 개념에 대한 이론적 정의를 관찰 가능하고 측정 가능한 형식으로 바꾼 진술문을 말한다. 측정이란 특정 개념(concept, construct)의 존재 여부, 양 및 차원(질)을 평가하는 활동이다. 따라서 측정은 이론적 정의가 아닌 조작적 정의에 기반을 둔다.

11 정답 ①

안면 타당도는 특정 현상을 이론적으로 정의한 개념(concept, construct)이 해당 현상에 부합하는 정도(일치 정도)를 말하며, 연구자는 안면 타당도의 정도를 측정할 수 없다. 따라서 안면 타당도는 측정 타당도가 아니다.

12 정답 ①

연구자는 본 연구를 실시하기 전 소수의 연구대상이 참여하는 예비연구를 실시한다. 연구자는 예비연구를 통해 미리 계획한 연구방법과 절차의 문제점(예 연구대상의 연구참여 시간이 지나치게 길) 그리고 도구(예 실험 자극물, 설문 문항)의 문제점을 점검해서 이를 개선한다. 가설 검증은 연구자가 예비연구를 마친 후 실시하는 본 설문조사에서 실시된다.

13 정답 ①

χ^2 검증을 위해 구성한 교차분할표는 한 변인의 범주들에 해당하는 연구대상 수(빈도)를 행으로, 다른 변인의 범주들에 해당하는 연구대상 수(빈도)를 열로 제시한 2차원 표이다. 교차분할표에서 특정 행렬의 조합을 칸이라고 한다. χ^2 검증을 위해 구성한 교차분할표에서 한 연구대상은 1개의 칸에만 속한다.

14 정답 ④

통제집단은 독립변인에 노출되지 않은 연구대상의 집단을 말한다. 실험에서 연구자는 실험집단과 통제집단 모두에 대해서 가외변인을 통제해야 한다.

15 정답 ①

대응 짝 설계는 유사한 특성을 가진 2명의 연구대상을 한 쌍으로 구성한 후 각 쌍 중 한 명씩을 2개의 실험집단(예 실험집단 1 vs 실험집단 2)에 무작위로 배정하는 실험설계이다. 솔로몬 4집단 설계에서 연구자는 연구대상을 사전검사를 실시한 2개 집단(2개의 사전검사 집단)과 사전검사를 실시하지 않은 2개 집단(2개의 비사전검사 집단)에 무작위로 배정하고, 1개의 사전검사 집단과 1개의 비사전검사 집단에만 독립변인 조작을 노출시킨다. 따라서 솔로몬 4집단 설계는 사후 통제집단 설계와 사전사후 통제집단 설계를 조합한 실험설계이다.

16 정답 ④

연구자가 1개의 독립변인을 3개 수준으로 조작하는 경우에 적용할 수 있는 실험설계는 단일요인설계(single-factor randomized-group design)이다. 단일요인설계는 연구자가 연구대상에게 단일 독립변인의 여러 수준을 무작위로 제시하는 실험설계를 말한다. 연구자는 2 × 2 × 2 요인설계를 이용해서 3개의 이원 상호작용과 1개의 삼원 상호작용을 확인할 수 있다.

17 정답 ②

솔로몬 4집단 설계(Solomon four-group design)는 다수의 연구대상이 참여하는 진실험설계에 해당한다. 교대-처치 설계는 소수의 연구대상에게 2개 이상의 독립변인의 조작 조건(서로 다른 처치 조건)이 제시되는 실험설계이다. 중다기저선 설계는 연구자가 소수의 연구대상별로 서로 다른 기간의 기저선 조건을 제시한 후 서로 다른 시점에서 1개의 독립변인을 조작하고 동일한 1개의 종속변인을 측정하는 실험설계이다. 변동-준거 설계는 연구자가 기저선 조건 이후 소수의 연구대상에게 다수의 동일한 처치 조건을 연속적으로 제시하며, 각 처치 조건마다 다른 준거(독립변인의 다른 수준)를 설정하는 실험설계이다.

18 정답 ③

연구자가 모든 독립변인을 직접 조작할 수 있고 연구대상의 무선배정이 가능한 경우, 진실험설계(true experimental design)를 이용한다.

19 정답 ④

단일집단 사후 설계(연구대상의 무선배정이 없음), 비동등 통제집단 설계(연구대상의 무선배정이 없음), 단일집단 사전사후 설계(연구대상의 무선배정이 없음)는 유사실험설계이다. 반면 사전사후 통제집단 설계는 진실험설계(true experimental design)에 해당한다.

20 정답 ③

서열척도는 연구자가 연구대상의 특성에 상대적인 양이나 크기의 차이에 따라서 순위를 매긴 척도이다. 따라서 연구자는 서열척도로 수집한 자료(순위)에서 평균값(mean)을 산출할 수 없다.

21 정답 ②

비모수검증이란 모집단의 모수치 또는 분포에 대한 가정을 하지 않고 실시하는 통계적 검증방법을 말한다. 표본을 추출한 모집단의 분포가 정규분포가 아니거나, 변인들이 명명척도나 서열척도로 측정되고 그 값을 대상으로 통계분석을 실시하거나, 변인들을 서열척도로 변환하거나, 표본에 속한 연구대상의 수가 지나치게 적은 경우, 연구자는 비모수검증 방법을 이용한다. 그러나 연구자가 변인들을 등간척도 또는 비율척도로 측정하고 그 값을 대상으로 통계분석을 하는 경우, 모수검증(parametric test) 방법을 사용한다.

22 정답 ①

2개의 서로 다른 집단에서 서열척도로 측정한 순위 간 차이가 있는지를 알아보는 분석 방법은 만-휘트니 검증(Mann-Whitney test)이다. 독립표본 t검증의 목적은 연구자가 2개의 서로 다른 집단에서 등간척도 또는 비율척도로 측정한 점수의 평균값 간 차이가 있는지를 알아보는 것이다.

23 정답 ④

①의 내용은 표집과 관련된 일반화 문제이고, ②의 내용은 척도 희석화(scale attenuation)의 문제이며, ③의 내용은 통계적 회귀(statistical regression)의 문제이다. 연구자는 본인이 얻은 연구 결과에서 효과 크기를 산출하고, 이를 연구 결과 해석에 참고할 수 있다. 그러나 효과 크기의 산출 여부 자체가 연구 결과 해석에 직접적이고 매우 치명적인 영향을 미치지는 않는다. 또한 일반적으로 많은 연구에서 효과 크기를 보고하지 않는다.

24 정답 ①

사전사후 통제집단 설계에서 연구자는 연구대상을 실험집단과 통제집단에 무작위로 할당한 후 먼저 사전검사(종속변인 측정)를 실시한다. 이후 연구자는 실험집단에게 독립변인의 조작(처치)을 제시한 후 사후검사(종속변인 측정)를 실시한다. 반면 연구자는 통제집단에게는 독립변인의 조작을 제시하지 않은 후 사후검사를 실시한다. 이때 실험집단의 사전검사 점수와 사후검사 점수는 동일 집단에서 2번 측정해서 얻은 자료이다. 따라서 연구자는 실험집단의 사전검사 점수와 사후검사 점수 간 차이를 비교하기 위해서 모수검증 방법 중 대응표본 t검증을 실시한다.

② 연구자가 2개 이상의 독립변인 각각의 2개 이상의 수준에 해당하는 서로 다른 4개 이상의 표본에서 얻은 종속변인의 평균값을 비교할 때 이원분산분석을 실시한다. 이원분산분석은 모수검증 방법이다.

③ 연구자가 서로 관련된 2개의 대응표본에서 얻은 자료의 집중경향치를 비교할 때 윌콕슨 검증을 실시한다. 윌콕슨 검증은 비모수검증(non-parametric test) 방법이다.

④ 연구자가 2개의 독립된 표본에서 얻은 자료의 평균값을 비교할 때, 독립표본 t검증을 실시한다. 독립표본 t검증은 모수검증 방법이다.

주관식 해설

01 정답

부당한 저자 표기는 연구 수행에 기여도가 없거나 미약한 연구자를 저작물(예 논문, 연구 보고서, 서적)의 저자로 표기하거나, 연구 수행에 상당한 기여도가 있는 연구자를 저자로 표기하지 않는 행위를 말한다.

02 정답

① 무선표집(random sampling)
② 무선배정(random assignment)
③ 조작적 통제(manipulated control)
④ 통계적 통제(statistical control)

03 정답

연구자가 원점수를 표준점수로 변환하면, 검사를 실시한 모집단 내에서의 특정 연구대상의 상대적 위치를 파악하기가 쉽다.

04 정답

평균값의 표준오차는 평균값의 표집분포(sampling distribution)의 표준편차(standard deviation)를 말한다.

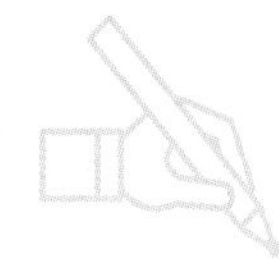

여기서 멈출 거예요? 고지가 바로 눈앞에 있어요.
마지막 한 걸음까지 SD에듀가 함께할게요!

컴퓨터용 사인펜만 사용

년도 학위취득종합시험 답안지(객관식)

★ 수험생은 수험번호와 응시과목 코드번호를 표기(마킹)한 후 일치여부를 반드시 확인할 것.

전공분야	

성 명	

수험번호													
(1)	4	–			–			–					
(2)	① ② ③ ●	–	①~⓪	①~⓪	–	①~⓪	①~⓪	–	①~⓪	①~⓪	①~⓪	①~⓪	①~⓪

과목코드				
①~⓪	①~⓪	①~⓪	①~⓪	①~⓪

교시코드			
①	②	③	④

응시과목			
1	① ② ③ ④	14	① ② ③ ④
2	① ② ③ ④	15	① ② ③ ④
3	① ② ③ ④	16	① ② ③ ④
4	① ② ③ ④	17	① ② ③ ④
5	① ② ③ ④	18	① ② ③ ④
6	① ② ③ ④	19	① ② ③ ④
7	① ② ③ ④	20	① ② ③ ④
8	① ② ③ ④	21	① ② ③ ④
9	① ② ③ ④	22	① ② ③ ④
10	① ② ③ ④	23	① ② ③ ④
11	① ② ③ ④	24	① ② ③ ④
12	① ② ③ ④		
13	① ② ③ ④		

과목코드				
①~⓪	①~⓪	①~⓪	①~⓪	①~⓪

응시과목			
1	① ② ③ ④	14	① ② ③ ④
2	① ② ③ ④	15	① ② ③ ④
3	① ② ③ ④	16	① ② ③ ④
4	① ② ③ ④	17	① ② ③ ④
5	① ② ③ ④	18	① ② ③ ④
6	① ② ③ ④	19	① ② ③ ④
7	① ② ③ ④	20	① ② ③ ④
8	① ② ③ ④	21	① ② ③ ④
9	① ② ③ ④	22	① ② ③ ④
10	① ② ③ ④	23	① ② ③ ④
11	① ② ③ ④	24	① ② ③ ④
12	① ② ③ ④		
13	① ② ③ ④		

※ 감독관 확인란

㊞

관리번호	
(연번)	(응시자수)

답안지 작성시 유의사항

1. 답안지는 반드시 **컴퓨터용 사인펜을 사용**하여 다음 보기와 같이 표기할 것.
   보기 잘 된 표기: ● 잘못된 표기: ⓥ ⊗ ◑ ⊙ ◕ ○ ▩
2. 수험번호 (1)에는 아라비아 숫자로 쓰고, (2)에는 "●"와 같이 표기할 것.
3. 과목코드는 뒷면 "과목코드번호"를 보고 해당과목의 코드번호를 찾아 표기하고, 응시과목란에는 응시과목명을 한글로 기재할 것.
4. 교시코드는 문제지 전면의 교시를 해당란에 "●"와 같이 표기할 것.
5. 한번 표기한 답은 긁거나 수정액 및 스티커 등 어떠한 방법으로도 고쳐서는 아니되고, 고친 문항은 "0"점 처리함.

[이 답안지는 마킹연습용 모의답안지입니다.]

절취선

년도 학위취득 종합시험 답안지(주관식)

전공분야	
성 명	

수험번호												
(1)	4	–			–			–				
(2)	①②③●	–	①~⓪	①~⓪	–	①~⓪	①~⓪	–	①~⓪	①~⓪	①~⓪	①~⓪	①~⓪

★ 수험생은 수험번호와 응시과목 코드번호를 표기(마킹)한 후 일치여부를 반드시 확인할 것.

과목코드				
①~⓪	①~⓪	①~⓪	①~⓪	①~⓪

교시코드			
①	②	③	④

번호	※ 1차 점수	※ 1차 채점	※1차확인	응시과목	※2차확인	※ 2차 채점	※ 2차 점수
1	⓪ ① ⑥ ② ⑦ ③ ⑧ ④ ⑨ ⑤ ⑩						⓪ ① ⑥ ② ⑦ ③ ⑧ ④ ⑨ ⑤ ⑩
2	⓪ ① ⑥ ② ⑦ ③ ⑧ ④ ⑨ ⑤ ⑩						⓪ ① ⑥ ② ⑦ ③ ⑧ ④ ⑨ ⑤ ⑩
3	⓪ ① ⑥ ② ⑦ ③ ⑧ ④ ⑨ ⑤ ⑩						⓪ ① ⑥ ② ⑦ ③ ⑧ ④ ⑨ ⑤ ⑩
4	⓪ ① ⑥ ② ⑦ ③ ⑧ ④ ⑨ ⑤ ⑩						⓪ ① ⑥ ② ⑦ ③ ⑧ ④ ⑨ ⑤ ⑩
5	⓪ ① ⑥ ② ⑦ ③ ⑧ ④ ⑨ ⑤ ⑩						⓪ ① ⑥ ② ⑦ ③ ⑧ ④ ⑨ ⑤ ⑩

답안지 작성시 유의사항

1. ※란은 표기하지 말 것.
2. 수험번호 (2)란, 과목코드, 교시코드 표기는 반드시 컴퓨터용 싸인펜으로 표기할 것
3. 교시코드는 문제지 전면의 교시를 해당란에 컴퓨터용 싸인펜으로 표기할 것.
4. 답란은 반드시 흑·청색 볼펜 또는 만년필을 사용할 것. (연필 또는 적색 필기구 사용불가)
5. 답안을 수정할 때에는 두줄(=)을 긋고 수정할 것.
6. 답란이 부족하면 해당답란에 "뒷면기재"라고 쓰고 뒷면 '추가답란'에 문제번호를 기재한 후 답안을 작성할 것.
7. 기타 유의사항은 객관식 답안지의 유의사항과 동일함.

※ 감독관 확인란
㊞

절취선

[이 답안지는 마킹연습용 모의답안지입니다.]

컴퓨터용 사인펜만 사용

년도 학위취득종합시험 답안지(객관식)

★ 수험생은 수험번호와 응시과목 코드번호를 표기(마킹)한 후 일치여부를 반드시 확인할 것.

전공분야	

성 명	

수험번호													
(1)	4	–			–			–					
(2)	① ② ③ ●	–	①~⓪	①~⓪	–	①~⓪	①~⓪	–	①~⓪	①~⓪	①~⓪	①~⓪	①~⓪

과목코드	응시과목	
①②③④⑤⑥⑦⑧⑨⓪ (×5)	1 ① ② ③ ④	14 ① ② ③ ④
	2 ① ② ③ ④	15 ① ② ③ ④
	3 ① ② ③ ④	16 ① ② ③ ④
	4 ① ② ③ ④	17 ① ② ③ ④
	5 ① ② ③ ④	18 ① ② ③ ④
	6 ① ② ③ ④	19 ① ② ③ ④
	7 ① ② ③ ④	20 ① ② ③ ④
교시코드	8 ① ② ③ ④	21 ① ② ③ ④
① ② ③ ④	9 ① ② ③ ④	22 ① ② ③ ④
	10 ① ② ③ ④	23 ① ② ③ ④
	11 ① ② ③ ④	24 ① ② ③ ④
	12 ① ② ③ ④	
	13 ① ② ③ ④	

과목코드	응시과목	
①②③④⑤⑥⑦⑧⑨⓪ (×5)	1 ① ② ③ ④	14 ① ② ③ ④
	2 ① ② ③ ④	15 ① ② ③ ④
	3 ① ② ③ ④	16 ① ② ③ ④
	4 ① ② ③ ④	17 ① ② ③ ④
	5 ① ② ③ ④	18 ① ② ③ ④
	6 ① ② ③ ④	19 ① ② ③ ④
	7 ① ② ③ ④	20 ① ② ③ ④
	8 ① ② ③ ④	21 ① ② ③ ④
	9 ① ② ③ ④	22 ① ② ③ ④
	10 ① ② ③ ④	23 ① ② ③ ④
	11 ① ② ③ ④	24 ① ② ③ ④
	12 ① ② ③ ④	
	13 ① ② ③ ④	

※ 감독관 확인란

㊞

관 리 번 호
(연번) / (응시자수)

답안지 작성시 유의사항

1. 답안지는 반드시 **컴퓨터용 사인펜을 사용**하여 다음 보기와 같이 표기할 것.
   보기 잘 된 표기: ● 잘못된 표기: ⓥ ⓧ ◑ ⊙ ◕ ○
2. 수험번호 (1)에는 아라비아 숫자로 쓰고, (2)에는 "●"와 같이 표기할 것.
3. 과목코드는 뒷면 "과목코드번호"를 보고 해당과목의 코드번호를 찾아 표기하고, 응시과목란에는 응시과목명을 한글로 기재할 것.
4. 교시코드는 문제지 전면의 교시를 해당란에 "●"와 같이 표기할 것.
5. 한번 표기한 답은 긁거나 수정액 및 스티커 등 어떠한 방법으로도 고쳐서는 아니되고, 고친 문항은 "0"점 처리함.

[이 답안지는 마킹연습용 모의답안지입니다.]

절취선

년도 학위취득 종합시험 답안지(주관식)

전공분야	
성 명	

수험번호													
(1)	4	–			–			–					
(2)	①②③●	–	①~⓪	①~⓪	–	①~⓪	①~⓪	–	①~⓪	①~⓪	①~⓪	①~⓪	①~⓪

★ 수험생은 수험번호와 응시과목 코드번호를 표기(마킹)한 후 일치여부를 반드시 확인할 것.

과목코드				
①②③④⑤⑥⑦⑧⑨⓪	①②③④⑤⑥⑦⑧⑨⓪	①②③④⑤⑥⑦⑧⑨⓪	①②③④⑤⑥⑦⑧⑨⓪	①②③④⑤⑥⑦⑧⑨⓪

교시코드			
①	②	③	④

답안지 작성시 유의사항

1. ※란은 표기하지 말 것.
2. 수험번호 (2)란, 과목코드, 교시코드 표기는 반드시 컴퓨터용 싸인펜으로 표기할 것
3. 교시코드는 문제지 전면의 교시를 해당란에 컴퓨터용 싸인펜으로 표기할 것.
4. 답란은 반드시 흑·청색 볼펜 또는 만년필을 사용할 것. (연필 또는 적색 필기구 사용불가)
5. 답안을 수정할 때에는 두줄(=)을 긋고 수정할 것.
6. 답란이 부족하면 해당답란에 "뒷면기재"라고 쓰고 뒷면 '추가답란'에 문제번호를 기재한 후 답안을 작성할 것.
7. 기타 유의사항은 객관식 답안지의 유의사항과 동일함.

※ 감독관 확인란
㊞

번호	※ 1차 점수	※ 1차 채점	※1차확인 / 응시과목 / ※2차확인	※ 2차 채점	※ 2차 점수
1	⓪ ①⑥ ②⑦ ③⑧ ④⑨ ⑤⑩				⓪ ①⑥ ②⑦ ③⑧ ④⑨ ⑤⑩
2	⓪ ①⑥ ②⑦ ③⑧ ④⑨ ⑤⑩				⓪ ①⑥ ②⑦ ③⑧ ④⑨ ⑤⑩
3	⓪ ①⑥ ②⑦ ③⑧ ④⑨ ⑤⑩				⓪ ①⑥ ②⑦ ③⑧ ④⑨ ⑤⑩
4	⓪ ①⑥ ②⑦ ③⑧ ④⑨ ⑤⑩				⓪ ①⑥ ②⑦ ③⑧ ④⑨ ⑤⑩
5	⓪ ①⑥ ②⑦ ③⑧ ④⑨ ⑤⑩				⓪ ①⑥ ②⑦ ③⑧ ④⑨ ⑤⑩

[이 답안지는 마킹연습용 모의답안지입니다.]

참고문헌[1)]

1. 김아영 · 차정은 · 이채희 · 주지은 · 임은영, 『혼자 쓰는 연구 논문-연구방법론』(2016), 학지사.
2. 김필성, 내러티브 탐구 과정과 절차에 대한 고찰, 『내러티브와 교육연구』(2015), 3(2), 103-118.
3. 권향원, 근거이론의 수행방법에 대한 이해 : 실천적 가이드라인과 이론적 쟁점을 중심으로, 『한국정책과학학회보』(2016), 20(2), 181-216.
4. 성태제, 『타당도와 신뢰도』(2002), 학지사.
5. 박세영 · 권혁철 · 박창호 · 강혜자 · 이영순 · 김호영 · 강정석 · 서장원, 『심리학개론』(2017), 센게이지러닝 코리아.
6. 이광석, 해석현상학적 분석의 의의와 적용가능성에 관한 연구, 『질적연구, 14(2)』(2013), 132-144.
7. 유형주, 『시대에듀 독학사 간호학과 4단계 간호연구방법론』(2021), 시대고시기획.
8. 한국심리학회, 『학술논문 작성 및 출판지침』(2012), 박영사.
9. 허명회, 『SPSS 설문지 조사 방법 : 기본과 활용』(2010), 한나래아카데미.
10. American Psychological Association, APA dictionary of psychology, http://dictionary.apa.org.
11. Bernstein, D. A., 『Essentials of psychology』, Wadsworth.
12. Churchill, G. A., 『Basic marketing research』(1992), Dryden Press.
13. Coon, D. & Mitterer, J. O., 『Introduction to psychology : Gateways to mind and behavior』(2016), Cengage Learning.
14. Cozy, P. C. & Bates, S. C., 『행동과학을 위한 연구방법론[Methods in behavioral research]』(2015), 박학사.
15. Crossley, M., Narrative analysis. In E. Lyons & A. Coyle (Eds.), 『Analysing qualitative data in psychology(pp. 131-144)』(2007), Sage Publications.
16. Elmes, D. G., Kantowitz, B. H., Roediger, H. L., 『심리학 연구방법[Research methods in psychology]』(2012), 센게이지러닝 코리아.
17. George, D. & Mallery, P., 『SPSS for Windows step by step : A simple guide and reference』(2003), Allyn & Bacon.
18. Guba, E. G. & Lincoln, Y. S., Competing paradigms in qualitative research. In N. K. Denzin & Y. S. Lincoln (Eds.), 『Handbook of qualitative research(pp. 105-117)』(1994), Sage Publications.

---

1) 본 편저자는 다수의 참고문헌을 기반으로 본 도서를 집필하였다. 본 도서 속 특정 내용과 관련된 각 참고문헌을 개별적으로 인용하는 것이 원칙이다. 그러나 본 도서의 목적(독학사 시험 준비)을 고려하고 독자의 가독성을 높이고자, 본 편저자는 본 도서에서 참고문헌의 개별 인용을 하지 않았다. 본 편저자는 이 점에 대해 참고문헌의 저자분들께 양해를 구하는 바이다.

19. Hawker, S. & Kerr, C., Doing grounded theory. In E. Lyons & A. Coyle (Eds.), 『Analysing qualitative data in psychology(pp. 87−97)』(2007), Sage Publications.

20. Howell, D. C., 『행동과학을 위한 통계학[Fundamental statistics for the behavioral sciences]』(2012), 센게이지러닝 코리아.

21. Jackson, S. L., 『Research method : A modular approach』(2015), Cengage Learning.

22. Kalat, J. W., 『Introduction to psychology』(2014), Wadsworth.

23. Payne, S., Grounded theory. In E. Lyons & A. Coyle (Eds.), 『Analysing qualitative data in psychology(pp. 65−86)』(2007), Sage Publications.

24. Plotnik, R. & Kouyoumdjian, H., 『Introduction to psychology』(2014), Wadsworth.

25. Podsakoff, P. M., MacKenzie, S. B., & Podsakoff, N. P., Common method biases in behavioral research : A critical review of the literature and recommended remedies, 『Journal of Applied Psychology』(2003), 88(5), 879−903.

26. Schweigert, W. A., 『Research methods in psychology : A handbook』(1998), Brooks/Cole Publishing Company.

27. Smith, J. A. & Eatough, V., Interpretative phenomenological analysis. In E. Lyons & A. Coyle (Eds.), 『Analysing qualitative data in psychology(pp. 35−50)』(2007), Sage Publications.

28. Storey, L, Doing interpretative phenomenological analysis. In E. Lyons & A. Coyle (Eds.), 『Analysing qualitative data in psychology(pp. 51−64)』(2007), Sage Publications.

29. Taylor, S. J. & Bogdan, R., 『Introduction to qualitative research methods』(1984), John Wiley & Sons.

30. Trochim, W. M., Donnelly, J. P., & Arora, K., 『Research methods : The essential knowledge base』(2016), Cengage Learning.

31. Watt, J. H. & Van Den Berg, S., 『Research methods for communication science』(1995), Allyn and Bacon.

32. Williams, F., 『Reasoning with statistics : How to read quantitative research』(1992), Harcourt Brace Jovanovich College Publishers.

좋은 책을 만드는 길
독자님과 함께하겠습니다.

도서나 동영상에 궁금한 점, 아쉬운 점, 만족스러운 점이
있으시다면 어떤 의견이라도 말씀해 주세요.
SD에듀는 독자님의 의견을 모아 더 좋은 책으로 보답하겠습니다.

www.sdedu.co.kr

SD에듀 독학사 심리학과 4단계 심리학연구방법론

초판발행	2022년 10월 12일 (인쇄 2022년 08월 30일)
발행인	박영일
책임편집	이해욱
편저	강정석
편집진행	송영진 · 양희정
표지디자인	박종우
편집디자인	차성미 · 박서희
발행처	(주)시대고시기획
출판등록	제10-1521호
주소	서울시 마포구 큰우물로 75 [도화동 538 성지 B/D] 9F
전화	1600-3600
팩스	02-701-8823
홈페이지	www.sdedu.co.kr
ISBN	979-11-383-2896-8 (13180)
정가	28,000원